東国の図像板碑拓影集〈解説編〉

村田和義 著

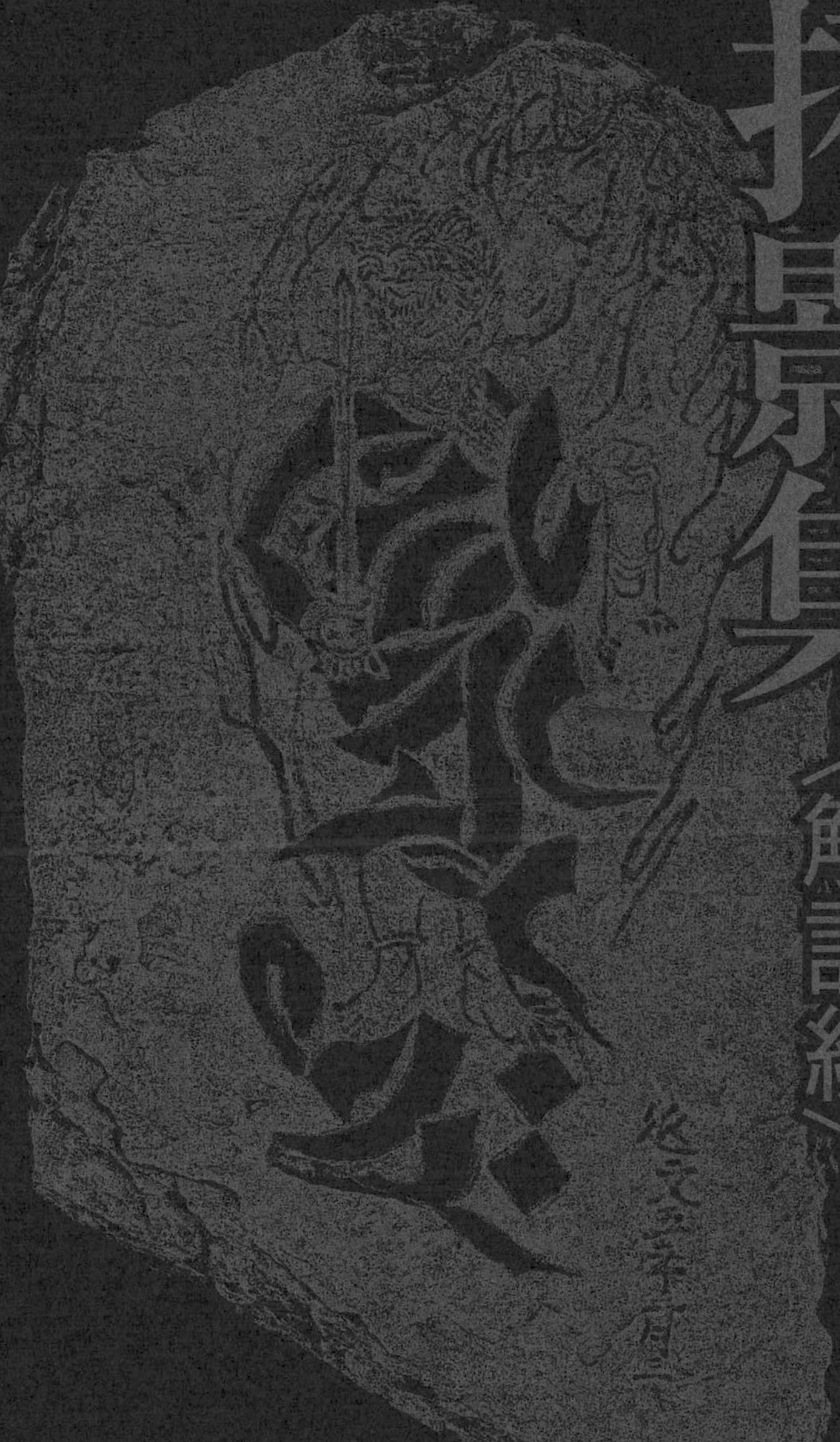

■東国の図像板碑拓影集　目次■

図版編

表紙・カバー表1使用図版：下38　匝瑳市中台・加持堂

カバー表4使用図版：宮6　石巻市桃生町城内・香積寺

扉使用図版：埼117　熊谷市桜木町・市立図書館

解説編

表紙・カバー表1使用図版：福62　白河市大南田・大村温泉

カバー表4使用図版：埼93　吉見町南吉見・長源寺

扉：下27　香取市山之辺・西福寺

函使用図版：埼60　東松山市岡・光福寺

序　東国の図像板碑概観―中世人の祈り―

板碑とはなにか

板碑《いたび》とは、比較的厚さの薄い板石で作った供養塔婆の一種をいう。最も本格的な板碑の形態は、三角形に先の尖った山形の頭部を持ち、その下に二段の浅い切り込みを作り、長い身部の下に根部を作り土中に差し込んで固定する板状の石塔である。身部（塔身部）の上方に本尊の種子（梵字で仏や菩薩を表す一種の標識）や図像を彫り、その下に偈頌（仏菩薩を讃える詩文）・願文・紀年銘などを彫る。時代が下ると三具足（燭台・香炉・華瓶）を載せた前机を彫る板碑も有る。この形式は鎌倉時代前期以来、板状の緑泥片岩を秩父や周辺で産出する関東において大流行し、埼玉県だけでも二万五千基余り、関東全体で四万基を越える膨大な数量の板碑が造立され、しかもそれが鎌倉時代から室町時代の中世に限られる点において、中世を代表する仏教美術ともいわれる所以である。現在では北海道から鹿児島まで各地に見られるが、緑泥片岩を産出する徳島県の阿波板碑は関東の板碑に似るが、他の地方は地元産出の石材を使用して作られるので、その形状などはそれぞれに違った特徴を持つ。

何故にかかる塔婆を造立するかといえば供養のためであるが、死者の冥福を祈るための供養、または自分の死後に極楽往生を祈るための逆修供養であり、鎌倉時代は前者が多く室町時代には後者のものが多い。造立者は当初は在地領主層による造立が多く、一五世紀以降は農民の供養塔が多い。夜念仏・庚申待ち・月待供養等の民間信仰と重るなど、造立の背景も異なる。

典型的な板碑の最古のものは埼玉県熊谷市須賀広の弥陀三尊図像板碑で、嘉禄三（一二二七）年の造立である。

これは阿弥陀坐像・観音立像・勢至立像を彫った図像板碑で、初発期の板碑には図像板碑が多い。石を一定の形に整形しないまま使う自然石塔婆の中にはこれよりも古いと考えられる石造品もあるが、本格的な板碑の造立はこの嘉禄頃に始まったと考えられる。荒川中流域で発生した板碑造立は、その後鎌倉時代後期から南北朝時代にかけて全盛期を迎え、その後衰退し一時室町持代に少し盛り返しながら、中世が終わるとともにその造立は途絶えてしまう（ただし、下総板碑はその後江戸時代まで造立が続く例が見られる）。

図像板碑とはなにか

全国的に見ても身部に種子を彫り表す種子板碑が圧倒的に多い。その中で仏の姿を彫り刻んだ板碑が約六〇〇基余り知られ、これを図像板碑（画像板碑、絵像板碑ともいわれる）と称する。最古の須賀広の嘉禄三年板碑は図像板碑であったのは先に述べた通りである。

その姿は、本書での拓影からもわかるように、阿弥陀如来を単独で彫った阿弥陀一尊図像板碑や観音・勢至という脇侍菩薩を伴った弥陀三尊図像板碑が圧倒的に多い。その次には地蔵菩薩図像板碑が続くが数はずっと少ない。その他に薬師如来・観音菩薩・弥勒菩薩・不動図像板碑等があるがごく僅かである。巻末の一覧表から抽出すると、阿弥陀三尊図像板碑二九七基、阿弥陀一尊図像板碑一六〇基、地蔵図像板碑四八基、その他・不明六〇基などとなり、圧倒的に阿弥陀信仰による造立が際だっているのがわかる。

一方、千葉県香取市周辺で造立された下総型板碑の中には名号阿弥陀像板碑（南無阿弥陀佛の文字を体躯にし、そこに顔や手足をつけた一種の図像板碑）一〇基や、不動の梵字カーンマーンに同じく顔や手足をつけた種子不動板碑二基が見られる。香取市やその周辺といったごく狭い地域で、ある時期に限られた造立で、原画としての木版画の所在も指摘されるなどの特異性がある。

①阿弥陀一尊図像板碑

西方にある極楽浄土の教主である阿弥陀如来を信仰し、死後にその世界に往生したいという願望を表すと考えられる。阿弥陀如来は四十八の誓願をおこし、それを成就して阿弥陀仏になられたという。その中でも有名なのは第十八願～第二十願の衆生救済の誓願であるが、その阿弥陀如来のお姿一体を彫った図像板碑をいう。

②阿弥陀三尊図像板碑

中尊の阿弥陀如来の外に脇侍菩薩として観音・勢至像を伴う三尊形式の板碑で、種子板碑・図像板碑共に見られる。図像板碑では観音菩薩は両手で蓮台を捧持し、勢至菩薩は両手を合わせて合掌する姿が一般的である。まれに、観音像の代わりに地蔵像を彫るものもある。

③来迎図像板碑

中世の日本人は、死後に極楽往生を遂げたいという願望を抱き、様々な作善を行った。板碑造立でも弥陀一尊像・三尊像も、発祥当初は正面直立像や三尊鼎立像という静的な像容であったものが、次第に飛雲に乗り左上から右下へ引摂する早来迎形の図像板碑のような、動的な像容の板碑が造立されるように変化する。

平安時代末に人心を捉えた源信の『往生要集』に説かれた欣求浄土の教えを具体化した造形の一つと考えることも出来、浄土教絵画に導かれて来迎板碑が造立されることになったのではないかと考えられる。

武蔵型板碑で見た場合、最古の嘉禄三年碑は弥陀坐像に脇侍直立像の静的な像容であったが、やがて東松山市・光福寺塔（埼60）のような早来迎形へと変化し、一旦衰退の後室町時代に民間信仰と結び付いていささか盛り返した板碑に、図像板碑が少なくないのもその欣求浄土の願いが、庶民階層にまで拡大したからと言えるのではないか。そしてそれは阿弥陀像に限らず地蔵像や他の仏の来迎図像板碑にまで広がっていったと考えられる。

④善光寺三尊板碑

長野県の善光寺に祀られる本尊に対する信仰が特に平安時代以降盛んになり、鎌倉時代以降それを模した石仏や板碑が造られた。形式は一光三尊式の光背の前に、中尊の阿弥陀如来は右手を挙げ施無畏印、左手は下ろして刀印といわれる印相をとり、その両脇に宝冠を着けて両手を胸前に重ねる梵篋印という姿の脇侍菩薩が、各々臼型の蓮座の上に立つ。中尊の背後には二重の光背を表し、この光背から茎を派生した小蓮座に座る化仏七体を大光背の面に作り、その間の地には火焔文を埋める。

阿波板碑に属する徳島市方上町・神光寺の板碑が特に優れたものとして古くから有名である。一方、武蔵型板碑の中では埼玉県熊谷市の北にある旧妻沼町（現熊谷市）と隣接する深谷市に五基の善光寺三尊板碑が所在する。かつて東京都内に一基あったが戦災で焼失しており、妻沼・深谷以外の地方には見られない点で注目される。玉洞院塔は昭和四六年に発見の報告があった後忘れられ、埼玉県が行った板石塔婆の悉皆調査時にも漏れていたが、平成一五年に再発見して所在の確認をした。歓喜院塔・福寿院塔・能護院塔は板碑の大きさは異なるが、中尊・観音・勢至の像高はみな同じである。元になった図版の所在が考えられるのではないかと考えている。その後、川崎市の個人蔵のものの所在が新たに判明している（建長四年在銘）。

各県の図像板碑の状況

板碑といえば埼玉・東京・神奈川（一部）の旧武蔵国で造立された板碑（武蔵型板碑、人によっては典型的板碑ともいう）が代表されるが、各県においてもその姿や形は違っても同じ趣旨の塔婆が造立されているのを見ることが出来る。

①北海道

三基の板碑が造立され（網走にある板碑は関東から移入とされる）、その内図像板碑は本書に収載している函館市・称名寺板碑が唯一で、最北のものである。

安山岩製の板碑で高さ八二センチ、上幅八〇・五センチ、厚さ最大三〇センチの大きさである。二重の枠線を二つ並べて線刻する珍しい形式をとる（双式）。右の枠内には天蓋の下に正面向きの阿弥陀如来が蓮座に乗って立ち、その下に向かい合って合掌する比丘・比丘尼の姿がある。左の枠内には同じく大きな天蓋の下に飛雲に乗り左から右下に来迎する阿弥陀像を線刻する。二条の光明が右下に伸びその先に館があり、屋内には人物像が見られる。像の下に「貞治六年／丁未二月日／旦那道阿／慈父悲母／同尼公」の銘文が刻まれる。江戸時代の享和三（一八〇三）年に村上島之丞により書かれた『蝦夷島奇観』に、江戸時代中期に出土したことが詳述されている。

②青森県

県の調査では二八〇基余りが判明し、図像板碑は二基所在する。埼玉の板碑造立より四〇年遅れて始まる。弘前市中別所の石仏・公卿塚板碑群には約五〇基の種子板碑が林立し、リンゴ畑の広がる丘陵地にあり美しい情景が見られることで有名である。自然石塔婆ともいわれ決まった形を取るものは少ない。梵字は大日如来をあらわすバン種子板碑が圧倒的に多い。

③岩手県

一〇〇〇基あまりの種子板碑が報告されるが、不動・地蔵図像板碑の所在が知られている。板碑の分布は宮城県に近い地方に多く青森県に近い地方（旧南部藩領）の造立数は至って少ない。

④秋田県

三〇〇基ほどが所在する。最古は鹿角市長牛のバン種子板碑で正安元（一二九九）年である。図像板碑は阿弥陀像二基、地蔵像一基が造立されている。横手市大森町・山王堂の弥陀三尊図像板碑は江戸時代の地誌、菅江真澄『雪の出羽路』に取り上げられている。

⑤山形県

造立数は約八〇〇基といわれる。県南の村上地方・置賜地方に多く所在し、南陽市竹原・如来堂境内の胎蔵界大日種子板碑の正元元（一二五九）年が最も古い。頭部山形は特徴ある形のものであり、石材も安山岩が使われ分厚い重量感のある板碑である。九州国東半島の板碑と形状的に似るとされている。図像板碑は弥陀三尊図像板碑が五基、弥陀一尊図像板碑二基が見られる。龕殿型といわれる特有の形をとる板碑が見られる（図像板碑もある）。

⑥宮城県

全県に分布する板碑の総数は約四〇〇〇基にのぼると報告される。文永五（一二六八）年銘の丸森町・宗吽院駐車場の板碑が最古銘といわれる。海に近い地域から急速に内陸部に広がったとされ、粘板岩といわれる地元産の石材が用いられることが多い。図像板碑の状況は三尊像板碑八基、一尊像板碑三基の一一基、地蔵板碑二基である。弥陀図像板碑は在銘のものが多く弘安二（一二七九）年、正応三（一二九〇）年、延慶二（一三〇九）年、応長二（一三一二）年、元応二（一三二〇）年、元亨二（一三二二）年と、鎌倉時代に造立された板碑の多い点で注目される。

⑦福島県

比較的早くから研究が進められていて、多くの種類の石造美術があることでも知られる。特に注目されるのは、弥陀三尊来迎石仏・板碑の所在で、これらは造立数・形態の多彩なことなどの点でも、弥陀図像板碑の多い武蔵型板碑の地域を凌駕するものであり、もっと注目されるべきものと考えている。

これは中通り地区と呼ばれる阿武隈川流域にのみ見られるもので、県北・県央地区では自然石に凸字形の枠を取り中を彫り下げて、そこに弥陀三尊像を薄肉彫または半肉彫りする。それが県南では頭部山形の分厚い板碑形になり像を陽刻するように変化し、阿武隈川東岸の石川郡や近辺では板碑形に像を線刻で表すというように、地域による表現の違いが見られる。現在までの踏査で一一三基の三尊石仏・板碑を数え、それ以外に二尊像や一尊像さらに地蔵像等が七基ある。

これらの最古のものは福島市下鳥渡・陽泉寺の正嘉二（一二五八）年であるが、高さ一六八・五センチ、幅一三一センチ、厚さ三七センチの安山岩製の大きなもので、その長方形の枠内に来迎する弥陀三尊像を薄肉彫する。武蔵型板碑の来迎像板碑は加須市騎西・大英寺の正嘉元年と一年の違いであるが、後者は高さ一〇四センチ、幅六四センチの小型のもので線刻像である。陽泉寺塔のほうがはるかに量感に優れた造形であり、文化の伝達という点で考えさせられるものがある。

⑧茨城県

昭和五四年度から県史金石文調査団が結成され、県西部から南部の調査をはじめ六年間にわたる調査の結果、武蔵型板碑約二六〇〇基、常総系と名付けられた地元特有の板碑約二〇〇余基の所在を確認した。この中で弥陀図像板碑は七基を数えられるが、桜村古来旧在（現在つくば市桜歴史民俗資料館に展示）の来迎板碑が八尺青石率塔婆・文永九（一二七二）年の銘を持ち古くから有名であるが（現高二二五センチで二折する）、そのほかは室町時代の板碑が多く県南の坂東市に天文二（一五三三）年～七年という短期間に四基が集中する点に注目される。

⑨栃木県

県内の各市町村史や調査報告書塔の文献から約二三〇〇基の板碑が所在すると報告されているが、この中で県南部の下都賀地区と阿足地区で全体の約八五パーセントを占める。図像板碑は群馬県・茨城県に接する県南部において五基が見られる。この中でも足利市・別府家の弥陀三尊図像板碑（文永十二年）、佐野市堀米・一向寺の弥陀三尊図・宝篋印塔板碑（南北朝時代）が有名である。また、宇都宮市・清厳寺には高さが三〇三センチもある鉄製の弥陀三尊像鉄塔婆が正和元（一三一二）年に造立されている。

⑩群馬県

『群馬県史』資料編―中世4―金石文によると、有紀年の板碑一九一三基、無銘の板碑と合わせると三四二〇基もの板碑が確認できたという。県東南部の上野武士団・新田氏の勢力範囲や小幡氏の勢力下にあった鏑川中流域に多い傾向が読みとれる。このうち最古銘の板碑は前橋市小島田大門跡のもので、将棋の駒型に内部を浅く彫り窪め、その上方に阿弥陀坐像を厚肉彫りし（頭部は剥落する）、その両側に観音の梵字サと勢至菩薩の梵字サクを彫る混合式の図像板碑で、父親が息子の追福を祈って仁治元（一二四〇）年に造立したことが銘文から読みとれる。

⑪埼玉県

武蔵型といわれる典型的な板碑は荒川流域の埼玉県中央部で創製されたと考えられている。最古の板碑は現在一部を欠失するが弥陀三尊（中尊の阿弥陀像は坐像・脇侍像は立像）を半肉彫りした嘉禄三年銘のもので、熊谷市須賀広・大沼公園に現在復元された板碑が立っている。

独力で埼玉の板碑の悉皆調査を実施した千々和実氏の方法を踏襲して、埼玉県が破片・断片も含めた悉皆調査の結果を昭和五七年に『板碑』三冊として公刊している。それによると二万二百基余りとするが、その後の発見で約三万基近いともいわれる膨大な量の造塔供養が、鎌倉時代から室町時代にかけての中世に行われていたのである。この中で阿弥陀図像板碑を中心にして図像板碑が二一〇基ほど数えられる。初発期と称されるごく初期の板碑の多くは図像板碑であり、板碑は図像板碑から出発したともいわれる所以である。

⑫東京都

東京都板碑調査団による二三区分と多摩分とに分けて『東京都板碑所在目録』が公刊されており、総数八七〇〇余基の板碑が知られる。その内図像板碑はその後の新発見を含めて六五基にのぼる。二、三例を残して他はいずれも弥陀三尊又は弥陀一尊図像板碑である。その内の三分の二が都内に所在するが欠損する場合が多い。ただし板碑の総数で見ると都内の二三〇〇余基に対し、都下は六三〇〇余基の板碑が所在するので、都内での図像板碑の割合が高いことがわかる。

豊島区巣鴨・高岩寺（とげ抜き地蔵として有名な寺院）の大永八（一五二八）年銘の庚申待弥陀三尊図像板碑は江戸時代の『集古十種』にも収載され、明治の文豪徳富蘇峰の旧邸にあった板碑群は最近國學院大學に移された。

⑬神奈川県

約一五〇〇基の所在が報告され、そのほとんどが川崎市（五二パーセント）、横浜市（一・三パーセント）、鎌倉市（一〇・一パーセント）で占められ、県北・県西に少ない傾向が読みとれる。川崎市と横浜市域の一部は旧武蔵国の領域とそれに隣接する地域である。図像板碑は二七基が判明しており、二基をのぞいていずれも阿弥陀図像板碑である。

神奈川県の図像板碑で注目されるのは、相模原市・惣吉稲荷神社と同市・加藤家に、双式といわれるほぼ同じ図像の板碑が所在（二基で一対）することである。前者は延文四（一三五九）年、後者は延文六年の造立である。他に類例は無い。

⑭千葉県

県西部に武蔵型板碑が約九五〇基余り、旧下総国の東半分、今の香取市を中心とした地域に下総型板碑と呼ばれる特徴のある板碑が約七〇〇基分布する。後者は黒雲母片岩を石材として使用される地域性の強い板碑で、二尊並立・並坐像や、名号阿弥陀といわれる「南無阿弥陀仏」の名号に顔や手足を付けた図像板碑が一〇基（文安五年から永正二年の約六〇年の造立）、カーンマーンという不動の梵字に顔・手足を付けた種子不動図像板碑が二基、香取市と隣接する神崎町というごく限られた狭い範囲で見られ、元は木版画にあると見られるなどの特色がある。図像板碑は弥陀三尊図像板碑（最古銘は永仁元年）八基、弥陀一等図像板碑（最古銘嘉元三年）九基、地蔵図像板碑一〇基等である。

⑮その他

山梨県においては武蔵型図像板碑が二基、長野県において三基の所在が知られる、群馬県からの移入ルートによって伝播したものと考えられる。

第一章　北海道・東北

北1（図版編一頁）

北海道函館市船見町一八－一四・称名寺　双式弥陀一尊図像板碑

称名寺は、正保元（一六四四）年円龍という僧が亀田村（現在の函館市八幡町辺り）に阿弥陀庵を建てたのが始まりといわれ、函館市内では高龍寺に次いで古い寺院である。

北海道唯一の弥陀来迎図板碑は、現在は、本堂の右側に建つ庫裏の奥に広がる庭園の中に、保存のために小さい祠を建て、その中に下部をセメントで固めて南面して立てられている。

石材はきめの粗い白っぽい安山岩の自然石で、上端両側は角を落とし、表面は少し丸みを帯びており、石の高さは左辺で八一・三センチ、右辺で八二センチ、上幅八〇・五センチ、下幅七七センチと少し下に狭い。石の厚さは各部で異なり、上端右端で約七センチと最も薄く、左側面の下部で三〇センチと最大値を示す。この石の表面に六三・五×六八センチの大きさを外側にして、二重の輪郭線を陰刻し、中央には更に一本縦線を彫り加え左右二面に分ける（なお、この縦線は左の輪郭線の外側にも認められるが、右の輪郭線は中央上部で石面が凹みを有しているものの、その上下には刻線は認められない）。

この二面の輪郭内に弥陀の一尊来迎像等が陰刻される。即ち、右側は六四・五×二七センチの長方形の輪郭の上方に左右一杯に広がった天蓋の下に幅十八・五センチ、高さ六・五センチの蓮座を線刻し、その上に正面を向いて像高三一・五センチの来迎相の阿弥陀如来が頭光を負って立つ。その下方に二人の人物坐像が、輪郭に接するようにやはり陰刻で彫られている。右側の人物は坐高一二・六センチで肩先まで髪を伸ばしているのか、あるいは頭巾を被っているように見られ、胸元で合掌している。左側の人物は像高一三・三センチとほんの少し大きく、剃髪しているように見え、右側が女性像、左側が男性像と思われる。共に顔を少し上に向けて弥陀像を仰ぐような姿勢をとる。右側の像は背部が外側の輪郭線に接する辺りまで彫り込まれている。

左側の輪郭は、六四×二八センチで、右と同じく輪郭一杯に大きく天蓋を彫り、その下に飛雲に乗る像高約三〇センチの右下方を向いた早来迎形の弥陀立像が陰刻されている。頭光の右下から二条の光明が伸び、その先に建物の屋根と室内の人物の一部が認められる。後述の如く『蝦夷島奇観』の図によれば、この屋形の下に男女二人の像を彫るとするが、現在では風化が進んで一人か二人かも分かりにくい状態である。

更に左区の像の下に、五行の刻銘が見られる。

「貞治六年
丁未二月日
旦那道阿
慈父悲母
同尼公」

この銘文も風化のために、今一つはっきりせず、特に三行目の道阿は道海とも読めそうであり、前者は阿号の念仏行者と見ることも可能である。昭和三一年に東北から北海道にかけて「仏教文化の北限をさぐる」ための調査行をおこなわれた時、この板碑の調査をされた千々和実氏は「北海遊記」（私家版。昭和六一年吉川弘文館から出版された『板碑源流考』に「仏教文化の北限をさぐる」として収録）の中で、謄写版刷りの限られた印刷法で精密にその部分の図を掲げて、道海と判読しておられる。一方、地元の須藤隆仙氏は『北海道に於ける浄土教流伝の一例―函館にある貞治の碑を中心として―』（昭和二七年刊か）の中で道阿と判読されているが、現在の石面の状態からはいずれとも決しがたい。ただ、後述するごとく江戸時代の村上島之丞（秦穏丸）の「蝦夷島奇観」の図中には道阿と示されていて、その頃から道阿と読まれていたと考えられる点を考慮する必要があると思われる。

各地の来迎図像板碑を見た場合、一つの石面を二区に分けて二種の来迎図を表したものは少なく、筆者が昭和五一年から行ってきた福島県中通り地区の来迎石仏・板碑の全一三〇基の悉皆調査の中では「双式来迎石仏」四基がある程度である。福島県のものは陽刻像であり、かつ弥陀三尊像である点相違する。武蔵型板碑についても連碑の図像板碑のものは見当たらず、わずかに神奈川県相模原市・惣吉稲荷の延文四年在銘の板碑、相模原市藤野町・個人宅のものが同じ構図の早来迎像を二基に作る例が知られる程度である。

これらの中で、左右の構図が異なるのは福島県須賀川市・芦田塚双式来迎板碑（嘉元三年）だけで、他の板碑は二区共にほぼ同じ構図の図像を刻んでいる。その意味からもこの称名寺の板碑は貴重な違例ということが出来よう。

また、弥陀来迎図像板碑で人物像（念仏行者像）を彫り表すものは、福島県の来迎板碑や阿波板碑の中に例を見ることが出来るが、板碑発祥の地である武蔵型板碑の中では見出されない。夫婦と思われる二人の人物像を表すものとしては、福島県郡山市上伊豆島の来迎板碑（上部欠失）や、徳島県名西郡神山町峯長瀬の弥陀独尊板碑（応永五年）や徳島県阿波郡市場町伊月・行幸共同墓地の弥陀三尊来迎板碑（応永か）等に例があるが、極めて珍しい例であると思われる。なお、称名寺板碑の人物像は左右区においてその姿勢に相違があるが、右区では正面向きの弥陀像の足元に合掌する男女像を、左区では左寄りに右向きに立つ弥陀像の右前方に並んだ像を彫り表している。前述の千々和実氏は『北海遊記』の中で「ここで注意すべきは左区の速来迎図は、生存者の体験であることを、それに対して右区は弥陀に救われてよろこぶ死者の往生後のすがたといえる」とするが、その解釈を紹介するにとどめる。

この板碑については、江戸時代の享和三（一八〇三）年に出版物に取り上げられる等、昔から高い関心がもたれてきた。享和三年二月に村上島之丞（秦檍丸）の著した『蝦夷島奇観』に江戸時代中期に出土したことを詳述し、さらに「井戸出現石像碑」と題して図版・解説などを付した一枚刷の案内言が頒布されたことを、縣敏夫氏が「板碑研究史」（『板碑の総合研究』1、昭和五八年）で紹介されている。先の『蝦夷島奇観』には、板碑の碑面の図を左に、発見の時の状況を右に解説する。ただ、図は左区の早来迎像において白毫からの射光が描かれていないし、飛雲も蓮座に変わるなど事実と一致しない部分も見られる。

右の解説は次のごとくである。

宝暦二年八月、榊氏角屋と云何某者家のうしろ山際に井を掘りしめんとて、土を穿せたるに、図の如くの碑出たり。其の下より丹塗りの小祠方一尺五寸ばかり、また甲革の金具大長刀、太刀鍔は木瓜四所に九曜の紋付たり。小祠の中に髑髏一頭を安置す。すなわち称名寺に納めて墓塔をまつる。その後また廃してくさむらの中にありしをもとめ出して、二月朔日をもって僧侶に祭らしむ。

『蝦夷島奇観』所載の称名寺板碑図（函館市立図書館蔵）

青1（図版編二頁）

青森県弘前市大字一町田字村元・木村家　弥陀一尊図像板碑

「一町田」バス停から南へバイパスを越えて進んだ八幡社の西側に木村家があり、その敷地の西南の松の古木に立て掛けるようにして、南面する板碑は注連縄を巻き木村家で大切に祀られている。

地上高一五三センチ、上幅六四センチ、最大幅八八・五センチ、地上幅七一・五

センチ、上部の厚さ一四・五、下部の厚さ一七センチの、背面が比較的平らで頭部が尖った不整形な安山岩を用い、直接地面に立てられている。この頂部の尖ったところから約三〇センチ下がった位置から、石の右寄りに縦七八センチ、横三四・五センチの長方形の枠を陰刻し、その中に来迎印をむすび二重の頭光を負う正面向きの阿弥陀像を比較的太い線で陰刻する。像高は足元が風化していてやや不明確であるが、約四八・五センチと計測される。像の全身から輪郭線の全面に向けて放射光が放たれている。このような挙身光を持つものとしては、埼玉県深谷市本田・俵薬師堂の弥陀一尊来迎像板碑（観応元年）が知られているが、この板碑の場合は二条ずつの光明が踏み割り蓮座の上に立つ弥陀像の周囲に、比較的規則正しく刻まれているのに対して、一町田板碑は一条ずつがごく素朴なタッチで刻まれている。恐らくこの光明は弥陀の四十八誓願を表すものと思われる。石の表面は右上部に凹凸があり、輪郭の下に丸い凹みがある。風化のために荒れていて面部や足元などは今ひとつ不明瞭である。

中村良之進『陸奥古碑集』では「記録伝説に残る部分」として「駒越村一町田一基」として「二同所六百五十二番地木村氏裏畑内老松の下に在り丈五尺出て巾二尺七寸厚五寸五分何か佛像を彫刻せしものなり」と記す。

秋1（図版編九頁）

秋田県大仙市大曲須和町三－一－二六・大川寺　地蔵坐像板碑

本堂の須弥壇下の地下室に弥陀三尊種子板碑、地蔵種子板碑、地蔵坐像板碑（永和□年）と三基の板碑がある。三基の板碑の中央に置かれ、総高一二四センチ、上

幅三五・五センチ、下幅五〇センチ、厚さ二一センチの上部先端が尖った安山岩を用いる。

先端部の二六センチ下から三重の頭光をおい、錫杖を持ち蓮座の上に座った地蔵像を細い線で陰刻する。線が細いことと石の風化の為に左膝のあたりがわずかに残る程度で肩から下の部分の詳細は不明である。蓮弁はゆったりと深く彫られていて、その端の方に法衣の袂が垂れ下がっているのは、はっきりとわかる。

地蔵像の下には敷物の上に座っていると思われる人物像らしい線刻が、左右二箇所にかろうじて残っている。右の方はごくわずかに膝の部分がわかる。川勝政太郎博士は「蓮台の弁がふくらみを持ち、のびのびしている点、鎌倉末期とみる。大川寺の永和碑とくらべて形もよく時代も古い。また下方の台座の上に膝があり、上半身もかすかにわかるから、地蔵を本尊として両親の像を刻み、その菩提を弔ったものであろう」という見解を、地元の研究者の問い合わせに回答として寄せている。

なおこの板碑は、昭和四七年五月二五日、庫裡から弁天堂の奥殿に通じる渡り廊下を取り払った際、奥殿の土台の基礎に使われていたのを発見されたとのことである。

秋2（図版編一二頁）

秋田県大仙市大曲須和町三－一－二六・大川寺　供養者像付き弥陀三尊種子板碑

右端に置かれている板碑で、現在縦に二つに割れているが左右いずれも上部を失う断片である。現状で高さ七七・五センチ、最大幅八三センチ、厚さ二五センチの安山岩製のものである。右側側面は平らに加工が施されているが、左側は斜めに割れている。石の右端から一四センチの位置から幅五四センチの輪郭を刻み、その中に月輪の中に蓮座を彫り、その上に弥陀三尊種子を薬研彫りする。ただ現在ではサ

クの全体とサの下部が残るだけで、主尊のキリークは月輪の一部が認められるだけである。その月輪の右側には六条の瓔珞と思われる彫刻が見られる。脇侍種子の下には前机が置かれ、一対の華瓶と香炉と思われるものを刻む。

更に輪郭に接して二重の壇の上で合掌する人物像が見られる。右側の人物は像高一二・五センチで左の人物は一〇センチ、前者が僧形であるのに対して後者は肩まで髪を垂らした女性像であるように見える。

石の右端に一四センチに五二・五センチの枠があり、この中に三行の銘文が刻まれている。現在風化が進んでおり判読が困難であるが資料等を参考にすると、次のようである。

「右奉石彫者相當慈父母三廻之日冥会□□
伏願善根或□…………………□
証□□□道乃至□□者口平等利益故」

この板碑は昭和二年の火災の折りに二片に割れて、左の部分は失われて現状の姿になったということである。

秋３（図版編一一頁）
秋田県横手市大森町猿田五二・山王堂　弥陀三尊図像板碑

猿田字六盃沢の民家の横手にある鳥居をくぐって登った裏山の中腹平地に、山王堂が建っており、板碑はその正面壇上左側に木製のケースに収納されて祀られている。

板碑は現高七〇センチ、上幅二六・七センチ、下幅三七・五センチ、厚さ四～四・七センチの緑泥片岩製で下部を欠失するほか、表面のあちらこちらが剥離している。頭部は山形であるが二条線の刻みは見られない。頂部から九・五センチ下がった所

から直径二二・五センチの二重の頭光を負う正面向きの阿弥陀如来の立像を線刻する。火中して黄変すると奈良修介氏にご教示いただいた如く、面部はすっかり失われているのに対して、衣文は比較的線刻がよく残っている。鬘はほぼ等間隔に彫られ力のない刻線である。大きく開いた蓮座の上に立つ。中尊の裳裾の両側に頭光をおった脇侍菩薩の像の上半身が認められる。右側の観音菩薩像の方がまだ幾分か細部がわかり、両手で蓮台を奉持しているのが認められる。左の勢至菩薩像は面部を残すだけで下部を失っている。

中尊の蓮座の下中央に「頼源」、その右脇に「正」の刻字が読まれる。奈良修介氏は「永正己巳」の年号と判読されておられたようであるが（昭和六〇年一〇月の書簡）、後に平成四年六月に磯村朝次郎氏にご教示をいただいたところでは、銘文については「正中」「頼源」と判読された由である。ただ像の彫法などから見て鎌倉時代末とみるのは無理ではないかと思われる。

菅江真澄「雪の出羽路」挿図

江戸時代の地誌、菅江真澄の『雪の出羽路』に図入りで取り上げられているのは、よく知られるところである。

山1（図版編一二頁）
山形県東置賜郡川西町大塚・牛谷家阿弥陀堂　阿弥陀一尊来迎板碑

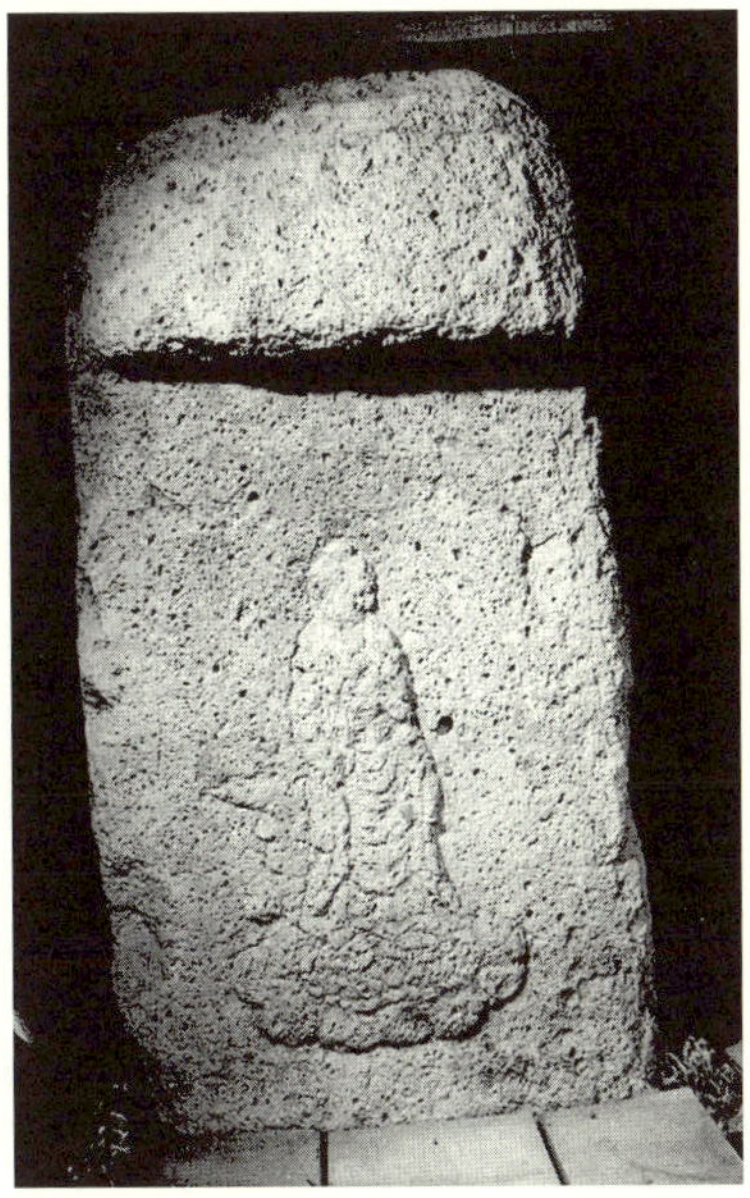

山形鉄道のフラワー長井線の「西大塚駅」から約一キロメートルの所に曹洞宗・高徳寺がある。その前の十字路の南西側に、小さな阿弥陀堂が道路より一メートルばかり高い地に東面して建っている。堂は後述のように、棟札からみて文化年間に建てられたものである。

板碑は堂の中央の床板に孔を穿ち、地面に置いた台石の上に立てられている。総高一二〇センチ（床上からは一〇四センチ）、上幅四六センチ、下幅は床の所で四八センチ、厚さ二三センチの凝灰岩製で、背面は不整形である。頭部を山形に整形するが左側が特に磨滅して、変形している。頂部より一七センチ下がった所に二・三センチの高さで二条の刻みが作り出されているのが、真中から右側にかけて認められる。なお、二条の刻みは側面にまで及んでいる。その下に一七・五センチの高さの額部が身部より六・五センチ張り出して作られ、額部には面取りが施されている。頭部二条刻みの上で横桟を渡して堂の両壁で固定し、板碑を支えている。

額部の下縁から二四・五センチ下がったところから、右下方を向いて蓮座の上に立ち、飛雲に乗る独尊の阿弥陀如来像を薄肉彫りする（像高三四センチ）。石の面を平らにして像の方向に向けてごく僅か彫り凌えて、その中に像を浮き彫り状に立体的に表現する。右手を胸元に挙げ、左手を膝の当たりに下ろした来迎相をとる。衲衣やハの字に開いた両足の部分は比較的よく残されている。阿弥陀如来の乗る飛雲は先端から周囲にかけて巻き込み、雲尾は阿弥陀如来の背中の後方に細く流れており、流動感を表している。雲は大きく量感に富んだ彫刻が行われている。身部の面積からみて像はやや小振りに感じられる。

堂の後ろに二枚の棟札が止められている。

〔前の札〕奉寄附
一、柱四本　　高徳寺
一、棟木二本
文化十一甲戌天六月十五日

〔後ろの札〕
無量寿佛
奉再建彌陀尊　不　文化十一甲戌年六月十五日
鎮護田宅　明　導師高徳寺現住
施主　牛谷甚五右衛門
海印耕山叟　大工渡部與市

不明の部分は釘で二枚の棟札を止めているために重なりを生じている為である。牛谷家は牛屋とも記し、中大塚の豪農としてこの地に居を構えた。周囲には堀をめぐらし、板碑は東北隅の館堀から出土したといわれる。一説では天正十九年の出土とも言われる。

山2（図版編一三頁）
山形県米沢市窪田町小瀬・木村家　弥陀三尊図像板碑

米沢市の北部、東を松川、西を鬼面川にはさまれた平地に立地する農村部に立地する。古くから続く木村家の母家の右手奥の屋敷林（防風雪林）の片隅に、直接地上に立てられて東面している。

板碑は背面から計ると総高一〇三センチ、上幅五六・五センチ、下幅六二・五センチ、厚さは身部で一九センチの凝灰岩製である。ただ現在は上部を欠失しており、高さは左側で九三センチ、右側で八〇センチという計測

値になる。根部は両側は丸く欠損しており、最大で一六センチ張出している（高さは一〇センチ）。現状ではこの根部の上の部分から地面の中に埋まっている。石の背面はほぼ平滑になっている。

身部に幅二～二・五センチの枠をとり、その内側をごく浅く彫り窪め、その中に弥陀三尊の来迎図が薄肉彫りされる。石面の中央に正面向きの阿弥陀如来が飛雲の上に立つが、肩から上を欠失する。右手を胸元に挙げ左手を下ろした来迎印をとる。衣文は太い線で刻まれるが、石面が荒れているために詳細はわかりにくい。中尊の左側には直径一一センチの頭光を負った勢至菩薩が、右を向いた姿勢で膝を軽く曲げ、体を前にかがめ胸元で両手を合わせて合掌する。足元の瑞雲は動きを示すように雲尾を枠線の方に細く伸ばしている。右側の観音菩薩は勢至菩薩と同じように、飛雲に乗り両手で蓮台を捧持するが、表面の剥落が多く蓮台や頭光の一部等がわかるのみである。像は輪郭とともに石の表面の高さにとどめ、その周囲を浅く彫り下げて薄肉彫りとし、衣文等は線刻で表現している、いわゆる押し型風の彫刻である。

この板碑についての報告は加藤和徳氏の報文「置賜地方の阿弥陀来迎図像板碑について」が初めてで、木村家ではそれまで板碑とは思わず、図像が彫刻されていることも知らなかったとのことである。

山形県の図像板碑は県南の東置賜地方に集中し六基を数えるが、高畠町夏刈・長谷川家墓地板碑（徳治元年とされる。上図参照）を除いて、いずれも紀年銘を有しないために、その造立年代を詳らかにしない。その所在は蛭沢入口の龕殿型板碑を除いて、鬼面川の流域に所在する。

宮1（図版編四頁）

宮城県大崎市岩出山上野目四八・天王寺　弥陀三尊図像板碑

ＪＲ陸羽東線「西岩出山駅」の東約一・五キロメートルの地にある興国山天王寺は臨済宗妙心寺派に属する寺院で、寛元元年蘭渓禅師の創建と言われる。大悲閣左手の竹籔を背にして六基の板碑が並んで東面し、その内左から二基目と三基目が阿弥陀三尊図像板碑で、他は種子板碑である。

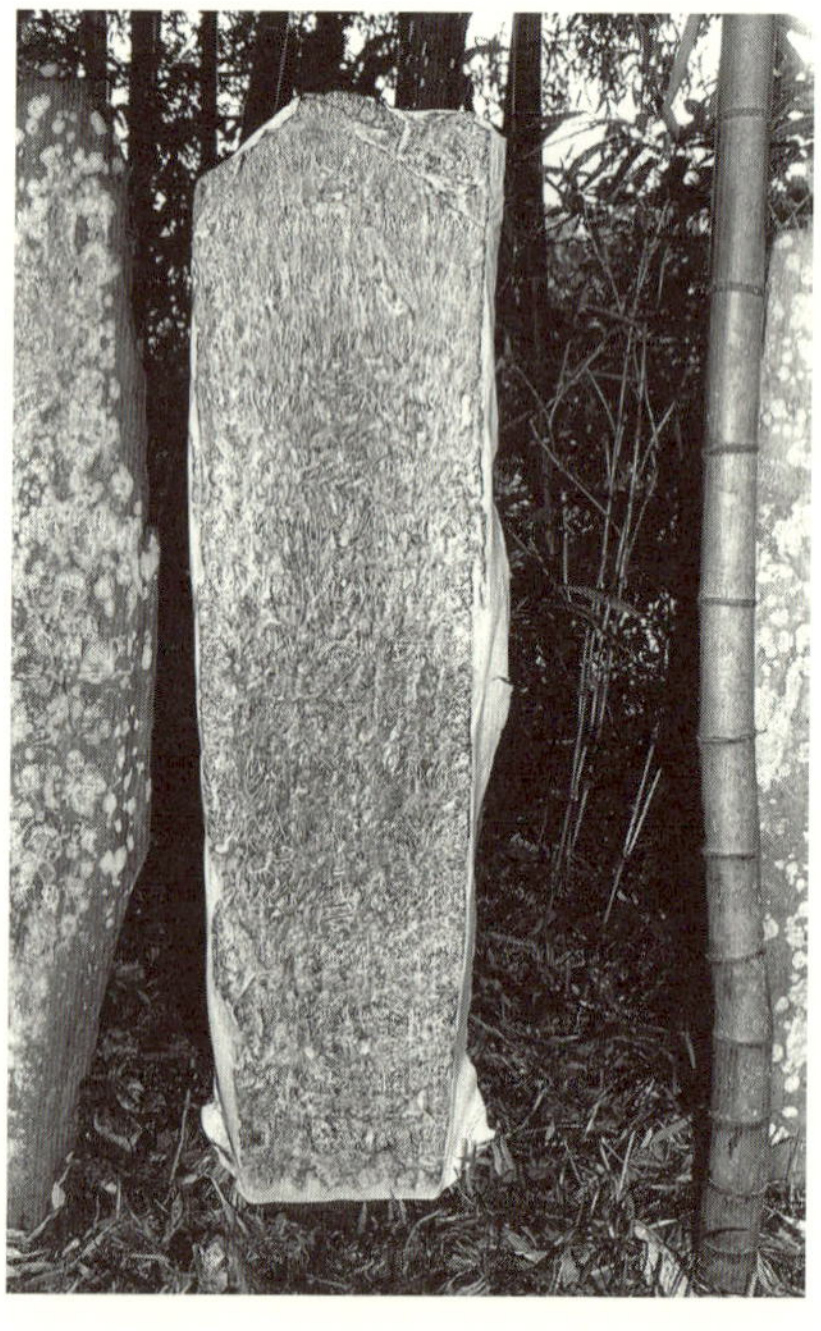

左から二基目。地上高一三三・五センチ、上幅三二センチ、下幅二五センチ、背面不整形で左辺四・五～右辺一二センチの厚みを持つ頭部山形をした粘板岩製の、自然石を用いた弥陀三尊図像板碑である。

石の頂部から三〇・七センチ下がったところから正面向きで蓮座の上に来迎印をとる弥陀立像が外側で一〇・五センチの二重円光をおい、そこから二条ずつ六方向に放射光が伸びている。像高二九センチの阿弥陀像は髪際のところから線刻されていて、螺髪は刻まれていない。胸元に挙げた右手は第一指と第二指を捻じているように見え、下ろした左手ははっきりしない。蓮座は竹の葉状に三重くらいに尖って線刻され、その下に飛雲が毛彫りされる。瑞雲は動きを示すために、雲尾が中尊像の後方に細くなびいている。

中尊の足元両側に互いに向き合った脇侍二菩薩も同じく立像で線刻される。即ち、右側は頭光を負って両肘当たりからあらわに腕を出して、両手で蓮台を捧げ持つ観音菩薩を二二・五センチの大きさに彫り、左側には同じように頭光を負って、胸元で両手を合わせて合掌する勢至菩薩が、やはり蓮座の上に立つ（像高二〇・五センチと少し小さい）陰刻の線は中尊はやや太く脇侍像は毛彫りに近い極く細い線で刻まれている。脇侍菩薩の衣文の襞などは省略されて、極く大まかに刻まれているだけである。二菩薩は共に大きく宝冠を戴き、腕に掛けられた天衣は大きく肩の回りを囲んでいる。頭光は両方とも中尊の飛雲に隠れて全体を表していない。なお、両脇侍菩薩の蓮座の下には飛雲は彫られていないように見受けられる。この二菩薩の間に一華二茎の蓮華を生けた首の長い花瓶が陰刻され、観音菩薩像の頭上に、三本足の香炉が一基他と同じく陰刻される。

宮2（図版編五頁）

宮城県大崎市岩出山上野目四八・天王寺　弥陀三尊来迎板碑

左から三基目。地上高一一五センチ、上幅三二センチ、下幅二五センチ、厚さ六～七センチの粘板岩製で、左辺に対して右辺が短く、左寄りに山形をした石材が使われている。

像高三一センチの阿弥陀如来は石の頂部から三〇センチ下から彫り出され、くの字を横向きに五個並べた形の蓮座の上に立ち、左手を下に下ろし、右手を胸元に挙げた来迎印を結び、視線をやや下に向けて右を向いている。二重の頭光（外側の頭光は直径九センチ、内側の頭光が七・五センチ）の内外から二条ずつの放射光が七方向に放たれ、その内右下方を照らす二条の光明は長く、石面の端にまで伸びている。両手の長さに比して長身の阿弥陀如来像である。目鼻立ちははっきりしているが、髪際や螺髪の上部は不明瞭である。

中尊の右足の下から、八センチの頭光を負って合掌する勢至菩薩が、顔を右下に向けて立ち、その右前方に蓮台を捧げ持った観音菩薩が、三角形の蓮座の上に同じように右下方を向いて立つ。勢至菩薩像の下半身は風化の為に足元の状態などは今ひとつ明確ではない。観音菩薩の宝冠が比較的刻明に彫られるのに対して、衣文の彫刻は極く大まかに線刻されるだけで、像全体的なバランスも悪く、観音像などは上半身に対して下半身が小さく不安定な印象が強い。三尊共に右下方を向いた早来迎形の板碑である。

両脇侍像の間に、線刻の花瓶が一基あり、三茎の内中央の茎の先に大きな華が刻まれる。先の板碑の花瓶が胴の上方と下方に二条の筋を残して薄く彫り窪めるのに対して、本搭の場合は全体が線刻で表わされ、肩の張った形で首は特に長くない。

観音像の上、長くのびた二条の放射光との間に、三本脚の西洋ベルのような形をした香炉が平底形に陰刻され、その左肩のところから一筋の香が立ち昇る様を表わしている。花瓶・香炉等その表現の仕方に相違の有るものの、先の通形来迎板碑と同じものを表わしており、三尊像の彫刻の状態などから、同じ時期に造立されたものと考えられる。

宮3（図版編三頁）

宮城県大崎市古川堤根・天寿庵　阿弥陀一尊図像板碑

宮城交通バス高倉線の堤根バス停から北へ約百メートル程の道路左にある、天寿庵墓地の入り口右側に、三基の板碑が下部を固定して南面して立てられている。その内中央の板碑が阿弥陀一尊図像板碑である。

『古川市史』上巻（昭和四三年刊）によると、茂庭邦元氏は「古川周辺の板碑の分布は、周辺の全地域に及んでいるが、特に西南部の飯川・高倉方面に厚く、同地域の板碑には阿弥陀如来種子を刻んだものが多く、弥陀信仰の盛んであったことを示しており、古川西南地域が鎌倉時代から室町時代にかけて、文化の中心地として栄えたことがわかる」と説かれる。

板碑は、総高一一九・五センチ、上幅三一・五センチ、下幅三七センチ、厚さ最大一五センチの粘板岩製の、ほぼ長方形の自然石板碑で、頭部中央部が少し凹んでいる。弘安二年銘と正和五年銘の種子板碑に挟まれて、下部をコンクリートで固定されている。

頂部の二三センチ

下から幅二六・五センチ、長さ五〇センチの長方形の輪郭を陰刻し、その上の輪郭から九・五センチ下がった所から、頭光を負い右下方を向いた早来迎形の像高二六センチの弥陀立像を薄肉彫りする。両手とも第一指と第二指を捻じた来迎印を示し、直径九・五センチの線刻された頭光からは、一四方向に二重の光明が放たれる。右下のものは枠線に殆ど接する程長く伸びて引摂の相を表している（最下端は一条ずつ）衣紋は襞にあたる所を比較的幅の広い線彫りで表現する。

その足元の蓮座は像と同様に薄肉彫りとし、更に線刻の敷茄子と受座、陰刻の反花を彫る丁寧な台座（蓮華座）を表している。このような台座は下総板碑には多く見られるが（例えば、千葉県香取市小見川区貝塚・来迎寺嘉元四年銘来迎三尊板碑）、他の地域では珍しい表現方法といえよう。

輪郭の下に三行、次の銘文を刻する。

「右志為相当忌年五七
（弥陀一尊像）
正応三年庚寅十二月八日
出離生死證大菩提也」

宮４（図版編六頁）

宮城県黒川郡大衡村大森・法幢寺阿弥陀堂　弥陀一尊来迎板碑

県都仙台市のほぼ北三〇キロメートルにある仙台北部工業団地を抜けた先の三叉路の東方が、大衡村大森である。学校の跡地に大森生活センター（大衡村公民館大森分館）が建ち、その広場に続いて曹洞宗大森山法幢禅寺が、南面して建っているが現在は無住である。

本堂の左前方、参道の左に東面して建っている、一間四方余りの阿弥陀堂の奥中央に壇を設け、そこに阿弥陀一尊来迎板碑が一基祀られている。

総高七八センチ、上幅二七・七センチ、下幅三〇・五センチ、石の背面は若干凹凸があるものの厚さ九センチである。石材は県下においては珍しく凝灰岩製である。石の頂上から二九センチ下がった所から右下方を向いて飛雲に乗り来迎相の阿弥陀如来が、早来迎する如く石面のほぼ左半分に陽刻される。像高は約一四センチで、菊花状の連座の上に立つが石の柔らかいこともあり、かなり風化が進み衣文等の細部は不鮮明である。

この来迎板碑で注目されるのは、阿弥陀如来の飛雲のほぼ右側に弥陀像の方をむいて正座合掌する僧形の念仏行者像を、敷座を含めて弥陀像とほぼ同じ一四センチの大きさに約〇・三センチ程度に薄肉彫りする点にある。顔を阿弥陀如来の方を向け、胸元で両手を合わせる姿が彫り出される。福島県における弥陀三尊来迎板碑一五〇基程の中で念仏行者像を伴うもの一九基、弥陀一尊板碑で同様のもの二基を数えたが、宮城県下における来迎板碑では始めての例である。因みに福島県の弥陀一尊像板碑で行者像のあるのは郡山市日和田町高倉・山清寺、須賀川市滑川字関下のものである。像の下方には法衣の襞か石面の剥離か今ひとつ判然としない凹凸が見られる。

石面の右上方に「逆修為念口現當二世」、
左上部に「元應二年大才八月廿日」
の銘文を陰刻する

この板碑の由来が村誌に収録されているので全文を引用する。

「阿弥陀如来尊者昔黒川郡大森村に出現し給へ一切衆生を済度し給うところの御影を万世の後迄も礼拝結縁のため法幢寺住吉大和尚石ニ彫刻し奉ると時後醍醐帝元応二年八月也と云々然後村中疫癘悪魔の患有る事なし此尊者を信心拝仰する輩は諸願成就万福利生病苦乍除霊験あらたにして誠に難有尊者也其後亨保二十一年三月十九日念仏講中此御堂を建立すると云爾後後世其後を没せん事を恐れ志田郡南谷地邑高橋清蔵当村源太郎等相議て其由来を記し永く不朽に伝へんと石に勒し堂の側に建立」天保八丁酉秋九月十五日。

※足の弱い人や悪い人が願をかけると験があるといわれ、木で足型を作って祈願し、治ると二つにして礼返しをする風習があった。」

この記録のように阿弥陀堂を入ったすぐ左側に木の箱があり、（かつて蜜柑箱といわれた木箱位の大きさ）一杯に足型が奉納されていたがいずれもかなり古いもので願文等も殆ど消えていた。恐らく最近ではこれらの風習も忘れられていく方向にあるのではないだろうか。

宮5（図版編七頁）

宮城県石巻市桃生町牛田・五十鈴神社　弥陀三尊来迎板碑

本殿の左後ろに二基の板碑が下部をコンクリートで固めて立てられている。右側は弥陀三尊種子板碑（弘安九年銘）で、左側が早来迎形の弥陀三尊図像板碑である。

現高八〇センチ、上幅五五センチ、下幅八四センチ、厚さは五センチで背面はほぼ平らな板状を示すが、像を刻んだ石の表面は凹凸が甚だしく、しかもそれは当初からの状態であるのは、像を直接その面に彫っていることからもうかがわれる。石材は地元産の稲井石と呼ばれる粘板岩製で、現状では梯形をしめす。

石の上辺から二六センチ下って頭光を四重（一番外側の頭光の直径二三・五センチ、その内側の頭光は外から一五、一二・二、九・五センチと三重になっている）に線刻し、右下方を向いて来迎相をとる像高二七・五センチの阿弥陀如来は、線刻の飛雲に乗りその雲尾の左後方に、直径九・五センチの頭光を負い、顔を右下に向け胸元で合掌する勢至菩薩立像が線刻される。天衣らしい線刻も腕に掛けられている。残る脇侍の観音菩薩はコンクリートで固められた部分のすぐ上に頭光と思われる丸い彫りが認められ、かろうじて三尊形式であったことが分かる。この部分から下は切損していることがコンクリートの隙間からも窺われる。

現存する二尊の彫刻は極く簡略で、衣紋・裳等の表現も単純で有り、足元の蓮座も省略されている外、眉・目・鼻・口といった面部や三道も彫られていない。

勢至菩薩の左下方に「應長二年壬子□」の紀年が彫られている。現地の研究家であった故勝倉元吉郎氏によると、旧村誌には「正月二十日」と続いていたとの由である。

宮6（図版編六頁）

宮城県石巻市桃生町城内一二二・香積寺　弥陀三尊図像板碑

北上川左岸の城内字西嶺に曹洞宗の中津山香積寺があり、康永元（一三四二）年の創建と伝えられ、黒沢氏の庇護を受けたと言う。

本板碑は、昭和六〇年の夏に墓地を改葬した折りに、来迎板碑であることが判明したので、保存の為に室内で保管されるようになったと、勝倉元吉郎氏から説明を受けた。

本来の形状がどのような物であったのか判断出来ない程欠失部分が多いが、現状で総高七六・五センチ、最大幅六〇センチ、背面は不整形で二～三センチを測る、ごく薄手の粘板岩製の通形の弥陀三尊図像板碑である。石の表面は研磨されたものと見え平滑である。この板碑で特筆されるのは、装飾が華麗であるという点に尽きる。即ち、上と左右を幡《ばん》と思われる二条線を三本の線で長方形に区切り、その間に菱形文と花菱文を入れ、上端の吊り具と思われる半円形の断面を三角に彫り込んだ部分から、多くの吊り紐（現在左半分は完全に残り、中央から数えて八本で吊り下げている。右は二本残るだけで丁度三本目に当たる所から折損欠失する）で吊り下げる。更に直径一・五センチと大きさの揃った瓔珞が、一四個と一一個と交互に垂下している。拓本から明らかなように、中心が

白くなりほぼ同じ太さの線で刻んでいるのは、何らかの工具が用いられたことをしのばせる。又、最下端に吊り下がる舌（重り）も左は銀杏の葉形、右側は三角形とその形を異にする。この像を囲む三方の飾りを幡とみたのは、国宝の法隆寺献納御物の中にある「金銅灌頂幡」からで、講談社版の『国宝大事典』4工芸・考古編二八～二九ページの解説によれば、方形傘状の天蓋と軒先につけられた数十条の垂飾、中央に垂げる六条節からなる大幡と、四隅に垂げる三節の小幡からなる幡で、前長約五・五メートルある。天蓋は四方に鉄骨を張り出し、その上に透し彫り板を鋲留めした四方流造りの傘状である。この灌頂幡の製作年代は寺伝によると、聖徳太子が勝鬘経講讃の折りに懸垂したもので推古朝のものと伝え云々とあり、本板碑の形状はこれに酷似している。

瓔珞の垂下する間にごく細く線彫りした三重の頭光を負って、正面を向いて右手を胸元に挙げ左手を降ろした来迎相の阿弥陀如来が、両足を大きく開いて連座の上に立つ。彫刻に当たって基準にしたと思われる線の中心に白毫があり、頭光はこれを中心にしてコンパス状の金具で刻んだものと見え、小さい二重の頭光も同様である。頭光から二七条の光明を放つ。この外側の頭光に懸かる部分の瓔珞は陰になっているような表現法が採られる。通肩の衲衣をあらわす刻線はやや太く不規則である。眉・眼・鼻・口等もきちんと表されるのに対して、螺髪は全然表されていない。蓮座は右側の方は一部欠損するが、弁の中央に向けて彫り下げていく様な手法を採り、更に蓮実を表す。

阿弥陀如来の右手の肘の辺りから中尊の方を向いて、両手を合わせて合掌する勢至菩薩が線刻と毛彫りを併用して彫られる。宝冠をかむり腕釧《わんせん》を嵌め垂髪が風に靡く様子が表される。天衣から下の部分は石が剥離する。反対側には中尊の左手に接して、観音菩薩像が彫られているが剥離が一段と激しく、像の存在を確かめることが出来る程度である。刻字等は見当たらない。

宮7（図版編八頁）

宮城県東松島市大塩字緑ヶ丘三－四・丘の上　弥陀三尊板碑

JR仙石線「矢本」駅の北西方約四キロメートルの大塩小学校の西隣にある、旧家矢本家所有の丘陵地の中に、元亨三年銘の名号塔と共に西面して立っている。周辺が開発され、板碑のある小高い部分のみが孤立状態で旧状を保っているように見えた。

来迎板碑は地上高一六七・八センチ、上幅六八センチ、下幅六七・五センチ、厚さは右の方に厚い不整形で右側で一七センチ、左側で一五センチの粘板岩製で、頭部は欠損し左に寄った部分が尖って最も高くなっているが、全体としてはほぼ長方形の石である。丘の上に南面して、少し後ろに倒れかかって直接地面に立てられている。

右上部は石の表面が剥離する。石の表面は研磨されたもののようであるが、何らかの理由で三尊の面部が部分的に打ち砕かれているが、全体的には保存状態の良い図像板碑である。

石面の最も尖ったところから二九・五センチ下から一一三・二センチ×六〇・三センチの、長方形の輪郭線を陰刻し、その内側に阿弥陀如来、その両脇に中尊の方を向いた脇侍二菩薩を薄肉彫りする通形の弥陀三尊板碑である。三尊像の下に紀年銘と願文を陰刻する。

輪郭の上辺から七・五センチ下から幅約五センチの陽刻した頭光を直径二九センチに作り、更にその内側約三センチずつに幅約三ミリメートル程度の、二重の線刻頭光を彫っている。上方輪郭線の一四センチ下から正面向きの阿弥陀如来が、右手の掌を前にして胸元に挙げ、左手を垂下して第一指と第二指を捻ずる来迎相を表す。髪際は中央で下に向け湾曲し面部を線刻する。頭髪の中央に扇形の線が刻まれるが、当初からのものがどうか判断し難い。眉毛・眼の一部は細く優美な線を残すが、他は表面を叩き潰されている。衣紋は輪郭に相当する部分を彫り下げ、襞等もゆったりと表現される。巻雲状の上に覗いた蓮座に両足を広げて立つ。雲は動きを表現する為に背中から勢至菩薩の頭光の上を雲尾が靡いている。

中尊のほぼ中程の左側に勢至菩薩が、陽刻の頭光を負い頭光の一部に掛かるように両手を重ねて合掌する。両腕には天衣が掛けられ一部は風に吹かれている。中尊と同様に巻雲の上にのぞく蓮座の上に立っている。

反対側の垂下した中尊の左手の当たりから、やはり陽刻の頭光を負った観音菩薩像が彫られる。勢至菩薩の場合も同じであるが、宝冠をかむり髪飾りをし、更に髪の毛が巻きながら垂れている。両腕で捧持される蓮台の真ん中には玉の様なものが表されている。蓮台の周囲からは三本の飾りが下がる。両腕の天衣が風に靡くさま等は同じであるが、観音菩薩は両足を揃えて蓮座の上に立つのに対して、勢至菩薩は左足を少し斜めに開いて立つなどその表現に変化を付けている。三尊とも薄肉彫りであり、彫刻も丁寧な手法を用いているだけに面部の打刻破損が惜しまれる。

三尊像の下に四行の願文と紀年銘が陰刻される。

「右志者為
　過去弥源
　弘安二季／已卯七月／二十三日　孝子ホ白敬
　次之幽儀
　成仏得道也」

板碑に俗名を刻むことは比較的少ないが、『矢本町史』には大塩一帯を支配した長江氏の名の有る板碑が数基あり、この図像板碑の人物も或いはその一族に連なる一人かも知れないとする。

この板碑は、昭和八～九年頃に近くの山から養蚕の神として移建したものと伺った。現在でも養蚕の神として信仰されている由である。

既に江戸時代から知られていたことは『安永風土記書上』に、大窪村山崎にありとして次のように記載されている。『矢本町史』の四五一ページから引用する

「供養碑壱つ　高四尺五寸
　幅弐尺三寸
右ハ阿弥陀三尊有之弘安三年七月二四日ト有之弘安三年迄四百九拾四年ニ罷成
申候事」

〔注〕『安永風土記書上』とは、仙台藩が安永年間（一七七二～八一）に藩内各村から提出させた文書で、正式には「風土記御用書出」といい、八つの書出の総称を言う。

宮8（図版編三頁）
登米市津山町柳津・路傍　弥陀三尊来迎板碑

「津山町堂前老人憩いの家」の南、道路の南側が少し小高い丘になっている一隅に、西面する吹き放ちの小さな堂が建つ。その正面の奥に頂部が山形に尖った自然石の弥陀三尊来迎板碑が一基、直接地上に立てられている。

地上高一〇一・五センチ、上幅四六センチ、下幅二七センチ、最大幅五一センチ、厚さは中央部が一番厚くて一三センチ、上・下部で九・五センチの粘板岩製で、頭部は山形を呈する。彫刻を施す表面は自然のままで、特に石の上部から阿弥陀如来像の上にかけてはかなり凹凸がみられる。

頂部の二三センチ下から、直径一九センチの二重の頭光を負い右下方を見下ろした来迎相の阿弥陀如来立像を線刻する。外側の頭光は傘の骨状に放射光を彫るが、間隔などは不揃いである。右手を胸元に挙げるのに対して、左手は観音像の陰になるのか認められない。衣文も胸元と右袖が薄く彫られるだけで、飛雲や蓮座の一部や他の部分については彫刻の跡も認められない状態である。右袖の中程から彫り出される勢至菩薩像も、頭光と衣文の裾の線刻が一部認められるだけで、一部には剥離の跡も見られる。中尊の下に降ろした左手あたりと思われる所から観音菩薩像が彫られる。蹲居位をとる観音菩薩のみは現在も彫刻が鮮明に残っていて、他の二尊とは対照的である。頭光の中に毛彫りで宝冠をかむる顔を微細に彫り、菊花状の蓮台を両手で奉持し、行者の前に差し出すように上体をかがめ、腰をおとした姿勢を取る。衣文は斜めに石面を削ぐように彫り立体感を表す。前後に大きく両足を開き、蓮座は作られない。三尊とも石面の左寄りに彫られるが、右の余白には行者像は彫られていない。中尊と勢至像に対して観音像のみが鮮明に残る点に興味がもたれる。

三尊の像の下部に

「右志□□楽／元亨二季壬戌十月下旬／敬白／出離生死故也」
の銘文が認められるが、完読出来ない。

宮9（図版編一〇頁）
牡鹿郡女川町女川浜・女川町生涯教育センター　弥陀三尊図像板碑

県東端の、太平洋に突出する牡鹿半島の基部に位置する町で、中世には源頼朝の武将、葛西清重の治めるところとなり、以後一七代約四百年にわたり葛西氏勢力の一翼を担うことになった地である。

ＪＲ石巻線の終点「女川」駅近くに建つ近代的な女川町生涯教育センターの中に女川町教育委員会が保管している板碑の一基である。かつては、石巻と女川の間にある万石浦に面した安住という地の道端に立っていたというが、保存の為に現在地に移されたものである。

総高八八・五センチ、上幅五九・五センチ、下幅六五・五センチ、厚さ七センチの粘板岩製。石の表面は剥離が進みかなりの凸凹があり、中尊の肩の部分からと、石の右面は特に剥離が著しい。中尊の剥離する部分から上は欠失する。元の形状は不明である。

中尊は踏み割り蓮座の上に立ち、来迎印を結ぶように見え、左手を垂下する。その腕の袖や右手の袂等の線刻ははっきり認められるが、他の衣紋の襞は今一つはっきりしない。正面を向いて両足をハの字に開き、指まで克明に彫られている。踏割り蓮座の下には細い波形の曲線があり、飛雲を表すものと思われる。剥離の左側、恐らく頭光の有ったと思われる周辺部に放射光が一部に認められる。

中尊の飛雲の左右に、向かい合って左に勢至菩薩、右に観音菩薩が同様に飛雲の上の踏み割り蓮座の上に立つ。左の勢至菩薩は合掌し、比較的太い線の天衣は左後方になびき二重の頭光を負う。右側の観音菩薩は両手で蓮台を捧げ持ち、上体を少し前かがみにして同じように踏み割り蓮座の上に立つ。三尊像はいずれも陰刻線で彫り表されている。

なお、観音像が捧持する蓮台の前に、小さな蓮座に座し観音に向かって合掌する一人の念仏行者像が見え、ややそり身で頭を丸めた僧形であるという発表がある。拓本では小さな蓮座は見られるものの、人物像を確認するには石の表面が荒れていて、はっきりした刻線らしきものを確認することは出来なかった。しかし、蓮座が彫られる事から見て、念仏行者像の彫られていたことは充分考えられることである。

脇侍二菩薩の間に三行の銘文が刻まれる。

「　　右志ゐ
延慶二年十一月十日
祖母也」

※平成二三年三月の東北地方太平洋沖地震による津波で女川町は壊滅的被害を受け、生涯教育センターも倒壊し、板碑の所在については不明という。

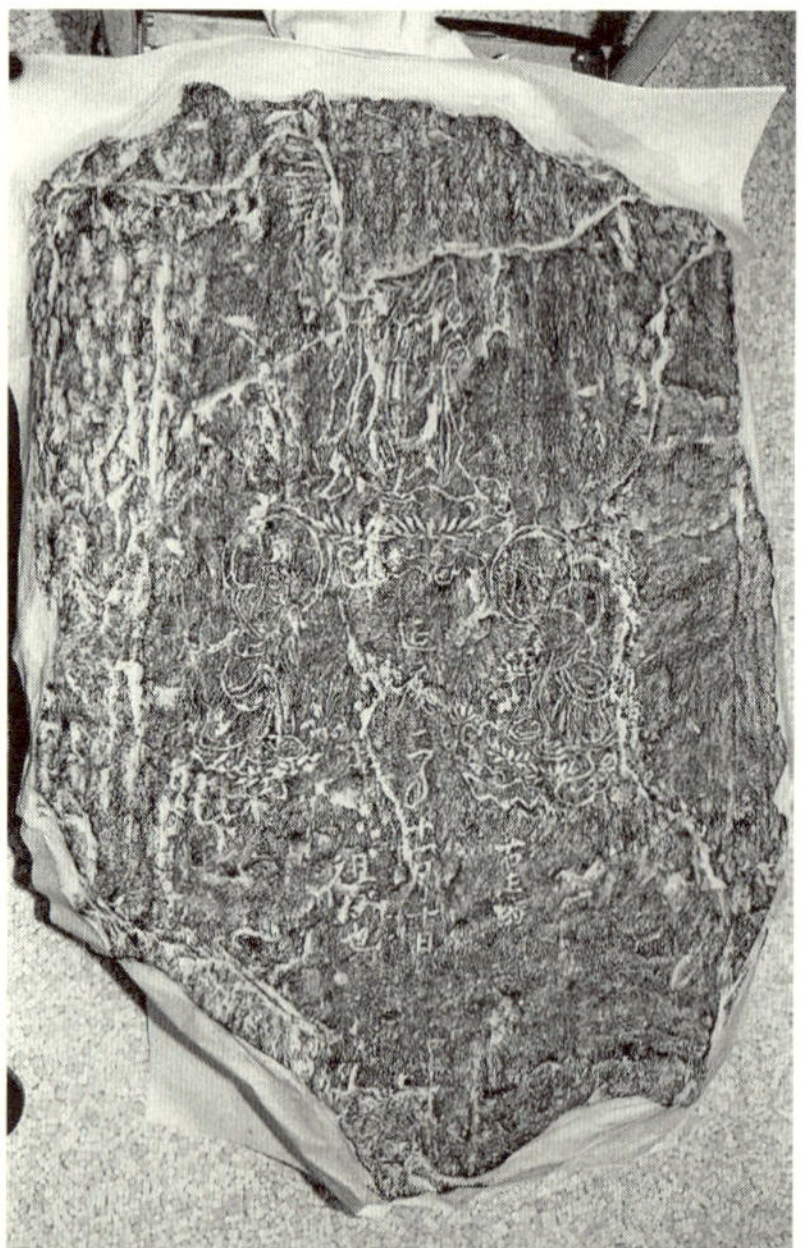

新1（図版編九頁）
新潟県岩船郡粟島浦村内浦一五八・観音寺

粟島の玄関口・フェリー乗り場のある内浦地区の観音寺周辺に一四〇基以上の自然石板碑（磧石板碑ともいわれる）があり、梵字南無阿弥陀仏碑（文和三年）二基や金箔の跡が残る釈迦三尊板碑など注目されるべきものがある。この中に阿弥陀像を彫った図像板碑が二基あるが、その一基は総高四九センチ、最大幅二五センチ、厚さ一七センチの丸味を帯びた自然石製で、石の頂部から一〇センチ下から蓮座に乗った像高二七センチの阿弥陀坐像を厚さ一・五センチに薄肉彫りするものである。

第二章　福島県

福1（図版編一四頁）

福島市下鳥渡字寺東一七・陽泉寺　弥陀三尊来迎石仏

福島県の在銘の来迎石仏の中で最も古く、かつ像容の優れたものとして古くから有名で、天保十二年に著された志田正徳撰『信達一統志』信夫郡之部巻之八にも「下鳥渡邨古碑　陽泉寺門前より北の方小さき山の上に在り、佐藤墓と云（中略）阿弥陀三尊を彫刻す。右に文あり正喜《（ママ）》二年三月十八日右志者為慈母也平氏女と記せり、其外文字見えず、何人の碑にや未だ詳ならず」と記されている。

未迎石仏は庫裡の右手から境内の北の小高い丘の上にまわると、小さな宝造形の堂内に直接地上に北面してたてられている。

安山岩質の凝灰岩製で、総高一六八・五センチ、最大幅一三一センチ、最大厚さ三七センチを測る大きなもので、この三角状の自然石の表面に上方の角を丸くした長方形の枠を一・二センチ彫り沈めて、その中に早来迎形の、飛雲に乗り左上方から右下方へと下降してくる有様を薄肉彫りする。像高七〇センチの阿弥陀如来は右手を挙げてこれを能救の仏に比し、左手を垂れて所救の衆生に比すという来迎印を示し、頭光より二条ずつ十三方に放射状の光明を放つ。

観音菩薩は中尊の右側に腰をかがめて上体を前に屈めた姿勢で蓮台を前に差し出して捧持し、勢至菩薩は前傾の姿勢で胸元で合掌する。全体的に薄肉彫りで表されるが頭光や飛雲等を線刻で表現して荘重な感じを巧みに刻出し、その動感と相俟って福島県下の数多い来迎三尊石仏の白眉ともいえるものである。

輪郭の両側周縁に次のような銘文を刻む。

「右志者為悲母也平氏女敬白
（来　迎　三　尊　像）
正嘉二年大歳戊午九月十八日」

この時代に本姓平氏を名乗った名門としては、会津の芦名氏、相馬の相馬氏、磐城の磐城氏などがあったが、発願者「平氏女」はこれらの名門から嫁いできた女性と考えられる。

正嘉二年の銘は福島県下の来迎板碑・石仏で最も古い年号である。関東における早来迎像を刻んだ図像板碑の最古のものは埼玉県加須市騎西の大英寺塔であり、陽泉寺塔より一年四カ月早い正嘉元年四月十二日の銘のものである。陽泉寺塔は陽刻像であるのに対して大英寺塔は緑泥片岩製で線刻で表される。

福2（図版編一五頁）

二本松市本町一－一四八・称念寺　弥陀三尊石仏

寺はＪＲ二本松駅から東北へ五〇〇メートルばかりの観音丘陵の南にあり、来迎石仏は南面する本堂の向って左前方に東面して、自然石の上にたてられ供花が手向けられている。旧城内の道場原と呼ばれる古称念寺の地にあったものが発掘されて、今改めて此地に祀られるようになったものである。

現在上部を欠失するが、総高七二・三センチ、上幅四一・一センチ、下幅四四・五センチ、厚さは背面もほぼ平らで一四・五～一五センチほどある。五センチの板状凝灰岩に、最も多く見られる凸字形の輪郭をとって、内部を一・二～二センチ彫り窪める。その内部中央に正面向きの来迎印をとる阿弥陀如来が飛雲の上に立ち、その下方に蓮台を捧持する観音立像を右側に、合掌する勢至立像を左側に半肉彫りする。二菩薩の飛雲は下方の輪郭に接する。三尊共長身で中尊は頭部以上を欠失するほか、三尊共風化のために面容ははっきりしないが、衣文などは比較的よく保たれ、脇侍菩薩の天衣なども認められる。

飛雲の上に立つが蓮弁は刻まれておらず、中尊の乗る飛雲も後方になびくように細い雲尾が彫り出されるが動感には乏しく、衣文の襞なども一定のくりかえしの彫法で生硬な感じが強い。

福３（図版編一五頁）

本宮市仁井田西町七二・不動堂　弥陀三尊石仏

仁井田の集落の中央を県道が南北に走る辺りに仁井田公民館があり、県道をはさんで反対側を少し西へ入った空地に不動明王を祀る小さなお堂が建つ。その堂の右手に生える大きな木の根元に数基の種子板碑と共に南面してたてられている。近年右下部に石を継ぎ足して切石の上に固定し覆屋を設けて保存されるようになった。

現在、上下とも欠失しており中央の三尊の部分が斜めに断片として残されているだけである。右辺の高さ五五センチ、左辺の高さ三二センチ、幅六〇・五センチ、厚さ一三センチの大きさで背面もほぼ平らな凝灰岩の板石に、輪郭をとらず平面上に通形の三尊像を薄肉彫りする。中尊の阿弥陀如来は頭部を欠失しお顔の部分も剥落するが、他の部分は比較的よく残っており、来迎印で丸く大きく広がった巻雲上の踏み割り蓮座の上に立っている。右下の観音菩薩は上半身を残すだけであるが両手で蓮台を前に捧げ持ち、左下の勢至菩薩は中尊と同じく巻雲の上に立ち

両手を合せて合掌するが、上半身を前にのり出すような不安定な姿勢をとる。この付近を整地した時に掘り出されたものである。

福４（図版編一六頁）

本宮市白岩字馬場・路傍　弥陀三尊板碑

ＪＲ東北本線「本宮駅」の東方約六キロ、県道本宮常葉線を走る福島交通バスで白岩支所前下車、白岩小学校を通り過ぎた山道の傍の少し高くなった所にコンクリート基壇を築き、その上に北面してたてられる。

総高九八・五センチ、上幅四四センチ、下幅五三センチ、厚さ一六センチの凝灰岩の板石に、上部が石の外形に合せてゆるやかにカーブして狭くなるほぼ長方形の輪郭を一～一・五センチ彫り窪め、その内部に三尊とも右を向いて来迎する早来迎形の像を薄肉彫りする。弥陀像三五センチ、観音二一・五センチ、勢至二三センチの像高で、それぞれ頭光を負うが、特に中尊の頭光は直径が一三センチもあり雄大な感じを与える。

かつて近くの山に倒れて埋もれていたのを現在地に移したもので、石質によるのか風化が著しく、彫刻が浅いせいもあって細部は判り難い。しかし左上部には墨や朱の痕が残っているので浄土教画のように彩色された像であったものと考えられる。

右側周縁の上方に二二・五×一〇・五センチの色紙形の浮彫りの部分を持ち、その平面に一行五字ずつ二段、二行にわたり刻字が認められる。風化のために全体の判読は困難でわずかに最初の部分が「一見弥陀欠各□□□道」と読み得るだけで二行目は判読不能である。その位置や字数・配列から、阿弥陀如来の功徳を讃える偈頌ではないかと思われるが、文献に当ってもこれに相当するものは見出せなかっ

た。

また、三尊像の下方にも刻字があり精拓の結果、三行について次のように判読される。

「右志者為□□
永仁七年巳□三月十五日　敬白
敢如□□之也」

中央の永、七年三月は肉眼で判読できる程であり、該当する年号は永仁、永和、永徳、永享、永正、永禄などがあるが、永和、永徳は七年に至らず、永享、永正、永禄はいずれも干支が合わず、永仁七年と理解される。

今迄地元では右上部の色紙形に「摂取弥陀仏（又は寛弥陀仏）右趣者為造立／明徳辛未九月悲母敬白」と刻まれるとされて、三尊下方は偈文らしいが判読に至らないとされていた。二度にわたる調査で阿弥陀如来の前方に偈頌、像の下方に紀年銘と判断した。

この三尊像の右上部に色紙形のあることは、来迎板碑・石仏の原流が浄土教画にあることをしのばせるものである。

福5（図版編一五頁）

田村市大越町下大越・下大越小学校裏山　弥陀三尊来迎板碑

旧大越町は阿武隈山地にある町で、町の中央にJR磐越東線が南北に走り「大越」駅がある。駅から約二・五キロメートル北西にある下大越小学校の校舎の裏に広がる山の中を三〇メートルばかり入った所の松の根方に立て掛けられて、一基の弥陀三尊板碑が安置される。

現高六九センチ、上幅二九センチ、下幅二八・五センチ、厚さ八センチで、背面不整形の安山岩製の板碑である。石の側面は平滑にした加工の跡が見られ、前よりも後ろの方が少し幅が広い。石はほぼ長方形で角が取れたように見えるが、風化のためにはっきりしない。二条の刻み等は認められず、上端から約一七センチの所に約一センチの段がある。石の左右の一部に枠を設けたと見られる段差が左上方と右下方に認められる。また、頭部の左下や身部の左下に大きく剥離した所がある。また、背面はあちらこちらに亀裂がはしり、剥離損傷が懸念される。

段差に接するようにして、直径一七センチの線刻の頭光を負って像高三一センチの阿弥陀如来が右下方を向いて、上品下生の印相を執り蓮座の上に立ち、飛雲に乗る。その左手に接するようにして、やはり右を向いて両手で蓮台を奉持する観音菩薩像が薄肉彫りで表される。腕からは天衣が後方に靡きその動きを示す。中尊の右袂に重なるようにして勢至菩薩が彫り出され、同じように頭光を負い右向きになり、両手を合わせて合掌するが、像の上の方を残すのみで殆んどは石が剥離している。脇侍菩薩のすぐ下の所から折損して失われている。脇侍像の頭光は中尊と違い薄く陽刻される。観音像よりも後方の勢至像が少し高く作られ、全体に左上方から右下方に向けて来迎する動きを表している。

石の幅が狭いために、三尊像は重なるようにして彫り出され、やや窮屈な感じをあたえるが、阿弥陀如来の印相や勢至菩薩の宝冠や顔・合掌する手元等の彫りは細かく、当初の彫りがよく残されており、これから推測すると全体にかなり丁寧な造りであったことが偲ばれる。

福6（図版編一六頁）

田村市大越町下大越字檀野平・桜地蔵尊　弥陀三尊板碑

磐越東線の線路を越えた道の左側の、少し小高くなった所に小屋を造り、その中に享保二年と明和八年の丸彫りの地蔵が祀られる。その右入口のところに弥陀三尊板碑が南面して直接地面に立てられている。かつては露天にあったが、地元有志によって覆屋が建てられたものである。

地上高八〇・五センチ、上幅二五・五センチ、下幅二六・五センチ、厚さは下端で八センチで上にいくほど薄くなり、横から見ると上方は前にせり出している。背面

は不整形の安山岩製の板碑である。中通り地区の来迎板碑としては高さに対して幅が狭く長身の板碑である。

　頭部は丸くなっているが、風化が著しく磨耗凹凸があり原形は不明である。身部の右下部に輪郭のとられた跡を残している。頂部から二〇センチ下に三センチの段差があり、そこから一七センチ離れて、右下方を向いた早来迎形の弥陀三尊像を薄肉彫りする。但し現在は左側の勢至菩薩像は剥落してその姿を留めていない。右向きの阿弥陀像は小さな二重の頭光と、更に大きな径の二重の頭光をおい、小さな頭光の外から一番外側の頭光に太い刻線の放光が刻まれる。

　また、白毫からの光は二条が長く石の右端にまで届いている。阿弥陀像の胸元から下部は風化が著しく、印相等の細部は不明である。背部に飛雲の雲尾と思われる部分を認める。身部の下方には中尊と同じく右向きになり、金蓮台を両手で捧持する観音菩薩像がやはり薄肉彫りで表されるが、これも全体像がうかがわれる程度しか残されていない。元々彫刻が浅い上に長年風雨に曝された為と思われる。

福7（図版編一七頁）

郡山市日和田町高倉一七二・山清寺　弥陀一尊板碑

旧国道（県道二本松須賀川線）の高倉の集落の南はずれの山側に真言宗山清寺が南面してたち、竜宮造りの山門の右脇の道をのぼると、ゆるやかな曲り角に一間四方の小堂がある。正面に壇を設け、前全面に簾が掛けられ、その両側に一・五メートル近い大きなワラジが吊り下げられている。これらの後にこの堂の本尊として、阿弥陀一尊板碑が一基西面して祀られる。

　底辺は何等かの理由で切断されたらしく、現高七六・五センチ、上幅四三センチ、下幅五一センチ、厚さ一三センチの凝灰岩製で、石の上辺一七・五センチ下から下部が少し広くなった長方形の輪郭を彫り、その輪郭の一四センチ下ったところから像高三九・五センチの正面向きの来迎印の阿弥陀如来が両足を開いて蓮華座の上に立っている。蓮華座の下には飛雲が両側に見られるが、この部分で石の面がほぼ真直に切られている。輪郭から像の周囲に向ってゆるやかな傾斜で彫り窪め像の周囲で一センチを測り、像を陽刻状に仕上げている。

　その阿弥陀像の左手のすぐ横に一二・五センチの像高で阿弥陀如来の方を向いて合掌して座る念仏行者の姿が、阿弥陀像と同じように薄肉彫りされている。

福8－9

郡山市日和田町日和田一二五・蛇骨地蔵堂　二尊図像板碑

郡山市の東部。藤田川によって浸食された台地上に位置する地域である。JR線の郡山駅より一駅北の「日和田駅」の北東、歩いて約五分の県道須賀川二本松線（旧国道）に面して、「日本一体安積山蛇骨地蔵」として、近郊でいまなお厚く信仰されている蛇骨地蔵堂がある。その地蔵堂背後の三十三所観音石仏群と並んで、その左側に二基の、ほぼ同じ像容の阿弥陀二尊坐像を彫る図像板碑が、西面して立っている。

福8〈左塔〉（図版編一八頁）

地上高八四・五センチ、上幅四六センチ、下幅四七・五センチ、厚さ一一・五センチの安山岩製の、ほぼ平らな板石を用いる。上端は少し角が丸みをもち、少し右下がりになっている。その上端一四センチ下から〇・五～〇・八センチ石面を彫り下げて、二九センチの平面の中に陰刻の連座上に、二重光背を彫り、定印の弥

陀坐像を薄肉彫りする。像高はともに一七・五センチと同じ大きさに作られている。

福島9〈右塔〉（図版編一九頁）

地上高七八センチ、上幅五一センチ、下幅五七センチ、厚さ七～一一センチの安山岩製で、頭部は丸い形をする。上端から二一センチ下がったところから、左塔と同様に〇・五～〇・八センチ身部を彫り下げて、薄肉彫りの連座の上に定印の弥陀を二重光背の中に彫る。なお、この板碑は右側の弥陀像の首から左側の弥陀像の腕にかけてほぼ中央部から折れている。像高は、左側の弥陀像が二五センチ、右側像が二四・五センチとほぼ同じ大きさである。

蛇骨地蔵堂の建物は、享保三（一七一八）年の再建といわれ、東勝寺の祈願堂であったが、幕末に東勝寺が廃寺となってからは、現在の西方寺の管理になっている。なお、蛇骨地蔵には、佐用姫伝説が伝えられている。

福10（図版編二〇頁）

郡山市大町二・阿邪訶根神社　弥陀三尊石仏

猿田彦神と平忠通公を祭神とし、古くは道祖神社と称していたが、明治二二年三月に現在の社名に改称し、郡山市の総産土社と呼ばれている。

南向きの社殿の前に吹き抜けの覆屋があり、この中に有名な法華曼荼羅と解されている総高二九七センチ、下幅一二六センチ、厚さ三二センチに及ぶ大きな自然石板碑がある。来迎石仏はこの覆屋の周囲をかこむ棚の左内側にたてかけて板碑の方を向いて北面して、直接地上に立てられている。

石は左辺で高さ九一・五センチ、右辺で八〇センチ、下幅六二センチ、上幅五三センチ、厚さ一四～一七センチの、背面がほぼ平らな板状で、地元で福原石と呼んでいる黄白色の凝灰岩製で、上部両端が少しいたんでいて中央部が少し高くなっている（中央部での高さ九二センチ）。

この石の表面に、上の辺の中央部が外側に丸くなった長方形の輪郭をとり、その内部を二・七～三センチ彫り窪めて、この中央の円弧から一二センチ下った位置から像高四九センチの正面向きの阿弥陀立像を、蓮座の上に厚さ五センチで陽刻する。

脇侍二菩薩はその中尊の下方にそれぞれ中央を向いて、腰をかがめて踏み割り蓮座に足をのせて、蓮台を捧持する観音菩薩と合掌する勢至菩薩が、ほぼ同じ大きさで彫り出される。

柄衣や衣文などの細かい部分は風化によるのか、ごく大まかなところしかわからない。弥陀像のお顔の下半分、左右下部の欠損もあり川勝政太郎博士はその著書『石造美術の旅』の中で、南北朝時代の作品と見ておられる。なお、荒池の畔に像容のよく似た石仏がある。

福11（図版編一七頁）

郡山市本町一丁目・熊野神社　弥陀三尊板碑（写真中央）

市街地の中の住宅にとり囲まれた小さな熊野神社の松木宮司家の庭内にある小祠に祀られていたが、その後南側の公園南端に覆い屋を設けて保存されるようになった。

高さは地上高六四センチ、最大横幅七五センチ、厚さは背面が上部程薄くゆるやかにカーブしており、下部で五センチの凝灰岩製の横幅の広い板碑である。中通り

地方の来迎石仏・板碑はいずれも縦に長い形状のもので本塔は珍しい形状である。左側側面は比較的真直に切られているのに対して、右側は不整形の状態で、上部から中ほどまで大きく表面が剥離しており、欠損した部分のあることをうかがわせる。

　この石の面に凸字形の輪郭を平均一・五センチの深さに彫り窪め、中央よりずっと左寄りに三尊ともに右向きの、いわゆる早来迎形式の像容を半肉彫りにする。阿弥陀如来の像高二八センチ、脇侍二菩薩は一八センチと一九センチの像高を測り、共に飛雲の上に立っている。

　早来迎形式の他の来迎石仏と比較すると、全体的に三尊が左寄りに彫られ、右端の観音菩薩の前方から凸字形の輪郭の部分までかなりの幅の空間が残されており、念仏行者像を彫る余地があるので、慎重に観察・採拓したが、そのような形跡は認められなかった。

　また、凸字形の右側下部に幅六・五センチの平行な切り込みがある。その右側は一段と低く作られており、右側の剥落欠損の状況などと考えあわせると、岩瀬地方にのみ現在確認されている双式の来迎石仏と同じように、二つの並んだ凸字形の輪郭をもった来迎板碑であったのではないかという疑念がもたれる。

　なお、来迎板碑をはさんで、その左側に一尊来迎板碑が、右側に阿弥陀種子板碑が一基ずつ見られる。

福12（図版編二一頁）

郡山市富久山町福原一一・本栖寺　弥陀三尊来迎石仏

旧国道本宮・二本松方面行のバスで福久山支所前で下車、すぐ北側に道路に面して「臨済宗妙心寺派本栖寺」と刻まれた大きな石柱が立ち、寺は少し奥まったところに東面して建っている。

　来迎石仏は吹き放しの堂に、阿弥陀笠塔婆と並んで、本堂の東南に北面して直接地上にたてられている。屋根の形状などから江戸時代に造立された石龕の奥壁を構成するように加工された来迎石仏は、地上高八二センチ、上幅六一センチ、下幅六〇センチ（いずれも背面から測る）、正面からでは上幅五三・五センチ、下幅五四センチで、側石を切り欠いてはめこむようにしてある。凝灰岩製。なお、石龕全体の高さは一〇六センチ、笠石の幅七八センチ、龕の幅七〇・五センチである。

　石の両側には五・五～六センチの輪郭をとり、その内部を一センチ彫り窪めており、その中央部に頭光を負う像高四〇・五センチの阿弥陀立像が半肉彫りされ、蓮座・巻雲の上に立ち来迎印を結ぶ。お顔の部分や右手の部分は剥落しており、また、頭光の一部にかかるようにして石が折損しているのを接合している。巻雲は逆梯形に上に広く下にせまい角ばった形で、内部は渦巻状に彫られている。特に注目されるのは、中尊が頭光だけでなく挙身光背を負うことであり、最大三八センチの下の方の幅がせまい楕円形の光背が〇・五センチの薄肉彫りで作られ、像の方に向ってゆるやかに曲面をみせていることである。

　中尊の右側には同じように巻雲に乗った観音菩薩が、頭光を負い上半身を少し前に傾けて両手で蓮台を差し出しており、左側では勢至菩薩が観音像よりも低い位置に彫られた巻雲の上に立ち、両手を合せて合掌している。裳の襞はよく残っていて、また腕から垂れ下る天衣は共に雲の上を長くながれている。阿弥陀如来の衲衣などもよく残っており、三尊の造像の丁寧さ、雲の表現力の巧みさなど優れた造形物ということができ、それだけに一部の剥落や折損が惜しまれる。

福13－14　郡山市喜久田町堀之内・薬師堂裏　弥陀三尊来迎板碑　二基

ＪＲ磐越西線の「喜久田」駅の北西、藤田川を越えた堀之内の民家の間の細い道を少し奥に入り小高くなった所に薬師堂が南面して建っている。堂の背後右寄りに二基の来迎石仏が直接地上にたっている。かつては二基とも倒れたまま笹の中に放置されていたものであるが、現在は二基ともたてられて下部を固定し保存されている。一基は完形で、もう一方は下部を失ったものをたてている。

福13〈左側〉（図版編二二頁）

完形のもので総高八五センチ、上幅四五センチ、下幅四八センチ、厚さ一四〜一五・五センチの、ほぼ平らな板状を呈する凝灰岩製で、この地方で最もよく見かける凸字形の輪郭をとる（上半部で幅七・五センチ、下半部で幅二・五センチある）。

凸字形の輪郭の中央部に、頭を少し傾けた半分横向きの阿弥陀如来が飛雲の上に立ち、その後方に勢至菩薩が同じように飛雲上に立つが、磨滅が著しく進み、上半身より上は浮き彫りの跡は残るものの表面はほとんど平らになり、下半身の裳の部分がわかる程度であり、また飛雲の後方は輪郭と共に欠損している。中尊の飛雲の下に跪いた観音菩薩は両手で蓮台を捧げ持って前方に差し出し、同じような飛雲上に座す。雲はいずれも動感をあらわして後方に細くなびいている。

丁度、観音菩薩の差し出す蓮台の前に、薄敷きをしいた上に、手を合せて合掌する念仏行者の姿が小さく、薄肉彫りされていて、まさに引接される直前のさまを表わしている。

この来迎石仏の大まかな全体像としての印象は、須賀川市の宝来寺の三基の右端の行者像を彫ったもの（福30）と、構図的にもよく似ているように思われる。

福14〈右塔〉（図版編二二頁）

下半分を欠損しており、左辺の高さ五六センチ、上幅四七・五センチ、厚さは背面が不整で一三〜一七センチの凝灰岩製で、右辺は更に斜めに欠失している。

先のものと同様に、凸字形の輪郭をとり、中央に像高三七センチの阿弥陀如来の足元までが残されており、飛雲の末端が像の背中のあたりから左後方になびいている。その左側、中尊の膝の辺りから勢至菩薩の合掌する上半身が薄肉彫りで表されるが、下半身は失われている。

また、右側の観音菩薩は完全に欠失しており、残る二尊の像容から早来迎形の来迎板碑であることがわかる。これから考えて、観音菩薩は先の来迎板碑の場合と同じように、跪いて蓮台を捧げ持つポーズであったことが考えられる（観音像が立像で彫られていたものならば、その構成上、勢至像とほぼ同じ大きさに作られ、そうすると像の一部分が残されていると考えられる）。完形であった時は先のものとほぼ同じ大きさのものであったと思われる。

福15（図版編二一頁）　郡山市熱海町上伊豆島　上伊豆島来迎板碑

国道四九号線の隠津島神社の南方手前から、東西に走る地方道長沼喜久田線の馬立入口の西を北へ入る。農家の斜め前方の小高くなった所に木造の小屋があり、こ

の小屋の正面の壇上に祀られている。

上部を欠失して三角状を呈するが、その中央部で高さ八八センチ、下幅が七二センチ、厚さ一三センチの凝灰岩製である。下部二五・五センチは平面のまま縁状に残され、その上部の両側には三〜四センチの輪郭がとられ、三センチ内外の彫り窪みが施されている。

三角状に尖った欠損部に、中尊の阿弥陀如来の肩から下の部分が残されており、半肉彫りで来迎印を結び、三段の魚鱗葺きの蓮座の上に立っている。衣文の襞などの細い刻線も比較的よく残されていて、その作り方はかなり丁寧であったことがしのばれる。袂のあたりから後方に、真横を向いた勢至菩薩が合掌し、同じような蓮座の上に立ち、中尊の右下にはやはり横向きの観音菩薩が蓮台を差し出して蓮座の上に立っているが、その下端は輪郭に接している。中尊と比較して脇侍二菩薩は、剥落する部分が多くて、かろうじて像容の輪郭形状を留める程度である。

観音菩薩の右前方に一七・五×一三・五センチの大きさで、上部に二重の細線で三区に区切る台座の上に横向きに坐って合掌する二人の念仏行者像が、同じ大きさで薄肉彫りされる。念仏行者像を一人だけ彫り表わすものは何基かあるが、二人の行者像を彫るのは福島県に於いてはこの板碑が唯一の例である。共に頭を丸めているが、夫婦の像と解するのが妥当と思われる。

福16（図版編一二一頁）
郡山市三穂田町川田・日向墓地　阿弥陀三尊来迎板碑

長沼街道（県道郡山長沼線）に沿って集落があるが、川田の十字路を北に歩いて

約一〇分で左手に墓地がある。入口付近は江戸時代の旧墓地で、その北側の道を西へ入ると前方に新墓地が広く造成されている。そこへ至る手前左側に松林の一画を切りひらいて、三基の種子板碑と一基の来迎板碑がいずれも北面して、直接地上にたてられている。

地上高七二センチ、上幅四一センチ、下幅四五センチ、厚さ上部で八・五センチ、地表部で六センチの上部が丸くなった板状の凝灰岩製で、下部一八センチのあたりに荒叩きの部分があり地面にいけこまれている。

石の表面にL型の輪郭をとり、〇・五〜一センチ内部を彫り窪めている。輪郭の幅は左側で二センチ、右側上部で九・五、下部で四〜四・四センチを測る。

像は上部のせまくなった部分（上部で幅三〇センチ）のほぼ中央に、右向きになって右手を挙げ左手を下げた来迎相の阿弥陀如来が飛雲の上に立ち、右腕の辺りからその左側に直立し合掌する勢至菩薩が立ち、阿弥陀如来の下ろした左手のあたりから跪いて雲上に座っている観音菩薩が薄肉彫りされる。中尊の背中の後には飛雲が細くなびき、勢至像より観音像の飛雲が下方にある等、全体に左から右下方へという動きを示す早来迎形であるが、そのほかに、観音像の右側に、敷物を敷いた上に坐る念仏行者の姿が真横向きに彫り出されている。ただ丁度この観音菩薩が蓮台を捧げ持っている部分から、行者の部分にかけて石面がえぐられたように剥落している。

福17（図版編一二二頁）
郡山市三穂田町駒屋・八大墓地　逆早来迎板碑

郡山駅前から西へ東北自動車道の下をくぐって西へ向った最初の集落が三穂田

町駒屋で、野田へ通じる道を南に進み、笹原川に架かる橋の手前を東へとり、右手の畑の中の森のある所が八大墓地である。墓地の中央に大きな椿の根元に、下部をセメントで固めて、板状の来迎板碑が南面して立っている。

上部は欠損したものと見え、高さは左辺五九センチ、右辺五六センチで上部は平らでなく、幅は上下ともに四二センチ、厚さ最大一三・五センチの黄色味を帯びた凝灰岩製のもので、この墓地の南側に広がる畑の中から昔掘り出されたものである。

石の表面を平らにして輪郭をとらず、そこに像高二九センチの阿弥陀如来を中心に、左側に像高二一・五センチの観音菩薩が両手を揃えて前に出しており（捧持すべき蓮台は風化のためか見られない）、中尊の右側に像高が一九・五センチの勢至菩薩が膝を少し曲げ、上体を前に傾けて両手を合せて合掌する。三尊ともそれぞれ飛雲の上に立っている。

以上のようにこの弥陀三尊来迎板碑は、通常に見られる早来迎形三尊像とその動きの方向を逆にして、右から左下方への動きを表現している点（当然、中尊も右手を下げ、左手を胸元に挙げる逆手の来迎印を結ぶ）特異な像容ということができ、中通り地区の来迎石仏・板碑でこのような逆向きの早来迎形のものはこれのみである。

浄土教画としての阿弥陀来迎図でも、二十五菩薩来迎図にせよ三尊来迎図にせよ、或いは弥勒来迎図・釈迦来迎図にせよ、いずれも図中の左上から右下へ降下する形式をとるのが一般的であり、わずかに滋賀県安楽律院本が、画面左上から下降する途中で方向を転じ、向って右から左に地をはって来迎し、本尊が右足を踏み下げた半跏像で、印相も逆手来迎印を結ぶ例がある程度で、浄土教画においても珍らしい形式といえる。加工の時に石工が彫り誤ったものかとも思われる。

福18（図版編二四頁）

郡山市三穂田町駒屋四十坦　駒屋四十坦来迎板碑

先の八大墓地を訪れた時の橋を渡り更に南下すると、駒屋柏坊の小さな集落があり、現在この来迎板碑は吉川喜代衛氏が管理されている。同氏宅から西へ林の中の細道をたどって行くと、竹林を五平方メートル位を整地して、その正面右寄りに東面して直接地上にたてている。

頭部は丸い山形をした（頭部半円形）板碑形で、中央部で測って総高一一一センチ、下幅五二・五センチ、額部の下の幅四八センチ、厚さは頭部で二三センチ、身部下端で二二センチあり、そこから斜めに張り出していて地上部で二八センチと計測される。

身部の高さ七五・五センチのほとんど全面を使って、早来迎形の三尊像を薄肉彫りする。二重の頭光を負った右向きの阿弥陀如来が来迎印をとり、後方になびいた瑞雲の上に立ち、その右下方に脇侍二菩薩が並んで立っている。円光を負い合掌した勢至菩薩が上体を少し屈めて雲上に立ち、更にその右側に蓮台を差し出した観音菩薩が同じように円光を負って、勢至菩薩と同じ飛雲の上に立っている。

林の中の湿気の多い所にあるために苔に覆われて、保存状態は必ずしも良好とはいえず、阿弥陀像の肩の部分で折損して接合してあるほか、三尊の着衣の状態などもごく大まかに判る程度である。

なお、中尊が後方に立ち、脇侍二菩薩がその前方にある三尊来迎図は、大阪府・細見氏本があるが、中通り地区における来迎板碑・石仏としてはこれが唯一のものである。

福19（図版編二三頁）

郡山市三穂田町鍋山字芳掘四七・鍋山（旧芳掘墓地）**来迎板碑**

柏坊と野田の中間位に当るが、調査時点では付近一帯は圃場整備のために大がかりな工事が行われていた。当時、斉藤勝敏氏が管理する墓地で、圃場整備に当ってもこの場所は現状のまま保存される由であるが、板碑はその墓地の江戸時代の墓石約二〇基位が散在する左端の、まゆみの樹の下に立てかけられていた。

総高一一七センチ、上幅四七センチ、下幅六三センチ、厚さは上部で一七センチ、地上部で二〇センチの梯形をした板石で、その表面に石の形に合せて梯形の輪郭を幅五センチ内外でとり、部分的には平滑になっている所もあるが、内部を一・五〜二センチ程度に彫り窪める（輪郭内部の大きさは高さ八五センチ、下幅五一センチ、上幅三九センチある）。

この輪郭内部の、中央よりやや左に寄ったところ一三センチ下から、像高三六・五センチの阿弥陀如来が踏み割り蓮座の上に立ち飛雲に乗る。飛雲の左下方若干離れた所に同じように踏み割り蓮座の上に立ち合掌する像高二六センチの勢至菩薩を、その右前方に飛雲の上に跪いて上体をのり出すようにして、蓮台を差し出している観音菩薩像（像高一九センチ）が、それぞれ半肉彫りに彫り出されている。

内部空間の広さに対して、像が余り大きくないこともあって、全体にゆったりした印象を与える早来迎形の三尊像で、勢至像はずっと左端下方に寄って、かるく膝を曲げるとともに上体をのり出すようにして、飛雲は輪郭に接している。一方の脇侍、観音像の飛雲の位置はそれよりも高い所にあり、やはり身体をのり出すようなポーズをとり、蓮台の先端から輪郭までは一〇センチ以上の間隙があり、早来迎形としての動きを表現していると見られる。

ただ、観音菩薩が跪いて蓮台を差し出している場合は、その前方に念仏行者像を彫り出すことが多いが、（例えば小原田・円寿寺、喜久田堀之内・薬師堂裏来迎板碑など）が、この場合は行者像は彫られていない。

福20（図版編二五頁）
郡山市安積町笹川字篠川一二四・熊野神社　来迎板碑

郡山－須賀川間を結ぶ旧国道の笹川に、小さな熊野神社の鳥居が道路に面して立っている。旧国道と鉄道にはさまれて社地があり、社殿の背後に一本の大きな樟があり、その根元に一基の来迎板碑がたてかけられている。

石の上部・左辺及び下部を欠損しており、原形は不明であるが現高一〇五センチ、中央付近での最大幅六五センチ、厚さ一三センチの凝灰岩製の来迎板碑である。輪郭の作り出しはなく、石の表面に直接早来迎形の弥陀三尊像が半肉彫りされている。石のほぼ中央に来迎相の阿弥陀如来が右向きの姿勢で巻雲状の飛雲の上に立ち、左後方には頭光を負う勢至菩薩が合掌し、右前方には同じく頭光を負い蓮台を捧げた観音菩薩が少し身体を前に傾けて立つ。脇侍は二菩薩とも足元から下を欠失しているほか、阿弥陀如来像の面部も剥落しているが、その他の部分は細かい部分まで比較的よく残されており、特に観音菩薩は頭巾様の宝冠をかぶり、横顔を見せるが小さいながらくっきりした目鼻立ちが残されている。勢至菩薩はそれにくらべると風化の度合が大きくそれ程鮮明ではない。

阿弥陀如来の飛雲は石面に対して大きく豊かにのびていて、一部は観音菩薩の頭光の周辺にまで及んでおり、一見すると観音菩薩の頭光に蓮弁が巻かれた荘厳化とも見えるが、それが上方から右側にかけてだけであり、後方の勢至菩薩はそのようになっていないので、中尊の飛雲の一部というように判断される。

石面の右端、上端から一二・五センチ下ったところに一〇×一六センチの短冊形の彫り窪みが施されており、二行にわたって刻字の跡が認められるが、風化が進んでいて現在では判読できない。しかし全体的に見た場合、作り方は丁寧であり、その造立は鎌倉時代の後期頃のものと考えられる。

福21（図版編二四頁）
郡山市中田町高倉・熊田家　高倉来迎板碑

旧市内と中田町柳橋を結ぶ、県道飯豊郡山線の出店を南へ細い道を入ったところに熊田家の母屋があり、この前から西へ抜ける畑の間の細道を行くと、左手の藪の中に道に背を向けて、斜面を少し下った所に南面して直接地上に立っている。

頭部は半円形をした郡山地方でよく見かける板碑形で、総高は左側で九〇センチ、下幅四二センチ、額部の下での幅三九センチ、厚さ一二センチの凝灰岩製のものである。半円部は側面から見て二・五センチ突き出しており、身部は右辺がほぼ真直ぐであるのに対して、左辺はゆるやかなカーブを見せ、右辺で五・五〜七、左辺で五センチ内外の平行した枠を約〇・五センチ残して内部を彫り窪める。また、右下部は大きく欠損して地中に埋っている。

この身部に大きな二重の頭光（直径二六センチと一二センチ）を負い、右下向きに顔を向けた像高二六・五センチの阿弥陀如来を中心にして、左側に勢至菩薩、右側に観音菩薩が薄肉彫りされるが、薄肉彫りであることと、表面の風化が著しく進んでいて、拓本によっても中尊は一応像容も明瞭に認められるが、脇侍の二菩薩は彫り出されていることは判るものの、その細かな像容についてはわかりにくく、特に欠損部にかかる観音像は、石の面が剥離していることもあり跪いた姿勢をとるらしいこと以外ははっきりしない。また、勢至菩薩も跪いて雲上に座っているように見えるが、風化の進行もあり、全体的に細部の判断のしにくい来迎板碑である。

なお『郡山市史』第八巻、金石文編、二五四頁の№八二には

「　　　（浮彫り阿弥陀三尊来迎像）
観応　　」

と、南北朝（一三五〇〜一三五一年）の年紀・銘文を掲げ、解説として「頭部半円形、周縁を画して左を向いた三尊を浮彫りにしている」と記しているが、現状では刻字の跡はかろうじて認められるものの、判読のできる状態ではない。

福22（図版編二六頁）
郡山市田村町上道渡・阿弥陀山　上道渡来迎板碑

谷田川に沿ってはしる国道四九号線を、曲渕の手前から北進すると約一・五キロ程で北曲渕の集落に出る。この道の東側の通称阿弥陀山と呼ばれる西側斜面を三メートルばかり登ったところに、二基の来迎板碑が地面に倒れている。

斜面の上下二段に置かれ、下の板碑を取り上げる。上下とも半円形をした自然石で、総高一〇八センチ、上幅（額部の下）三五センチ、下幅四〇・五センチ、厚さ一一センチの凝灰岩製で、頭部半円形で二・五センチの張り出しを持つ額部を有する板碑形である。

額部の下側が両側とも大きく割れているが、この間にはさまれるようにして頭光を負った阿弥陀如来が蓮華座の上に立ち、飛雲の後部が像のうしろの方になびいている。そのすぐ左下に勢至菩薩、右下に観音菩薩の二像が彫られているが、右の像で像厚一・五センチあるものの、表面の風化が著しいために、わずかに渦巻状の飛雲の下端部がややはっきりわかる程度である。ただ、その像の大きさから考えて二菩薩とも跪いた坐像形式をとるように思われる。左側の像が右側の像よりも上に彫られており、左上から右下への方向の動きを示している。

この来迎板碑の場合は、像の彫られた下側の余白は、下部の仕上げの状態は荒く、やはりその

まま地中に立てられていたと考えられる。

上段の板碑は現高八九センチ（上欠）のもので、全体が苔で覆われて採拓できる状態ではなかった。像容は先の板碑とほぼ類似すると見られる。

福23（図版編二六頁）

郡山市西田町根木屋・太平山精舎横　弥陀三尊板碑

西田町は阿武隈川右岸の丘陵に立地、磐越東線の舞木駅の北約一・五キロメートル、根木屋小学校の東側に当たる裏山の細い山道を登ると、「太平山精舎」という額の掛かった小さな堂があり、弘法大師の小さな石像が祀られている。

その小堂の左後方に近世の一一基の石塔が鍵型に立っている。弥陀三尊来迎板碑は一基離れて少し高い所に南面して直接地上に立っている。地上高一〇〇・三センチ、上幅四六センチ、下幅四八・三センチ、厚さ一四センチの背面はやや平らになった安山岩製で、ほぼ中央部で二つに折れており、セメントでつないである。

石の表面をほぼ平らにして、幅三四・五センチ、高さ七八センチの輪郭を約〇・八センチ内外とごく浅く彫り窪め、上部の角は丸く作られている。その中に正面向きに中尊の阿弥陀如来が立ち、観音・勢至の脇侍菩薩がそれぞれに内側を向く、通形の弥陀三尊像を薄肉彫りする。阿弥陀如来は輪郭の約一八センチ下から彫り出され、像高は約三三センチで、飛雲の上の踏み割り蓮座の上に立ち、その左下方には中尊の方を向いて合掌する勢至菩薩の立像が約二〇センチの大きさに彫られる。

更に勢至菩薩に向かい合うようにして、蓮台を捧げ持つ観音菩薩立像が彫られているが、その像は剥離していて左の部分の輪郭をとどめるだけである。前述の如く、中尊の膝の辺りから二つに折れていて、接合されている。

福24（図版編二八頁）

郡山市横川町・愛宕様　弥陀三尊板碑

ＪＲ郡山駅の東南東約三キロの阿武隈川と大滝根川の合流する丘陵地に鎮座する菅布禰神社と道を隔てた南東の丘に、近世の石塔が数基見られる。この内の奥まった一基の流造型石殿（慶応二年十二月日銘）の石室内に、下部を欠失する来迎板碑を収蔵する。

板碑は現高六七センチ、幅約五〇センチ、厚さ約七センチの安山岩製で、頭部は半円形を呈する。上部と左辺に長方形の輪郭の一部が認められ、〇・八センチ彫り下げられる。ここから七センチ隔てて像高三一・七センチのやや右向きの来迎相阿弥陀像が薄肉彫りされる。弥陀像の乗る飛雲の左端に接して合掌する勢至像が、その右前方に蓮台捧持の観音像が立つがいずれも膝あたりから欠失する。観音像の前には高さ七センチの行者像が彫り出される（敷物などは認められない）。

福25（図版編二七頁）

郡山市下白岩町字三斗蒔・路傍　弥陀三尊来迎板碑

阿武隈川右岸の丘陵に立地し、郡山駅前のバスターミナルから出る「あぶくま台」行きバスの終点で下りて団地を通り抜けて北へ約一キロメートルあまりの、下白岩町字三斗蒔の道路より少し高い所の畑の中に祀る庚申塔に立て掛けて西面する一基の来迎板碑がある。

総高一〇五・五センチ、上幅五七センチ、下幅七五センチ、厚さは左辺で五、右辺で一三センチの不整形の安山岩を使う。高さは左が先のようであるが、右側は八三センチとなっている。石の表面に横四七センチ（上辺）、五八・五センチ（下辺）、縦六七・五センチの長方形の輪郭を約一センチ彫り窪めている。ただ、左上方は石面が削られたようになり輪郭部分は欠失する。又、上部の角は丸く造られる。

その輪郭内部、左寄りの輪郭より一二・五センチ下から、右向きになって来迎印をとる阿弥陀如来像が像高三六センチの大きさで薄肉彫りされ、その右の袂の辺りから上体をくの字に曲げ胸元で合掌し、膝も軽く曲げ両足を揃えた勢至菩薩像が二一センチの大きさで彫られる。さらに中尊の足元右側に両膝を曲げて跪き、大きな蓮台を両手で捧げる一七・五センチの観音菩薩像が陽刻される。他の来迎石仏と違って、三尊とも蓮座や飛雲が彫り出されず、石面に像のみが陽刻されるだけである。このような例は他にも、西白河郡矢吹町大和久の山王来迎板碑（福52。この板碑の場合、観音菩薩像は左膝を立て右足を曲げている）、矢吹町三城目・澄江寺板碑（福55）がある。

観音菩薩の蓮台の右に九・五、七、五センチの大きさの三体の陽刻像があるが、上段の右側の像は今までに見られなかった形をしており、単純に三体の念仏行者像とは考えにくい。その大きさや形が異なり、拓本や写真を見ると右側の像は何か動物のように見えるが勿論単なる推量に過ぎない。縣敏夫氏は筆者の問に対して、子供の死に際して来迎引摂する弥陀三尊来迎の図で、右端は両手をつき阿弥陀如来に極楽往生を願う父親の像、その左は父親に合わせて合掌する母親の像、下は小さく彫られた合掌する子供の像であると、見解を述べられ、子息の死を供養する銘文の例として群馬県前橋市小島田の仁治元年銘の中尊・弥陀像／脇侍種子の三尊板碑（群1）を示された。

いずれにせよ阿弥陀による摂取を待つ像が三体の来迎板碑はこれが初例である。

福26（図版編二九頁）

須賀川市諏訪町九二・千用寺　弥陀三尊来迎板碑

市のメイン通りの常陽銀行須賀川支店の角を西に入ると正面に神炊館神杜が見え、その手前を北に少し入る。南面する本堂の軒下に国重美指定の梵鐘（元禄十丁丑天の陽鋳銘がある）が置かれている。

来迎板碑はこの本堂の右手奥に江戸時代の墓塔などと共に、コンクリート基壇の上に南面してたっている。総高一〇〇センチ、上幅四二センチ、下幅四九センチ、厚さ最大二三センチ（右側が厚く左側は薄い不整形）の山形をした安山岩質の自然石で、その正面に最も多く見かける凸字形の輪郭を一センチの深さにとり、その中央に正面向きで来迎相の像高四〇センチの弥陀像が飛雲の上に立ち、その右下には左を向いて蓮台を捧げ視線を少し下に向けた観音菩薩の立像（像高二五センチ）が、左下には右を向いて合掌する勢至菩薩立像（像高二七センチ）が共に飛雲の上にあって薄肉彫りされる。

この来迎石仏は、市内を流れる釈迦堂川の、岩瀬の渡しに通じる古道に沿って残っていた中世の居館の道端にたっていたものを移建したものである。

福27（図版編三〇頁）

須賀川市宮先町・市原家別荘庭園　宮先町来迎板碑

江戸期は道場町と呼ばれ、JR須賀川駅から南へのびる中央通りから一筋東へ入った住宅街の中にある。広い庭内の北側、築山風の斜面に樹齢六〇〇年に及ぶという欅の大木があり、その左側に板碑や石仏など一〇基ばかりの石造物が点々と置かれている。

来迎板碑はこれらの石造美術の最前列の左寄りに、直接地上にたてられており、三つに割れていたものをセメントで接合しているが破損が著しく、原形をうかがい知ることはできない。

現高は左辺で八三センチ、上幅が三四センチ、下幅が四〇センチ、最大部分の幅五三センチ、厚さは最大部で二三センチの凝灰岩製のものである。

現状から推察すると、石の周囲に長方形の輪郭をとって、内部を〇・五センチとごく浅く彫り窪め、ここに三尊ともに右下方を向いた、いわゆる早来迎形の像容を薄肉彫りしたものだったと思われる。即ち線刻の頭光を負った弥陀像は右を向いて右手を胸元に挙げ左手を下にした来迎相をとり、蓮座の上に立ち飛雲に乗る。その右下方には両手で蓮台を捧げ持つ観音像が彫られ、左下方には合掌する勢至像が薄肉彫りされる。脇侍はそれぞれ飛雲の上に立ち、全体として左上方から右下方へという動きを表しており、観音像では腕にかかった天衣が風になびくように像の後方に流れている様子を表現している。三尊像のうち、ほぼ完全に残っているのは中尊だけで、観音像はお顔の上から、勢至像は下半身を失っている。

右側の輪郭の幅の広い平面に二字ばかりの刻字が認められる。『福島県史』では「正応二年八月廿五日」の在銘であるとするが、現在では確認できない。

これはまた、『文化元甲子年撰風土記（上）』岩瀬郡川中郷牛袋庄須賀川四ケ町に「一、市原貞右衛門境内杉山の内石碑四基」として二基を図で示すが、その内一基は「右忠（志の誤り）者為孝子也／正應二年八月二十六日／三像阿弥陀如来像」と記し、竪四尺、幅一尺二寸、厚さ四寸程とする。本塔に該当すると考えられる。

福28（図版編二一頁）
須賀川市加治町・円谷印刷所裏庭　加治町来迎板碑

中央通り西側の西北角に円谷印刷があり、工場裏の空き地の一隅に、二基の石殿と共に自然石の台石上にたてられた来迎板碑が一基、東面して祀られる。

総高九六・五センチ、上幅五一センチ、下幅五三センチ、厚さ一二センチの凝灰岩製のもので、頭部が少し尖って山形を呈する自然石が用いられ、その中央に三九・五×五九・五センチの長方形の輪郭をとり内側を一センチ内外の深さに彫り窪めてある。その内側に中尊の阿弥陀立像を真中にして、脇侍二菩薩が中尊をはさんで互いに向い合って立つ通形の来迎三尊像を薄肉彫りにする。

須賀川市は元禄八年、文化年間一回、文政七年、文久二年、慶応元年、明治元年、明治二四年と百戸以上の大火の記録が残っておりその火災に罹ったといわれる如く、三尊像の風化は著しく進み、中尊はほとんど形を留めずごく僅かな石面のふくらみと衲衣の一部がかろうじてわかる程度であるが、それに対して脇侍菩薩の方は、若干保存状態はよく、背中を少し丸くして蓮台を捧げ持つ観音菩薩、真横を向いて腰を少しかがめて合掌する勢至菩薩は、丸く平らになった飛雲の上に乗り、その飛雲の端は輪郭の縁に接して彫り出されているのが認められる。

福29（図版編二八頁）
須賀川市加治町八八・長松院墓地　弥陀・地蔵二尊板碑

円谷印刷所の西側に、万年山長松院という曹洞宗寺院がある。この本堂の裏側に広がる墓地の北側中央にブロック塀を背にして、頭部が山形に尖った二尊板碑が一基、南面して直接地上に立てられている。総高一一〇センチ、下幅四五センチ、厚さ一六センチの凝灰岩製で、荒叩きの石の尖端部から三九センチ下ったところから四七×三六・五センチの長方形を約一センチ内外の深さに彫り窪め、その内側左側に錫杖を右手に持ち、左手を外側に向けて宝珠を掌にのせた地蔵立像を、右側に来迎印の阿弥陀立像を、それぞれ丸くかたまった雲上に薄肉彫りにしている（拓影は

その部分のみ）。阿弥陀如来はいうまでもなく西方極楽浄土の教主であり、地蔵菩薩は忉利天にあって釈迦如来の入滅から弥勒下生までの無仏世界における六道の衆生を教化する菩薩で、ことに阿弥陀如来の救いにもれて地獄に堕ちた罪人たちを救済する菩薩である。中世鎌倉時代以降つよい地蔵信仰の盛り上がりがあり、浄土教では剃髪して袈裟をつけた比丘形をとるが、この両者の信仰をあらわすものとして、例えば箱根山磨崖仏（正安二年八月八日在銘等）などにも二〇体ばかりの地蔵磨崖仏にまじって、一体の阿弥陀如来が彫られている。ただ、福島県下における類例の板碑は知見になく、珍らしい形式の板碑ということができる。

福30（図版編三〇頁）

須賀川市森宿字下宿二二・宝来寺　弥陀三尊来迎板碑

ＪＲ「須賀川」駅の少し北で東北本線を越えたると奥州街道沿いに開けた集落があり、その西側の桜並木の奥に宝来寺が東面する。現在は無住となっている。

道路から山門に至る迄の参道に、この地方に多く見られる大黒天の石像が二基たっている。本堂正面左寄りに三基の来迎板碑が一列にならべられ、下部をセメントで固定されてたっているが、これらはかつて裏の墓地にあったものを現在の場所に移したものである。

本塔は三基並んだ板碑の右端のもので、三基の内で最も小さく、総高八八センチ、下幅四九センチ、厚さ一一センチのほぼ長方形の凝灰岩製で左上部の角を欠損する。

他のものと同様に凸字形の輪郭を残して内部を彫り窪め、そこに早来迎形の三尊像を薄肉彫りする。中央より少し左へ寄ったところに、右下方に視線を向けた像高三八センチの阿弥陀如来が飛雲の上に立つ。その後下方には輪郭に背中を接するようにして合掌する勢至菩薩（像高三〇センチ）が立ち、中尊の足元には観音菩薩が雲上に跪いて蓮台を前方に差し出す（像高二二センチ）。更にこの右に今まさに極楽へ迎えられんとする像高一一センチと小さい念仏信者の像が薄い敷物の上に座った姿で彫り出されている。飛雲も弥陀・観音像の背中あたりまで細く雲尾がなびいており、全体的に左上方から右下方へという来迎の動きを示しており、小型ながら優れた石造遺品である。

福31（図版編三一頁）

須賀川市仁井田字阿弥陀・畑の中　阿弥陀来迎板碑

仁井田の集落は須賀川の中心地から北西へ約六・五キロ離れた周辺部で最も大きい集落で、阿武隈川の支流である滑川流域に位置する。東北自動車道の手前南側の畑の中に二基の来迎板碑が西面して立っている。二基の内左側の来迎板碑は地上高一一二センチで、上部が丸くなった凝灰岩の自然石の表面に、輪郭をとらず直接石面一杯に通形の三尊石仏を厚肉彫りする。

二基立つ板碑の内右側のものが本塔で、地上高一四〇センチ、上幅六三センチ、下幅七八センチ、厚さ一五～一八センチの上部が山形に尖った駒形の凝灰岩の板石に、約三センチの幅で長方形の輪郭をとり内部をごく浅く彫り窪める。

内部のずっと左に寄った所から頭光を負った阿弥陀如来が像高四六センチの大きさで右下方を向いて立ち、その右膝の辺りから下に合掌する勢至菩薩が像高二九センチで、その右前方に上半身を折り曲げるようにして蓮台を斜め下方に差し出す観音菩薩が三三センチの大きさに薄肉彫りで彫り表されている。輪郭下端右寄りに薄敷の座の上に横向きに合掌して座る念仏行者像が一五センチの大きさで彫られる。石面全体から見ると左上方に弥陀像があり、右下方には行者像という斜め向き構造をとり、左上と右下を結ぶ対角線の下側に像をおさめて、阿弥陀聖衆が西方極楽浄土から東方の娑婆世界に来迎する有様を表すものである。像はいずれもごく薄く平板に彫り出され、わずかに衣文等を陰刻するだけである。このような形式のものは泉崎村・観音山磨崖来迎板碑（福59）、同・昌建寺来迎板碑（福61）においても見られるが、墨や朱などの色料を用いて彩色を施し細かい部分を表現したものと考えられる。

福32（図版編三一頁）

須賀川市仁井田字舘内二三八・願成寺　弥陀三尊来迎石仏

来迎石仏は、本堂右手裏の物置きの縁の下に横向きにして床の支えとして置かれている。黄色味を帯びた凝灰岩製で下部に枘を有し、石仏の前にはその枘孔をもった台石がある。

石仏は総高六八センチ、上幅四〇センチ、下幅五一・五センチ、厚さ一九センチの大きさで、岩瀬郡の弥陀三尊板碑で最もよく見かける凸字形の輪郭をとる。内部を一〜二センチほど低く彫り下げてここに通形の弥陀三尊像を薄肉彫りするが、摩滅が著しく三尊像ともお顔の部分は削り取られたように平らになっている。下端には高さ九・五センチ、幅一八センチ、奥行一五センチの枘が、石の表面より二センチ張り出して造り出されている。

この石仏を受ける台石は同質の石で、幅八〇センチ、奥行三二センチ、高さ一五・五センチのほぼ長方形の切石で、中央部に石仏をうける枘孔を設けており、寸法的に一具のものと考えられる。

なお凸字形の輪郭の狭くなった中央平面に「五番善神／天照皇太神／八幡大菩薩／三十番神」という陰刻文字が刻まれている。文字が中尊の本来お顔近くまでかかることから、摩滅のすすんだ時代において追刻されたものであり、書体などから見て江戸時代の中期以降のことと思われる。

福33（図版編三三頁）

須賀川市仁井田字舘内一九二・常林寺大日堂　地蔵三尊板碑

本堂向かって左手に、大日堂と呼ばれている小さな堂があり、その正面右側に、文永九年在銘の大日種子板碑と共に並んで、床下からたてられている。

高さ一三〇センチ、幅五七センチ（左方を欠失する）、厚さ一七センチの黄色っぽい凝灰岩製の、ほぼ長方形の石の面を平らに削り、石面一杯に長方形の輪郭をとって、内側を一センチ内外とごく浅く彫り窪め、その中央に頭光を浮き彫りにして正面向きに、両手で宝珠を捧げ持つ像高五六センチの地蔵菩薩立像が岩座の上に彫り出されている。

その足元の方に二体の像が同じように薄肉彫りされているが、石の左側が輪郭の枠のかなり内側からほぼ真直に欠損し、下方で一部剥離していて、そのために左側の像はごく一部分が判る程度である。この二像は、その服装や像容から冥界の閻魔王庁の役人である司命と司禄と見られる。司禄は両手に巻物を広げて裁かれる者のおかした罪状を読みあげ、司命は右手に筆、左手に木札をかまえて罪の判決を記録するといわれる。

地蔵菩薩は慈悲を、閻魔は忿怒を表すが、共に阿弥陀如来の分身であるという教えから、このような形式の三尊像が彫られたものと思われる。この形式のものとして有名なものに、埼玉県行田市・観福寺の地蔵板碑（埼145。文永二年二月日在銘）一七八センチがあり、この場合は岩座の上に地蔵坐像を彫り、像の下にこの冥官を三〇センチの像高で陰刻している。

福34（図版編三四頁）

須賀川市西川字影沼・東北白動車道横　西川来迎板碑

須賀川－長沼のバスで影沼下車、前方の東北自動車道の須賀川インター南の須賀川1号トンネルを通り抜けて反対側に出ると、西側の土堤の斜面に庚申塔や二十三夜塔などの並ぶ左端に来迎板碑が東面してたっている。元は釈迦堂川の渡船場の愛宕堂脇にあったものを河川改修のために現在地に移されたものである。

総高一〇二センチ、下幅六九センチ、厚さ一五センチの凝灰岩製で、この石面に凸字形の内ぐりをして約一センチの深さに彫り窪め、その中央に正面向きで丸くまとまった飛雲に乗り来迎相を結ぶ阿弥陀如来が、像高四九センチと内部空間に対して大きな割合で薄肉彫りされている。その下方には背中を丸く曲げて左下を向き両手で蓮台を捧げ持つ観音菩薩が右に、反対側に同じく宝冠をかぶりやや下向きに合掌する勢至菩薩が共に飛雲の上に立っている（像高はいずれも二五・五センチ）。

中尊の面部に剥離が見られるが、衲衣や印相、脇侍菩薩の衣の襞や天衣などもよく保たれていて、岩瀬地方においても像のすっきりした保存のよい通形三尊像の板碑の一つに数えられる。

福35（図版編三五頁）

須賀川市袋田字西の内・阿弥陀堂　弥陀三尊板碑

通称向袋田と呼ばれる集落の道路左に庚申塔がたち、この前の細い道を西へ入った突き当りに三間四方の阿弥陀堂が東面して建っており、その正面中央に弥陀三尊板碑が祀られている。

三和土の部分から測って地上高一六三センチ、上幅九一・五センチ、下幅一〇二センチ、厚さ二二・五センチの黄白色を呈する凝灰岩製で、上部は簡単に整形して三角山形とする。この石の大きさは長命寺弥陀三尊板碑に次ぐものである。

輪郭は普遍的な凸字形でなく、岩瀬公民館板碑のように頭部に尖りをもった花頭窓様の曲線をもち、内側を二・四～三センチ彫り窪める。石の右側周縁は全体に欠落していて観音像の背部に及んでいる。

内部中央に像高五〇センチの来迎印の阿弥陀如来が蓮座の上に立ち、その下方左右に向い合った観音・勢至という通形の三尊形式の像を半肉彫りする。像の周囲の彫り出しはごく薄い。かなり早くから堂内に祀られていたとみられ保存状態も良好で、先に述べた右側周縁を欠損（風化剥落よりも故意に破壊した印象がする）するほかは、像の彫刻は細かな所までよく残っている。例えば中尊の衲衣の流れが克明に残るほか、踏み割り蓮座に乗せた両足も一本一本の指がきちんと刻まれており、また脇侍二菩薩の衣文の細部もたんねんに仕上げられている。中尊のお顔の部分や胸の部分に薄く朱の色が、蓮座や脇侍肉身部には白色顔料の跡がはっきりと残っており、三尊像全体が彩色

されていたことがうかがえる。

　全体的に見て用いられた石が大きいこと、輪郭内部の空間の広がりに対して像の大きさが小さめで、三尊のバランスがゆったりした間隔を保ち、彫刻がきわめて丁寧であること、また弘長二年在銘の長命寺板碑に似ていることから、ほぼ同時代の一二六〇年代前半頃のものと思われる。

　勢至像の左側の周縁部に「右志者」の刻字がはっきり残っており、右側の欠損部に紀年銘があったと思われる。

　現在も一年に一回、旧暦の八月一五日に近くの女性が集まり大数珠ぐりをする習慣が残っている由である。

福36（図版編三六頁）
須賀川市和田字宿六二・金剛院　弥陀三尊板碑

須賀川市と石川町を結ぶ街道から少し東へはずれた、阿武隈川の西にある金剛院の山門を入ると、すぐ右手の所に西面して下部をセメントで固めて保存されている。石は上下を欠き、上から三分の一位のところを折損し、上下をセメントで接合している。現高七七・五センチ、上幅五三・五センチ、下幅六一センチ、厚さ二〇～二〇・五センチの凝灰岩製の通形の来迎三尊板碑である。

　輪郭は長方形に一・五～二センチ彫り窪めているが、上の辺は左端に数センチその跡を留めるだけで欠損している。
　中央平面のほぼ真中に、像高四一センチの正面向きの弥陀立像が蓮座・飛雲の上に立つ。左手は比較的よく残っているが、胸元に挙げた右手は風化が目立つ。丁度首のところで折れている。
　脇侍の二菩薩は、阿弥陀像の足元の辺りから彫り出され、右側の観音菩薩は蓮台を両手で捧げ、顔をぐっと下に傾けており、左側の勢至菩薩は胸元で両手を合せる。いずれも上半身を残すだけで、それから下の部分を失っている。

福37（図版編三七頁）
須賀川市大字前田川広町字草池下　双式弥陀三尊板碑

須賀川市前田川と石川郡玉川村竜崎にまたがる乙字ヶ滝の傍を通って石川へ抜ける石川街道の稲荷田から西へ約一キロ、広町地区は古代・中世の大集落があったといわれる所で、双式来迎板碑は東西にのびる舌状台地の突端部に覆屋を設けて、その中に直接地上にたてられている。地上高一三三センチ、上幅六九センチ、下幅一二六センチ、厚さ一四センチの三角形板状のかたい石質の安山岩を用いる。

表面を平らにしてほぼ同寸の凸字形の輪郭を左右二区に彫り窪め、それぞれの空間中央に正面向きの像高三五センチの阿弥陀立像が飛雲の上に乗り、その左手の辺りから下に蓮台を両手で捧持する観音立像（像高二九と二八センチ）、反対側に胸の所で手を合せ合掌しやや上半身を前に曲げる勢至立像（像高ともに二八センチ）という、通形の三尊像を薄肉彫りする。

　その像容や像高などは左右ともほぼ同じで、二組の同形の三尊像を彫るところから、夫婦の供養を目的としたものと見られる。
　発見当時、前に傾いていたために風化も少なく、彫刻も細かく丁寧に作られ、中通りの来迎板碑の中でも優れたものの一基である。
　なお、石面を二区に分けて輪郭を設けてそれぞれに弥陀三尊像を彫る「双式弥陀三尊板碑」は前田川広町、築後塚のほかに芦田塚（須賀川市浜尾）があり、芦田塚は左右の像容が異なる特徴があるが、風化が著しく拓本採取が出来ない。須賀川市に三基が所在するが、他の地方では見られない特異な板碑である（ほかには鏡石町仁井田墓地に磨崖三尊石仏がある。また、埼玉県では種子板碑で見られる）。

福38（図版編三七頁）

須賀川市前田川広町字草池下　弥陀三尊板碑

双式の来迎板碑の右側に倒れている残欠が本塔である。

黄白色の表面が剥離しやすい凝灰岩製の弥陀三尊板碑は、現高五七センチ、上幅四一・五センチ、下幅四五センチ、厚さ一七・五センチの大きさで、全体の右下方の一部を残す残欠である。下端には枘を造り出してある。

下方部分の三一センチは平面のままで、その上方に石の左右ほぼ中央から右側にかけて飛雲に乗って跪いた姿勢で蓮台を前方に差し出す観音菩薩が薄肉彫りされ、その後方には勢至菩薩の乗る飛雲と思われる凹凸が見られるが、かなり風化して鮮明さを欠く。蓮台の右斜め上方には敷物の上に正面向きに座って合掌する念仏行者の姿が小さく彫られており、念仏行者像を伴った早来迎形の三尊石仏の残欠であることが判る。

石の下部平面と像の彫られる平面は一・五センチの段差があるので、石の上方には輪郭がとられていたように考えられるが、石の右辺は剥離し、左辺は欠失しているため確認することはできなかった。

下端に枘があるところから台石の上にたてられていたことが判るが、須賀川市仁井田・願成寺来迎板碑や石川郡玉川村仁戸内阿弥陀堂の弥陀三尊来迎板碑くらいしかそのような例はなく、比較的小型のものに限られているのではないかと考えられる。

福39（図版編三八頁）

須賀川市滑川字東町・筑後塚　双式弥陀三尊板碑

森宿の宝来寺の前を真直ぐ北へたどる道は鎌倉時代の東山道（奥州街道）といわれるが、左手に柏城小学校がある。この校地の一部に筑後塚と呼ばれる平地が雑木林の中にあり来迎板碑などが祀られていたが、閉校と共に移建され小学校北方の、新道と旧道の分岐点の角に覆屋を設けて、二尊板碑・種子板碑や二十三夜塔・庚申塔など江戸時代の石造品一五基余りと共に一括保存されている。

総高八八センチ、上幅七五センチ、下幅八九・五センチ、厚さ一六～一九センチの凝灰岩製で、芦田塚板碑や前田川板碑という双式来迎板碑とくらべると少し小さい。石の上部は三角形を呈し右上部が欠損するほかはいたみも少ない。正面を左右二区に凸字形を連ねた形に彫り窪めるが上は石の形に合せて角をきる。

像は右側の脇侍像を除いて、いずれもお顔の部分が風化のために細部を失い形状を留める程度であるが、中尊の像高三一・二センチ、観音像二四センチ、勢至像二三・五センチとほぼ同じ大きさに彫られ、左右において大差はない。石面にゆとりのないためか中央の二菩薩の飛雲は一つになり、両側の飛雲は輪郭に接している。全体的に見ると左像の方が風化のために像の細部が判りにくい。全体的に内部空間を広くとり、像も小さいながらしっかりと彫られている。外縁左上部には銘文のあとが認められる。

筑後塚というのは『岩瀬郡誌』によれば、「大字滑川字小向の林間に在りて旧国道の西側に傍ふ。名は即ち塚と称するも実は凹字形の低窪地なり。相伝ふ天正十七年十月二十六日、二階堂家の老臣守谷筑後敵軍に内応して須賀川城を屠らしめしも却て敵将伊達政宗の疾む所と為りて誅戮せられし遺骸を此に埋めたるものなりと（中略）一樹の老桜と仏像及び梵字を刻せる数基の小断碑とを存す云々」とある。ただ双式来迎板碑は天正年間まで時代の降るものではなく鎌倉時代末期のものと考えられる。

福40（図版編二八頁）
須賀川市滑川字東町・筑後塚　弥陀二尊板碑
双式弥陀三尊板碑と同所にある。

地上高七〇センチ、上幅三六センチ、下幅五一センチ、厚さ一六センチの凝灰岩製で、石の頂部から一七センチ下に一線を画する。その下の身部に舟形を浅く掘り下げて、正面を向いた阿弥陀二尊像を二七センチ（右像）、二七・五センチ（左像）の大きさで彫り出す。二尊はともに蓮座の上に立つ。

福41（図版編二九頁）
須賀川市雨田字中山・中山地蔵堂　弥陀来迎板碑
阿武隈川の東岸地区は、かつて石川郡に属していた時期があり、石川郡の文化圏にあった地域である。
水郡線の川東駅のすぐ北側の道を、小作田から東南に進めば雨田に至る。小さな林の中の墓地の近くに建つ地蔵堂の前に二基の板碑が並んでたっている。

二基の板碑の内、左側のものが本塔で、頭部山形で二条の刻みは側面まで巻かれ、その下に額部をもち根部（張り出しが身部に対して平行でなく、斜めになっている）を有する板碑で、直接地上にたてられている。地上高は八一・五センチ、下幅四二センチ、山形下部で

三七センチの幅を有し、山形の高さは一一センチ、その稜線はほぼ一直線状で、頂部は少し丸みをもつ。額部は高さ一二センチで身部と接する所は斜めに張り出しており、正面両側は面取りを施す。額部の正面は平らではなく左右にくらべて中央が少し丸く出っ張っている。厚さは身部で一〇センチある凝灰岩製の来迎板碑である。全体に石の表面があれていて、特に額部の右側の約半分から身部の右辺がひどく剥落しているのが目立つ。

身部の表面は比較的平滑に磨かれており、額部のすぐ下から輪郭を彫り出した三尊像が薄肉彫りで作り出される。即ち、大きな頭光を負う弥陀立像は浮き出しになっている部分で三六・五センチ、その右下部に蓮台を差し出す観音菩薩が一一・五センチ、中尊の左側に、中尊と一体になって明確に区別できない状態ではあるが、勢至菩薩が一一センチの大きさで作られており、いずれも飛雲に乗っている。全体にずっと左へ寄った早来迎形の図像であるが、右端には念仏行者の姿は見られない。

飛雲が後方になびく有様や、菩薩像の天衣が垂れ下っているところなどもきちんと彫り出されていて、彫刻の手抜きのためにこのように像の細部や凹凸を省略した彫法をとったとは考え難い。

須賀川市仁井田字阿弥陀の来迎板碑、西白河郡泉崎村・観音山来迎三尊磨崖板碑や同村昌建禅寺来迎板碑の如く、像を身部平面より一定の厚みで薄肉彫りするものの、それは輪郭を表すにとどまっていて、中山地蔵堂板碑の場合もその形状から、頭光・仏身・飛雲・蓮台などとわかるものの、先のものと同様表面的には平らに作られている。押し型のような彫法というような表現を用いるが、このような像容の

ものだけで、当時の人々は来迎三尊仏と認めて信仰したのであろうか？　風化によって彫刻の凹凸が磨滅してしまったというにしては、どの部分をとっても輪郭以外彫刻による凹凸は認め難く、他の方法があったのではないかという推測が出てくる。

　この中山地蔵堂から約七〇〇メートルばかり北の下小山田・佐藤家墓地（福43）に、地蔵一尊来迎板碑がある。像容は異るものの彫法は比較的よく似ていて、像のところどころに墨書きの部分が認められる。来迎三尊板碑にもこれと同じように彩色したり墨書の手法を採るものがあったということが、考えられるのではないかと思われる。先にあげた西白河郡泉崎村の観音山板碑群の中には、漆喰を塗りその上に来迎三尊仏を描いていたといわれる例もある。保存状態が比較的よい場合にはその跡をとどめることがあるが、風化が著しく進んだり、苔のために表面が犯されたような場合には、それを確認することが不可能となる場合もあるのではないか。前述のように飛雲や天衣などの彫刻から見て、一つの表現方法としてこのような押型風の像が彫られ、あとから更に人の手を加えたものと思われる。

福42（図版編三八頁）

須賀川市田中字堀ノ内・畑の中　弥陀来迎四尊板碑

　国鉄水郡線「川東」駅から田中の集落から金蔵寺へ至る。そこを西へとった畑の中に、上下を欠いた来迎板碑が、まゆみの木の下に立てかけられている。

　現在は横に長い長方形状に残っており、上部はゆるやかに弓形を呈する。高さの最大寸法は五六センチ、幅七〇センチ、厚さ一二～一五センチの黄白色の比較的緻密な凝灰岩製で、珍らしいことに早来迎形の弥陀三尊像の外にもう一尊、地蔵菩薩が加えられた四尊来迎の図像である。

　浄土教絵画においても、特殊な来迎図として、阿弥陀三尊六地蔵来迎図（奈良・吉祥草寺　鎌倉中期）、弥陀・観音・地蔵来迎図（奈良・円照寺　南北朝時代）、更に本塔と同じ弥陀三尊に地蔵を配した四尊来迎図（大阪府・細見氏蔵）が知られている。細見氏蔵の四尊来迎図では、左寄りにひときわ大きく阿弥陀立像が円光と放射光をもって画かれ、その足下に観音・勢至が飛雲上に立って腰をかがめ、阿弥陀如来の左側に宝珠を捧げ持つ地蔵がやはり飛雲の上に立っている。この四尊形式のものは、他に滋賀・浄信寺本や三重・西来寺本（鎌倉時代）などにも見られる。

　いうまでもなく地蔵は、忉利天にあって釈迦如来の入滅から弥勒下生までの無仏の世界における六道の衆生を教化する菩薩で、ことに阿弥陀如来の救済にはずれ、地獄におちた罪人を救うという地蔵信仰の盛り上がりは、中世において特に強くみられ、これと来迎三尊が結びついたものと考えられる。福島県における四尊来迎板碑は、他に類を見ない。

　像容を見ると、右から膝を屈めて蓮台を差し出している観音像、そのすぐ後で合掌する勢至像はともに飛雲上に立ち、太い天衣が雲のところ迄垂れ下がっている。脇侍二菩薩の後に胸あたりから上部を欠く阿弥陀像が、やはり飛雲上に立ち、それと重なるようにして両手を合掌する地蔵像を彫るが、頭部は剥落してそれから上は欠損するが、衲衣の状態などから見て、地蔵像と考えられ、他の像と同じように飛雲の上に立っている。
　両端に三・五～四センチの縁を取り、その内部いっぱいにこれら四尊像を彫っている。
　地元では、この石仏を十王様と呼び、古くから現在のような状況であったと、調査を見ていた近くに住む人から聞いた。

福43（図版編三九頁）

須賀川市下小山田字関・佐藤家墓地　地蔵来迎板碑

　中山地蔵堂から北へ約七〇〇メートルの道の東側に佐藤家の墓地があり、その西端にやはり地上に転倒した地蔵図像板碑がある。

　現高七五センチ、上幅三六センチ、下幅三七センチ、厚さ一八センチの凝灰岩製で、下部を欠損する。身部の両側を三～四センチの幅、深さ約一センチに枠をとり、彫

り窪めた中に大きく持錫棒珠の地蔵菩薩立像を薄肉彫りする。頭光は直径一六・五センチで細く陽刻し、錫杖はこの頭光から大きくはみ出し、宝珠を持った左手を前方に差し出して指を反せている。衣の裾が風になびいており、歩行のさまを表わしている。

像全体は押型風に、何の凹凸もなく平面のままになっていることは、先の中山地蔵堂前の来迎板碑と同様であるが、右肩の部分に数個所うすれながらもわずかに墨書の線の跡があり、これらの平面状に薄肉彫りされた図像は、墨や朱などを使って衣文などを描くというような手法がとられていたのではないかと考えられる。板碑としては惜しいことに脚から下の部分を欠失しているが、福島県において地蔵来迎像は始めてである。

画像としての地蔵一尊来迎図は、東京国立博物館本、奈良・能満院本、三重・地蔵院本、徳島・鶴林寺本、徳島・最明寺本、などかなりの作品が残されている。

その地蔵菩薩が、独立して来迎する典拠は不詳であるが、来迎図の中に描かれてきたこと、六道衆生の救済者としての地蔵信仰などが、底流になったと考えられている。これらの画像を見ても、飛雲・踏み割り蓮座上に右向きの持錫・捧珠の地蔵菩薩が、この板碑とよく似たポーズをとっていることがわかる。

福44（図版編四〇頁）

須賀川市柱田字石田　横耕地来迎板碑

バス停上柱田から若干西に進んだ道端に江戸時代の六面石幢がたっており、その脇の右の細い道を北へとると小さな流れの傍に南面して二基の来迎板碑が直接地上にたてられている。

右側の板碑が本塔である。

地上高一三三センチ、下幅九六センチ、厚さ一九センチの頭部が丸味を帯びた三角板状の凝灰岩製で、幅七センチ前後の下が広く上になるにつれ狭くなる梯形の輪郭をとり、内側を浅く彫り窪める。

内部中央に像高五二センチの来迎相の阿弥陀如来が巻雲の上に立ち、その巻雲の両側に内側を向いた脇侍二菩薩が同じように雲上に立つ。薄肉彫りの像は衲衣の襞などはたんねんに刻まれているが、厚みは変化が少なく平板である。背中を丸くかがめた観音菩薩、全体的に身体を前に傾けた勢至菩薩は輪郭の形にそって彫られたせいもあるが、バランスが悪く不安定である。

輪郭の両辺に銘文があったと思われるが、右縁は判読できる状態でなく左縁において次の如く読まれる。

「文永八年（大才 辛未）八月廿七日願主敬白」

来迎板碑としては県下で四番目に古く、鎌倉時代中期のものである。

福45（図版編四一頁）

須賀川市大字今泉字町内一〇三・永禄寺　弥陀三尊来迎板碑

来迎板碑は本堂の左側を通って奥へ一五〇メートルばかり入った山すその地面に直接たてられて南面している。そこへ至る道の両側は、ずっと墓地が続いている。来迎板碑の周囲は歴代住職の奥津城所となっていて、参道のほぼ突き当りに位置する。

来迎板碑は梯形の安山岩質様の凝灰岩製で、右縁などかなり欠損があるが、中央部で計って地上高（最大）九三センチ、地上での幅七二センチ、最大幅七八センチ、厚さは不整で右側で一五、左側で一〇センチある。

湿気の高い山裾にあるせいか、上半分は真白な苔で覆われ、下半分も山の湿気

を吸って水気を帯びていて、保存場所としては、余りよい環境にあるとはいえない。

中通り地区に見られる陽刻来迎板碑は、輪郭を残して凸字形に内側を彫り窪めて、その部分に三尊像が刻まれていているものが普遍的であるが、本塔の場合はこの凸字形の上の縁を三角の山形にとがらせてある。この輪郭の高さ七四センチ、幅は上の狭い方で三九センチ、下部の広い方で五〇センチをとり、一～二センチの深さに彫り窪め、山形の中央部より三・五センチ左に寄った位置二〇センチ下の所から、飛雲の上に立つ主尊の阿弥陀如来像を正面向きに陽刻する。

脇侍二菩薩は、共に像高二〇センチで中尊の方を向いた通形の三尊形式で左に合掌する勢至菩薩、右側に蓮台を捧げ持つ観音菩薩を陽刻するが、勢至像は他の来迎板碑で見る如く、正面より斜め半身の姿勢をとるのに対して、観音像はほとんど真横を向いた姿勢をとり、二菩薩の間に変化をもたせている。三尊とも巻雲上に乗り、雲の末端は細く後方になびかせて、動感をあらわしている。

福46（図版編四二頁）

須賀川市畑田字橋本五〇・長命寺　弥陀三尊来迎板碑

来迎板碑は東面する本堂の南、旧道に面した一画を平らにして鉄骨製の覆屋を設けてその中に二基並んで保存される。

右側（本搭）のものは下端をセメントで固定され、地上高一七四・五センチ、上幅七七センチ、下幅九〇センチ、厚さは二一・五（右辺）～三五（左辺）センチの背面不整形の溶結性凝灰岩製で、岩瀬郡の来迎板碑の中で最も大きいものである。

この石の表面に下幅七一センチ、上幅五六センチ、高さ一三五センチの上部が花頭窓状の輪郭をとり、二・五～三センチの深さに彫る。旧岩瀬公民館来迎板碑は頂端部が尖っていたが、この石仏の場合は丸い曲線をもち尖っていない。

中央部に像高四八・五センチの来迎相をとり、蓮座の上に立つ阿弥陀如来を三・五センチの厚さに半肉彫りし、その蓮座をとりまくようにして広がる瑞雲の端から、宝冠をかぶった観音菩薩と勢至菩薩が向い合って同じように蓮座上に立つ。輪郭内部の空間の広がりに対して像の占める割合は小さくゆったりと、しかも細部にわたって丁寧な彫刻が施されている。

左右の輪郭部に一行ずつ次のような銘文が刻まれている。

「右志者□慈父幽霊菩提也
（阿　弥　陀　三　尊　像）
弘長二年大才壬戌四月日敬白」

鎌倉時代中期の作で、県下最古の来迎板碑・陽泉寺搭に遅れること四年で、岩瀬郡において最も古い図像板碑である。

福47（図版編四三頁）

須賀川市大久保字宿・相楽家　来迎三尊板碑

旧岩瀬村の南東端に当る地区の相楽家の裏庭に二基、裏の道路脇に大きく破損したもの二基、計四基の来迎板碑が残されている。相楽家のものは昭和初期に土地を整地した時に出土したもので、土塁跡に二基並べてたてられている。

総高八七センチ、下幅四四・五センチ、厚さ一三センチの凝灰岩の板石に凸字形の輪郭をとり、内部を約〇・五センチとごく浅く彫り窪めるが風化のため一部は欠けた部分も見られる。

その中央部左寄りに左足を踏み下げ右足を左膝に乗せる半跏の阿弥陀如来（像高二六センチ）を薄肉彫りし、その飛雲下方の右側に膝を曲げ正座にちかい姿勢で前かがみになり蓮台を差し出す像高一六センチの観音菩薩と、その左後方の少し高い位置に同じように膝を曲げ胸を張って合掌する勢至菩薩（像高一七センチ）が彫り出される。更に右側周縁内側の観音菩薩の差し出す蓮台のところに小さく引摂を待つ念仏信者の坐像が九センチと小さく彫られる。中尊の半跏像形式の来迎板碑は珍らしく、ほかに次の旧長沼町古舘来迎板碑と二基のみである。

表面の風化が著しく原形を損うが全体にのびやかな彫刻で空間に対する像の占める割合もよく、鎌倉時代後期の作と思われる。

福48（図版編四三頁）
須賀川市桙衡字古舘・熊田家横　古舘来迎三尊板碑

古舘の集落の家並の外れに約五メートル幅の堀の一部分が残っており、かつて居館のあった名残りという。来迎板碑はこの北側の熊田家の左側の土手に西面して斜面にたてかけられている。

総高九七センチ、上幅四〇センチ、下幅四八・五センチ、厚さ一〇センチの凝灰岩の板石の頭部を簡単に成形して山形とする。この表面に普遍的な凸字形の輪郭をとる。凸字形の狭い上半部の中程から、右下方を向いて左足を踏み下ろして踏み割り蓮座に乗せ、右足は膝のところへあてがった半跏踏下げの阿弥陀如来像（像高二一センチ）を〇・五センチと薄肉彫りする。右手は胸のところへ挙げ、左手は膝の上に垂らす来迎相をとる。この中尊の下方、観音菩薩（像高一四センチ）は両膝を曲げて蓮台を捧げ持ち、その後方には上半身を直立させて頭部を少し右下にかしげて合掌する勢至菩薩坐像（像高一五・五センチ）を同じく薄肉彫りする。両菩薩とも膝を折り曲げて正座してすわり、両腕にかけた天衣が像の後方になびき動感を表わしている。ただ本塔は観音像の前に行者像は彫られていない。

右側輪郭の外縁、脇侍像下部の空間部などは現在でもはっきりノミの跡が残っており、未完成でないかという意見もある。浮彫りの像は平板で彫刻も硬く、三尊のポーズもぎこちなく窮屈な印象を受け、像容は大久保・相良家来迎板碑に似るものの、造立時代は遅く南北朝時代のものと思われる。

福49（図版編四四頁）
岩瀬郡鏡石町鏡田高久田字木曾・路傍　弥陀三尊板碑

ＪＲ「鏡石」駅の東北約四キロ、かつて鎌倉街道といわれていた道の東側に一間四方程の小屋が建てられ、来迎板碑はこの中に北面して直接地上にたてられている。

地上高八七・五センチ、上幅五三・五センチ、下幅六三センチ、厚さ一一・五～一三センチの凝灰岩製で、その表面に岩瀬地方で最も類例の多い凸字形の輪郭をとり、内部を約二センチ平らに彫り沈める。

この凸字形の内側中央一二・五センチ下ったところから正面向きの阿弥陀像が来迎相で、先端が巻きこんだ雲の上に立ち、その足元に近いところからそれぞれ中尊の方をむいて向かい合う脇侍二菩薩が半肉彫りされる。即ち蓮台を持った観音菩薩が右側に、合掌する勢至菩薩が左側に、雲の後部が凸字形の輪郭に接して彫られた雲の上に立っている。二菩薩の内、観音像のお顔の部分は現在削り取られたように剥落して形跡を留めていない。

凸字形の上方広い部分に刻字の跡がある。右側は風化のために判読できないが、左側は右上がりのかなりくせのある書体で次のように紀年銘が読まれる。

「弘安六年大才癸未四月日」

中通り地区の来迎石仏の中では福島市・陽泉寺来迎板碑の正嘉二年在銘のものを最初として、五番目に当るものである。

なお、山形県鶴岡市・致道博物館に本塔とよく似た弥陀三尊板碑が所蔵され、郡山市旧在と伝える。

福50 （図版編四八頁）
岩瀬郡鏡石町大字鏡沼七六・西光寺　弥陀三尊板碑

ＪＲ「鏡石」駅の北、約一・七キロの陸羽街道に面した寺の本堂に向かって左前方に、東西に並んでたてられた江戸時代の石塔群にまじって、北面して直接地上にたてられている。

総高九五センチ、上幅三五センチ、下幅五七センチ、厚さ一三～一六センチ、背面不整形で、上部にいくにしたがってゆるやかに狭くなる梯形の凝灰岩を使用する。

石の表面を平らに削り、凸字形の輪郭を残して内側を最大一・二センチ彫り窪めてある。この輪郭の内ぐりは、上にいくほど深く三尊像の接する下部では、深さは零となる。また、凸字形の上半部の長さは一一～一二センチと下半部の三三～三四センチにくらべて著しく短い。

この凸字形空間の中央九センチ下った所から、像高三四センチの正面向きの阿弥陀立像が薄肉彫りで彫り出される。幅一五・五センチ、高さ五センチの蓮座は線刻され、その上に右手を胸に挙げ左手を垂れる来迎相の弥陀は、お顔の部分が風化のためにはっきりしないが、衲衣の部分などは鮮明に残っている。

中尊の両脇に、それぞれ宝冠をつけた観音菩薩（像高二七・五センチ）と勢至菩薩（像高二九センチ）が相対面して立っており、蓮座は中尊の場合と同じく線彫りされている。二菩薩とも裳は石面を斜めに削って襞の部分を残す武蔵型板碑と同じ手法をとり、両腕にかけられた天衣は足元にまで波打って垂下したり、風になびくように後方に流れている。

凸字形の枠内部に三尊像がほぼ一杯に彫られていて窮屈な印象を受ける。

福51 （図版編四五頁）
鏡石町西側・鈴木家　弥陀三尊板碑

ＪＲ「鏡石」駅の西側に旧国道が南北にはしり、道路に面する鈴木氏家の母屋の前を通りぬけた先の二本の樹の間に、東面して地上に直接たてかけられている。白っぽい凝灰岩質の石で背面は不整形で下部を欠失している。

現高は右辺で七五センチ、上幅四七・五（最大幅五一）センチ、厚さ一八～一六・五センチの石で、その表面に凸字形の輪郭を約一～一・三センチの深さに彫り窪め、その上部中央に巻雲の上に正面向きに立つ弥陀像が半肉彫りされ、凸字形の輪郭の幅が広くなった部分から、脇侍二菩薩がそれぞれ中尊の方を向いて相対して立つ。右側の観音菩薩は蓮台を捧持し飛雲の上に立ち、左側の勢至菩薩は合掌する。裳裾の下部から飛雲の一部は認められるが、それ以下を欠損している。

両菩薩の像高一三・三セン

チと二四センチではほぼ同じであり（阿弥陀如来は二九・五センチ）、通形の弥陀三尊板碑であるが、観音菩薩は顔をやや正面向きにしているのに対して、勢至菩薩は横顔を見せる等表現に若干の違いが見られる。また、中尊のお顔は風化のためにかなりいたんで不明瞭である。

　当家の氏神として古くから年毎に祀り、旧暦の一一月二八日には精進料理で過されるとの話であった。

福52（図版編四五頁）
西白河郡矢吹町大和久字東の内　山王来迎板碑

国道4号線をこえて、街の西域にあたる田内の集落へ行く道の右手崖の上にある。崖を登ると桜の木の下に一・五メートルたらずの大きさの頭部山形の来迎板碑が倒れており、その左側に本塔の来迎板碑残欠が苔にまみれて、同じように倒れている。地元では以前から「山王さん」と呼んでいるとの事である。

　桜の木の根元に立てかけられてあり、高さは左辺で五二センチ、右辺で三九センチ、上幅四一・五センチ、下幅四三センチ、厚さ一二センチの板状の凝灰岩製で上半部を欠失する。向かって左辺に二～二・五センチの輪郭の跡があり、内部を〇・五センチとごく浅く彫り窪める。右辺は欠損する部分があるものの、残る部分には輪郭は認められない。

　石面の中央から左に寄ったところに、弥陀立像が薄肉彫りされるが、身部から上の部分は現在失われて無い。石質が緻密なせいもあり、像の彫刻はよく残っており、中尊の足の指の一本一本がわかる程である。その左側に合掌する勢至菩薩立像が、左の輪郭ぎりぎりに彫られ、観音菩薩が中尊の足元の右側に、左足を前方に膝を立て右足をうしろに曲げ、今まさに行者を迎えとるように、蓮台を差し出す姿勢で彫り出される。この蓮台の先から石の右端までは十数センチの空間が残されているが、ここに行者像の彫られた形跡はない。西白河郡の来迎板碑の内、早来迎形のものは七基を数えるが、行者像を彫った来迎板碑はわずかに、南部の表郷村・硯石において見られるのみである。

　また、この三尊は足元に蓮弁も飛雲も彫られておらず、ただ阿弥陀如来の足元や観音菩薩の下部に、朱の色が残っているので、蓮弁や飛雲を色材でもって線書きしていたのではないかと考えられる。

福53−54
矢吹町大和久字堰ノ上三一〇・阿弥陀湯　来迎三尊板碑

矢吹の街と原町−大信村を結ぶ地方道が東北自動車道と交わるすぐ西側に、阿弥陀湯と呼ばれる一軒の温泉（鉱泉）がある。この旅館の建物の間を通り裏へまわると、丘陵地の中腹にのびる石段があり、左側に〔阿弥陀堂参道入口〕の石碑が建つ。二七段の石段を登った中腹の平端地突き当たりに、小さな阿弥陀堂が建っており、正面を一段高く作り、その上に三基の板碑が漆喰で固定されてたっている。向かって左側と中央の板碑が来迎の三尊像を刻み、右側のものは種子を刻む。

福53（図版編四六頁）

中央の来迎板碑は、総高一〇七・五センチ、上幅三五・五センチ、下幅四四センチ、厚さ一三センチの、きわめてきめの粗い凝灰岩製の板碑で、頭部を山形にするが、正面・側面とも中央部でかなりむくんでおり、側面から見た背面も前方へカーブしている。額部の出は右側一センチ、左側三センチと少し異り、面取りはされていない。また、おなじ程度の出っ張りをもつ根部を造りだす。

　三尊像は身部をいっぱいに使って像高三一センチの来迎相の弥陀立像と、その膝あたりの左右から向い合う脇侍二菩薩（二三センチと二三・五センチ）が、約一センチの薄肉彫りで作られる。ただ陽刻像であっても、この場合は押型風に同じ厚さに陽刻して衣文等を刻んでおり、安積・岩瀬郡等のものとは彫法の違いがある。三尊とも頭光を負い、浮き出した周囲を残して内部を斜めに、彫り窪めた大きな蓮座の上に立っており、この形式は左側の来迎板碑の場合も同じである。三尊の衣文はV字形の陰刻であらわされる。

福54（図版編四六頁）

中央の来迎板碑と同質のきわめてきめの粗い凝灰岩製の板碑で、現状では中央のものよりも小さい。阿弥陀堂三基の内、最も左側にたっている。現高八九センチ、上幅三六・七センチ、下幅四三センチ、厚さ一三センチの大きさで、現状の並んでいる二基を比較すると、これはかなり小さく見えるが、石の幅や厚さ、更に身部の長さ等を見るとほとんど同じ大きさであり、ほぼ真中で折損することと、左下部が欠損することなどを考えると、破損前は先のものと同じように根部の張り出しを有し、ほとんど同じような規模のものであったと考えられる。

頭部山形は先端で割れたように四・五センチの間をおいて、二つの先端部を有し、正面・側面観ともにむくみをもつ。その下の二条線は側面まで刻まれる。額部は一一・五センチの高さをもち、身部より二・五センチ張り出して作られる。現在、中央部分の弥陀像の肩辺りからほぼ水平に折損しており、それをセメントで接合している。

像高三一センチの中尊は二一・五センチの大きな頭光を負い、その上部は額部の下端に接している。現状では身部の大半を中尊像が占め、その膝辺りから向かい合った脇侍二菩薩が立っている通形の三尊形式をとり、寸法的には先のものと大差はない。

三尊とも約一センチの浮彫りで身部より出っ張り、下半身の裳末や蓮弁は、輪郭やひだを残すようにして薬研彫り様の陰刻であらわされる。

保存状態は先の板碑よりも悪く、中尊は裳末の部分を除いてほとんど風化するほか、脇侍像も風化する部分が多い。大きさや彫法から見て、二基とも同じ石工の手によって作られ、その時期は比較的遅い時期のものと思われる。

福55（図版編四五頁）
矢吹町三城目二一六・澄江寺　弥陀三尊板碑

本堂左前方に昭和五二年四月に造立された梅花観世音像を中心にした無縁墓塔群があり、その右側最前列に、黒ミカゲの台石上にすえられた白然石の弥陀三尊板碑が南面してたっており、その両側には、享保年間の如意輪観音墓塔が並んでいる。

板碑は総高六七センチ、上幅四九センチ、下幅四五センチ、厚さ一七センチのほぼ板状の駒形をし、やや褐色がかった凝灰岩の自然石に、上辺がやや丸くカーブした長方形の輪郭をとり、内側を約一センチの深さに彫り窪めている。この周縁の右下方は、須賀川市町守屋来迎板碑のように外側へコの字形にくいこんだように作られる。大きさは未迎板碑としては、比較的小型のものに属する。

早来迎形の三尊像は、三八・五×五〇センチの内ぐりの中に、薄肉彫りで彫り出される。像は中央空間部の左側に寄って彫り出され、勢至菩薩の裳が輪郭に接するのに対し、観音菩薩の右側には広い空間がのこされており、上半身を直角近くまで深くまげて、差し出された蓮台の前方の輪郭が、丁度内側に一・五センチはり出していて、周縁の幅がせまくなっている。先の山王来迎板碑よりも、右側空間のこの広がりは大きい。この空間から見て、念仏行者像を彫るゆとりがあるにもかかわらず、それが見られないということと、周縁が丁度この部分で細くなっていることは、何らかの関係があるのではないかと考えられる。

三尊とも風化が著しく、細部についてはやや明瞭さ

を欠くところが多いが、三尊とも像が彫られるだけで、他の来迎板碑に見られるような蓮座や飛雲は認められない。

福56（図版編四七頁）

矢吹町三城目字東川原・諸根家前　弥陀三尊板碑

南北に流れる阿武隈川にかかる橋の西側を北へ向かう道を進むと、田の畦が少し小高く盛り土されたところに、一・五メートルばかりの石塔が目に入る（諸根家の前あたり）。

八葉蓮台の上にたてられる自然石の弥陀三尊板碑は、総高一二〇センチ、上幅五五センチ、下幅六四センチ、厚さが一七～二五センチの凝灰岩製で、この中に六六×四五センチの長方形の輪郭を一センチの深さに彫る。ただ石面の向かって右側上部が約三分の一程度剥れており、丁度それを避けるようにこの部分の枠が変形され、全体としてL字形の輪郭となっている。この輪郭の形から見て剥落は造像の時からあったものと考えられる。

この石面に中尊三〇センチ、観音一八センチ、勢至二一センチの、早来迎形の三尊像が薄肉彫りであらわされる。三尊共に飛雲の上に立ち、阿弥陀如来は横を向き来迎印を結び、観音菩薩は跪いて蓮台を捧げ持ち、中尊の後方では勢至菩薩が立って合掌する。足元の蓮弁は三角形を並べたように陰刻で表され、飛雲は小さく丸く固まってあらわされ、岩瀬地方に見られるような動感には乏しい。

三尊とも石面の左寄りに彫られ、右側に空間を残すのは西白河郡の白然石来迎板碑の早未迎形に共通するもので、一つの造形の特徴と考えられる。内部空間の広がりに対して、像の占める割合は小さく、ゆったりとした印象を与える。

福57（図版編四九頁）

矢吹町中野目字中野目東・円谷正秋家　中野目東来迎板碑

『矢吹町史』で中野目屋敷下供養塔と呼ばれ、中野目の南の水田にあったものを、円谷正秋氏宅の庭内に移建したものである。元々、明治のはじめに田の中に埋まっていたものを掘り出したと伝えられてきたものという話である。

総高一一三センチ、上幅三七センチ、下幅四七センチ、厚さ一七・五センチの凝灰岩製の板碑で、頭部山形・二条線・額部・根部をそなえたものである。頂部の尖りは欠損して平らになっているが、正面側面とも中央でむくんでおり、二条線は側面まで刻まれ、その下の額部は高さ一二センチで、左右両側にそれぞれ四～三・五センチの面取りが施されている。

身部中央に、来迎相の阿弥陀如来が蓮座上に立ち円光を負う。蓮座の右側に観音菩薩が蓮台を持って立ち、左側に勢至菩薩が膝を少し曲げて合掌する。三尊とも右方を向いた早来迎形の像容であらわされる。念仏行者像は彫り出されておらず、また三尊の位置は身部のほぼ中央に彫られている。三尊の円光は内側に向ってゆるやかなカーブで彫り窪められ、頭部がこの中で浮彫りのように彫り出されているのは、武蔵の図像板碑でよく見られる手法である。

三尊の身体は薄肉彫りされ、蓮座は陰刻とし、それをとりまいて浅いV字形の陰刻線で、飛雲が左方になびいて彫り表される。浮き彫りとはいえ、一部には板碑と同じ手法が用いられるなど、自然石形と板碑形の接点にある形態といえよう。

福58（図版編四九頁）

矢吹町中野目字中野目東・円谷善人家　弥陀三尊板碑

先の円谷正秋氏宅の隣家で、主屋の南にひろがる広い庭のほぼ真中に立っている松の下に立てかけられているが、現在上部約三分の一位の所で折損して、二つに分れて置かれている。

復元すると、総高一三〇センチ、上幅三九センチ、下幅四五センチ、厚さ一二センチの凝灰岩製で、山形の頭部・二条線・額部を有するが、根部の張り出しをもたない板碑形で、側面から見ると頂部は前へせり出し、前部は内側に大きく湾曲している。

額部は高さ九センチと、正秋氏宅の板碑とくらべてかなり狭く、また左右とも端から四・五センチの面取りを施す。頭部山形は幅三五・五センチに対して高さ一三センチとかなり高い。身部の下は約二〇センチほど荒叩きのままで、この部分まで地中に生けこまれていたものと思われる。

額部のすぐ下、身部の中央部に正面向きの来迎相の弥陀像を三四センチの大きさで陰刻し、頭光は線刻で蓮座上に立つ。この下左右に両脇侍の二菩薩像を彫り出すのが普通であるが、この板碑の場合は中尊の蓮座の両側下に直径一一・五センチの線刻の月輪の中に観音の種子サを刻んでいる点が特異である。普通は三尊とも像容であらわすか、三尊とも種子で表す。主尊像容・脇侍種子の来迎板碑は、福島県中通り地区の弥陀三尊板碑の中で唯一のものである。また種子は、観音・勢至共に同じ種子「サ」が使われている。

折損する上半部は、保存状態によるのか風化の程度が著しく、阿弥陀如来の上半身はかろうじてお姿を留めるほか、頭光も上半が認められる位である。

『福島県史』及び『矢吹町史』によれば、この三尊板碑は、嘉元三年在銘となっている。

（阿弥陀如来浮彫り）
嘉元乙／巳三年

拓本をとるにあたっても充分注意を払ったが、風化のためにかろうじて嘉元三年と読みとれた。西白河郡の来迎板碑で唯一の在銘石仏で、福島県下の来迎板碑として、第九位の古さになるものである。

福59（図版編五〇頁）

泉崎村踏瀬字観音山　弥陀三尊来迎磨崖板碑

東北自動車道の下、観音山丘陵の東端部二瀬川の流れの北岸断崖の、幅四〇メートル、高さ七メートルばかりの凝灰岩層に、約三二〇基といわれる観音山磨崖板碑群が七段にわたって造り出されている。地元では俗に「踏瀬の五百大阿羅漢」と呼んでいるが、板碑・五輪塔磨崖の中に、一基の来迎磨崖板碑が刻まれている（白動車道のコンクリート橋の東端真下）。地上から二段目にあたり、両側には八〇センチたらずの小型の板碑が数基ずつ並んで彫り出されており、来迎板碑はこの中に一基だけ厚く彫り出される。

高さ一〇二センチ、額部で幅四四センチ、下幅五三センチの、頭部山形・二条線・額部・根部をそなえる本格的な板碑を、崖をほぼ平らに削った中に浮彫りにしており、根部は二七センチと厚く前方へ張り出す。額部は、高さ一一・五センチ、幅四一センチで上方が少しせまく、左右両側にはそれぞれ四・五センチと三・五センチの面取りが施されている。

頭部山形は幅四二センチに対して高さ九センチと割合低平で、ほとんど真直な勾配を示し、二条線は側面まで回って刻まれている。根部は身部の下で高さ一〇センチ、厚さ二七センチあり、身部から一九センチ張り出している。

高さ六七センチの身部のほぼ中央に、三尊共右下方へ動く早来迎形の像容を一センチ前後の薄肉彫りで表す。中尊は頭部をやや前に傾け、少し身体を横向きにひねったような立像で表され、その右側の観音像は膝をくの字に曲げ、上半身を前にかがめて蓮台を差し出しており、中尊左側の勢至像は胸元で合掌し、軽く上半身をかがめる。三尊共、飛雲の上に立ち、観音菩薩は勢至菩薩よりもやや下方に刻まれていて、左上方から右下方へという動きを示している。像の彫り方は、押型状の平板なもので、像容を浮き彫りにするが、衣文の刻まれた痕もなく凹凸も見られない。

この来迎板碑のほかに、コンクリート橋のすぐ下あたりに、漆喰を塗り極彩色で来迎板碑を描いたものがあったとされるが、現在ではすっかり剥落したのか、多くの磨崖板碑群の中で確定することはできなかった。

観音山磨崖板碑群は、大正一五年一月、県文化財調査委員の堀江繁太郎氏が調査して見取図を作った結果、三二六基の板碑が数えられたということであるが、現在は崩壊などのためにかなり数が減っているように見受けられる。これらの板碑は二〇余りのグループに分けて刻まれている。

コンクリート橋の中央から右の方が比較的保存状態がよく、川勝政太郎博士によれば、最古の板碑は種子「バ」を薬研彫りし、その下に墨書で「右志者為悲母逆修／弘安八季□□乙酉七月日」と二行に記したものである、という。なお刻まれている種子は、「ア」が最も多く、そのほかには「タラーク」「バク」「バ」などが見られる。

福60（図版編五一頁）

泉崎村太田川字居平三・常願寺　弥陀三尊板碑

来迎板碑は本堂の向って左にある薬師堂と呼ばれる小さな土蔵風の堂の正面壇上の右側に祀られている。明治時代初期に近くの田から掘り出されたものを、当所に運んだものである。

石は黄色い色の凝灰岩で、総高八七センチ、下幅五二センチ、厚さ一二センチを測り、元来は長方形の石だったと思われるが、現在は向かって左辺上部から斜めに欠失している。上端と右辺を六～七センチの幅で、長方形の枠どりをして、その内部を一・五センチ彫り窪める。この枠のほぼ中央部に、来迎相の正面を向いた阿弥陀如来像を彫り、右側に上半身を少しかがめ蓮台を捧持する観音像を薄肉彫りする。

左側の勢至像は剥落し、かろうじて像があったことをしのばせる凸起を残すだけであり、この部分から左側が欠失している。

現在残る二体はいずれも飛雲の上に立つが、観音菩薩の足元に陰刻の蓮弁がわずかに認められるほかは、平滑になって足下に丸く固まっている。剥落する勢至菩薩を復元して考えると、阿弥陀如来を中心に、その両側に脇侍二菩薩が相向い含う通形の三尊形式をとっていたものと考えられる。

なお、右側周縁に刻字の跡が認められる。

福61（図版編四八頁）

泉崎村泉崎字下宿八八・昌建寺　来迎板碑

泉崎駅の西方五〇〇メートルたらずの所にある曹洞宗の禅寺で、本堂裏の墓地へ続く道の左手に一間四方の小さな小屋があり、その中に東面して切石の上にたてられ、下部をセメントで固められている。

最大部の高さ七八センチ、上幅二四センチ、下幅三六センチ、厚さ九～一二センチ

の黄白色の凝灰岩製で、右側上部が欠失するほか下方三分の一位のところで折損するのを接合してあり、板状の石であったと考えられるが、現在はセメントで舟底形に補強してある。下部は中央部で一〇センチばかり凸出して根部のようにも見える。

輪郭をとらず石の表面に早来迎形の弥陀三尊像を刻む。中央に少し反り身になった像高二六センチの阿弥陀如来立像と、像高一七センチの観音菩薩、像高一七センチの勢至菩薩を薄肉彫りとする。石の表面を平らに削り、像の部分を彫り残して周囲を彫り窪める手法で作られ、像の衣文も中尊のみやや丁寧に刻まれているだけで、脇侍像にはごく一部に彫刻の跡があるが全体に平らである。なお、三尊とも像よりうすく陽刻した頭光を負う。

小屋の板壁に打ちつけられた書きつけに、「七八年前当村字寺前中野目晋吉氏宅土中より掘出し（中略）昭和二年」と記されている。

福62（図版編五二頁）
白河市大南田五五・大村温泉裏山　弥陀一尊来迎板碑

ＪＲ東北本線「久田野」駅の南西約二キロメートルほどのところにある「ホテル大村」の建物左手の裏山を三メートル程上がった所に板碑が立てられている。

地上高一六九センチ、上幅七九センチ、下幅八四・五センチ、厚さは下部で四四・五センチ、上部で四三センチほどあり、背面はほぼ平らな分厚い長方形の安山岩製。頭部はほぼ平らで角が少し丸みを持っており、右側に欠損と像の月輪におよぶ剥離があり、石の左側には上から下まで広く欠失する部分がある。石の表面は平滑に研磨されて、そこに像が陰刻されているが、現在は表面が風化している部分も見られるが、像の部分は比較的よく残されている。

石の上から三五センチ下がって、縦一〇五センチ、横五六センチの輪郭を陰刻し、その中をいっぱいに使って雲尾を靡かせ、踏割り蓮座の上に右向きになって来迎印をとる阿弥陀像が、直径三七・五センチの大きな月輪を負い、像高七二センチの大きさで線刻される。

頭部や顔・両手の刻線は細く、衣文の線は太く彫られている。顔の中央から三条の光明が枠線まで末広がりに伸びている。左足から右裾にかけて石が割れていて、セメントで接合されている。

枠線の上方に観世音菩薩往生浄土本縁経の「一念弥陀仏／即滅無量罪／現受無比楽／後生清浄土」の偈を彫り、枠線の右側に「右為於此所被断罪聖霊出離生死法界利益故也」、左側に「延□」、更に下部に「願□」等の刻字が認められる。ただし、偈頌は「一念□陀□／二行目は剥落／現受無比楽／後生清浄土」と残るだけで、他は剥離して不明である。なお、『福島県史』第七巻の金石史では〈二七一　阿弥陀前供養塔銘〉として、下部は「願以此功徳／□／頓証菩提□」とするが、現在ではこの枠線以下の部分は湿気を帯びて一面に苔が生えているために、これを取り除いても表面が荒れていて先の如くにしか判読できない。更に同書は注として、阿弥陀如来独尊の来迎線刻画像石で、年紀は左に「延」の一字のみであるが「延慶」と考証されている、と括弧書きしている。

福63（図版編四四頁）
白河市番沢字硯石　硯石三尊磨崖仏

白河市と旧表郷村の境にある関山の南麓に、二メートル×一・九メートルほどの丸い岩が露出しており、ここにL字型の枠を深さ四センチに彫り窪め、その中に早来迎の三尊像を押し型風に薄肉彫りする。阿弥陀像・勢至像は立像であるのに対し、観音像は坐像で表され、その前に屋形と室内に座す合掌する行者の姿が彫られる。

更に石の左側面にも同様にL字型の彫り窪めがあるが、内部は素面のままである。鏡石町仁井田・墓地の崖に双式の三尊磨崖仏があるが、その左にも奥壁が素面のままの龕状のくぼみがある。この二例だけと思われる。

福64（図版編五三頁）

石川郡玉川村岩法寺・観音山観音堂　浮彫来迎三尊板碑（出土新資料）

阿武隈高地西縁に位置する観音山（四五二メートル）はかつて修験道の信仰の地であったが、昭和六一年玉川村から須賀川市にまたがって福島空港が設置されるに際して空港の敷地内となり、安全上の問題から四一五メートルまで削平され、周辺住民の山岳信仰の対象であった三角山の形状は今ではまったく見られなくなった。その為に、かつては一山を構成していた山頂の十一面観音堂は三七メートル下の平坦地に移建された。その時に板碑や石仏類も同地に移され、さらに二〇メートル下に仁王門が移築された。

本塔は、かつて観音堂の左手にあった石室を解体した時に上下別々に出土したといわれるもので、阿弥陀像の首の辺りから折損するのを背面をセメントで四角い型につくり固定する。現高九八センチ（下部は脇侍菩薩の飛雲から下の部分を失う）、額部下で幅四六センチ、下部の幅四七センチで、厚さは一〇・五センチ以上あったとわかる。凝灰岩製。頭部山形で二条の刻みは側面まで彫り出される。額部は高さ八センチで、身部より一・七センチ張り出す。額部の一一センチ下から阿弥陀如来の頭光の上端が作り出され（直径一六・五センチ）、右手を胸元に挙げ左手を下ろした来迎印で正面を向いて蓮座の上に乗る。その肩の辺りから右に蓮台を両手で奉持し中尊の方を向いて立つ観音菩薩、左に両手を合わせて合掌する勢至菩薩がそれぞれ頭光を負い、巻雲状の飛雲に乗る。像高はともに二八センチで身部から一・八センチ浮き彫りになっている。

石の形が東北板碑の典型板碑型をとり、身部に浮彫り（陽刻）の弥陀三尊像を彫刻するタイプのものは、阿武隈川西岸の西白河郡矢吹町を中心にして見られるが（矢吹町・山王来迎板碑（福52）、矢吹町・阿弥陀湯来迎板碑二基（福53・54）、矢吹町中野目東・円谷家（福57）等）、阿武隈川東岸の石川郡では板碑形で陰刻の弥陀三尊像を彫り表わすものが多く、身部を彫り窪めてその中に浮き彫りする板碑が二基見られるのみである。長慶寺来迎板碑（福66。阿弥陀像のみ陽刻、脇侍菩薩は線刻）、仁戸内阿弥陀堂来迎板碑（福67。三尊陽刻・坐像）。板碑形で陽刻像を彫るものとしては石川郡としては初めてのもので注目される。

福65（図版編五四頁）

石川郡玉川村岩法寺・観音山観音堂　陰刻来迎三尊板碑

かつては石室の中央に祀られていた弥陀三尊図像板碑で、工事中に発見された四基の板碑と共に移建された観音堂の左手に一列に露天に並べられている。

現高九三センチ、上幅三九・五センチ、下幅四五センチ、額部の厚さ二二センチ、根部の厚さ二〇センチの凝灰岩製。頭部山形は高さ一一センチに対して幅三四・五センチと割合低い作りになっていて、むくりを持ったカーブを示す。二条の刻みは側面まで巻かれ、その下に身部より一一センチ張り出した額部を持ち、身部より前に一センチ下がっている。下部には左で五センチ、右で七センチ身部より張り出した高さ五・五センチの根部を造り出す。頭部は先端が尖らずに六センチばかり平らになっている。

身部正面は平滑に磨きをかけ、左右両端二センチ内側に輪郭の陰刻線を刻み、その中に三重の頭光を負った右下方向きの弥陀三尊像と念仏行者像を陰刻で彫る。中

尊の阿弥陀如来は三重の頭光をおい来迎印を結び、顔を少し伏せて右下方を向く。中尊に重なるようにして左側に合掌する勢至菩薩、中尊の左手を隠すようにして観音菩薩がそれぞれ踏み割り蓮座に乗って立つ。阿弥陀如来の顔は輪郭を外から内へ斜めに彫りさげて浮き

彫りにし、目鼻だちを陰刻するが、頭髪部は彫り出されておらず、髪際から下を薄肉彫りするだけである。福島県における来迎石仏・板碑でこのような例は他に見当たらないが、おそらく彩色で表わされていたのではないかと思われる。脇侍菩薩も顔の部分は同じ手法で宝冠はごく細い線で彫られる。三尊とも躰部や手や足といった肉身部は線刻される。衲衣や裳は石面を幅広く斜めに削って立体感の出るように彫刻手法が異なる。脇侍菩薩の天衣は体の両側にゆるやかに広がり動感を与える。

行者像は右縁の輪郭線に接して三尊と同じように三重の円光をおい、袂を大きく翻して顔を挙げ合掌する。膝の下に彫られる蓮座状の敷物や頭円光は、引摂往生を待つ人物像にしてはいささか腑に落ちないところである。

『玉川村史』によれば、石川氏の菩提寺であった白華山巌峯寺の縁起書にこの板碑について「石川安芸守源太有光公行歩当所先登此山歴覧四方水張走深潭成無垢清浄思雲靉靆岸三尊来光明是須霊山妙徹感涙銘肝昂建立弥陀三尊今胎内石前石弥陀尊是也是当山始也」という一節がある、と紹介する。

福66（図版編五五頁）

玉川村大字小高字池ノ入九二・長慶寺　弥陀三尊来迎板碑

長慶寺は阿武隈川の支流である泉郷川にそって須釜へ抜ける街道に面した小高い所にある。山門の右側手前に西面して直接地上にたてられた来迎板碑は、後述するように天明六年に、ここに祀られたものであると考えられる。

来迎板碑は凝灰岩製で、地上からの高さ一一〇センチの大きさを有し、頭部は丸く上方にいくほど幅がせまくなる自然石で、頂部から二四センチ下った所に一・五センチの深さをもつ段がある（二条線の刻みと同じものと思われる）。この段のところで幅四八センチ、最大幅五八センチあり、厚みは側面から見ると最も厚い部分で一七センチあるのに対して地上部ではわずか一〇センチしかなく、いささか不安定な形態といえる。

主尊の阿弥陀如来は、二重円光背に彫り窪めた中に、像高二一・五センチで最大〇・九センチの厚さに浮き彫りにされる坐像である。

阿弥陀如来は右手を胸元に挙げ、左手は左の膝先に下ろして来迎相を示し、蓮座の上に結跏趺坐する。蓮座は幅一三センチ、高さ七・五センチの大きさで十一弁からなり像と異って線刻であらわされ、のびやかな抑揚のある形を示している。

中尊と異なり、線刻で表現される観音・勢至の両脇侍菩薩は共に像高二一センチで、観音菩薩は身体を大きく前に傾けて両膝を曲げ、両手で捧げ持つ蓮台を前方に差し出し、天衣の先端は風になびくように後方に流れている。勢至菩薩はその後方に右膝を立て、それに乗せるような形で両手を合せて合掌しており、天衣の先端は石面の左端まで、ゆるやかなカーブをえがいて伸びており、著しく動感が表現されている。両菩薩とも二重光背を線彫りであらわす。三尊像は石の正面から見て、全体的にやや左寄りに彫られ、右側に空間を生み出しているが、ここに念仏行者などの彫刻は見られない。

本塔の紹介者である縣敏夫氏は、その論文の中で、①頭部の丸味を持った山形や額部の作りに郡山市大町・阿邪訶根神社の板石塔婆と共通する古朴さがみられること。②頭・身光背型に彫り窪めた中に浮き彫りにする関東型板碑の初期の手法を踏襲していること。③主尊の浮き彫り及び線刻の蓮弁に抑揚のある柔らかさが感じられること。④両脇侍を毛（線）彫りにするこの地方で例のない独創性が見られること、などの古式を感じる特徴をあげ、一二〇〇年代後半頃に作られたものと、考証した。

なお、石段を上ったすぐ右側に、凝灰岩製の石灯籠の残欠（竿以下を失ない、火袋から上の部分が直接四角い切石の上に置かれている）がある。一辺二七センチの四角型灯籠の火袋と笠・宝珠であり、現高六一センチを測る。

この火袋の右側面に、次の銘文が読まれる。

「此三尊石者
天明六丙午四月廿日出現也
願主當村井田杏庵
石工信刕庄伊沢喜四郎」

即ち、天明六（一七八六）年何らかの折に近くで発掘された来迎三尊板碑を、この小高に住む井田杏庵という人物によって、長慶寺に祀られ、併せて献灯としてこの石灯籠がたてられたものと考えられる。

福67（図版編五六頁）

玉川村大字北須釜字仁戸内一九五・阿弥陀堂　来迎板碑

ＪＲ水郡線「泉郷」駅から直線距離で約八キロ東方にあたる北須釜の山間の集落で、板碑は細い山道から更に上った高い所に建つ小さな阿弥陀堂内に祀られている。この来迎板碑は、造立時より本尊として堂内に祀られてきたらしいことは、風化のあとがほとんど無く、彩色のあとが残っていることからもうかがわれる。

江戸時代の地誌『白河風土記』巻之十四によれば、

「△阿弥陀堂　境内三間四方別当　行人坊」として、「字仁堂内ノ東端山ノ半腹ニアリ、石階十間ヲヘテ境内ニ至ル、縁日八六月十四日ナリ、堂二間四方、本尊石、高サ二尺五寸、幅一尺ナカニ三尊ノ弥陀ヲ彫ル、建立ノ由来詳ナラズ。行家　六間二三間、堂ノ下ニアリ、本尊大日如来、木仏立像長ケ《（ママ）》六寸」

と記されているのが、この阿弥陀堂であり、その位置は当時と同じ所と考えられている。

来迎板碑は堂の正面に一段高く作られた壇の上に祀られている。根部を含めての総高九五センチ、額部の下で幅三七・五センチ、下端部で幅四七・五センチ、厚さ一八センチの白っぽい凝灰岩製板碑である。頭部山形の下に二条線を刻み、一〇～九センチのやや歪んだ額部を有し、幅二センチの面取りが施されている。頭部は正面・側面ともに照りを見せ、頂部はとがらずに四・五センチの幅で平らになっている。

額部の高さは左側で一〇センチ、右側で九センチとやや歪んでおり身部より七センチ突き出し、幅二センチの面取りが施されている。額部の正面下半分はかなり剥落しているが、これは「クサッポ」と呼ぶでき物（吹出物）ができた時に、ここを削って飲むと効果があるという信仰があり、このために削り取られたあとだと説明を受けた。

身部は高さ五二センチ、上幅三七・五センチ、下幅四四・五センチ、厚さ一一～一三センチあり、その表面を平滑に水磨きし、ほぼ中央に二重光背を彫り窪めた中に来迎相の弥陀坐像を陽刻し、その右側に同じように二重光背の中に左膝を立て右

膝を曲げ、両手で蓮台を捧持して前方に差し出す観音菩薩坐像を、更に中尊の左側に右膝を立て合掌する勢至菩薩坐像をそれぞれ陽刻する。観音菩薩の差し出す蓮台は光背の窪みから突き出して陰刻で表わされ、勢至菩薩の頭光は中尊の身光背に重なるようにくいこんで彫られ、三尊とも蓮座の刻線はかなり太くやや硬さを感じさせ、また石の面一杯に三尊像を彫刻したために、小高・長慶寺来迎板碑にくらべて、像容は大へんよく似ているものの、ゆとりが少なく、いささか窮屈な印象を受け、時代が少し降ることをうかがわせる。縣氏は一三二〇年代（鎌倉時代後期）と考察されている。なお光背の凹面に朱、像の頭部に群青の色彩の痕が今も残っている。

身部の下端は左側で二センチ、右側面で一センチ、正面で二センチの突起の跡らし部分があり、更に幅一九センチ、高さ一〇センチの枘を造り出し、同質の台石がこれを受けているが、穴の大きさはかなり大きく、板碑の加工とくらべるとかなり粗雑である。

福68（図版編五七頁）

玉川村大字川辺字宮前・川辺墓地　弥陀三尊板碑

川辺八幡宮の南西に、八幡宮歴代の宮司家の墓所がある。その一群の墓塔のうしろ斜面に、東面して異形の来迎板碑が一基、切石の上にたてられている。総高一一四・五センチで、下幅五一・五センチ、根部において厚さ三三センチの大きさである。

頭部山形で二条の刻みはもつが額部は作らず、二条の刻みの下はすぐに一一・五センチ窪んで身部を形成し、下端には根部を造る。身部の上から頂上に向けて山形を形成し、その途中で二本の凹線を刻む手法が取られ、かつその刻みは正面のみで

両側面にはない。側面から見ると、背部は上部にいくに従って、ゆるやかに前方に張り出すようにカーブして、下側の二条の刻みの部分で三一センチの厚さを有する。また、頂部は側面から見て平らに削られていて顎状を呈するなど、異形ともいえる形態を示している。

身部の両側は三・五センチの幅で輪郭をとり、身部のほぼ中央に弥陀三尊像を薄肉彫りであらわす。即ち、陽刻の蓮座の上に立像の阿弥陀如来像を彫り、二重の頭光と九方向に二本ずつの陰刻の放射光を負うが、頭光の内側は平らに削りさらに、その中央に中尊のお顔を浮き彫りにする手法がとられている。袂が左右ともに大きくふくらんでおり、その先に小さな手が出ている。

中尊の両側には共に顔を少し右下方にかたむけ、視線をその方向に向けた脇侍二菩薩が同じように二重の頭光を負い、薄肉彫りで表される。頭上の宝冠は髪を丸く結いあげた如くである。蓮台や手などははっきりせず、飛雲も見られない。

根部は正面中央に高さ一三センチ、幅二〇センチの蓮弁を陰刻しているが、その内部には朱のあとが残っている。

両脇侍菩薩は早来迎の形式として右下方を向いているのに対して、中尊は正面を向いているなど、その様式に統一性がなくチグハグな感じを与える。蓮弁の様式などからみても、県下の来迎三尊板碑の中でも、終末期に属する造塔であると考えられる。

福69（図版編五七頁）
石川郡玉川村南須釜字奥平・辻の上　弥陀一尊板碑

須賀川と石川を結ぶ石川街道の須釜神社から少し石川へ寄った所の丘陵の西斜面、桑畑の中に直接根部を埋めて南面してたっている。

地上高一〇四センチ、額部下の幅三五・二センチ、下幅四二センチ、厚さ一二・五センチの凝灰岩製。頭部山形は側面から見て中央部で二センチ凹曲線をみせ、二条線は側面まで刻まれている。額部は身部より七センチ張り出しており、高さは一四センチと高く、両側に幅広の面取りを施す。身部下には根部があるが途中から折れている。

身部に高さ四五センチの舟形光背形を一・五センチの深さに彫り沈め、その中に像高三六・五センチの来迎相をとる阿弥陀如来が正面を向いて大ぶりな蓮座の上に立っている。丁度首の辺りを境にして二つに折損しており、面部は剥離のために輪郭を留めるだけである。

福70（図版編六一頁）
石川町境ノ内・高蔵内（関根家）　弥陀三尊板碑

建物前方の広い庭の一隅に地面に直接立てて置かれる。一部欠損するが頭部山形の下の二条の刻みは側面まで巻かれ、額部両端には面取りを施す。地上高七一センチ、下幅三六センチ、厚さ九～一二センチの安山岩製。身部中央に彫られた

頭光の中に弥陀像の頭部が浮き彫りされ、それ以下を線刻で表す。面部で折損し接合する。脇侍菩薩は中尊に接して彫り出され、蓮座・飛雲等は認められない。石質のせいか全体に風化し荒れた状態で三尊像の詳細は分かりにくい。身部右上部に刻字跡があるが判読できない。

福71（図版編五八頁）

石川町字境ノ内・高蔵内（古市家）**弥陀三尊板碑**

境ノ内稲荷神社の鳥居の先、道路をはさんで二軒の民家があり、左手の古市家の建物の左側、山の傾斜地を利用して、道路から七～八メートルばかりの高所を平らに削って、広大な庭園が作られていて、来迎板碑は更にこの庭園より三メートルばかり上方の、斜面に東を向いて地面に直接たてられている。

地上高一〇六センチ、下幅五八センチ、額部下の幅五四センチ、厚さは地上で一一センチの凝灰岩製の板碑である。頭部の山形は幅四八・五センチに対して高さは一六センチで、山形の両斜面は大きく凹カーブ（照り）をみせる。額部は面取りを施さず根部の張り出しも造られていない。

身部の中央に一四センチの頭光をゆるやかなカーブで彫り窪め、その中に右向きの阿弥陀如来の頭部を彫り出し、身体の部分は線刻と線を斜めに彫りさらえたV字形の刻みでもって表現する。右手は胸元に挙げ、左手は下におろして来迎印を結び、左足が線刻される。裾の周囲には蓮弁が二葉ずつ彫られている。この足元のすぐ下から脇侍菩薩の頭光が、左右同じように九センチ位の大きさで彫り窪められ（勢至菩薩の頭光のために阿弥陀如来の右足が彫り表されていない）、その中に宝冠を着けた観音・勢至二菩薩の面部が浮き彫りにされ、更に線刻で衣文部が表された、蓮台を捧げ持つ観音菩薩と、その後方に胸元で合掌する勢至菩薩が蓮座の上に立ち、

更に天衣が左右に垂れ下がり後方になびいて動きを示している。

三尊ともに板碑身部の中央に寄せて彫られており、左右にかなり広い空間を残していて、三尊像の量感は弱い。

側面から見ると、背面はほぼ平らな板状で、上下の厚みの差は余りなく、二条線の刻みのあたりから、上はゆるやかに前にカーブして頭頂部に至る。額部と身部の出の差は、大体一・五センチ前後で、板碑として高さに比して横幅はあるが、全体的に迫力に乏しい感じの来迎板碑である。

福72（図版編五九頁）

石川町字大内・金内家　大内（阿弥陀窪）**来迎板碑**

JR水郡線の大内トンネル近くの、阿弥陀窪と呼ばれる窪地に、二基の種子板碑とともにあったものを、夏は草が生い繁り犬も近づけないような場所では、保存にも不適切であるということから、昭和四九年の暮に金内家の庭先に移建されたものであり、現在玄関の向かい正面の植えこみの中にたてられている。

総高一二六センチ、下幅五九センチ、額部の上端で四三センチ、厚さ一九センチの凝灰岩製の、この地方としては比較的大型の来迎板碑である。

山形頭部は幅三七・五センチに対して高さは二二センチと高く、側面から見ると大きく照りをしめしている。二条線の下の額部は両側を面取りして、高さは一八・五センチあり、全体のバランスからみて額部の高いことが目立つ。身部の下には根部を造り出さず、直接地上にたてられている。

阿弥陀如来は踏み割蓮座の上に立ち、像高は三三センチを測る。彫法は面部の周囲を一・五センチくらいの幅で彫りこんで、板碑身部の表面と同じ高さに浮き出しに

し、衲衣は斜めに浅くV字形に彫り窪めて表現する武蔵型板碑と同じ手法がとられている。

　主尊の左側に面部を線刻にした勢至菩薩が胸元で合掌し、裳は阿弥陀如来と同じような彫法をとり、横の襞だけで衣文を表現し、その両側には天衣が風になびくように末広がりに垂れ下り、やはり踏み割り蓮座の上に立つ。右側には、やや身体を前に傾けた観音菩薩が、蓮台を持ち踏み割り蓮座の上に立つのは、勢至菩薩と同じである。いずれも、頭光や飛雲などは何も彫られていない。三尊が左から右を向く早来迎形である。

福73（図版編六〇頁）

石川町字長郷田・石川ゴルフカントリー内　長郷田来迎板碑

ゴルフ場の中に保存されている縄文時代中期の長郷田《おさごうだ》遺跡の西寄りの山中に、東面して一基の来迎板碑が祀られている。

　直接地上にたてられ、総高一一一センチ、下幅五二センチ、額部下の幅四七センチ、厚さ（額部で）一六・五センチの凝灰岩製の板碑。頭部はやや丸みを持ち、その下の二条の刻みは側面まで巻かれ、額部は高さ一九センチと比較的高く面取りは施されておらず、側面から見て身部より五・五センチ張り出す。身部の下には地上高八・五センチの根部が身部より三センチ張り出して造られる。頭部の山形は幅四四センチに対して高さは八・五センチと割合に低平であり、側面から見るとやや軽いむくりを見せ、頂部は丸味をもっている。額部の下部から右辺、身部両側より側面に向かって、石がはなはだしく剥離して丸くなっており、身部の平面においてもかなり石面の荒れた状態にある。

　身部の中央よりやや左寄りに早来迎形の弥陀三尊立像を彫り、観音菩薩の前方には合掌趺座する念仏行者像が、約八センチと小さく線刻で表される。

　阿弥陀如来は像高四一センチで、踏み割り蓮座の上に立ち来迎印を結ぶ。観音菩薩は像高二六センチで、蓮台を丁度行者の目前に捧げ持ち、勢至菩薩は像高二七センチで合掌するが、膝から下の部分は剥落している。三尊とも肉身部は線刻（毛彫り）で表され、衲衣と裳は逆三角形に彫りさらえて立体感を表わし、菩薩像の天衣は両側を幅太にほり窪めて中央の部分を残す手法をとる。三尊とも、のびやかな感じを与え、念仏行者に視線が凝集し、今まさに誘引摂取の瞬間を表わすかの感がある。

　同じ町内の安養寺の来迎三尊板碑に似た手法がとられているが、塔婆の形態や像容にいたる全体の印象では、この長郷田板碑の方が若干先行し、一三〇〇年代初頭の頃に造られたものと考えられる。三尊とも剥落する部分はあるものの、比較的像容は明瞭に残り、保存状態も余り悪くない。

福74−76

石川町字和久・旧和久公民館裏山　和久板碑群

旧和久公民館のうしろの雑木山（俗称堂山）の崖を上った山腹の平坦地に、来迎一尊板碑・弥陀坐像板碑と共に、三基並んで南面してほぼ一直線にならんで、地上にたてられている。付近には近世の墓石が数基あり、これらの石造物はいずれも地中に埋もれていたものを、掘り出したとのことである。

福74　来迎三尊板碑（図版編六〇頁）

　三基並んだ板碑の右端にあり、山形の頭部をもち額部と根部を有する比較的小型の来迎板碑で、高さ七一・五センチ、下幅四三センチ、額部の厚さ一八・五センチの、地元では明神石と呼んでいる凝灰岩製で、向かって左上部が山形中央部から身部中程まで欠損している。山形の頭部は幅に対して高さは約五センチときわめて低平で、その下に二条線を刻むが、側面にまでは巻かれていないように見える。額部は高さ四・七センチで身部より三・五センチ張り出し、一方根部は二・五センチ張り出し、その上端は丸味をもち五弁の反花を石の底辺まで線刻する。

身部の中央に、頭光を彫り窪め、その中に頭部を陽刻し来迎印を結んだ阿弥陀如来は、丸顔を少し上に向けて反らし、白毫からの二条の光明が石の右端までのびているが、念仏行者の姿は見られない。五本の指まで克明に彫られた足の下の蓮座は脇侍二菩薩のように踏み割り蓮座でなく、単独の蓮座であるように見える（丁度この部分から観音像の下半身にかけて剥離がありはっきりしない）。観音菩薩は身体を前に傾けて、両手で蓮台を捧げ持ち、勢至菩薩は直立して合掌している。二菩薩共頭光を彫り窪めた中に面部を陽刻し、衣文は陰刻とし天衣は末広がりになり、踏み割り蓮座の上に立って動きを示しているが、飛雲は彫られてはいない。

様式的には古代に通じるところがあるが、全体に刻線が稚拙で力強さに欠け、生気に乏しい。

福75　弥陀一尊板碑（図版編六〇頁）

中央にたっており、総高七二センチ、上幅四〇センチ、下幅四五・五センチ、厚さ一七・五センチの凝灰岩製板碑で、幅に対して割合に低い高さの山形と、面取りをした額部及び根部を造る。全体的に高さに対して幅の広い板碑である。

額部のすぐ下から、頭光を彫り窪めた中に頭部を半浮き彫りにして、陰刻の蓮座の上に右を向いて立つ来迎相の弥陀像を身部の中央に彫る。身にまとう衲衣は輪郭を陰刻線で形取り、襞はV字形に彫りこんだ主に縦にながれる刻線で表現する。身部の周囲は、朱・墨・黄・白の界線で囲まれ、その内側は朱や墨の跡が見られるほか、頭光も朱で彩どられている。像は身長にくらべてお顔は小さくて丸く、螺髪も斜めの格子状に刻む簡略な表現方法がとられている。

板碑の形態、像容、彫法など先に挙げた三尊板碑と類似し、同じ頃の作と考えられる。この板碑も根部に覆輪付の五弁の反花座が作られている。

福76　弥陀坐像板碑（図版編六〇頁）

三基並んだ板碑の左端のもので、蓮座上の定印弥陀坐像を半肉彫りするもので、石は肩の部分から上を欠失する。

現高五三、上幅三六・七センチ、下幅四一センチ、厚さ一九センチの三城目石と地元で呼んでいるやや青味がかった凝灰岩製で、他の二基と同じように、根部を造り出しているが反花座は彫られていない。

身部を平らに磨き、蓮座と弥陀像を浮き彫りにし、衲衣は線刻で表している。上部を欠失する点は惜しいが、あまり大きくはないものの、割合ていねいな彫り方をした板碑である。

福77（図版編六一頁）

石川町大字沢井字東内打三〇五・安養寺　弥陀三尊板碑

来迎板碑は本堂へ至る石段のすぐ下、参道左側に南面して直接地上にたてられている。

総高一一七センチ、下幅五二センチ、額部上端の幅三八センチ、額部の厚さ二二センチの凝灰岩製の来迎板碑で、先の長郷田板碑と同じく額部及び根部を共に造り出しており、身部よりそれぞれ六・五、三センチ張り出して高さと幅のバランスがとれた、なかなか重量感に富んだ東北型板碑である。頭部の山形は幅三八センチに対して、高さ九センチと低平な割合を示し、その面は少しむくりを持ち、その下に二

条線を側面まで刻み、額部と共に大面取りをおこなう。

身部は平滑に磨き、ほぼ中央に来迎印を結び二重の頭光を負った阿弥陀如来立像（像高三三センチ）が顔を前に傾けて立ち、踏み割り蓮座に乗る。その右側膝の辺りからは蓮台を捧げ持った観音像を、左側に合掌する勢至像（像高ともに二一センチ）を、中尊と同じく二重の頭光のもとに並び立ち共に頭を傾けて右方を見つめている。弥陀の白毫から発する二条の光明は次第にその幅を広げて照らし、石面の右辺に至る。その光明の下に合掌趺座する念仏行者像が、八センチと小さく陰刻される。

三尊の顔・肉身部は線刻で細く表され（毛彫り）、衲衣や裳は三角形を逆にしたように斜めに石の面をそぎ落すように彫り窪める手法で表すのは、先の長郷田板碑の場合と変らない。また、二菩薩の天衣は軽やかに広がり動感を表わし、足元の蓮座は草の葉状に細くとがり、それをとり囲んで毛彫りの飛雲が見られる。

阿弥陀如来像の上半身両側に次の銘文を有する。

「應長二年壬子
（阿弥陀三尊像）
正月廿日逝去也」

左辺の行は刻字も鮮明で、肉眼でもはっきり判読できるが、右辺の行は文字も細く、また後から手を加えたような不自然さが少しあるが、應長二年壬子は明らかである。なお、石川町における在銘の来迎板碑はこれだけである。

福78（図版編六一頁）

石川町大字中田字古釜・古釜共同墓地　弥陀一尊板碑

御斎所街道を東進し、神主から今出川に沿って北進し、水車というバス停から

数百メートルほど先から左手の山道を登る。山道の先に平坦地があり、その奥に二間と四間ほどの葬祭に用いられる小屋が立っていて、その小屋の中央正面に、枯れた古木を台にして一基の弥陀一尊来迎板碑が祀られている。

上端は斜めに折損しており、左辺で九〇センチ、右辺で八二センチ、上幅三七・五センチ、下幅四〇センチ、厚さ一四・五センチの凝灰岩製で、折損する上端の左方に〇・五センチ内外の段差があり、額部の下端の名残りとみられる。下部は角が丸くなっているが身部から四・五センチ張り出した根部をもち、板碑形であったと考えられる。

身部の中央に二重円光を負った右向きの阿弥陀如来立像が、飛雲に乗って陰刻される。肩から下の衣文は、浅く斜めにV字形に刻んで表す板碑によく見られる彫法をとり、飛雲は陰刻で表し後方に細く尾をひいている。しかし、頭光内のお顔の部分は磨滅して全くわからなくなっている。或いは観音山来迎板碑のように線書きされていたのかも知れない。

『石川町の板碑』六六頁によれば、元は高野薬師堂にあったものを移したという伝えがあるという。

福79（図版編六一頁）

石川町石川字外国見　弥陀二尊図像板碑

外国見の東側の約五メートルばかり高台になった桑畑へ上ると、畑の一画が墓地となっていて、板碑・五輪塔・十九夜塔・墓塔が雑然となっている中央に、二基の図像板碑が見られる。

左側のものは、総高八二センチ、上幅五二センチ、下幅五六・五センチ、厚さ一二センチ（上端はほぼ平らで厚さは一七センチあり下の方が薄い）の大きさの凝灰岩

製で、頂部は角が少し丸く仕上げられ、正面のみ二条の刻みがあり身部より三・五センチ張り出し、石の背面は不整であるがほぼ板状を呈する。

額部の下約一四センチの辺りから頭部を右下の方に少しきつく曲げて、右向きの阿弥陀立像が二体、ほとんど同じ像容で蓮座の上に立っている。お顔の部分は周囲の石をゆるく彫りさげて平らに浮き彫りにし、髪際などは線刻とする。右手を胸元に挙げて、左手は右下におろした来迎相をとり、衲衣は石面を斜めに彫りこんで立体感を出し、蓮弁は中央から衲衣の裾をとり巻くようにして、陰刻されている。

右側の図像板碑は、総高八一センチ、上幅三七・五センチ、下幅四四センチ、厚さ八センチの同質の凝灰岩製で、頂部が尖った山形で、二条の刻みの跡が両端に見られ、身部より平均して三センチ張り出しているが、この部分は全面にわたって剥離しているほか、身部も右上部から中ほどまで剥離していて、石の中央に独尊の阿弥陀像の衲衣の部分と足元の蓮座が認められる程度であり、その保存状態は至って悪い。像の彫法等は先の二尊板碑と同じ手法である。かつてはここに薬師堂があったという。

福島県の弥陀三尊来迎石仏・板碑

福島県の中通りといわれる地域に、「弥陀三尊（来迎）」を造形化した石仏・図像板碑一二〇基余りが中世に造立されている。それらは北の信夫郡から南は西白河郡および石川郡のほぼ阿武隈川流域に沿った地域において見られ、会津や浜通りには所在しないものである。

東北各県では岩手県を除いて弥陀図像板碑の所在が確認されるが、北海道一基、青森県二基、山形県八基、宮城県一一基とその数は余り多いものではない。板碑の代表例とされる武蔵型板碑は発祥の地である埼玉県下で約三万基が造立されたとされるが、その内、主尊を図像で表す図像板碑は約二一〇基。弥陀三尊図像板碑に限定すると九〇基足らずに過ぎず、板碑概数三千基といわれる福島県で、一二〇基を数えるこの弥陀三尊図像板碑（石仏）が如何に特異な存在かがうかがわれる。

この阿弥陀三尊図像板碑の県下における状況をごく大雑把に見ると、県北から岩瀬地区は安山岩の自然石に龕を示す凸字枠を造り、その中に薄肉で陽刻像を刻むものが多い。石面に対して三尊像の占める空間が大きく、刻字なども無い場合が多く石仏と板碑の区別がつきにくい。南へ下る西白河地区では頭部を山形にして額部を突き出す東北型板碑の形態を取り、身部に陽刻像を作るという形式が多数を占めるようになる。一方、阿武隈川東岸の石川地区では同じ板碑形であっても、身部に彫られる三尊像は陰刻像が圧倒的に多くなるというように、彫り表される阿弥陀如来・観音・勢至菩薩という像容は同じであっても、外観は地域によってそれぞれに違った特徴を持っている。他の北海道・東北地方を見ると、山形県では陽刻像、北海道、青森県・宮城県では線刻像が主になるのに対して、福島県内では先のようにバラエティにとんだ彫刻表現が取られている点に注目される。

その造立された時期は、刻まれた銘文から福島市・陽泉寺の正嘉二（一二五八）年が最古で、石質の関係で現在は刻字が確認できないが県史等の文献で在銘とされるものを含めて僅か一五基ほどしかない。一方の武蔵形板碑では最古の弥陀三尊図像板碑は熊谷市大沼公園旧在の嘉禄三（一二二七）年銘のものであり、これは主尊が坐像で脇侍菩薩が立像に造られる。その後三〇年隔てて早来迎形の図像板碑が出現するが（加須市騎西・大英寺）、これは正嘉元年で、陽泉寺塔に僅か一年先行するものである。しかし、線刻像という大英寺塔に対して薄肉彫り像の陽泉寺塔は石の大きさもあり圧倒的な存在感を有し、武蔵から東北への伝播という意見には些かの疑念を生じる。いずれも板碑は鎌倉時代中期から造立され、室町時代末期以降にはほとんど造立されることがなくなる、いわば中世限定の石造品であるといえる。

弥陀三尊図像板碑には中央に主尊の阿弥陀如来像を、その左右下に観音菩薩と勢至菩薩の両脇侍菩薩が共に正面を向いた姿を刻むものや阿弥陀像を中央に向かい合う姿のもの、三尊共に右下を向いて左上から右下へという動きを示した早来迎形というものに大別される。後者は阿弥陀が極楽世界から念仏行者のもとへ急ぎ下降し摂取する様子を表すとされ、浄土教絵画における来迎図においてもよく見られる図様である。これは如何に中世の人々が浄土欣求の強い念を抱いていたかを示し、来迎図像板碑はそれを一つの宗教造形化したものと解される。県内の弥陀三尊板碑を見ると、中尊をはさんで観音・勢至の両脇侍菩薩が向き合うタイプのものが五九基、早来迎形のものが五六基とほぼ同数である。

更に早来迎形の場合は、観音菩薩像の右下に小さく念仏行者の像を彫り出すことがある。これはいうまでもなく死後に阿弥陀仏の極楽世界に往生したいという願いを具体的に表すもので、東北の図像板碑でも函館市・称名寺（双式）、山形県高畠町蛭沢入り口・龕殿型図像板碑、山形県川西町・個人宅、宮城県大衡村・宝幢寺塔において見られる。県内では安達郡一基、安積郡八基、岩瀬郡四基、西白河郡一基、石川郡三基の計一八基を数え、この数も他県と異なり数多く造立された点で注目される。一方、武蔵型板碑文化圏内では埼玉県・東京都・神奈川県・千葉県西部において行者像を伴う図像板碑は今のところ知見にない。これは東北のものに比べて板碑の横幅が狭く、彫り表す空間がないことによるのか、あるいは依って立つ信仰の形が異なる事によるのか今のところ判然としない。武蔵型板碑と同質の緑泥片岩を使い、よく似た形式の阿波板碑には行者像を伴う板碑が多くはないが所在するという違いを見ることが出来る。

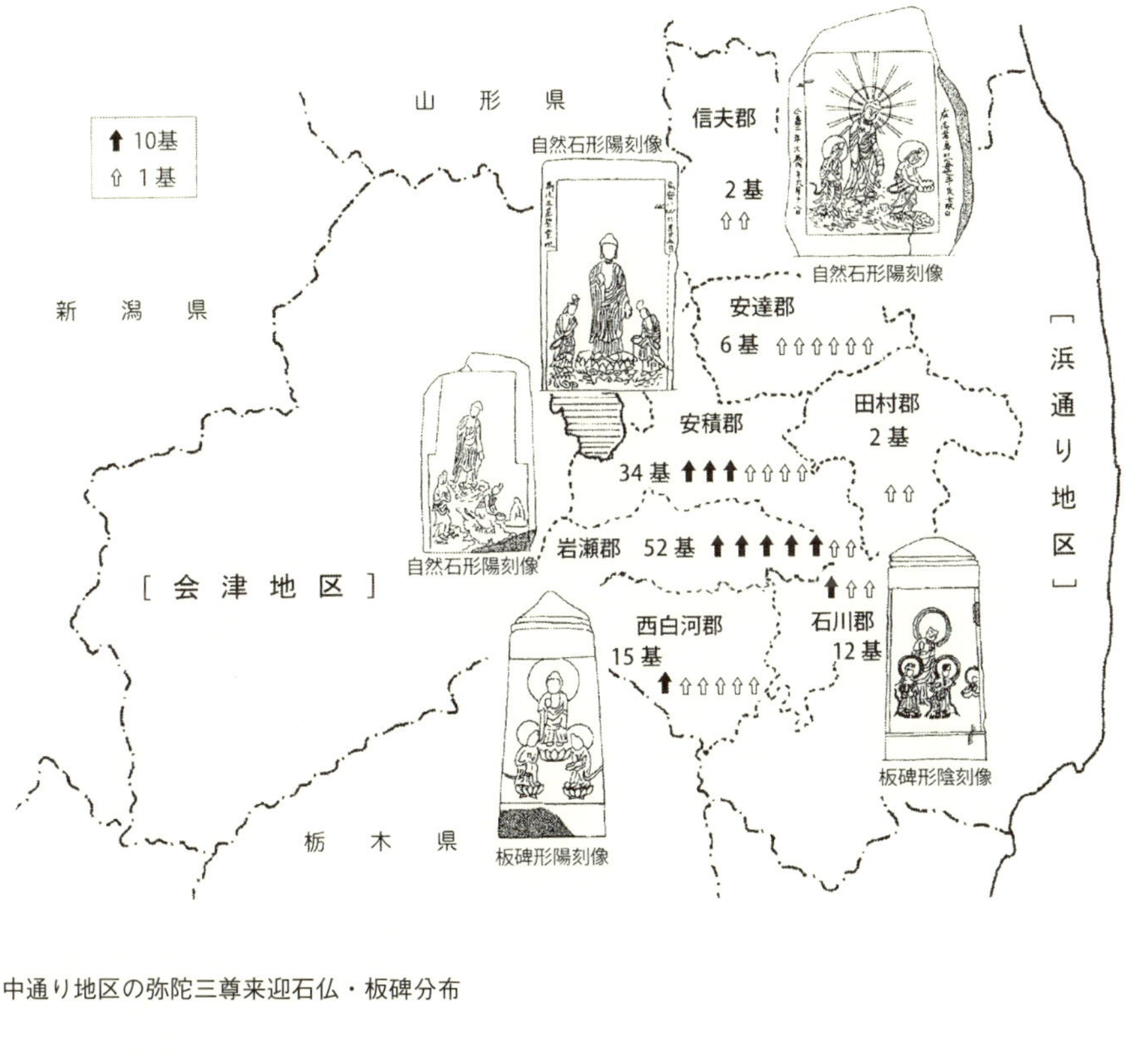

中通り地区の弥陀三尊来迎石仏・板碑分布

第三章　北関東三県（茨城県・栃木県・群馬県）

茨1（図版編六二頁）
つくば市金田一六五八－一・桜歴史民俗資料館　弥陀三尊図像板碑

板碑は旧桜村村役場の隣に昭和五八年の秋にオープンした「歴史民俗資料館」の展示室入口正面に展示されているが、かつては字古来の念仏堂（旧おこや＝お講屋・お小屋）にあった弥陀三尊来迎板碑である。この板碑については『考古学雑誌』二四ノ一〇（昭和九年一〇月）に長南倉之助氏が「常南地方に於ける鎌倉時代金石文」中に取り上げた後、『史迹と美術』二四九号（昭和三〇年二月）に当時常陸の石造美術を調査していた高井梯三郎氏によって、詳細が広く紹介されたものである。

石材はほぼ中ほどで二つに折れており、二重の木枠（古来にあった時の木枠に、更に展示用にその上から太い木枠を嵌め込んだ）で保持した、二一〇センチをこえる大型の緑泥片岩製の板碑である。高井氏の測定によると、高さ二一五センチ、幅五〇～五八センチ、厚さ六・五～七・五センチのもので、頭部山形で石の側面に二段の刻みをもつことは枠の縁から確認できる。二段目の切り込みの部分で幅五〇センチあり、厚さは五センチである。身部の上方に幅一六センチ、高さ七・五センチの大きさに、蓮座を下向けにしたような形の天蓋を薄く作り、毛彫りの瓔珞が五条長く垂れ下がっている。幅の広い頭光を負って、親指と第二指を捻じた来迎引接の印を結ぶ阿弥陀立像が、正面向きに踏割り蓮座の上に彫り出され、像高は五九センチを測る。中尊の下方両側に向かい合って、右側に両手で蓮台を奉持する観音菩薩、左に両手を合わせて合掌する勢至菩薩が、同様に踏割り蓮座の上に立っていて、腕から垂下した天衣は後方に波をうって靡き動感を表す。三尊とも面や手足の部分はごく浅く平らに彫り残して、目鼻などは毛彫りとし、衣文や蓮弁は縁を残して内側を薬研彫り風に彫り下げるなど、その手法を変える丁寧な作り方をとる。阿弥陀如来は三条ずつの放射光を傘状に四方に放っており、像高五九センチを測るのに対して脇侍菩薩は二一センチ（観音像）、二二・五センチ（勢至像）とかなり小さい。中尊の蓮弁の下辺りから左下の勢至像の身部にかけて折損している。

三尊像の下方に五行にわたり流暢な行書体の銘文がある。

右志者慈父聖霊当
一十三年忌辰奉造立
文永玖年壬申二月八日孝子四人敬白
八尺青石率都婆一本
往生極楽為法界成仏也

なお、銘文中にある「青石率都婆」は埼玉県加須市上崎・竜興寺板碑（高さ一六五センチ、文永八年）においてもみられ、これが根拠になって昭和六年から七年にかけて、板碑の名称論について論争された。前述の高井氏は『史迹と美術』誌上で、「（この板碑が）秩父青石であり（この地方の多くの板碑が）常陸の筑波山麓地帯付近（筑波郡小田村平沢）に出る雲母片岩を用いているのに対して、産地の遠い緑泥片岩を用いるのは特異の例であり、かつそれが二一〇センチをこえる大型のものであることは注目すべきことである。造立者みづからもこれを意識してのことであらうことは、その銘中＝八尺青石率都婆＝といふにもうかがはれる（後略）」と、述べている。

なお、板碑の市町村別年代分布を見れば、茨城県南中央部を南北に流れる小貝川を境にして、その東方の地域における板碑の所在数は極端に少なく、旧桜村の場合も室町時代の常総型板碑が見られるだけである。

茨2（図版編六二頁）
坂東市辺田三五五－一・西念寺　弥陀三尊来迎板碑

西念寺は岩井－野田街道の東にある真宗大谷派に属する寺院で、板碑は、本堂の左側に建てられた収蔵庫の一隅に保存される。総高一一四センチ、上幅三四・七センチ、下幅三三・八センチ、厚さ三センチの頂部が山形に成形された小判型の緑泥

片岩製であるが、頭部の二条の刻みは作られていない。

　身部に五九×二九センチの大きさの枠線を刻み、身部の上方に大きな天蓋が線刻され瓔珞が垂下する。その両端上に直径七センチ足らずの日月を彫り表す。天蓋の下に直径七センチの頭光の周囲に、二条ずつの放射光を放ち（右下方に二条の放射光がながく伸びている）、右下方を向いて来迎印をとり飛雲上に立つ阿弥陀如来と、その足元に右を向いて腰をかがめて蓮台を前に差し出す観音菩薩、胸元で両手を合わせて合掌する勢至菩薩の脇侍二菩薩が、ともに頭光を負いそれぞれに飛雲の上に立つ。阿弥陀如来の像高は二〇・五センチ、観音一五センチ、勢至一六・五センチの大きさで線刻される。観音の乗る飛雲が勢至のそれよりも下方にあり、脇侍菩薩は石面の左寄りに彫られ観音菩薩の前には少し空間を持たせて三尊が来迎する動きをしめしている。

　中尊の足下両側には三茎蓮を生けた華瓶が三尊像と同じように線刻で表される。観音の飛雲の前に「本願□助」その下方の空間に「助六」等多くの交名があるが、磨滅のために殆ど判読しがたいものの、枠線からはみ出した刻字も見られる。交名部分の左半分は剥離していて判読できない。交名の前枠線のすぐ左に「天文七年」の年紀が認められる。

茨3－4

坂東市鵠戸八六一・鵠戸地蔵堂墓地

茨3　弥陀三尊図像板碑（図版編六三頁）

坂東市の中心地の西方にある総合文化センターの西に、鵠戸地区の共同墓地があり、左手のブロック塀の前に十三仏板碑や小型の種子板碑と並んで、コンクリートの壇に下部を埋めて保存されている。

　現高七五・二センチ、上幅二四センチ、下幅二四・八センチ、厚さ一・八センチの緑泥片岩製で、頭部の右側部分を欠失する。頭部は山形に成形されるが、坂東市の他の図像板碑と同じように二条の刻みは作り出されず平面のままである。宝珠を頂く天蓋を線刻し、その下に短い瓔珞が垂れ下がり瓔珞の両端下に日月を彫り込む。

　石面中央に右下方を向いて雲尾をなびかせた飛雲に乗って下降する阿弥陀如来が、直径五・五センチの頭光を負い、巻き雲の上の蓮座に立つ。頭光の外側から放たれる放射光は短く一〇方向に放たれ、その内の二条は長く右下に伸びている。飛雲の下には中尊と同様に直径四・五センチの頭光を負う脇侍二菩薩がやはり下降するように線刻される。石の表面がかなり荒れているのと、線刻像のために弥陀三尊の細かい部分についてはよくわからない。像高は弥陀像が一一・五センチ、脇侍菩薩像が共に約一〇・五センチの大きさに刻まれる。

　像の下部中央には、小さく三具足が三尊像と同じように陰刻され、それをはさんで左右に一行ずつ「天文六年／三月吉日」の紀年が刻まれ、前机の右側に「逆修光圓」の銘がある。

茨4　十三仏板碑（図版編六三頁）

　現高八七・五センチ、上幅三五センチ、下幅三六・五センチ、厚さ二・五センチの緑泥片岩製で、天蓋の下に虚空蔵のみを線刻の像容で表し、他は三列四段に蓮座にのる月輪で囲んだ種子で各尊を彫る。

茨5（図版編六四頁）

坂東市幸田六ー一・正法院墓地　弥陀三尊来迎板碑

坂東市の中心部より東北へ、菅生沼に注ぐ江川を越えて約二・五キロ、道路より少し北へ入った所にある正法院の墓地の片隅にブロック造り・前面ガラス戸の小さな板碑堂を作り、その中に下部をセメントで固定して保存されるようになった。

現高九三センチ、上幅三二・六センチ、下幅三三・七センチ、厚さ二・五〜三センチの緑泥片岩製の板碑で、頭部をわずかに欠損するほかはほぼ完形で残される。二条線を持たず、身部の上部に日月と大きな宝珠をもつ天蓋を配するのは、同じ坂東市鵠戸の地蔵堂墓地や辺田の西念寺板碑と共通する形式である。昭和六〇年三月の初めての調査の折りは墓地入り口の地蔵堂に祀られていたのを許可を得て外に出して実査した。根部の尖り迄の総高は一一三センチあり、

これから推して現在は二〇センチが埋められていることになる。その為に紀年銘や華瓶の一部が埋設されてしまって判らなくなった。

頭部山形は欠損し、二条の刻みは持たず身部の上部に七センチ足らずの日月を薄く彫り、幅二六センチと大きな宝珠形の中心飾りをもった天蓋が線刻され、五ケ所から三条ずつの瓔珞が垂下する。

主尊の阿弥陀如来は右横向きになり、来迎印を結び飛雲の上に立つ。頭光から一六方向に一条ずつの比較的短い放射光を四方に放ち、白毫からは二条の光明が右下の観音菩薩の頭光に届くほど長く線刻される。像高は石の大きさからみて一五センチと比較的小さく彫られている。脇侍の観音菩薩は腰をかがめて前かがみの姿勢をとるが、捧持する蓮台は不明である。観音菩薩の左後方の勢至菩薩は、やや前かがみになり合掌するようであるが、剥離が進み観音像よりも一層不明瞭な状態である。共に飛雲に乗る早来迎形の阿弥陀来迎三尊像を線刻する。

身部のほぼ中央下部に、やや大きく「辻念仏供養」と彫り、その両側に二段にわたって「さこの三郎」「ひこ七」等の俗名、「妙西」「妙祐」等の法名、計一六名の交名が刻まれるが、風化のために今ひとつはっきりしない。交名の下に「天文二年」「二月吉日」と二行にわたって紀年を彫る。紀年の二は上に小さな傷が有るため、一見三のように見えるが、その場合、一・三画が長く中の二画がやや短いが、この場合一画目がごく短く左だけに留まり二・三画が同じ長さであるので、三よりも二と判読した。『岩井市の板碑』は「天文五年」と読むが（九七ページ）それは取らない。また「辻念仏供養」の下に華瓶を彫り、一茎の蓮が活けられる。

ここに刻まれる「辻念仏」は、他に例を見ない珍しいもので、『茨城県史研究』五二号で野口達郎氏（埼玉県岩槻市史調査員）は、その報文の中で「板碑の日付をみると、二月であり春季の彼岸に相当していることから、彼岸念仏・天道念仏のような春分の農耕儀礼を背景とした念仏が、交名に見える道俗によって供養の場として意識された辻において、行われたものと推測される」と、述べておられる。

この板碑は昭和五四年度から始まった茨城県史編纂のために、千々和到氏を団長とする茨城県史金石文調査団の調査の時に発見され、『茨城県史研究』五二号（昭和五九年二月）に発表されたものである。

茨6（図版編六三頁）

坂東市岩井・藤田共同墓地　弥陀三尊来迎板碑

菅生沼に注ぐ江川に近い集落の中に点在する墓地の、渡辺家の墓碑の後ろに四基の板碑が下部をセメントで固定して祀られている。その中で一番大きい板碑が図像板碑である。現在は上下を逆にして固定されていたのが、折損して後ろのブロック塀に立て掛けられており、約一〇センチが固定部に残った状態である。

現高五四センチ、上幅二二・五センチ、下幅二一センチ、厚さ二・一センチの緑泥片岩製の板碑で、下部は細く尖っている。上部の折損する部分に阿弥陀如来の顔のごく一部から下の部分が残される。衣文の一部分と放射光が認められ、その右下に頭光を負う観音菩薩像の線刻の一部と雲尾の末端が判る。左側の勢至菩薩像は現在では痕跡も止めないが、かろうじて雲尾の一部が残る。この飛雲の状態から推測して早来迎形の弥陀三尊像板碑であったことがわかる。観音像の頭光の左あたりから「妙□禅尼」とかろうじて判読できる刻字がある。

『岩井市の板碑』によれば、「二条線より上部欠損。主尊の弥陀、両脇侍も飛雲にのる。主尊の上部両側に円光を用いて日月を表している。図番三六〇（注／辺田・西念寺板碑を示す）と同じく阿弥陀三尊の来迎図像の板碑である。」とし、高さ六四センチ、上幅二三・二、下幅二一・五、厚さ三・一センチと記す（同書二〇〇ページ）。像の下部に「天文二年／八月日　妙国禅尼」の銘があったことが記されるが、先述の如く日月と阿弥陀像の上部は折損しており、更に銘文部分も現在では風化が一段と進み判読に至らない。前述の如く全体に風化のため、拓本によってかろうじて像の一部を確認することができる程度である。

茨7（図版六四頁）

坂東市大崎（高橋家管理）　**勢至図像板碑**

菅生沼に近い大崎の高橋家入口の道路左脇に小さな祠があり、板碑はこの中に祀られる。

総高一〇二・五センチ、上幅二九センチ、下幅二八・五センチ、厚さ二センチの緑泥片岩製で、上端・下端ともに三角に成形される。頭部から一一・二センチ下に二条の線刻があり、その下にごく細く枠線で囲む。大きな天蓋の両端から風鐸様の

飾りが、中央からは三角の飾りから二条ずつの瓔珞が下がる。頂部から三一・五センチ下がったところから二五・二センチの二重光背を線刻し、その中に蓮座の上に結跏趺坐して、胸元で両手を合わせて合掌する勢至菩薩像を少し太い線で陰刻する。頭には楕円形の飾りが肉髻を取り巻いており、両腕からは腕飾りが両側に靡いている。像の下には三茎蓮を生けた華瓶・香炉・燭台が彫られ、その間に四行にわたって銘文が刻まれている。

「永正七年庚午
　本願権律師□□
　一結衆ホ敬白
　二月廿五日」

なお、この像容については、金剛界大日如来坐像であるとする説もある。

茨8（図版編六七頁）

常総市水海道高野町・共同墓地　弥陀三尊来迎板碑

高野町の西の畑の中に東面して共同墓地があり、入口右手にあるブロック製の囲いの中に、弘法大師の石像の右に並んで切り石の上に逆さに立て掛けてある。

現在、上部を欠失しており、現高八四・五センチ、上幅三四・五センチ、下幅三五・五センチ、厚さ二・一〜三・五センチの緑泥片岩製の武蔵型板碑である。根部は高さ二六センチあり、先端は尖っている。石の表面は余り加工されておらず、凹凸のあるままに図像や文字の彫刻が施されている。

像容は中尊の阿弥陀如来の肩から上を失うが、残る部分から右下方を向いて来迎印を結び、飛雲・踏割り蓮座の上に立つ姿がわかる。その下方両側に同じように右

下方を向いて来迎する、左に合掌する勢至菩薩を右に蓮台を差し出す観音菩薩の脇侍二菩薩を共に線刻で表す。二菩薩は共に線刻の頭光を負っている。動きを示すように三尊の乗る飛雲は雲尾を像の後方に靡かせて彫られる。すなわち早来迎形の来迎板碑である。

三尊像の下部両側に「延徳五年」「十月廿三日」の紀年を刻み、その間に「七郎三郎」「弘尊」等の交名が陰刻されるが、判読できない部分が多い。紀年銘の部分は石の表面に凹凸がありながらそれにこだわらず文字を刻んでいるが、前述のごとくに判読される。なお、延徳は四年までで五年は明応二年になるので、或いは三年と見るべきかとも思われる。長く露天に有り石の表面は風化が著しい。

茨城県金石文調査団の千々和到氏は、報告の中で「上端が安楽寺（常総市大輪町一　天台宗安楽寺─元三大師、菅原天満宮の別当寺─筆者注）に、下部が高野共同墓地に所在する。分離した情況は不明だが、原状は高さ約一三〇センチ、幅三五センチと推定される」と述べている。なお、調査のおり、安楽寺住職の松永師に電話で問い合わせたところ、盗難にあって板碑の上部は現在所在不明とのことである。

先の記述に続いて千々和氏は、「磨滅して銘は読み難いが、上部に日月を配するなどの特徴は、⑴⑸（⑴鵠戸地蔵堂塔（天文六年）、西念寺塔（天文七年）─筆者注）と同時期の造立であろうか、との感を抱かせる」として、紀年銘については触れられていない。

茨9（図版編六五頁）
下妻市坂井・大日堂　阿弥陀一尊図像板碑

旧村社千勝神社（祭神猿田彦命）の北方の民家の間に墓地があり、その入口に大日堂と呼ばれる方一間の小さな堂がある。その中央に弥陀一尊図像板碑が祀られている。

総高一〇二・五センチ、上幅・下幅共に三九・五センチ、厚さ八センチの、断面をみると表面の幅が広く裏面が狭くこの地方としては厚い緑泥片岩と思われる石を使用する。

石の頂部から一四・五センチの高さで山形を形成し、下部には高さ一二・五センチ、幅二三センチの柄を作り出す。柄の部分を他の石材に穴を穿って挿入している。石の頂きから一九センチのところから、幅三三・八センチに高さ六八・五センチの枠線をとる。二条の刻みは認められず、枠線のすぐ上に向きの違った散り蓮を彫る。

枠線の中に、三重の頭光を負い右手を胸元に挙げ、左手を膝のあたりに降ろした来迎の印をとる像高三四センチの正面向きの阿弥陀如来が蓮座の上に立つ。頭光からは一方向に二条の光明が枠線まで放たれている。放射光の一本は真ん中の頭光から、他の一本は一番外側の頭光から放たれている。像はごく薄く陽刻され、衣文などは輪郭を残してその内側を彫り下げてあらわされる。蓮座は蓮弁の周囲を残して薬研彫りする。石の表面の風化が著しく進んでいて像容の細部は不明瞭である。

蓮座の下に三行の陰刻銘が認められるが、左から「観応三□／十二月一日／□妙尼」と判読される。左から中央・右へと紀年銘の配置が異例である。

茨10（図版編六六頁）

神栖市平泉外十二入会一八二‐四一・神栖市歴史民俗資料館

弥陀三尊図像板碑

神栖町歴史民俗資料館板碑は平常は展示室に展示されている由であるが、館のご配慮で調査時には台車に載せて資料室に搬入されていた。重量がありそのままの状態で調査させて頂いた。

総高一三四・五センチ、上幅四二・五センチ、下幅四五・五センチ、厚さ一一・五センチの雲母片岩（筑波石といわれる）製の下総型図像板碑である。頭部を山形に整形するが、二条の刻みは持たない。頂部から一八センチ下がった所に天蓋を陰刻し、瓔珞が垂下する。

中尊の阿弥陀如来は直径一八センチの大きな頭光を負い、踏割り蓮座の上に立つが飛雲は彫り出されていない。像高は二八センチを測る。また、多くの来迎板碑の阿弥陀如来像は四方に光明を放ったり、白毫から二条の長い光りを放っているが、本塔ではいずれも彫り出されていない。中尊の右裾の当たりから頭光を負う勢至菩薩が合掌して立ち、中尊の左足元から同じように頭光を負い、腰をかがめて蹲踞座をとる観音菩薩像が彫られる。三尊ともに踏割り蓮座に乗っている。

石面の上部左右に小さいが太い書体で銘文が刻まれるが、一部が判読されるのみである。

「右志者ゐ口生慈父正方《カカ》

楽乃至口平ホ利益也」「永仁元年十月廿二日」

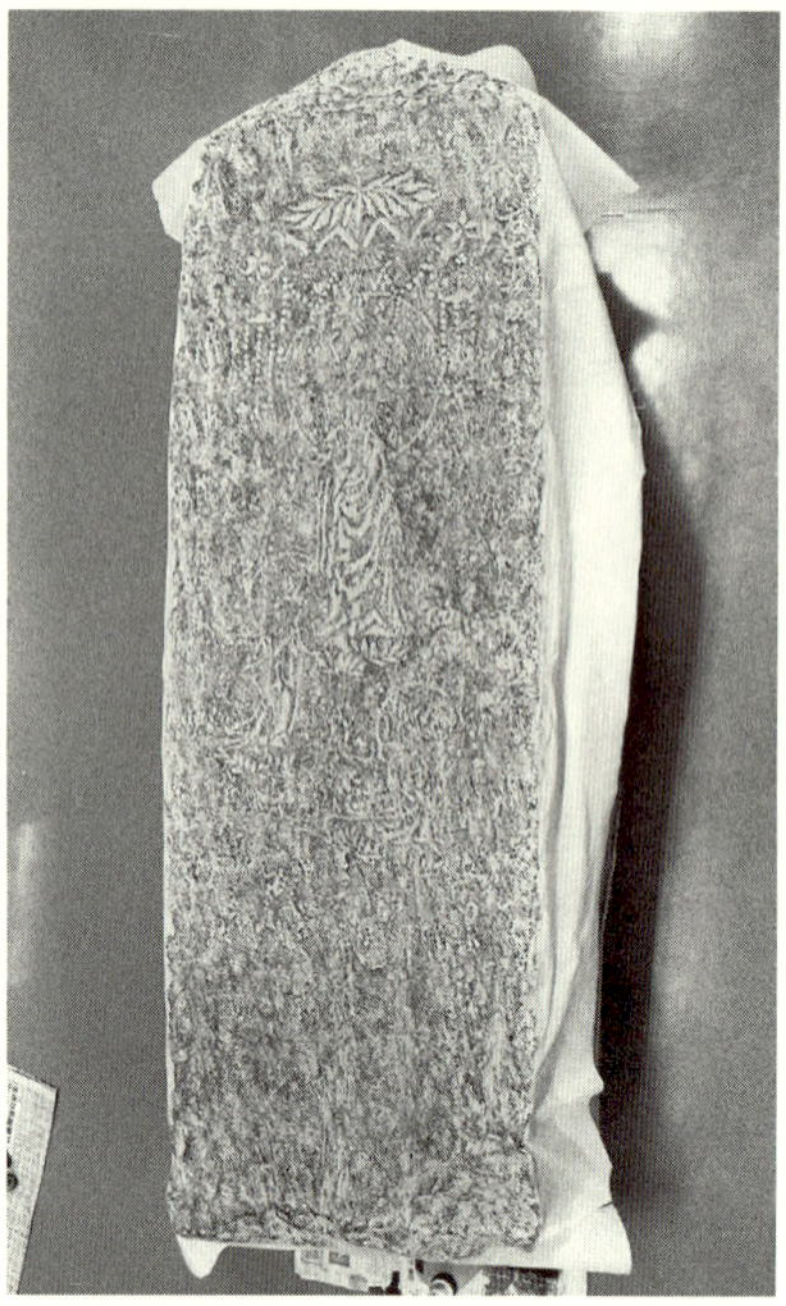

これは従来下総型板碑の中で最も古いといわれる、千葉県香取郡神崎町・郡台公会堂の弥陀三尊来迎板碑の正安二（一三〇〇）年よりも七年古いことになる。なお、この板碑については千々和到氏も、「典型的な下総型板碑で、下総型板碑の図像板碑中最古の物と思われる」と、見解を示されている。

この板碑は息栖地区の東光院で発見されたもので、同時にキリーク種子板碑（文永二年銘）が見つけられ、両方が当館のガラスケースに収めて展示されている。

栃1（図版編六七頁）

足利市小俣町・別府家　弥陀三尊図像板碑

JR両毛線の「小俣」駅から東北約二キロの鶏足寺へ向かう途中にある中妻橋を渡り、中妻の別府家が所有する畑の中の低い丘の上に東面して建つ阿弥陀堂中央に祀られている。

総高一八九センチ、上幅三九・四センチ、下幅四三センチ、厚さ六・五センチの緑泥片岩製の大型図像板碑。頭部の山形は幅三八センチに高さは十一センチと、幅に対して高さが低い（比高〇・二八九）古風な作り方をしている。身部の周囲に二重の郭線を陰刻し（外側が一六四センチ、上幅三七センチ、下幅四一センチ、内側が一五八・五センチ、上幅三一センチ、下幅三六センチ）、その中に散蓮華を一片二片三片と連続的に散らして陰彫する。内部上方には幅いっぱいに陰刻の美しい天蓋が彫られ、五條の瓔珞が垂れ下がる。

天蓋の下に正面向きの阿弥陀如来が、頭光と像の周りを彫りさげて、その中に像を半肉彫りで表す。蓮座の下に立つ観音菩薩と勢至菩薩の脇侍像は、頭光をごく浅く平らに彫りその中に顔だけを薄肉彫りにして、他の部分は線刻で彫り分けられ中尊の方に向き合って立っている。観音菩薩や勢至菩薩の天衣は腕から垂れて蓮座の上方に靡いている。三尊とも大振りに陰刻された蓮弁をもつ蓮座の上に立つが飛雲は彫り出されていない。像高は阿弥陀像が五一・五センチ、観音像が三三センチ、勢至像が三三・五センチを測る。優れた彫刻の図像板碑として古くから有名である。

像の下の刻銘は達筆な草書体で次の如く彫られる。

性阿弥陀仏

右為

成仏得道

文永十二年乙亥三月日

行忍　白敬

川勝政太郎著『日本石造美術辞典』では「装飾的な意匠と、半肉彫・線彫・陰刻をたくみに併用した手法が成功している。華やかさと優美さにすぐれた板碑である。」と述べ、石井真之助著『板碑遍歴六十年』（木耳社、昭和四九年四月）には、美しい拓本が掲げられており、解説のなかで「素材の緑泥片岩も極めて良質のものであるせいか、天蓋も、仏像も、蓮台も、郭線も誠に非の打ちどころもない優秀な技術を示している。下部の文字も亦見事な草書体で全く他に類がない」とする。

栃2（図版編六八頁）

佐野市堀米町一一〇二・一向寺　弥陀三尊来迎・宝篋印塔図像板碑

東武佐野線「堀米」駅から南へ徒歩約一五分の所に東面する一向寺本堂の左脇に木箱に入れて保存されている。

早来迎形の弥陀三尊像を彫り表し、その下部に宝篋印塔を彫った珍しい図像板碑として有名なものである。

現高一四八・六センチ、上幅四三・三センチ、下幅四五・二センチ、厚さは上部で五センチを測る。緑泥片岩製。頭部山形は幅四三センチ、高さは一四・五センチ（比高〇・三三七）で、その下に二センチ幅の刻みをもつ。塔身面上半（二条の刻みの下）に八一・六×四〇・三、七六×三四センチの二重の枠線を線刻し、その間に上と左右に「光明遍照、十方世界、念仏衆生、摂取不捨」の四句の偈を陰刻割書し、各文字の間に向きの異なった散蓮を薄肉で表す。

輪郭内に刻まれる像高三五・五センチの阿弥陀如来は、右下方を向いて飛雲に乗って来迎印をとり二重の頭光を負う。そこから三条ずつの光明を一六方向に放っ

ている。飛雲の右下方には像高二三センチの少し腰をかがめて蓮台を捧げ持つ観音菩薩が、左側には二六・四センチの大きさで胸元で合掌する勢至菩薩が、それぞれ二重の頭光を負い飛雲の上に立って下降する早来迎形の図像が薄肉彫りされる。勢至菩薩の飛雲は二重の枠線に食い込んで彫られる。

枠線から三・二センチ隔てて、上部と同様に輪郭が巻かれ（幅三七・五センチ）、その中に宝篋印塔が三尊像と同じように薄肉彫りされている。笠の下部以下を折損欠失している。笠下から宝珠までの高さは三六・五センチあり、隅飾りは下部が二一・五センチに対して上部で二三・七センチと少し外傾している。

川勝政太郎博士はその著『日本石造美術辞典』の中で「武蔵所在の来迎三尊像板碑のすぐれたものも少なくないが、また宝篋印塔を彫り出したものもあるが、この下野の板碑は繊細な美しさに優れている」と述べ、その制作年代を鎌倉時代後期としている。

角川書店版『日本地名大辞典』(9)栃木県は「堀米〈佐野市〉」の項で、「一向寺に阿弥陀三尊来迎図板碑があり、紀年銘は欠けているが、鎌倉期の手法が見られることから、小野寺・堀籠氏に関係する板碑であろう。」と、述べる。

栃3（図版編六八頁）

佐野市犬伏下町二二八五・大庵寺　阿弥陀一尊図像板碑

板碑の上部二条線から上が欠損し、身部の右上と下部も左が剥離している。更にその下の紀年等の銘文の部分と基部も欠失している。しかし、一重枠の中に堂々と表された阿弥陀立像はよく保存されている。現状で総高六九・五センチ、幅三四・五

センチ、厚さ三センチの上下欠の断碑である。弥陀は蓮華座上に総高三四・五センチに来迎印をあらわし、白毫から二条ずつ四二本の放光を四方に発する。蓮華座は中を彫り込む形式ではなく、線を入れた重弁となっている。その下に三具足を刻すが、前机の側面形式が×模様ではなく無地となっている遺品は少ないようである。前机の左右に梵字の光明真言を二行宛刻む。更に前机の下方に「如拐（以下欠）／聖人（以下欠）」の銘文の一部が残る。

三具足が刻されている点から、室町中期の文明頃の造立で、念仏供養のものではないかと、調査した嘉津山清氏は言う。本塔は、元は東京都渋谷区本町の甲州街道沿いにあったもので、昭和三〇年代に佐野の寺に檀家によって寄贈されたものである。

栃4（図版編六九頁）

下都賀郡野木町佐川野・岩崎家　庚申来迎板碑

県南部の小山市と、茨城県の古河市にはさまれた、県境の野木町の東端に近い佐川野の医師・岩崎家から出土した全七基の板碑の中の一基である。

岩崎家の板碑は、調査時点（昭和五九年三月三〇日）において隣接する小山市立博物館（小山市大字乙女）二階展示室に、同家地内から一緒に出土した種子板碑七基と共に陳列展示されていた。

石の表面が著しく剥落磨耗しており、形状も欠損部分が多く原形については不詳である。厚板に穴を穿ち、そこに板碑を挿しこんで立てた状態で展示される。その板の上から測って現高八八・七センチ、上幅四三・三センチ、下幅四二・三センチ、（最大幅は中央部で四三・六センチ）、厚さ三・二センチの、背面が不整形の緑泥片岩製である。

身部の上方に石幅いっぱいに天蓋を線刻し、その下部に飛雲・蓮座上に、右下方を向いて立つ早来迎形式の弥陀三尊像を同じく線刻で彫り表す。中尊の背の辺りには雲尾が後方になびき、勢至像よりも観音像がかなり下方に彫られていて、全体的に左上方から右下方への動きを示す。弥陀像の負う頭光からは放射光が四方に放たれ、像高は二三・五センチ、観音像は瓔珞の垂れた蓮台を捧持し一五・五センチ、勢至像は一六・五センチの大きさである。脇侍菩薩はともに頭光を負い、頭部は彫り出されず髪際が表されるだけである。中尊の右側をはじめとして、磨耗のために石の表面がすっかり平滑になり、刻線が失われた箇所がかなりあるため、細部については判然としないが、像の彫法は衣文なども単純な線の繰り返しで稚拙な作りである。

弥陀像の両脇に、松子、弥右衛門、泰《カ》家《カ》（左側）、□子（右側）と、数名の交名があり、脇侍菩薩の間に「庚申供養人□」の刻字が認められるが、紀年銘は見当たらない。

同時に出土した種子板碑の年代などから室町時代後期のものと考えられる。

栃5（図版編六八頁）

芳賀郡益子町上大羽九四五・地蔵院　弥陀三尊来迎板碑

益子県立自然公園の中、高館山の東麓大羽の地に宇都宮氏三代朝綱が地蔵院を創建したのは建久五年（一一九四）といわれる。板碑は庫裏に続く庫の中に保管され、全部で四基ある内の一基が図像板碑である。

頭部山形を呈し、二条の刻みをもつ緑泥片岩製の板碑で、現高六三・五センチ、上幅二六・八センチ、下幅二八・三センチ、左側の厚さ三・四、右側の厚さ二・五センチを測る。二条の刻みの二センチ下から二重の輪郭枠を陰刻し、その幅は一二・三センチある。上の石には二重の頭光を負い二条の光明を九方向に放ち、その内の二条は石の右下まで長く伸びている（外側の頭光は直径一三・三センチ、内側の頭光は直径六・三センチ）。右手を胸元に挙げ左手を下に降ろした来迎印の阿弥陀如来が右下方を向いて蓮座の上に立つ。像は石の表面をごく薄く彫り浚えた中に薄肉彫りで表される。丁度足の部分で石が折損する。下の石は右上部を大きく欠く。折損する上部に阿弥陀仏の蓮座が薄肉彫りされ、その下の枠線の中に右向きに蓮台を捧持し蓮座に乗る観音菩薩と、その後方に合掌する勢至菩薩の像が陰刻される。脇侍菩薩

は線刻のために風化によって細部は不明確であるが、ともに頭光を負い頭を少し右下方に向けている。蓮座の上に立つのも中尊と共通する。脇侍菩薩の蓮座から下部を欠失する。三尊の像容から早来迎形の図像板碑であることが知られる。

群1（図版編七〇頁）

前橋市小島田町字大門五三〇　小島田弥陀像・種子混合板碑

国道五十号線を北へ入った小島田の集落の中にある空地の一画に、昭和五六年四月に地元有志によって堂が建てられ、堂内中央に祀られる。

地上高一二九センチ、上幅五五・五センチ、下幅七五センチ、最大幅一〇二センチ、厚さ上部で四九センチ、下部で五二、最大五八センチの安山岩の岩塊を使用するもので、川勝政太郎『日本石造美術辞典』では岩面板碑という表現を用いている。また、磯部純一氏は一見自然石と思われがちな碑の全体は丹念に加工され、頂部の中央に彫り出された突起の痕跡があることなどから、笠塔婆として造立されたのではないかと見ている。

石の正面を平らにし、そこに高さ九三センチ、上幅四五・五センチ、下幅七〇センチの駒型の輪郭をとって二センチ彫り窪め、更にその頂部から一一センチ下がったところに高さ三五センチの舟形光背を最大五・五センチの深さに彫る。その中に像高二八センチの定印の弥陀坐像を厚肉彫りする。面容は剥離するが肩幅一四センチ、膝張り二二センチを測る。阿弥陀像の下には高さ一〇・五センチ、幅二一・五センチの大きさで線刻の蓮座を彫る。

舟形の下辺の左右に脇侍二菩薩の種子サ・サクを薬研彫りする混合式の板碑である。

石の表面は摩滅が著しいが、駒形のほぼ真ん中から下に、次のような銘文を刻むが、この年号は群馬県下の板碑で最古のものである。

「右志者為過
去子息少児
幽霊出離生
死往生極楽
證大菩提也
二月十七日
橘清重　敬白」

銘文により、父親が子供の冥福を祈って造立した追善供養塔であると判る。

この板碑について千々和実『上野国板碑集録』も「これが板碑の類型の範疇に入るものかどうか断言しかねる」と、述べている。

群2

前橋市端気町三三七・善勝寺　弥陀三尊板碑

弥陀三尊図像板碑は、前住職夫人の居室の仏壇に祀られていて、脇侍菩薩の半ばあたりから下を欠失する。現高三八・八センチ、上幅二三・八センチ、下幅二五センチ、厚さ二・七センチの緑泥片岩製のものである。頭部は右側をいためるが山形を形成する。その下の二条の刻みは造られず、頂部から六センチ下から長方形の輪郭

を巻くが右側の刻線は風化のために不明瞭である。

石の頂上から一三センチ下って像高二三・六センチの、右手を胸元に挙げ左手を膝のあたりに下ろした来迎印をとる正面向きの阿弥陀如来が蓮座の上に立ち、薄肉彫りで表される。多くの図像板碑で見られる頭光や放射光は彫り出されていない。その両側中尊の垂下した手の高さから、線刻の宝冠をかぶり頭光を負い蓮台を捧持する観音菩薩と合掌して立つ勢至菩薩が、中尊を間に向かい合って同じく薄肉彫りで表現される。脇侍二菩薩の背は枠線に接するくらい石面一杯に彫り出される。中尊の蓮座の下部、両脇侍の膝あたりから下を欠失する。

群3（図版編六九頁）

前橋市公田町五四四－一・乗明院　弥陀三尊板碑

公田山乗明院魚遊寺は、嘉祥元年慈覚大師開基の伝承がある古寺で、山門を入ってすぐ右手に一二〇×一一〇センチの前面が硝子戸の小さな収蔵庫が設けられ、その中の台石にいけこまれて保存されている。

現高一六六・八センチ、上幅三六・二センチ、下幅三九・二センチ、厚さ七センチの緑泥片岩製の板碑で、群馬県下の来迎三尊板碑としては大型に属する。頭部山形は幅三六センチに対して高さは九センチと割合低く、その下に正面のみに二条の刻みを彫る。

幅三〇（上）、三三（下）センチ・高さ一一九センチの長方形の輪郭を線刻する。上の枠線から八・五センチ下に二重の頭光を負い、飛雲に乗った像高約三二・五センチの阿弥陀如来が、踏割り蓮座の上に立って来迎印をとる。頭光の周りには四方に

放射光が放たれ、白毫からの光明は右の枠線まで長く伸びているが、左側は風化のために不鮮明である。中尊の線刻された飛雲の下方には同じように雲尾を後方に靡かせた飛雲に乗って、背中を丸め蓮台を捧持して腰を少しかがめ天衣を後方に靡かせた観音菩薩が、その後ろに胸元で両手を合わせて合掌する勢至菩薩が、衣文の縁を残して彫り浚える陰刻形式で表される早来迎形の三尊図像板碑である。

脇侍菩薩の下に開花した三茎蓮を生けた華瓶が左右一対陰刻されるが、左側は花の部分を残して華瓶の部分は不明である。この間に「弘安□年二月□日」の紀年銘を刻む。川勝政太郎博士によると、弘安三年（一二八〇）と判読されている。

長らく風雨に曝されていたのか石の表面は風化が進み、勢至菩薩像の頭部は全く不明で、その他全体に風化が進んで、材質の柔らかい部分は磨滅し表面は荒れており、特に左半分はその傾向が著しい。全体に不明瞭になっている。

乗明院の少し西にあったといわれる廃覚動寺から移したものである。

群4（図版編六九頁）

前橋市鶴光路町二六－一・善光寺　弥陀一尊来迎板碑

板碑は庫裏客殿の棚に祀られている。下部を欠損しており、現高四五・八センチ、上幅二九・三センチ、下幅二九・六センチ、厚さ最大で三・二センチの緑泥片岩製のもので、頭部を山形にするが二条の刻みも刻線も持たない。石面には長方形の枠線もなく、石の頂部から一六・五センチ下がった所から像高一八・七センチの大きさで、右下方向きの早来迎形の弥陀一尊像が踏み割り蓮座の上に立たれる。直径六センチの頭光からは一七方向に放射光が四方に伸びており、右下方の二本は石の端に届く長い光明となっている。像は右手を胸元に挙げ、左手をおろした来迎印を取る。面部は薄肉彫りで表し衣文は襞の内側を彫り窪めて立体感を表す。頭光・放射光は線

刻される。

切損する石の下部に蓮華が二か所にわたって陰刻されるのが認められ、一対の華瓶が彫られていたことがわかる。

墓地の改修のおりに出土したとのことである。

群5（図版編七二頁）

前橋市東善町・月田家墓地　弥陀一尊坐像板碑

東善町の交差点を西に三百メートル程進んだ、道路南側すぐの所に月田家の屋敷墓がある。板碑は墓塔の左側、江戸期の石塔群の右手に東面して、江戸時代中期の延享元（一七四四）年に造立された石室の中に収められる。

総高六三センチ、上幅二九、下幅三三、厚さ一六センチの安山岩製のもので、やや丸みを帯びた頭部山形・二条の刻みを持つ。石の背面はほぼ平らに成形され黒っぽい粒の混じった石質である。

二条の刻みから九・五センチ下を高さ二八センチ、最大幅一八センチ、舟型光背を約二センチの深さに彫り窪めて、この中に二一センチの像高を測る弥陀坐像を陽刻する。像は蓮座の上に結跏趺坐し、右手を胸元に挙げ左手を膝の上に置く。像厚は顔の部分で二センチで、肩幅九センチ、膝張り一四センチを測る。石の表面は平らで刻字の跡は認められない。この北北東約三キロの所に、県下で一番古い弥陀三尊図像板碑である小島田板碑があり、舟型光背の中に陽刻の弥陀坐像を彫るところなど、像の姿には一脈通じるところがある様に見受けられる。

石室の正面には「具一切功徳慈眼視衆生／福聚海無量是故應頂礼」と「法華経観世音菩薩普門品」による偈頌を彫る。側面には「延享元甲子年四月吉祥日（右）／東善養寺村施主田村氏（左）」の造立銘がある。

群6（図版編七一頁）

高崎市岩鼻町二三九・群馬県立歴史博物館　弥陀一尊来迎板碑

群馬県民の森の中にある県立歴史博物館一階・常設展の中世の部室に展示されている。今回は特別展開催のためにこの板碑がはずされた折りに、特別許可を得て実査する事が出来た。

早来迎形の板碑は、総高九七センチ、上幅三二センチ、下幅三三・一センチ、厚さは右側で三、左側で二センチの緑泥片岩製。頭部山形はかなり欠損し（特に左側がひどい）、その頂部から六・五センチ下にごく浅い二条の線が刻まれるが、上の線刻は半ばで磨滅のため不明となっている。

二条線の下一一・五センチから右下向きになった独尊の弥陀像が踏み割り蓮座に乗る。蓮座の幅は一〇センチ、高さ三センチである。衣文は縁を残して中側を斜めにそぎ落とす手法で表現している。石の表面がかなり荒れていて像の細部は少し不明瞭である。

直径六・五センチの、やや太い頭光の周囲に比較的長い放射光が二四方向に放たれており、その内右下の光明二条のみが石の右端まで伸びている。長方形の枠線は刻まれていない。

弥陀像のお顔はやや小振りで周囲を浅く彫り窪めて浮き彫りにし、来迎印をとる両手も薄肉彫りであるが両足は線刻で表される。衣紋は陰刻。なお像高は二一センチである。

踏み割り蓮座下部の左右に、首の長く下広がりの華瓶が一対線刻され、茎の短い三茎蓮が生けられる。左側の華瓶は風化の為に一部が不鮮明になっている。この一対の華瓶の間に一行の紀年銘が陰刻される。

「建治二年丙子五月日」

この板碑は多野郡新町の神流川から出土したものと言われるが、一説には藤岡市とも言われ明確ではない。

石に輪郭を取らなかったり、石の上方に像を刻んだりするような形式の図像板碑は、高崎市山名町・路傍板碑（建治四年）、吉井町郷土資料館蔵板碑（弘長五年）や、埼玉県児玉郡児玉町・玉蔵院板碑（弘安三年）等に共通するものがある。

群7（図版編七一頁）

高崎市岩鼻町二三九・群馬県立歴史博物館

弥陀一尊図像板碑（群馬県吾妻郡中之条町上沢渡温泉「まるほん旅館」寄託）

当板碑は地下の収蔵庫に収蔵される。

木製の箱の中に収められていて、総高九五センチ、上幅二八センチ、下幅三〇センチ、厚さは下部の左方がやや厚く三・七センチ、右が三・五センチの緑泥片岩製。左上部から頭光〜像の左手にかけて折損しており、更にこの部分は表面と裏面が剥離している。

頭部山形は高さ六センチあり、その部分で幅二七・五センチと比較的低い割合（比高〇・二二八）を示す。山形から一・八センチ下がって線刻の二条線が二・五センチの間をおいて石幅いっぱいに刻まれる。二線の左寄りには斜めの線が一本刻まれるが、右には認められない。下の線から横幅二二・五センチ（下部で二三センチ）、縦五六センチの枠線をとり、二線の下一・八センチから高さ四・五、幅二二・五センチの簡

略な天蓋を線刻する。なお、枠線は左右と下方の三方にめぐらされている。この点は一年遅れて造立された同じ中之条町・林昌寺（群17）の文永八年の弥陀一尊図像板碑と同じである。

石の頂部から一七・三センチ下に、直径九センチの頭光を負った右向きの来迎印をとる阿弥陀如来が、踏割り蓮座の上に立つ。三道を彫り、衣文は襞の部分を残してその間を浅く彫り淡える技法をとる。面部は頭光から内側に向けてごく浅く彫っている。面部を浮き彫りにし、手の部分も陽刻で表される。像高は二三・二センチである。

踏割り蓮座の中央部下から「文永七年十二月」と一行の紀年銘を彫る。

この板碑はかつて昭和五年、中之条町字湯御堂谷戸の桑畑から発見され、同地の林仲次郎氏が所蔵していた。昭和二〇年四月一六日の沢渡大火によって火をかぶり一部表面が剥離した。紛失を恐れ、同地のまるほん旅館の地下蔵に保管していたが、保存が困難になった為に博物館に寄託されるようになったものであると、館主の福田勲一氏にうかがった。

群8（図版編七三頁）

高崎市山名町一八九・路傍　弥陀一尊来迎板碑

有名な上野三碑の一つ「山上碑」へ向かう道の右手の少し小高くなった所に、コンクリート製の小さな祠が建っている。正面に阿弥陀如来と刻まれ、上部が円形の鉄扉が設けられ施錠されている。鍵の管理は高崎市教育委員会社会教育課文化財係が担当しており、調査の折には案内を受けた。

板碑は下部をセメントで固定されているが、現高一〇一センチ、上幅三一・五センチ、下幅三四センチ、厚さ三・二センチの緑泥片岩製のものである。

頭部を山形に整形してあるが、二条線の刻みは作られていない。右側上部に長さ一・五センチの羽刻みが上下二カ所に作られるが、左側は石が欠損するため不明である。石の頂部から上の羽刻みまで七・五センチである。

山形の頂部から二一センチ下がった所から円形の頭光が六・七センチの大きさで線刻され、二三方向に光明が放たれ、その内右下方のものは二条が長く石の端近くまで伸びている。

同じく頂部の二三・五センチ下から像高二一・二センチと比較的小柄な阿弥陀如来像が、やや右向きの姿勢で来迎相をとって踏み割り蓮座の上に立っている。面部・両手足は薄肉彫りされ、親指と第二指を捻ずる下品上生の印もよくわかる。なお、蓮座の下に飛雲は刻まれていない。

蓮座の下方、石の両側に首の長い華瓶に三茎蓮が生けられた供花が一対線刻で表されているが、左の華瓶は石の表面が剥離しており部分的にしか認められない。

この華瓶の間に一行の紀年銘が刻字される。

「建治四年戊寅正月日」

なお、千々和実氏の『上野国板碑収録』には、同じ山名町山ノ上（多野郡八幡村大字山名字神谷、石井彦三郎氏蔵）の来迎独尊板碑を挙げ、これに「応安五年壬／子七月十一日沙弥／重阿」の銘と光明真言を彫る高さ一二〇センチ、幅三四センチの板碑があったと記すが、現在は所在不明である。

群９（図版編七四頁）

高崎市木部町四五〇・安楽寺　弥陀一尊板碑

本堂と道路を隔てた反対側に墓地があり、その中央よりやや左の奥に歴代住職の墓塔（卵塔）が並んでいて、その右端に一基の弥陀一尊板碑が自然石を台石に、根部を挿しこまれてたっている。

現高六九・五センチ、上幅三一・二センチ、下幅三二・八センチ、厚さはやや不同で二・七〜三センチの緑泥片岩製の板碑である。頭部山形、二条線を持ち、枠線を線刻するが風化の為に所々にその跡を止める程度である。

像高三二センチの正面向きの来迎相の弥陀像は、踏み割り蓮座の上に立ち、線刻の飛雲は雲尾を左後方に靡かせている。二重の頭光を線刻し、内側の頭光から二条ずつの放射光が四方に放たれているが、石面の風化の為に部分的に認められるだけである。像の周囲を薄く彫りさげて像全体を薄肉彫りにし、衲衣の襞などはV字形に彫り込んでいる。面部は風化の為に目鼻だちは判然としない。

現在、輪郭線の上辺に種子キリークを小さく彫り、弥陀像の両側には大きな文字で「阿闍梨大法師慶祐」（右側）「元文四未年十月日」（左側）と追刻銘が見られる。

この板碑について千々和実氏は『上野国板碑収録』の中で、同じ高崎市山名の応安五年弥陀板碑に似るとされ、更に像の下部に応安（下欠け）と判読されている。像容から南北朝時代の造立と考えられる。

群10（図版編七二頁）

高崎市根小屋・上原家　阿弥陀図像板碑（残欠）

上信電鉄の「根小屋」駅から金井沢川を越えた所で、県道から北へ旧道を入ったところに上原家がある。

板碑は現高三二センチ（右側）、最大幅一三・五、厚さ五センチの緑泥片岩製の断片で、阿弥陀立像の下部と蓮弁の右側を残すだけのものである。衣文は周囲を残して内部をゆるやかにV字形に彫り窪めて表し、蓮弁は複輪付で作られる。断片であるがその彫りはていねいで鎌倉後期から南北朝時代のものと思われる。『高崎市史』中世資料編（平成四年四月）に収録される。

群11（図版編七四頁）

高崎市中大類・松本家　弥陀一尊図像板碑

井野川の手前にある松本建材前の空き地に、樅の木の下に西南面して立っており、切り石に下部を挿入固定している。

現高五八・五センチ、上幅四一・五センチ、下幅四二・二センチ、厚さ四センチの緑泥片岩製の板碑で、頭部はほぼ平らで角が丸くなっているが、頭部山形は折損したものと思われる。正面上部に二条線を線刻し、側面に羽刻みが認められる。

二条線のすぐ下から幅一四センチ、高さ四センチの、石面に比して小さい天蓋を陰刻し、その下一一センチ隔てて膝あたりから上の来迎印をとる右向きの阿弥陀如来の像を、像の周りを約一センチの幅で彫り窪めた中に薄肉彫りで表している。像高は現在の状態で二九・五センチである。なお、放射光や頭光は彫り出されていない。像風化が著しく石面は荒れ、全体は不鮮明な状態になっている。

『高崎市史』中世資料編では「像の頭部が線刻でなくレリーフ状に浮き出されている像の表現方法から考えて、線刻よりも古い時期の造立と思われる」と、鎌倉時代のものとする。

群12（図版編七二頁）

藤岡市本郷字道中郷・葵八幡社　弥陀一尊図像板碑

ＪＲ八高線「群馬藤岡」駅の南方約三・五キロ、土師神社や本郷埴輪窯跡を越えた神流川左岸の桑畑の中に、源義賢の妾の葵御前を祀るという小さな社が東面して建っている。この切り妻造りの屋根の両側に一基ずつの板碑が東面して立てられている。

左側の板碑は、地上高一五二センチ、上幅三四・五センチ、下幅が四〇センチ、厚さが五・二センチの背面がほぼ平らな緑泥片岩製の弥陀一尊図像板碑である。

頭部山形の高さ八センチ、幅三三センチ（幅に対する高さの比率〇・二四）、その下に二条の刻みを施し、側面まで彫られる。

身部には輪郭を巻かず、二条の刻みの一七・五センチ下から、正面を向いて来迎引摂の印を結んだ像高四五センチの弥陀一尊立像を彫る。像は首が長く（三道は不明）二重の頭光（直径一八センチと一七センチ）を負い、肩の辺りから顔の周囲に向けて石面を彫り込み、顔の部分で一・四センチ陽刻された状態で彫り表される。頭光からは一一方向に長い放射光が伸びて、その間に細い二条の光明が認められる箇所もある。

衣文はやや複雑に一定の幅を持って陽刻され、その間は平らに彫り込まれている。ただ、石面の風化がかなり進み、細部はいまひとつはっきりしない。

像の下部には次の二句の偈が彫られるだけで紀年銘はない。「其佛本願力　聞名欲往生　皆悉到彼国　自致不退転」（『仏説無量壽経』＝破地獄偈、聞名得益偈とも）、もう一句は「光明遍照　十方世界　念仏衆生　摂取不捨」（『観無量寿経』）と、板碑ではよく知られた偈頌である。

この板碑の造立年代について、『板碑遍歴六十年』の著者石井真之助氏は同書の中で、「紀年不明、徳治、延慶、応長あたりか」と、推定しておられる。

又、小祠の右側には、頭部を屋根の垂木に接して現高一六四センチ、上幅三七・五センチ、下幅四一・三センチ、厚さ四センチの緑泥片岩製の弥陀三尊種子板碑が、図像板碑と同じように東面して、下部は地中に埋まって立っている。

脇侍菩薩の蓮座の下部中央に、次の紀年銘を彫る。

「応長元年辛亥六月十八／日」

ただ、石質は異なり、双碑ではないとされる。

群13（図版編七三頁）

富岡市蕨甲五八八・一ノ坂公会堂　弥陀三尊板碑

上信電鉄の「上州福島」駅から北へ約四・五キロほどと市域の北端に当たる字一ノ坂は蕨地区の最も奥に位置する。山間の集落の公民館として使われている小さな木造の建物が「一ノ坂公会堂」である。

板碑は建物の左奥に壇を設けて、その中央に直接立てかけて祀られる。総高七九・三センチ、上幅二九・七センチ、下幅三〇・八センチ、厚さは上部が三センチ、下部で三・八センチの緑泥片岩製の、比較的小型の板碑である。ほぼ完存するが右下端を少し欠損する。

頭部を山形とし、幅二九・五センチに対して高さは八・三センチである（比率〇・二八二）。その下に二条の刻みを彫り、身部には輪郭を刻まず一〇・六センチ下から、像高一八センチの頭光を負い右を向いたほっそりした阿弥陀如来が、右手を胸元に挙げ左手を下ろした来迎印で、踏割り蓮座の上に立つ。頭光からは丸く線刻の放射光が四方に放たれ、白毫から正面と右下方の二方向に二条の光明が長く伸びている。右下方の長い光明は多くの来迎板碑で見られるが、二方向の光明は少ない例といえる。又、他の光明は傘状の先端を丸く刻んで止めている。

弥陀像の蓮座の下に、中尊と同様に線刻の頭光を負った脇侍二菩薩が、共に右を向いた姿勢で踏割り蓮座に乗って彫り出される。肉身部は周囲を浅く彫り浚えて浮き彫り状に表し、衣文は襞の部分を残して斜めに凹刻する手法をとる。像高は観音像が一三・三センチ、勢至像が一四センチを測る。脇侍菩薩は共に腕のあたりと足元から天衣が左方に風に靡くように線刻される。この脇侍像の下に刻字らしきものが認められるが、痕跡を残すのみで今は読みがたい。石の横幅に対して像は小振りでおちついた早来迎形の来迎板碑ということができる。

群14（図版編七四頁）

富岡市富岡一八三九・栖雲寺　弥陀一尊来迎板碑

板碑は本堂の右脇の間の、位牌を祀る壇の最上部に厨子に収めて保管されている。厨子は板碑の形に合わせて上部を山形に作り、両開きの扉が蝶番で付けられている。厨子の大きさは正面から見て高さ七三・五センチ、幅約三一センチ、厚さ四センチで木製のものである。

厨子の随所には墨書がある。左側面には「旹文化十五仲春彼岸之日萬霊墓之傍穿土三尺許而獲丐蔭宗」、右側面には「無量壽佛年譜正慶二癸酉年三月／丁文化十五戊年逮チ四百八十六年」、裏面には四行にわたって「上野𠬝甘樂郡冨岡村／大虎山栖雲寺／蔭宗叟／誌之」と墨書し、又、左扉の内側には「旹明治十五年六月本県編揖掛ノ依頼ニ付之ヲ摺寫ス／當山十一世端堂祖恭再誌／厨子再補　施主戸長古澤氏」と、板碑発見のいきさつや厨子の補修について記している。

板碑は高さ六八センチ、上幅二一・五センチ、下幅二一・四センチ、厚さ一・七センチ（厚さのみは厨子の為測定できず。『富岡市の文化財』第三集による）の比較的小型の緑泥片岩製で、一部は厨子に隠れている。全体は三つに破損している。鈴木道也『板碑の美』によれば、本堂再建で基礎を築く時に掘り出されたものという。山形の頭部に二条線を細く線刻し両端を三角形に陰刻する手法がとられている。

二条線の二センチ下から長方形の枠を線刻し、その上部に線刻の飛雲に乗り、踏み割り蓮座の上に立つ像高二〇・五センチの、面部を右下に向け、すこし背を丸めたような姿勢の早来迎形の独尊の弥陀像が彫られる。面部・手足・衣文は周囲を浅く浚った中に薄肉彫りされ、衣文の襞は薬研彫りまたは平底彫りで表される。頭光は彫られず、二五方向に放射光が放たれ、その内右下の光明のみは二条で、石の右端にまで長く伸びている。傘状の他の光明はその先端で三角状に彫って止められ、上に伸びた光明は枠線からはみ出している。踏み割り蓮座は薬研彫りされる。飛雲は雲尾を後方になびかせるがやや力強さに欠ける。

像の下部両側に二茎蓮を生けた華瓶が一対線刻される（二茎二蓮華は陰刻）。左の蓮華のあたりから右端にかけてと、右端下部と石が三個に折損している。華瓶の間に一行「正慶二年癸酉三月」の紀年銘が彫られるが、二字目が丁度石の折損部に掛かっているものの、残る部分や干支から上記の様に判読される。

此の板碑は比較的古くから知られており、『上野名跡志』には弥陀石仏として収録されている。

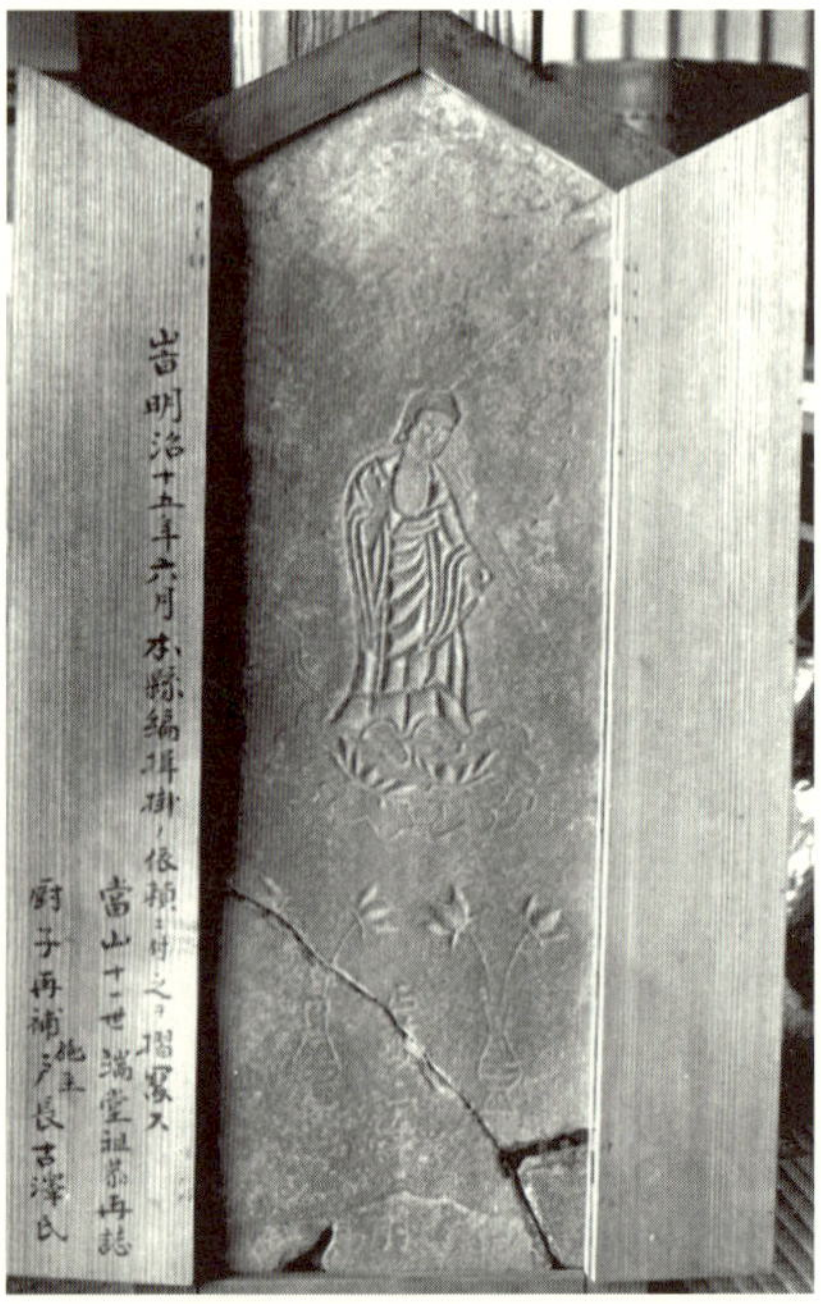

群15（図版編七四頁）

富岡市下丹生・野口家墓地　弥陀三尊図像板碑

野口家裏の山中にある墓地の一角に、直接地面に突き刺して置かれる。上部・下部ともに折損しており、現高六〇・五センチ、上幅二八センチ、下幅二八・五センチ、厚さ三〜三・五センチの緑泥片岩製の板碑。右側約三分の一が剥離しており、残る左側に頭光を負い右下方を向いた、像高二四・五センチの来迎印の阿弥陀如来が、踏割り蓮座の上に乗る。残る部分で左側に七方向、右下方は観音菩薩の頭光に接して二条の光明が伸びている。

蓮座の右下には両手で蓮台を捧持する観音菩薩が頭光を負い、同じように右下方を向き、その左側に勢至菩薩の頭光のみが残るが、それ以下を欠失する。阿弥陀像は顔の周囲を浅く彫り窪めて薄肉彫りとし、衣文は薬研彫り風に陰刻する。観音像は陰刻で表される。頭光や放射光は線刻と表現に変化を付けている。

群16（図版編七五頁）

富岡市原田篠・公会堂裏　七薬師自然石板碑

原田篠公会堂の裏に四体の石仏が祀られ、その左側に立っている。地上高九七センチ、最大幅四〇センチ、厚さ二七センチの丸みを帯びた緑泥片岩製。石上端から一九センチ隔てて蓮座の乗る直径一五センチの月輪を陰刻し、中に仏坐像を彫る。

その下に二列三段に同様に蓮座上の月輪内に仏坐像を彫るものの、風化の為にそれぞれの区別はつかないが、異なった像容を示す。

裏面には左端上方に薬師種子バイを薬研彫し、その下に「寛正七年八月」等の銘文が読まれる。

群17（図版編七六頁）

吾妻郡中之条町大字伊勢町一〇〇二・林昌寺　弥陀一尊板碑

一尊板碑は、本堂正面の建物内のガラス戸棚に、板碑と同じ形の木枠に嵌められ、二条の刻みの下の段を針金で縛って固定し、下部は四センチ程の角材の中に差しこまれている。現高一一六センチ、上幅三三・四センチ、下幅三六センチ、厚さ三・五センチの緑泥片岩製の板碑である。頭部山形は幅三三・三センチに対して幅九センチ（比高〇・七二）である。二条の刻みは正面のみに彫り、身部に石の両側と下部を巻いた輪郭を刻む（上部で幅二七・五センチ、下部二八・五センチ、高さ七九センチ）。

界線内に幅二三センチ、高さ九センチの大きな天蓋を刻み、中央と両端に宝珠形の飾りを載せる。その下に一二センチの頭光を負った像高二五・五センチの、右下方を向いて右手を挙げ、左手を下ろした来迎印の阿弥陀如来が陰刻される。像は踏割り蓮座の上に立ち、頭光からの放射光や飛雲は彫られていない。

蓮座の下の両側に、二茎蓮を生けた一対のおおぶりな華瓶を陰刻し、その間に一行の紀年銘を彫る。

「文永八年二月日」

堂外の中之条町教育委員会の立てた案内板には「海蔵寺跡（第一小学校の地）から出土したものと推定される」と、書かれている。

川勝政太郎博士は「天蓋・画像・蓮座・供花の表現が素朴であるのが、かえって人を引きつける。武蔵板碑の系列でありながら、別の風格を持っている」と、述べている。

群18（図版編七五頁）

吾妻郡東吾妻町五町田・南沢墓地（佐藤家墓地）弥陀三尊来迎板碑

榛名山北麓の山間にある小さな村落で、中心地にある旧家の佐藤家の屋敷より一〇〇メートルばかり南の、屋敷墓地の中央部右寄りに立つ杉の大木の横に、中央に穴を穿った切り石を置き根部を挿入して立てられる。

現高九四・五センチ、上幅二九・二センチ、下幅三〇・五センチ、厚さ七センチの緑泥片岩製。上部の右側が剥離欠失し、左上部も欠けていて頭部の細部は不明であるほか、全体に風化が進んでいるために、刻線は不鮮明な部分が多い。

頭部の二条の刻み

は左上部に残り、その下に身部を取り巻く輪郭線が七〇×二五センチの大きさで線刻されており、その中央に右下方を向いた弥陀像が頭光を負い、放射光を放ち踏み割り蓮座の上に立つ。放射光のうち二条は他の板碑でもよく見かけるものと同様に右下方の枠線まで長く伸びている。像高は約一六・五センチ。脇侍の二菩薩も中尊と同様に、頭光を負い共に右下方を向く早来迎形式であるのが、拓本でかろうじてわかる程度である。勢至菩薩の後ろに飛雲の雲尾がわずかに残る。二菩薩とも像高は大体一〇・五〜一一センチに作られる。

この三尊像の下に数行の陰刻銘が認められるが風化のため完読出来ない。

「右志者為
逆修
文永拾貳年二月
廿二日」

この銘文で中央の紀年を刻む部分は、他の部分より少し風化の程度が少なく分かり易いが、左端の一行などは刻字の痕を留めるのみで全く判読できない。刻字はまるほん旅館塔と似たところがある。

群19（図版編七六頁）
北群馬郡吉岡町南下・田子家　弥陀一尊来迎板碑（断碑）

板碑は現高二六センチ、上幅二五・五センチ、下幅二四センチ、厚さ二・七センチの緑泥片岩製のものである。石の頭部は山形に整形され、二条線を細い線刻で表す。二条線や枠線以外にも数本の毛彫りの刻線が見られる。石の頂部から八センチ下から上辺は二重になった輪郭を線刻し、その中に直径五センチの頭光を負い、右手を胸元に挙げた右向きの阿弥陀如来像を、顔の周囲を浅く彫り浚えて陽刻とし、衣文の襞は薬研彫り風に彫り出す。面容は目鼻まで鮮明に残っている。放射光は二二の方向に放たれ、右下の二条は長く石の端まで伸びている。放射光の先端はTの字形に彫り止めている。このような例は富岡市・栖雲寺塔でも見られた。像の腰から下の部分を欠失する残欠板碑である。

群20（図版編七七頁）
高崎市吉井町吉井二八五・吉井郷土資料館　弥陀三尊来迎板碑

郷土資料館の二階展示室のケース内に展示される。本郷小字左近から出土した板碑という。

総高一一三・三センチ、上幅三一・三センチ、下幅三四・七センチ、厚さ四・二〜五センチの緑泥片岩製の図像板碑である。磯部淳一氏は「東国における画像板碑造立の展開」の中で、地元産出の点紋緑泥片岩を使用する小幡型板碑であると述べる。頭部の山形は剥離欠損のために判然としないが、正面中央にわずかに二条の陰刻線が認められる。石の頂上から二三センチ下がったところから、踏割り蓮座の上に立ち右を向いた来迎印の阿弥陀如来が、頭光を負い短い光明を四方に放つ。その内白毫から放たれた二条の光明のみは、石の右端に僅かに残る枠線にまで長く伸びているのは、多くの板碑で見られる様式である。脇侍の二菩薩は中尊の蓮座に接するようにそれぞれ右下方を向いていて、頭光を負い顔を少しかたむけ蓮台を捧げ持つ観音菩薩と、合掌した勢至菩薩が、踏割り蓮座に立っている早来迎形の図像である。面部や手足はその周囲を彫り窪めて浮き彫りにし、衣文や天衣などはV字形に彫り込むか陰刻で表現される。三尊とも飛雲は彫られていない。

この脇侍像の下に三茎蓮を生けた華瓶が一対線刻されていたが、現在はわずかに右側の二花と左側の一花だけが残り、

その他の部分は剥離して全く痕跡を残していない。

この華瓶の間に一行「弘長□年□」の紀年銘が辛ろうじて判読されるが、千々和実氏は『上野国板碑集録』で「弘長五年八月」と読めそうだと述べている。

群21（図版編七六頁）

高崎市吉井町塩・橋爪家　弥陀三尊図像板碑（断碑）

橋爪家は「吉井」駅の南約二・五キロの、多胡小学校を過ぎた所にある酪農家である。

板碑は上下共に欠損し、現高二七・二センチ、幅二七・四センチ、厚さ二・五センチの緑泥片岩製の、ほぼ長方形に残された断片であるが、幸いなことに阿弥陀像の部分がほぼ完全に残されている。お顔や手足の部分はうすく彫り残し、衣文の襞の部分を陰刻にして、右下方向きの早来迎の形式で彫り表す。直径五センチの頭光からは上部左寄りに三本、右下方に三本（その内二本は石の端まで長く伸びる）の放射光が線刻で残る。像高は一六・五センチで踏み割り蓮座の上に立つ。

左側蓮座の左下に円弧の一部が線刻で残されており、勢至菩薩の頭光と考えられこの板碑が弥陀三尊来迎板碑であったことをうかがわせる。

群22（図版編七八頁）

多野郡神流町柏木字中開戸一〇七　弥陀三尊来迎板碑

鬼石－万場間の道路を南に約一〇メートル程行った柏木の細い道路に面する、三方をトタン板で囲い、前面は施錠した鉄柵で保護した小屋の奥に、種子板碑と並んで立てられている。

自然石に穴を穿ち、弥陀三尊種子板碑二基とともに立つ。地上高一一五センチ、上幅三一・五センチ、下幅三三・七センチ、厚さ四・五～五センチの鱗片状緑泥片岩製で、頭部は先端部をやや欠失する。頭部の山形は幅三一・五センチに対して高さは八・五センチあるが、先端は少し平らになっている。二条の刻みは正面のみで側面は平らなままである。二条の刻みの下に縦八二・五、横二六・二センチ（上端）の太い輪郭線を彫る。

輪郭のワクの中央から上に、正面を向いて頭光を負い、右手を胸元に挙げ左手を下ろした来迎印をとる阿弥陀如来像が踏割り蓮座の上に立ち、さらに飛雲に乗る。雲は動きを示すように雲尾が左後方になびいているが、全体的に動感に乏しい。お顔の部分は目鼻だちの部分を残して、他の部分を浅く彫り滲える手法をとり、目が大きく童顔を思わせる。衣文も同じように襞の部分を残して周囲を彫り窪める。頭部の周囲に三二本の放射光が傘の骨状に広がり、その内の二本が右の輪郭まで長く伸びている。いずれも幅のある線刻で、先端ほど幅が広くなっている。

中尊の飛雲の下方に、左を向いて蓮台を捧げ持ち、宝冠をかぶり頭光を負う観音菩薩が、足元で広がる天衣を背中や肩から長く垂らしている。中尊と同じように飛雲・踏割り蓮座の上に立つ。反対側には右向きの勢至菩薩が三角状の宝冠をかぶり、合掌して飛雲上に立っている。両脇侍菩薩も中尊と同じく目鼻を陽刻で彫り残す。いずれも刻線は太くざっくりと彫

られており、一種独特の雰囲気を持つ図像板碑である。

脇侍菩薩の飛雲の間から、紀年銘を一行に刻む。

「乾元二年八月日」

余談ながら、神奈川県相模原市上矢田・阿弥陀堂に同じ「乾元二年八月日」在銘の弥陀一尊図像板碑（神14）があるが、この阿弥陀像も俳画風の趣があり、石井真之介氏がずば抜けて見事と評している。

群23（図版編七六頁）
多野郡上野村新羽字野栗一二二二・宝蔵寺　弥陀一尊図像板碑

図像板碑は同村勝山の黒沢健氏所蔵のものであったが、寺に預けられて本堂（救世殿）の左に建つ日航事故（昭和六〇年八月一二日夕刻）の犠牲者を祀る御巣鷹山観音堂の堂内左隅に立て祀られている。現在二折するのを合成樹脂製の接着剤で接合し、くの字形に曲がっているほかは頭部の一部を除いてほぼ完形といえる。

現高九二・五センチ、上幅二四・八センチ、下幅二四センチ、厚さ一・五～一・八センチの緑泥片岩製の図像板碑で幅に対して細長い印象を受ける。頭部は丸みを帯びた尖りをもち、上端から八・二センチ下に二本の陰刻線を刻む。この下の陰刻線から九センチ下がって、像高二五センチの阿弥陀如来像がやや身体を右に向けた姿勢で踏み割り蓮座の上に立って彫られている。右手を胸元に挙げ左手を下に降ろした来迎印をとり、肉身部は陽刻で彫り出され、衣文は襞の部分を残して他を彫り窪める手法をとる。阿弥陀如来の像容のみで頭光や放射光などは全く刻まれていない。左側の蓮座が八センチの大きさに対して右側の蓮座は五センチ余りと少し小さく遠近感を表すものと見られる。弥陀像の裳裾のあたりを左から右下に折損している。

群24（図版編七九頁）
甘楽郡甘楽町福島五〇二・阿弥陀堂跡　弥陀三尊図像板碑

弥陀三尊来迎板碑は、上信電鉄「上州福島」駅の北東約四〇〇メートルの、道路脇の壇状の一角に石灯籠の左側に南面して直接地面に突き立てられている。水神さまとして九月二九日に赤飯を供えて祀るしきたりがあるという。この塚に七基ほどの板碑の残欠や五輪塔・石灯篭がある。

下部は左寄りに三角に尖って欠損しており、現高一〇五・五センチ、上幅三四センチ、下幅三四センチ、厚さ七～六・五センチの緑泥片岩製で、頭部を山形に成形するが、二条の羽刻みを側面に施し、正面は先端部から一七・五センチのところに一本の線が陰刻されるだけである。石の中央正面を脈理が上下に走り、石の表面の風化が甚だしく全体に不鮮明な碑面で、像についてはごく一部分しか判別できない。

中尊の弥陀像は中央の部分が脈理にかかり、かえってこの部分の彫刻がよく残っているが、それも顔と衣文のごく一部であり、これから右向きの早来迎形らしいと想像される程度である。蓮座の上に乗る阿弥陀如来の像高は約二三・五センチで、髪際や衣文は陰刻で表される。顔のまわりから二条ずつの光明が放たれているのが左に二か所認められる。髪際や衣文は陰刻されるが手足の様子はわからない。蓮座も両端の部分が認められるだけで、踏み割り蓮座かどうか確認できない。

中尊の下方両側に蓮座が認められ、その上にかろうじて脇侍の二菩薩が彫られていた痕跡が残るのみで、その中でも観音菩薩像がまだ幾分か刻線らしきものが認められる。

脇侍菩薩像の下中央に「建治三年六月□」の紀年銘と、左側に「□往生極楽一所造立如（以下欠失）」の願文を彫る。

群25（図版編七九頁）

安中市松井田町高梨子・木村家（阿弥陀堂）　**弥陀三尊来迎板碑**

高梨子《たかなし》の集落のかかりにある、木村家の持ち山の中に建つ阿弥陀堂（かつては集落の葬祭小屋であったが現在は使われていない）の正面に板碑は祀られている。

下部を欠失しており、現高六五センチ、上幅二八・八センチ、下幅三〇センチ、厚さ三～三・五センチの緑泥片岩製で頭部山形、二条の刻みをもつ典型的な板碑の形態をとる。石質は比較的緻密で表面の荒れも少ない。頭部山形は幅二八・五センチに対して高さ七・五センチと割に低平な割合を示す（比高〇・二六三）。その下に二条の刻みを持ち、身部には二条の刻みに接して幅二七センチの陰線を刻み、更にその内側に幅二三・二センチの枠線を線刻する。両側面に少し石面の欠けた所がある。

枠線の六・三センチ下がった所から、雲尾を後ろになびかせた飛雲に乗り、右下方を向いた早来迎形の阿弥陀如来像が、頭光を負い来迎印をとって踏み割り蓮座上に立つ。像高は二二・五センチで直径六センチの頭光の外から一七条の放射光を放ち、その内の二条は長く石の右端に至るまで伸びて、念仏行者を照らす様子を表す。光明は先端になるにしたがい太く彫られる。像容は肉身部は薄肉彫りで表し、身に纏った衣は襞の部分を残してその内側を彫りさらえる手法をとっている。

脇侍の観音菩薩像は像高一五センチで、中尊と同じように飛雲に乗り上体を少し前にかがめて両手で蓮台を奉持しており、頭光を負っている。その後方には同様に飛雲・蓮座の上に立つ像高一三センチの勢至菩薩像が胸元で合掌している。二菩薩は石面の左寄りに彫られており、観音像の前方には空間を表しているのに対して、勢至像の飛雲は枠線に接して雲尾が上方に靡いている。飛雲の高さは観音像の方が下にあり、三尊全体が左上方から右下方に対して来迎する広がりを表現しているとみられる。

この脇侍菩薩像の下二センチほどの所から折損しており、紀年銘等は認められない。

群26（図版編七五頁）

佐波郡玉村町下新田九九－一・玉村小学校　弥陀一尊図像板碑

図像板碑は音楽室・図工室・図書室のある二階廊下に石器類や土器類と一緒にガラス戸棚に入れて収納展示される。

頭部山形の緑泥片岩を用い、総高三二・六センチ、上幅一二・八センチ、下幅一三・七センチ、根部の厚さ三センチ、身部での厚さ二センチを測る小型の板碑である。先端部から三センチが山形を形成するが二条の刻みも線刻もみとめられない。

石の頂部より約七センチ下がった所から、像高約七・五センチの右下方を向いた早来迎の弥陀一尊像が蓮座の上に立っている。目鼻はうすく彫りだし足は陽刻され（手の部分は石の欠損等ではっきりしない）、衣文は陰刻で表される。風化のために頭部の始まりがはっきりしないが、頭部のあたりから光明が放射状に線刻されているものの、これも左右に二～三条ずつ一部分に認められるだけであり、頭光は刻まれていない。石の下部四センチばかりは荒叩きのままで根部を形成している。県下の来迎板碑では最も小型のものである。

群27（図版編七九頁）

邑楽郡板倉町大高嶋甲一三四七・宝性寺　弥陀三尊板碑

群馬県の最東端の町で、南部は利根川を隔てて埼玉県に接する、大高嶋は町域の最南部に位置している。宝性寺は新義真言宗豊山派の寺院で、弘安五（一二八二）年の開基と伝えるが現在は無住になっている。建物の裏側に墓地があり、板碑は五列に並べられた石塔群の二列目左端に、下部をコンクリートで固定して南面して立っている。

地上高六九センチ、上幅四〇・二センチ、下幅四二センチ、厚さ四～四・五センチの緑泥片岩製の板碑で、上部を欠失している。二重の輪郭線を陰刻し、その中の上部に踏割り蓮座が左右に彫られるが、像は石面の風化のために左側の勢至菩薩像のごくわずかな線刻が認められる位で、観音像は全くその姿は認められない。中尊の阿弥陀如来像についても欠失部にかかり不明である。

脇侍像下の中央に「徳治四□／十一月（右）／廿五日（左）」の年紀と、両側に「光明遍照／十方世界（右側）／念佛衆生／摂取不捨（左側）」の偈を刻む。

第四章　埼玉県

埼1 （図版編八〇頁）
川口市宮町・遠山家　弥陀一尊月待板碑

「住研ステンレス工業」工場の裏に、間口一メートル、奥行き一・五メートルほどの小祠を道路に向けて設け、その中に切石に差し込んだ状態で祀られている。地上高八七センチ、上幅二五・五センチ、下幅二六センチ。前机のあたりで二折したものをセメントで接合し、更に板碑全体をセメントの枠を設けて嵌め込むようにして保存されるので、厚さは不明である。二条の刻みを持ち、その下に日月を浅く彫り窪め、さらにその下に二重の頭光を負った正面向きの阿弥陀立像を線刻する。足下は蓮座だけで飛雲は彫り出されていない。頭光からは一一方向に放光が二条ずつ放たれる。陰刻の前机下に銘文が刻まれる。

「道阿禅門　又五郎
平三郎　平太三郎
逆　文正元年丙戌　敬
奉月待供養結衆
修　十一月廿三日　白
平六小四郎　彦太郎
平次五郎　彦五郎」

埼2 （図版編八〇頁）
川口市南町二−六−八・吉祥院　弥陀一尊夜念仏板碑

板碑は本堂右前方の鐘楼の前、参道右手の切石に四基の板碑を固定して保存され、図像板碑は右から二基目に当たる。

現高八九・五センチ、上幅二八・五センチ、下幅二九・五センチ、厚さ二・五センチ。頭部山形の左部分が少し欠失しているが、二条の羽刻みを持ち、その下に二四・五（上）、二五・五センチ（下）に高さ六一・五センチの界線を線刻する。枠線の上端から四センチ隔てて像高二三・七センチの正面向きの阿弥陀像が平底彫りの蓮座（幅一一・七、高さ四・四センチ）の上に両足をハの字に広げて立つ。右手を胸元に挙げ左手を膝のあたりに垂らした来迎印をとるが、飛雲は刻まれていない。二重の頭光からは一四方向に二条ずつの光明が放たれる（一番下のみ一条ずつ）。蓮座の下には華瓶・香炉・燭台を載せた前机が彫られ、その下七行の銘文を刻む。

「彦五郎　六郎太郎　七郎四郎
四郎五郎　右衛門五郎
太郎　延徳二年庚戌
夜念仏供養結衆
益子　十一月廿四日
弥五郎　平内四郎　五郎二郎
尓四郎　尓藤《カ》五郎」

埼3−4
川口市領家二−七−一六・光音寺　弥陀一尊板碑二基

山門を入ってすぐ左手にたつ無縁塔の東面に、二基の図像板碑が下部を固定して祀られる。

埼3　弥陀一尊月待供養板碑（図版編八〇頁）

総高七九・六センチ、上幅二八・七センチ、下幅二九センチ、厚さ三センチのもので、四石に割れるのを接合し、背面をセメントで固めて保存されている。頭部山形の下に二条の刻みを持ち、身部に幅二五・五センチの枠線を巻く（下端は埋め込まれていて不明）。その上方に直径四・五センチの日月を左右に陰刻し、それに接するように天蓋が広がる。両端には二段になった瓔珞が垂下し荘厳される。

二重の頭光を負い、幅一〇センチ、高さ二センチの蓮座の上に立つ阿弥陀如来像は、正面を向いて右手を胸元に挙げ左手を膝あたりに垂下した来迎印をとる。蓮座の下には前机が置かれ、左から三茎蓮を活けた華瓶・香炉・燭台が並ぶ。

前机の両側から梵字の光明真言が一行ずつ分かち書きされ、前机下中央に「月待供養結衆」、其の左右に「天文七年戊戌／十一月廿三日」の年紀を刻む。更にその外側に「九郎三郎　□三郎／左近四郎」反対側に「左法門二郎　四郎己郎」と交名が読まれる。

月待板碑で本尊を図像で表すものとして年紀の明確なものとしては本塔が最新のものである。因みに年紀のはっきりした月待板碑は二七基が知られる。

埼4　弥陀一尊板碑（図版編八〇頁）

現高四六・五センチ、最大幅三二センチ、厚さ三センチの大きさで、頭部山形半ば以上から右側と、阿弥陀像の足元から下を欠失する。頭部山形の下に二条の刻みを作り、身部に幅二八センチの輪郭線を巻く。直径一二センチと八センチの二重の頭光を負う阿弥陀像は、右手を胸元に挙げ左手を膝あたりに垂下する来迎印をとる。足元で折損し蓮座は見られないが、飛雲に乗ることは左下方から上に靡く雲尾から想像できる。全身から二条ずつの光明を一五方向に長く放っているのは、よく見られる形式である。阿弥陀像の右側には鍵型の溝を石面に掘っているが、理由は分からない。刻字その他は現状では全く見られない。

埼5（図版編八八頁）
さいたま市緑区上野田四八九・東台墓地　興音寺跡弥陀三尊板碑

墓地の入り口左側に西面して立っている。地上高一〇〇センチ、上幅二六・八センチ、下幅二九センチ、厚さ三センチの緑泥片岩製の比較的小型の図像板碑。頭部山形の右側を少し欠損するほか、中尊の足下から折損するのをセメントで接合して保存されている。

頭部山形の下、身部に石の端から二センチ内側に幅二三センチの枠線を陰刻し、正面を向いて、右手を胸元に挙げ左手を膝のあたりに垂下した来迎印をとる阿弥陀如来を薄肉彫りする。像高は二八センチ。八センチと九センチの二重の頭光からは三一方向に傘状に光明が伸びているが、上に伸びる光明は枠線を越えて二条の刻み近くまで伸びている。阿弥陀如来像の丁度足下で、蓮弁二弁を残して折損する。

折損する下の部分に中尊の乗る蓮座の下部が残り、それを挟んで頭光を負い両手で瓔珞の垂れた蓮台を捧持する観音菩薩

像と、やや斜め向きになり胸元で両手を合わせる勢至菩薩を線刻で表す。三尊の乗る蓮座は普通に見られる蓮華部のみを表すものでなく、敷茄子や反花を伴う本格的なものである。中尊を薄肉彫り、脇侍菩薩を線刻と表現に違いを見せ、蓮座の表現といい小型ではあるが丁寧な作りの図像板碑である。

脇侍像の間に大きく「延慶三年庚戌二（下欠）」と行書体で年紀を刻み、その両側に一行ずつ種子による「光明真言」を彫り出す。市内における図像板碑としては最も古い作例である。

埼6－7　さいたま市緑区大門二五八三・大興寺

埼6　弥陀三尊図像板碑（図版編八一頁）

本堂前に小さな収蔵庫を設けてその中に収蔵される。現高一〇二センチ、上幅三二・八センチ、下幅三四センチ、厚さ二・五センチの弥陀三尊板碑で、三尊像の少し下から欠失するほか、頭部山形の一部が欠損する。身部に横幅三〇・五センチ、高さ七八センチの枠線を線刻し、上端には枠線ほぼいっぱいに、枠線に接して小振りな天蓋を彫り、九条の瓔珞が垂れる。三重の頭光を負った正面向きの阿弥陀如来立像は像高四〇センチで、蓮座の上に立って来迎印をとり、外側の頭光は直径二八・一センチ、内側の頭光と二重目の頭光の間には蓮弁が周りを囲んで彫り出される。足元の巻き雲からは雲尾が像の後に流れている。

足元から中尊の方を向いた脇侍二菩薩が向き合って巻き雲の上に立つ。蓮台を捧持する観音菩薩は像高二〇センチ、胸元で合掌する勢至菩薩像は二一・五センチの大きさで手足は陽刻される。像容の凹部には金泥の痕が所々に残っているのが見られる。

枠線の下には種子で彫られた「光明真言」の一部が残っている。

埼7　弥陀三尊板碑（断碑）（図版編八一頁）

本堂に格納されるが、総高四二・五センチ、最大幅二九・五センチ、厚さ二・三センチの中尊弥陀の首から上と銘文の半ば以下を欠損する残欠である。正面を向いて蓮座の上に立つ阿弥陀像は先述のように肩から下が残っており、来迎印をとる。石の上端には放光が一部見られるほか、右端には瓔珞の一部も残る。

中尊の左手あたりから頭光を負った左向きの観音菩薩が両手で蓮座を捧持して蓮座の上に立ち、その向かいには少し身体を前に傾けて合掌する勢至菩薩が同じように蓮座の上に立つが、下半身の一部が欠失する。

中尊の蓮座の下、脇侍菩薩の間に茎が大きく曲がった三茎蓮を生けた華瓶・香炉・燭台を載せた前机が線刻され、その下に「道善門右／□賢□／道珎□／平内三郎／奉（以下欠失）／（剥落）／道永《カ》」と銘文と交名の一部が読みとることができる。

室町時代造立の月待供養板碑かと思われる。

埼8（図版編八一頁）

さいたま市緑区三室・武笠家　弥陀一尊念仏供養板碑

旧家である武笠家の物置に保管される。『浦和市史』第二巻では「三室　白衣観音堂」所在とする。総高一〇九センチ、上幅三二・八センチ、下幅三三・二センチ、厚さ三・二センチで、頭部が両側共に欠損する以外は根部のホゾまで残る。頭部山形の下に浅い二条の刻みを持つ。身部には輪郭を巻かず、丸い天蓋の下に直径一三・五センチの頭光を負う像高三五センチの正面向きの阿弥陀如来立像を肉身部

を線刻、衣紋の部分は薬研彫り風に陰刻で表される。足元の蓮座は幅一四センチに高さ四・五センチ。身体を取り囲んで一三方向に三条ずつの放光が放たれる。その下に銘文があり、更にその下中央に香炉と思われるものが陰刻される。

像の下部中央に「念佛供養　文明十五年癸卯　十一月吉日逆修」その外側に「光明遍照」の偈を二行ずつに彫り、その下に小さな字で「五郎二郎　弥二郎　平次」等の交名が刻まれるが判読できない部分も多い。

埼9（図版編八二頁）

さいたま市浦和区瀬ヶ崎二－一五－三・東泉寺　弥陀三尊待供養板碑

本堂と道を隔てた墓地の入り口左側に、徳本塔・庚申塔等と並んで切石上に立てられ、簡単な屋根が差し掛けられる。現高一〇〇センチ、上幅三五センチ、下幅三六・一センチ、厚さ三・二センチの、緑泥片岩製で比較的細長い外見の図像板碑である。頭部山形の下に両端を中へ切り込んだ二条の刻みを作る。

身部には中央部で三一センチの幅の枠線を左右に刻む。身部上端に幅一九・五センチの天蓋が線刻され、両端と中の四箇所から瓔珞が垂下し、その外に月日を陰刻する。

天蓋の下に三重の頭光を負った阿弥陀如来は渦巻き状の飛雲に乗り、来迎印をとり像高は二〇センチを測る。右手を胸前に挙げ左手を垂下した阿弥陀像はずんぐりした体躯に作られる。最大八センチの三重の頭光から頭光内は一条の、一番外側の頭光からは三条の放光が、直径一五・五センチの大きさに傘の骨状に一七方向に放たれる。

巻雲の下の左右には七・五センチの頭光を負った観音・勢至の脇侍二菩薩が同じような飛雲に乗って向かい合って立っている。観音菩薩は宝冠を被るが捧持する蓮台は不明である。左に立つ勢至菩薩は身体部分に数カ所の傷があり細部はわからない。阿弥陀像の頭髪は凹刻され、面部は石の面のままで目鼻を陰刻で表す。衣紋は髪を残し内側を彫りさらえる技法が使われる。脇侍像も宝冠や面部は陰刻で衣紋は中尊と同じ技法で表現される。石の表面を平らに整形せず若干の凹凸はそのままにして像を刻むため、脇侍像はやや不明確な部分が見られる。

脇侍菩薩の間に斜め上から見た状態で前机が線刻されるが、一般的な敷き布が三角状に前に垂れるのではなく前面をすっかり覆うように襞をつけて垂れ下がる。その机の上に蓮花を生けた一対の華瓶が線刻されるのも、珍しい形態である。

石面下方に

「道弥禅門　道覚禅門
　文明三年辛卯
奉待供養□□□
□□禅門　道徳禅門」
　十一月廿三日

の銘文を刻む。「待供養」という表記は珍しく、身部上端に月日を陰刻しているところから見て、浦和を中心に多く見られる「月待供養板碑」と考えられる。資料によると、種子板碑も含めて一九二基の月待供養板碑が挙げられるが、「待供養」銘は本塔のみである。石面全体に風化が進み、阿弥陀像を除いて細部がわかりにくくなっている。

埼10（図版編八二頁）

さいたま市緑区中尾一三八八・駒形公会堂（元福正寺）　**弥陀一尊念仏供養板碑**

福正寺跡を駒形自治会が管理するようになったという。板碑はこの須弥檀の右側に正面ガラス張りの木製ケースに収納され管理される。

総高八二・五センチ、上幅二八センチ、下幅二八・二センチ、厚さ二・五センチで、上部は二条の刻みから上を失い、下部は枘の一部が残る。身部は上端両側が少し欠失するが、他はほぼ完存する。身部に中央で高さ七二・七センチ、幅二四・五センチの枠線を巻き、直径九センチの頭光を負い来迎印をとる正面向きの阿弥陀如来が、蓮座の上に立つ姿を線刻する。他の弥陀一尊図像板碑では比較的衣紋の襞が複雑に刻まれる場合が多く見られるが、本塔ではごく簡単な衣紋を線刻するだけである。頭部から枠線まで一一方向に二条の放光が放たれるが、一番下の左右だけは一条の放光になっている。

像に下に次の銘文を刻む。

「香阿弥門　道順門　孫三郎平五郎
二郎三郎　妙性尼　七郎二郎　七郎五郎
美法　妙信尼　九郎三郎
永正十五年戊寅
奉十六日念佛供養一結衆
十一月十六日
楠太子　四郎太郎　四郎五郎
道永門　孫四郎　五郎四郎　二郎三郎
小三郎　妙心尼　妙珂尼　三郎太郎」

この「十六日念佛」は珍しく、近くの東中尾・地蔵堂にある弥陀三尊種子板碑（上下欠損で総高六三センチ、幅三五センチ、厚さ三・六センチ）に、同じく「十六日念佛供養」の銘が見られるだけで、県下において類例はないというものである。東中尾・地蔵堂板碑は天正二年庚戌／四月吉日銘。

浄土教において「南無阿弥陀仏」と唱名することによって、いかなる人も死後に極楽往生ができるという来世信仰は中世以降広く信仰された。文献によれば兵庫県加西市吸谷・慈眼寺層塔（弘安六年三月十日在銘）の基礎に「毎月十四日念佛／結衆等造立之」の銘文がある。また、埼玉県比企郡小川町腰越小貝戸・能満寺墓地の板碑には「毎月十五日一結衆」（弘安九年）と刻むという。一五日は極楽浄土の教主・阿弥陀如来の結縁日であるから、これらのアタリ日にかかわっての造立と考えられる。武蔵型板碑における念佛供養板碑は一九基が知られている。

埼11（図版編八二頁）
さいたま市南区内谷三―七―一三・一乗院　弥陀三尊月待板碑

仁王門の左内側に板碑が十数基置かれる中の一基で、下部をコンクリートの台に固めて保存される。現高四九センチ、幅三五センチ、厚さ三・七センチの中尊阿弥陀如来の身部半ば以上と銘文下部を欠失する弥陀三尊図像板碑である。幅三一・五センチの枠線の中に、枠線に達する光明を放つ阿弥陀如来が蓮座の上に立つ姿で彫られる（観音像の蓮座の下にまで伸びている放光も見られる）。中尊の左手下方あたりから向き合って頭光を負った蓮座捧持の観音菩薩と合掌する勢至菩薩の二脇侍像が蓮座の上に天衣を靡かせて立つ。面部・手足は石の面のまま輪郭を取って線刻し、衣紋は襞を残して内側を凹刻する技法で表現する。

中尊の両脇、枠線に接するように「□大勢至」（右端）「□四天下」（左端）の文字が、脇侍菩薩像の下に三具足が線刻され、それと脇侍像の間に「奉月待供養」、前机の下に「明応四／八月」の年紀を、その左右に「彦三郎　左衛門太郎／七郎五郎　平三五郎／右馬二郎　三郎太郎　与一四郎　二郎三郎」と八名の交名が彫られる。折損する上部に「帰命月天子本地大勢至／為度衆生故普照四天下」の偈が刻まれていたと考えられる。

埼12－13
さいたま市緑区三室二四五八・さいたま市立浦和博物館　勢至菩薩板碑（双碑）

館内奥に一列に展示される五基の板碑がある。勢至菩薩図像板碑はこの右端に支持具で固定され立てられる。

埼12　右塔（図版編八三頁）

総高一〇五・六センチ、上幅二八センチ、下幅三〇センチ、厚さ二・三〜四センチ。頭部は山形に整形され二条の刻みを持つ。界線は巻かず直接に像を彫る。身部上方に瓔珞が垂下する大きな天蓋を線刻し、その両側に日月を浅く彫り沈める。一一・五センチの頭光をおって正面を向いて合掌する勢至菩薩は像高二九・五センチで、蓮座の上に立つ。

像の両脇に「月待供養飯命月天子本地大勢至／為度衆生故普照四天下」、像の下に「文明十七年乙巳／十一月廿三日」の年紀と、その間に「逆修　明信禅尼　道圓禅門　正善禅門」等五名の交名を刻む。

埼13　左塔（図版編八三頁）

総高一〇八センチ、上幅二九センチ、下幅三二センチ、厚さ三〜三・八センチ。右塔と同じように天蓋を線刻するが、日月はその両端上に彫る。上半身の肩に掛かる衣紋は浅く平らに彫り沈めるのは、右塔が線刻であるのと違いを見せる。

同じように像の両側に「月待供養飯命月天子本地大勢至／為度衆生故普照四天下」を、下に「文明十七年乙巳／十一月廿三日」と刻み、「逆修　□□禅門　二郎三郎」等の交名が読まれるが、一部は偈頌にかかり後刻の可能性がある。

一対で造立された双式板碑で、月天子は勢至菩薩の化身といわれ、それを具体的に表したものである。

本塔は三室の飯野和夫家に伝わってきたものと『浦和市史』（一一七ページ）にある。

埼14（図版編八四頁）
さいたま市緑区大谷口・明花墓地　弥陀三尊月待供養板碑（今亡）

縣敏夫氏にご教示を頂いたところによると、総高一三八センチ、上幅三五センチ、下幅三七センチの大きさの板碑で、『浦和市史』第二巻、古代中世史料編Ⅱの記載には、「〈阿弥陀三尊画像月待供養〉完形。観音・勢至菩薩が向き合い、阿弥陀如来は立像となる三尊像を描く。

上端に日月、下部に三具足をのせた前机を彫り、その下に「奉月待供養」とあり、「文明十三年丑辛」「十一月廿三日」と刻み、「弥三郎」「弥平八」ほか八名の俗名を刻む。今亡。」と記す。写真は清水長明氏提供。

埼15（図版編八四頁）
さいたま市南区曲本二－六・無量寺墓地　弥陀三尊板碑

本堂の左手に広がる墓地の入口中央に無縁塔群があり、その左側手前に北面して下部をコンクリートで固定する。現高五七・五センチ、最大幅三三・三センチ、厚さ三・二センチの原形を止めない断碑である。石の上部左端に蓮座の右半分とその上に立つ阿弥陀像の左部分が

あり、その右下に右を向いて頭光を負い、両手を直角に近く曲げて蓮座上に立つ観音像が線刻される。両手からは天衣が左後方に靡き動きを表す。面部は薄肉彫りで目鼻立ちを辛うじて残し、頭上には宝冠を着ける。観音像の左側は石面が剥落し、勢至像は認められない。

その観音像の裾下に「生滅法／生滅々已／滅已」と「涅槃経（雪山偈）」の一部が認められる。ただし、本来末句は「寂滅為楽」であるが先のようになっている。偈の中央に「□年七月廿」と年紀の一部が刻まれる。全体が大きく破損し、表面も剥落が進むが、残る部分から弥陀三尊図像板碑であることがわかる。

埼16（図版編八四頁）
さいたま市見沼区染谷・三枝家　弥陀一尊板碑

三枝家の敷地の道路に面した一画に小祠があり、その中に下部をセメントで固めて保存される。現高七〇・五センチ、上幅三二センチ、下幅三一・五センチ、厚さ三・五センチの頭部山形を呈した板碑で、蓮座より下を欠失する。山形から身部上方にかけて欠損している。山形下の二条の刻みはごく浅く彫られる。

刻みの下一・五センチから宝珠を載せた半円形の天蓋が幅一三・五センチ、高さ八・二センチの大きさに線刻され、両端と真中四ヶ所から瓔珞が垂れ下がる。直径一三・五センチと一二・二センチの大きな二重の頭光を負った阿弥陀像は三三・五センチの大きさに作られる。来迎印をとる阿弥陀像の肉髻は五つの盛り上がりを見せ中央正面には大きく白毫を表す。顔の輪郭や目鼻を陰刻し、衣紋は線刻で一部は底を平らに浚えて表される。身体全体からは三重ずつの放光を一三方向に石の端の方まで長く伸ばしているが、枠線は刻まれていない。足元の蓮座は幅一六センチに高さ六センチで蘂《シベ》を上端に彫りだしている。現存するのはここまでで、以下の部分を欠失する。

埼17（図版編八五頁）
さいたま市見沼区片柳・守屋家　弥陀一尊月待供養板碑

守屋家の庭の一隅にトタン葺きの小屋があり、この中に祀られる。完存するが調査した時点で根部から折損して傍らに置かれていた。総高一一九・五センチ、上幅三一・七センチ、下幅三〇・八センチ、厚さ三センチで、頭部山形から右上部を一部欠損するほかは完存する。表面は風化があり像容や刻字の詳細はわかりづらくなっている。

二条の刻みの下に長方形の枠線を刻む。下端で幅二七・三センチ（上端は欠損して不明）、高さ六一・五センチの大きさである。その上方に線刻の天蓋とその両端上に日月を直径五センチの大きさに浅く作る。天蓋の両端からは瓔珞が垂下する。

直径一〇センチと八センチの二重の頭光を負う阿弥陀如来は、蓮座の上で来迎印をとって立っている（像高は一九センチ）。頭部からは一条ずつの放光が一六方向に瓔珞を通り枠線まで長く伸びている。

蓮座の下には打ち敷きを懸けた前机が置かれ、上に華瓶・香炉・燭台が並んで置かれ、その下中央に「奉月待供養」その両側に「源右衛門／嘉子」「平衛門／六□左衛門」と二名ずつ交名、枠線下端に「永禄五年壬戌／八月廿三日」、間に四名の交名「袈裟太郎／源衛門／増房／松子」を刻む。

埼18（図版編八七頁）
さいたま市西区指扇領別所三六四・福正寺　弥陀三尊月待板碑

客殿「瑠璃殿」の階段踊り場下の一画に本板碑が置かれている。現高は左側四〇センチ、右側三五センチ、上幅四四センチ、下幅四三・七センチ、厚さ四センチの、上下を欠失する残欠である。石面の両端に縦の陰刻線があり枠線と知れる。現存する石面上方に前机・三具足を挟んで向かい合って立つ観音・勢至菩薩の脇侍像の下半身以下が残る。観音像は両手で蓮台を捧持し、勢至像は胸元で合掌し、共に後方に靡く雲に乗る。

その下中央に「奉月待供（以下欠）」、石の両端に「帰命月天子」「為度衆生故普」という偈頌の一部が残る。これは「帰命月天子　本地大勢至　為度衆生故　普照四天下」で「月天子の本地大勢至に帰命す。衆生を度う為に四天下をあまねく照らすなり」と読まれ、川勝政太郎『偈頌』では出典不明とし、注で西村貞『奈良の石仏』で『須弥四域経』出典とすると記すが、加藤政久『石仏偈頌辞典』ではこれは偽経で「総持抄巻第一　薬師法事」とする（但し二句が勢至尊）。この偈頌を刻む板碑はさいたま市緑区・浦和博物館の勢至図像板碑（双碑＝文明十七年。埼12・13）や埼玉県比企郡小川町下里・弥陀一尊図像板碑（長享二年。埼81）が知られる。

偈頌の間には「慶壽　孫三郎／道金　平□三郎／永珎　道傳　満（以下欠）／道香　妙祐　大（以下欠）／妙慶　道珎／浄仲　大松／三郎四郎　太郎／源四郎　小三郎」等多数の交名が刻まれる。

埼19（図版編八五頁）

鴻巣市登戸三七八・勝願寺墓地　種子・六地蔵図像板碑

板碑は墓地の南寄りに西面して切石の上に立てられる。現高一三二・五センチ、上幅四九・二センチ、下幅五二センチ、厚さ六～七・五センチで、幅の広い蓮座の上から斜めに欠失する。種子は剥落するが恐らくはキリークであろう。

石の両端三・五～二・五センチ内側に枠線を線刻し（下端で幅四六センチ）、その中に先の蓮座の下から七・五センチ離れて約一七センチ前後の大きさに、八センチ前後の大きさの頭光を負い蓮座の上に立つ三体ずつの地蔵像を、二段にわたって線刻する。

地蔵像はいずれも右手に錫杖を、外に向けた左手に宝珠を持つ姿で彫られている。

六地蔵像の下に

「光明遍照／十方世界

康安二年十一月廿／五日

念佛衆生／摂取不捨」

の偈頌と年紀を彫り、その偈頌の下に小さく「性佛／道一／希善／八郎五郎／聖裕」と五名の交名を彫る。

埼20（図版編八六頁）

鴻巣市大間二－一－一九・久保寺墓地　弥陀三尊板碑

本堂の北西に開かれた墓地の北端に南面して、下部をコンクリート製の台に固定して立てられる。現高一〇七センチ、上幅四三・二センチ、下幅四八センチ、厚さ七～七・五センチの図像板碑で、石の前面よりも背面の方が幅の広い台形の断面を持つ。頭部山形の下の二条の刻みは側面まで作られ、下に高さ四センチの額部を有する。

身部は先の額部より〇・二

センチ低く作られ枠線を巻かず、額部から一一センチ下がったところから三九センチの二重光背を彫り窪め、その中に来迎印の阿弥陀如来立像を陽刻する。像高は二九センチである。上の光背から二条ずつの短い光明が九方向に伸びている。額部より三四センチ離れて同じように二重光背の中に正面を向いて胸元に蓮台を捧げ持つ観音像、三三・五センチ離れて阿弥陀像の左に合掌する勢至像がほぼ同じ二八センチの大きさに彫り出される。三尊ともに足下の蓮座は請花・反花座を持つ臼型蓮座である。中尊が高く脇侍菩薩が一〇・五センチ少し低く作られる。

像の下に「諸教所讃」の偈頌を四行に刻み、中央に「右為」とある。諸教所讃偈は初発期の板碑に多く見られる偈頌である。また、この三尊の形式は東松山市正代の御霊神社横の板碑（埼64）などと共通する形式であるといえる。

埼21（図版編八六頁）
鴻巣市箕田二〇九六・龍昌寺　弥陀一尊板碑

調査に訪れた時は、本堂の右前方に、上向きにした状態で地面に直接置かれていた。総高一八六センチ、上幅五八センチ、下幅七八センチ、厚さは上部で七・五センチ、下部で一二センチの緑泥片岩製である。頭部山形は欠損するがその下に二条の刻みを持つ。その刻みから一三・五センチ下から高さ四六・五センチの二重光背を約三センチの深さに彫り窪め、その中に像高四二センチの定印の阿弥陀如来が、幅四一・五センチ、高さ一三センチの蓮座の上に結跏趺坐する。風化の為に阿弥陀像の細部はわからなくなっている。石面の半ばから下は素面のまま残され刻字などは認められない。

埼22（図版編八七頁）
鴻巣市上谷・小谷野家　弥陀図像板碑

小谷野家の庭の一隅に壇があり、高さ九七センチ、下幅七二・五センチ、厚さ八・五センチの大きさで将棋の駒形に碑を作り、一〇基余りの板碑断片を埋め込む。右端（碑の約半分を占める）の一番大きなものと、その二つ左のものとが本来同じものだった弥陀一尊図像板碑で、大きい方は高さ七三・五センチ、最大幅三二センチで二条の刻みを持ち、二・七センチ隔てて枠線を巻く。左寄りに中心を薄く彫り浚えた天蓋は下に剣頭文を逆さにしたような箱形を連ね、瓔珞が垂れ下がる。その両端に日月を作る。枠線の一部と月天を刻む小さな残欠は高さ二〇センチ、幅一〇・五センチの大きさである。復元すると板碑の幅は四一センチ前後だったと考えられる。

三重の頭光を負った阿弥陀如来は目鼻立ちを残して周囲を彫り下げ薄肉彫りとし、右手は肩先に挙げ左手を膝に下ろす。衣紋の襞を残して中を平らに彫り下げ、裾のあたりまでが残存する。八センチと一〇・五センチの二重の頭光のほかに、更にその外側に二三センチの大きな頭光が陰刻され、この間に多くの放射光が刻まれている。一番内側の頭光は浮き彫りになった面部から緩く凹刻される。

枠線の右側、日天の下に「皈命月天子　本地」と、先にさいたま市・浦和博物館蔵の文明一七年在銘の勢至菩薩板碑（双碑）で見た偈頌の一部が残される。本塔では阿弥陀如来像が刻まれている。縣敏夫『板碑における偈頌集成』によると、報告例36とし、弥陀三尊種子12を最多に、図像板碑としては弥陀一尊3、勢至2を挙げる。

埼23（図版編八八頁）
さいたま市浦和区上木崎四－四－二〇・さいたま市浦和文化財資料室
弥陀三尊板碑

旧与野市域にあった今宮館跡は、ＪＲ埼京線「南与野」駅の北東約四〇〇メートルの地点一帯に広がる遺跡で、昭和六〇～六一年にわたる数次の発掘調査で一五基の板碑が出土し、その内一基が図像板碑である。現高八〇・八センチ、最大幅一八センチ、厚さ三・五センチの右半分の残欠である。

その残存部分から三重の頭光を負い正面を向いた阿弥陀如来半身と、向かって右に頭光を負って立つ脇侍観音像（像高一八・五センチ）、その左下に三具足と前机の一部が残る。また上部に「日天」と天蓋の右半分と垂下する瓔珞が見られ、いずれも線刻で表される。

埼24（図版編八七頁）

上尾市畔吉一一六六・畔吉東部共同墓地　地蔵板碑

東武バス西上尾車庫の西方に、道路に面する墓地の入口に文化財標識の柱が立っている。通路の突き当たりに建つ地区集会場の右前方に西面して小祠があり、板碑はその中に祀られる。

現高九四センチ、上幅三〇センチ、下幅三二・三センチ、厚さ三センチの図像板碑で、下部をセメントで固定される。頭部山形は幅二九・三センチに対して一〇・五センチとやや高く、その下に二条の刻みを持つ。身部に幅二四・五センチ（上部）、二八・二センチ（下部）、高さ七一・一センチの界線を線刻し、その中に一四・三センチの頭光を負って、踏み割り蓮座の上に右向きに立つ持錫の地蔵立像が刻まれる。右方に出した左手に持つ宝珠状のものからは一条の煙がたなびき香炉を表すものかと思われる。

蓮座の下中央に「応安七年甲寅八月日」の年紀と、その両側に「明圓」「契□（さんずいに刀、又は刃のように見える）三人」と刻まれるが、後者は何と解するべきか解読出来ないでいる。『上尾の板石塔婆』では「契約三人」と判読する。

埼25（図版編八七頁）

草加市柿木町一二八六・東漸寺　弥陀一尊板碑

本板碑は現高四八・五センチ、幅は上下ともに三五・五センチ、厚さ三センチ（右）、三・七（左）センチの大きさで、正面向きの阿弥陀如来像の足元から下を欠失する。頭部山形はくずれ二条の刻みをその下に表す。刻みの下二・五センチ離れて幅三一・五センチの枠線を陰刻し、枠内上端の左右に日月を浅く彫り窪めて表す。その間には幅二一センチに高さ八センチの天蓋を彫り出し、両端には瓔珞が垂下する。

直径一〇センチと八センチの二重の頭光を負う来迎印をとる阿弥陀如来は飛雲の上に乗るが、足元の蓮座は折損して見られない。像の左に雲尾が長く靡いているのが残る。頭部の外側は広く彫り浚えて石面の高さを残し、面部や身体の衣紋は陰刻で表現される。身体の周囲からは一二方向に二条ずつの放光が枠線一杯に伸びている。

県調査報告書『板碑』には、享禄五年在銘の庚申待ち板碑が収録されるが、現在所在不明という。

埼26（図版編八九頁）

草加市瀬崎町・豊田家　弥陀一尊月待供養板碑

当家の入り口付近から昭和一七年に掘り出された由で、現在は木箱に入れて保管される（文献では「お阿弥陀の裏畑地」と所在を記すが現在意味不明との話）。

現在三石に破砕されていて、それらを繋ぎ合わせて復原すると、現高六九センチ、幅約三一センチ、厚さ二センチの図像板碑ということになる。石の両端には縦の刻線が見られ、枠線で囲まれていたことが伺われる。一番大きな上の部分は正面向きの阿弥陀如来像の左半身が残り、二条の光明が石の端まで伸びている。足元の蓮座は右の一部を欠く外はほぼ残っている。その下、石の中央部に大きく前机が線刻され、華瓶・香炉と燭台のごく一部が見られる。

前机の横には梵字の光明真言が一行ずつ刻まれ、前机の下中央に「奉月待」その右下に「大永三」の刻字が読まれ、真言と年紀の間には九郎四郎・彦太郎・四□等の交名が刻まれる。

埼27（図版編八九頁）

草加市遊馬町・馬場家　弥陀一尊月待供養板碑

母屋前の広い敷地中央に松の木が立ち、その傍らに一メートルばかり盛り土して半間四方の祠を建てて、その中に屋敷神として祀られる。下部を木台に穴を空けて差し込んでいる。

現高七九センチ、幅は上下同じで三四センチ、厚さ四センチのもので、阿弥陀像の身体の半ばから上を右斜めに折損する。身部には幅二九センチの枠線を巻き、枠線中央で阿弥陀如来は正面を向き、幅一二センチ、高さ三・三センチの陰刻蓮座の

上に立つ。上半身から放たれる放射光は左側に三方向、右側に一方向が残り、全て二条ずつである。

蓮座の下には幅一二・五センチの布を敷いた前机は菱型文を刻み、その上に三茎蓮を活けた華瓶・香炉・燭台を載せる。

前机の両側には「光明遍照／十方世界／念佛衆生／摂取不捨」の「観無量寿経」の偈を二行ずつ分かち書きする。

前机の下中央にやや大きく「奉月待供養結衆」、その両脇に「文明十七年乙巳／十一月廿三日」の年紀を刻み、その両側に二行ずつ、二郎三郎、満五郎、弥治四郎、三郎二郎、五郎太郎等六名の交名（一名は判読できず）が読みとられる。

埼28（図版編八八頁）

蕨市北町三－二－四・三学院　弥陀一尊板碑

板碑は、奥へ大きく広がる庫裏の間に設けられた内庭に、下部を固定して立てられている。現高九五・五センチ、上幅三一・五センチ、下幅三四センチ、厚さ三センチの背面が平らな板碑である。頭部を山形に作るが、頂部は若干欠損する。その下に二条の刻みを持つ。身部には、二条の刻みの下一・三センチの位置から上幅二八センチの長方形の輪郭を巻く（下部は埋められていて不明）。

枠線いっぱいに緩い傘形のカーブをした天蓋を陰刻し、瓔珞が左右両側に垂下する。その下に正面を向いて来迎印を結んだ阿弥陀立像（像高二六センチ）が二重の頭光を負い、蓮座の上に立つ。

通肩の衣紋は襞や縁にあたる部分を残して、その中を平らに彫り浚える彫法をとる。面部も周囲を彫り浚えて立体的に表現する。頭光からは放射状に三条ずつの光明を放ち、それはほぼ左右対称に彫られる。

高さ三・七センチ、幅一四センチの蓮座も、輪郭を残して内側を平底形に彫って表現される。

更にその下に、猫足の前机を造り、布帛を掛け、その上に左から三蓮茎を生けた華瓶・香炉・燭台を彫る。三具足は陰刻で表されるのに対して前机は平底彫りとする等の変化をつける。

その下に「逆修結衆」として九名の交名と紀年銘を彫る。

「彦四郎　四郎太郎
寶珎尼　作八郎　九郎三郎
文明十三年 辛丑
逆　修　結　衆
二月十五日
明音禅門　作二郎　彦五郎
又三郎　四郎三郎　七郎五郎」

埼29（図版編八九頁）

戸田市笹目南町・栗原家　弥陀一尊板碑

板碑は広い庭内の一隅に立つ、二間四方の観音堂（千手観音を祀る）の中に保存される。当家はもともと南の荒川河川敷にあった家が大正二年に現在地に移り、観音堂もともに移ったという。

板碑は総高九五センチ、上幅三三、下幅三四・五、厚さ三・三センチの大きさで、頭部山形は一部欠損し、根部は欠失し下端の枠線のごく際までしか残っていない。また身部の中程から下にかけて右辺が欠損する。石面には粒の大きな砂状のような箇所があり、左手のあたりでは刻線が失われている。二条の刻みの下二センチを隔てて幅二七・五センチ、高さ七五・五センチの二重の枠線を取り（下辺のみ一重）、上端に半円弧四個を線刻する（瓔珞を簡略化したものか）。枠線から八センチあいて直径一七・五センチと一三センチの二重の頭光を負う、三一・五センチの正面向き

の阿弥陀如来像が蓮座の上に立つ姿を陰刻する。阿弥陀像の負う二重の頭光は直径一七・五センチと一三センチで、全身から放光が三一方向に放たれている。幅一八・五センチ高さ七センチの蓮座は薬研彫り状ではなく線刻で表されている。

蓮座の下には七行にわたり銘文が刻まれる。

「□造／阿弥陀如来石像□□／勧進十方檀那接待／一千僧之供養也仍四聖／六凡同然称智矣／應永卅二年十一月十五日／沙門永俊」

室町時代の図像板碑の多くは月待供養・庚申待・念仏供養等のいわゆる民間信仰の所産として造立されるものが多くなるが、本塔はこれに先立つ時期の造立である。銘文にはやや不詳の刻字が混じる。

埼30（図版編九〇頁）

戸田市笹目六－五－四・平等寺　弥陀三尊板碑

板碑は本堂右の間に置かれる。総高八六・二センチ、上幅二五センチ、下幅二六・八センチ、厚さ二・六センチで、頭部右側や身部のごく一部等に欠損があるものの、ほぼ完存の図像板碑である。頭部山形の高さは九・五センチで二条の刻みを有する。刻みの下一・五センチ離れて幅二二・二センチ×高さ六六センチの大きさに二重の枠線を陰刻する。上方には幅一五センチの少し高い網目状の線刻を持ち、下辺は平らな天蓋と、そこから垂下する瓔珞を作る。蓮座・雲尾を左に伸ばした巻き

雲に乗る阿弥陀如来は、像高一八センチの大きさで来迎印をとる。直径八センチと七センチの二重頭光を負い、二六方向に傘の骨状の光明を放つ。

面部・衣は輪郭を残して中を彫り浚える手法で表される。飛雲の下から頭光を負う脇侍菩薩が巻き雲の上に立つが、中尊の乗る飛雲が陰刻であるのに対し、脇侍菩薩の乗る雲（雲尾は表されていない）は縁を残して中を彫り窪める手法と、変化を見せている。観音像は頭光を負い蓮台を捧持する。面部は輪郭・目鼻ともに陰刻される。その左に立つ勢至菩薩は一見すると左に顔を向けているように見えるが、衣の両袖を胸元に合わせ合掌する。共に天衣が下から上へ舞い上がり、更に頭の周りを囲んでいるという余り例のない形に作られる。

三尊像の下に「預修願□／文安三丙寅／造立者也／敬／白／二月十五日／爲百年忌」の銘を刻む。大蔵出版『織田仏教大辞典』によれば預修は予め吾死後の仏事を修すること、逆修とおなじ、とある。百年忌という表現は今までに出会った事がない。

墓地の改修で土中から掘り出されたという。

埼31（図版編九〇頁）

志木市柏町三－七・舘氷川神社　弥陀一尊夜念仏板碑

板碑は一間社流造の本殿の左に、台石に穴を穿ち根部をさしこんで保管される。総高一〇八・五センチ、上幅二八・三センチ、下幅三〇・八センチ、厚さ三～四センチの完存した図像板碑で、頭部山形に二条の刻みを造る。根部の高さは二四・五センチで幅は二六・五センチを測る。

身部の端から一センチ隔てて幅二四・五センチ、高さ六九・五センチの枠線を線刻し（上端は二重線で左右は一本）、更に根部に相当する部分のすぐ上には石幅一杯に二重の陰線が認められる。一〇・五センチと八・六センチの二重の頭光を負った正面向きの阿弥陀如来が雲の上の蓮座上に立ち、雲尾は左後方に流れる。阿弥陀像は二八・五センチの大きさで、右手を胸元に挙げ左手を垂下した来迎印をとり、頭光からは三条ずつの放光を一七方向へ枠線一杯に放つ。瑞雲の下には三茎蓮を活けた華瓶・香炉・燭台の三具足を載せた前机が線刻され、机には敷物が三角状に垂れる室町時代の板碑によく見られる荘厳が施される。

三具足と瑞雲の間に「逆修　夜念仏供養」、前机の下に「文明十八年丙午十月廿三日」の年紀が刻まれる。その周りには多数の交名と思われる刻字があるが、叩きつぶされたようで殆ど判読できない。頭部山形の正面に固い字で「八幡大神」と刻まれている。本塔はもともと志木第三小学校（神社の北）の校地内にあった城山八幡社の御神体として祀られていて、廃社になった時に当社に移されたものといわれるので、その当時に刻まれたものと推測される。

埼32（図版編九一頁）

北本市深井四－五五・寿命院　弥陀三尊念仏供養板碑

板碑は本堂前の覆い屋の中に全部で一五基が保存されるが、その左端に積み上げられた一群の中に弥陀三尊図像板碑がある。現高七八・五センチ、上幅四〇センチ、下幅四二・七センチ、厚さ三・五センチの緑泥片岩製で、中尊阿弥陀佛の上半身から上を欠失する。幅三三センチ前後の枠線を線刻し、その中に鱗状の巻き雲に乗った阿弥陀如来と、その下に頭光を負って右向きになった観音（像高一六センチ）、勢至（像高一五センチ）の両菩薩が線刻される。市調査報告書『北本の板碑』では「三尊とも簡略化され、上体を曲げた様を残しているものの両脇侍とも棒立ちに近く、飛雲も力なくやや戯画的である」と記す。その飛雲の下に大きな敷き布を掛けた前机と三具足が同じように線刻され、前机真下に「大永七年丁亥十二月吉日　清元」と他に比べて大きな文字で、上から下へ行くほど文字の間隔が大きくなる状態で刻まれる。その左右には「念佛供養／本願□□□」とあり、さらに道金・道見・妙心・妙金・妙秀などの法名と小二郎・七郎二郎・九郎三郎などの俗名が総計四十名近くをびっしりと刻んであるが、判読できない交名も多い。石の下端には幅三十三・五センチの根部が作られるが、下端は折損する。

埼33 （図版編九一頁）
伊奈町小室九三五二・清光寺（阪戸家）　弥陀三尊板碑

弥陀三尊板碑は下部を欠失し、残る部分についても二つに折れている。現高九一・五センチ、上幅四一・三センチ、下幅四二センチ、厚さは五・七センチを測る。背面はほぼ平ら。頭部の山形は欠損しているが二条の刻みを持ち、身部には幅三六・七センチ（長さは不明）の輪郭線を陰刻する。その一一・二センチ下から頭光を負った正面向きの来迎相の阿弥陀如来が蓮座の上に立っている。衲衣は襞にあたる部分を陽刻し、その間は平らに凹刻する手法をとる。面部・手足は石の表面のままとし、フチを線刻する。衲衣の部分が斜めに折損する。三重の頭光から三条と一条の光明が交互に線刻され、一番内側の光背は面部との間を扇状に凹刻する。蓮座は左半分が残るだけで斜めに大きく欠損するが、その蓮座の下に、頭光の中に短い線刻で宝冠と髪を表す正面向きの勢至菩薩の顔の半分が残っていることから、この図像板碑が弥陀三尊図像板碑であったことがわかる。

輪郭線の上端左側に直径五センチの日天、上端右側には直径五・二センチの月天が表されているところから、この板碑の造立年代が室町時代と知られる。

埼34 （図版編九五頁）
鴻巣市鎌塚　田中家　地蔵図像板碑

総高九五センチ、幅二八センチ、厚さ三・八センチ。頭部山形の下に二条の刻みを持ち、身部に枠線を陰刻する。二重の大きな頭光をおった持錫宝珠の地蔵立像が蓮座の上に立つ。胸元で宝珠を捧げるのではなく掌を外に向けている。

像の下に「建治二年七月日」の年紀を一行彫るだけの簡潔な図像板碑である。下部は一部欠損するものと思われるほか、全体に風化があって鮮明さに欠ける。吹上町教育委員会発行の文化財第三集・板石塔婆編『ふきあげ』（昭和五三年三月）によれば屋敷内に保管されると注記する。現在、所有者が亡くなられ所在が確認できない。

埼35 （図版編九二頁）
鴻巣市大芦一九八一・龍光寺　弥陀三尊板碑

板碑は大小三つの破片に割れている。上半分は中尊の左側、頭部山形と二条の刻みを残すが中程で割れ二石となる。下半分は銘文部分で根部までほぼ完全に残る。

上半分は現高六九センチ、最大幅二〇センチ、厚さ六センチの細長い断片で、頭部山形の二条の刻みが残り、それが側面まで巻かれることも判る。蓮座の上に正面向きの阿弥陀如来が立ち、短い二条ずつの光明を放つのが二箇所から判る。

下半分は現高八五センチ、下幅四九センチ、厚さは最大で八・五センチで上方に行くほど薄くなる。下端左側は切り欠きを持つ。石の右上方に臼型の蓮座に立つ観音菩薩像の下部が残り、これから弥陀三尊板碑とわかる。碑面や側面は磨きをかけ、根部は粗面のままである。

像の下部に「光明遍照／十方世界／念佛衆生／摂取不捨」の偈と「嘉禎二年丙申」の年紀を刻む。偈頌の刻字に比べて年紀はやや弱い刻み方である。

埼36－37

鴻巣市小谷一五〇七・金乗寺　弥陀一尊像板碑（双碑）

入り口近くの小さなブロック作りの覆い堂の中に二基の図像板碑が祀られる。

埼36　仁治三年銘弥陀一尊図像板碑（図版編九三頁）

総高一一三センチ、上幅四二センチ、下幅五五センチ、厚さ七・五センチの板碑で、頭部山形を欠損する。羽刻みの下に高さ五センチの額部を持ち、その下六センチの所から二重身光を二六センチの大きさに彫り窪めた中に、像厚約一センチの来迎印をとる正面向きの阿弥陀如来立像を彫る。頭光の周囲には短い放光が線刻されている。足下の蓮座は最大幅一〇・五センチで請花・反花を持つ、いわゆる臼型蓮座で作られる。

この像の下に次の銘文が大きな文字で刻まれる。

「諸教所讃
多在弥陀
　仁治三年壬刁十一月十五／日
故以西方
而為一准
　右入道造立也」

紀年を偈頌より一字分下げて彫り、十五と日を左右分かち書きする。諸教所讃の偈は「摩訶止観補行」を出典とし、最古の武蔵型図像板碑である熊谷市弁天島の嘉禄三年銘板碑に使われる。初発期の板碑に多く使われる偈頌と考えられる。

埼37　無銘弥陀一尊板碑（図版編九七頁）

同所にあり、総高一二一センチ、上幅四三・七センチ、下幅四九センチ、厚さ五センチの緑泥片岩製の板碑であるが、肥留間博氏によれば石材は異なるという。二条の刻みの下に高さ五・三センチの額部を持ち、その六センチ下から二七センチの挙身光背を一センチの深さに彫り窪め、正面向きの来迎印をとる阿弥陀如来立像を陽刻する。請花・反花をもつ蓮座も先のものと同じである。

その下に

「光明遍照
十方世界
　右比丘尼造立也
念佛衆生
摂取不捨」

と彫られている。先の板碑が年紀を彫る所に「右比丘尼造立也」と彫る。

昭和五四年二月に出土し、像容や文字の配置はほとんど同じであるところから、夫妻の双式板碑と考えられている。先述の肥留間氏は「一組だから年紀は片方だけでよく、（在俗の夫）入道の追善塔と、それを機に出家した後家「比丘尼」の逆修塔と見るべきでないか」という見解を示している（肥留間博「陽刻板碑巡礼」『武蔵野』第五九巻二号、昭和五六年一〇月）。

埼38－39

川越市郭町二－三〇－一・川越市立博物館（二基）

二基の図像板碑が収蔵されるが、かつて市立図書館に収蔵されていたもので、出土地などの記録は残されておらず、詳細は不明とのことである。

埼38　弥陀三尊板碑（図版編九四頁）

現高六二センチ、上幅三三・七センチ、下幅三四・五センチ、厚さ三センチで、弥陀三尊板碑のうち脇侍菩薩の部分から下が残る。枠線は左側の縦線と下の刻線が残

るが、右辺は無く、像の位置などから考えると石の右辺は欠けているとも考えられる。両脇侍像共に蓮座を含めて二〇センチ足らずの大きさで線刻され、その技法はどちらかというと稚拙な刻線である。像の間に「延慶元年十二月日」の年紀が彫られる。

埼39　弥陀一尊板碑（図版編九四頁）

二折し更に下部が欠失する弥陀一尊板碑である。現高七一・五センチ、上幅三五・五センチ、下幅三七・五センチ、厚さ二・八～三センチの頭部山形をした板碑である。山形の下に二本の刻みを入れるがはっきりした二条の刻みではなく、数ミリの極く浅い彫りである。下の線から六センチ隔てて幅二七・五センチの枠線を線刻し、更に一〇・四センチおいて幅二〇・二センチの枠線を刻む。最初の枠線と二重目の枠線の間には幅二三センチ、高さ九センチの線刻の天蓋が彫られ、両端に瓔珞が内側の枠線に接して刻まれる。

内側の枠内に直径八・七センチと一一センチの二重頭光を負った、正面向きの来迎印の阿弥陀如来像が線刻される。衣紋は内側を浅く平底彫りし襞の部分を彫り残し陽刻とする。頭部はやや太い線刻で表現され、頭髪部には大きな巻き毛が丸く作られる。二〇方向に放たれる放光は三条の光芒のうち中央は頭部から発し、外側の二条は頭光の外から伸びている。

埼40（図版編九六頁）
川越市豊田本《とよだほん》九三九・善長寺　六地蔵板碑（断碑）

寺の境内から出土したという地蔵像板碑は本堂に収蔵される。現高三一・四センチ、上幅二一・八センチ、下幅二二・五センチ、厚さ三・八センチの大きさの断碑で、蓮座の上に立つ頭光を負った地蔵像を二体線刻する。右の像は像高一六・二センチ、左像は一七・二センチと少し大きさが違うほか、持ち物が宝珠・錫杖と異なる。蓮座の下には頭光の円弧と考えられる線刻の一部が見られ、少なくとも二段にわたり像が刻まれていたと考えられることから、六地蔵図像板碑と考える。右の地蔵の上には瓔珞の下端部分が二条垂下するのが見られる。石の右方に幅二・三センチに二本の刻線があり真言かと思われる種子が刻まれる。

埼41（図版編九一頁）
所沢市西新井町一七－三三・熊野神社　弥陀三尊念仏供養板碑

熊野神社の社務所兼町集会所の一間に立てかけて保管されている。

総高一五七センチ、上幅四八・三センチ、下幅五一センチ、厚さ三・五センチの大型の板碑で、頭部の山形はなく平らで、高さ二センチに幅四二センチの浅い彫り窪みを作る。そこから二・三センチ隔てて幅四二、高さ一三九・五センチの界線を線刻し、

その中に天蓋・弥陀三尊・三具足・紀年銘や結衆の交名が刻される。幅三三センチの天蓋は稚拙であるが色々の模様を刻み四條の瓔珞が垂下する。両端は玉を連ねたものに対し、中の二条はひも状の房飾りが垂下する。天蓋の下の弥陀三尊像はともに正面を向き、蓮座の上に立つが、脇侍の蓮座のあたりで折損するのを接合する。脇侍二尊は界線に接するように彫られる（右の菩薩像は一部欠損する）。

来迎印をとる中尊の手の位置は少し高く、二重の頭光からは一七方向に放射光を放ち、左右端を除き三条ずつで全身から発するように刻まれる。下に下ろした中尊の左手のあたりから頭光を負った脇侍菩薩が線刻される。右の像は蓮座の上に立ち胸元で合掌し、左像は胸元に挙げた両手の間に蓮座を挟み持つ、普通よく見かける観音・勢至の位置とは逆になっている。同様の配置は狭山市・天岑寺塔（埼42）にも見られる。

像の下に三具足を載せた前机を作り、その左右に「念佛供養／阿弥陀如来」と刻む。前机下中央に大きく「文明十七天乙巳十一月十六日」の年紀を、その下に「一結衆／敬白」と刻む。年紀の両側には「妙恵　祐海」等の法名や「彦九郎　彦二郎」等の俗名のほかに「三上殿　田嶋殿　星野殿」など、三段に合計四十三名の交名をズラリと刻んでいる。この三上殿と現宮司・三上氏とは縁があるのかもしれないが、採訪の折りには聞き漏らしてしまった。

石の下方は高さ七センチで幅三十九センチと細く作られ、枘を形成する。

なお、折損した部分を接合するが、この作業は東京文化財研究所が実施し『所沢市熊野神社板碑の修理処置』によると、ステンレス丸棒四本を埋め込みエポキシ樹脂で接着したという。

埼42（図版編九六頁）
狭山市沢五－三四・天岑寺《てんしんじ》　弥陀三尊月待板碑

本堂の左前に建つ鐘楼の手前に小さな覆い屋をつくり、その中に下部をセメント台で固定して祀られる。地上高一二〇センチ、上幅三九・三センチ、下幅四〇センチ、厚さ四センチのもので、頭部山形は少し丸くなっている。一条の刻みの下に四センチの額部を持つ。身部には幅三四・五センチ、高さ九七・五センチの枠線を巻く。上方に日月を枠線の隅に浅く彫り、その下に横幅ほぼいっぱいに天蓋がかかる。瓔珞が四個所垂れ下がり、その間に長方形の飾りが見られる。

その下に幅二一・五センチ、縦は脇侍菩薩の頭光に接する枠線が細く陰刻され、その中に二重の頭光を負う正面向きの阿弥陀如来立像が蓮座の上に乗る。阿弥陀像からは一七方向に光明が放たれるが、外側の頭光からは三条に分かれる。像高は二四・五センチと測れるが剥離していて輪郭を留めるだけである。足元の蓮座は幅一四センチに高さ六センチと小さく纏められる。蓮座の左右に頭光を負う脇侍菩薩が天衣を靡かせて蓮座上に立つ。右側の菩薩は両手を合わせて合掌し、左側の菩薩は丁度手元が欠損するが、腕を直角に曲げるところから蓮台捧持と考えられる。一般によくみられる板碑と観音・勢至の位置が逆になっている。

更にその下に華瓶・香炉・燭台を載せた前机が彫られ、その上に「月待供養」、前机の下中央に「文明十四年壬寅八月廿三日」の年紀を刻む。脇線に接して梵字の光明真言を一行ずつ刻み、年紀との間に二行ずつ「三郎四郎　彦二郎　五郎太郎／
道慶　助四郎　彦三郎（右）
／七郎三郎　彦太郎
三郎二郎／道仙　又太郎
又七　彦九郎（左）」の交名
を刻む。

埼43（図版編九七頁）
狭山市柏原・奥富家　弥陀一尊申待板碑

道に面した庭の一画に観音石仏を祀る石殿があり、その右に切石に穴を空けて差し込み固定して祀られる。地上高八五センチ、上幅四八・二センチ、下幅四七・五センチ、厚さ三センチの大きさで、頭部は欠損しており天蓋の一部が見られるが、二条の刻みは認められない。

身部両側に幅三六センチの界線の一部がある。天蓋の下には幅二四センチの下向きのコの字形に枠線を陰刻し、その中央に蓮座の上に立つ頭光を負う阿弥陀如来を彫るが、顔は剥離していて不明である。右手を胸元に挙げ左手を膝のあたりに垂れた来迎印を結ぶ。手足は周囲を彫り浚え浮き彫りとし、衣紋の襞も同様に輪郭を残して中を平らに彫り浚える彫法で表される。頭光からは三条ずつの放射光が界線ま

で延びている。線刻蓮座の下には華瓶・香炉・燭台を載せた前机が陰刻される。
如来の膝あたりの高さで枠線の内側に「申待／供養」と刻み、三具足・前机の両脇に二行ずつに分けて梵字の光明真言が読まれる。更に前机の下に「天文三年甲午十月吉日」の年紀と交名があったと『板碑』七四〇頁のリストに記されるが、現在は前机の下から大きく剥離しており「年甲午十（以下埋設）」と読まれるだけである。同書は高さ九七センチとするので一二センチ埋まっている計算になる。
申待供養は庚申待供養であり、文明三年銘の川口市領家・実相寺塔が一番古く（三尊種子）、図像板碑では五番目に相当する板碑である。

埼44（図版編九七頁）

富士見市勝瀬七二三・護国寺　弥陀三尊板碑

本堂内に祀られる図像板碑は、現高七七・五センチ、上幅・下幅ともに三八・六センチ、厚さ四センチの弥陀三尊像板碑であるが、中尊の頭部半ばから上の部分を欠失する。石の両側左右に幅三四・八センチの枠線を取る。石の下端には枘と見られる部分を残している。

幅一〇・五センチ、高さ三センチの陰刻の蓮座の上に正面を向いて立つ阿弥陀如来は、先述の如く面部の半ば上からを失うが、二重の線刻頭光を負い、枠線に届く二条の光明を放ち来迎印を結ぶ。その蓮座に接するように脇侍菩薩の頭光があり、蓮台を両手で捧げ持つ観音菩薩が右に、胸元で両手を合わせる勢至菩薩が左に、それぞれ向き合うように蓮座の上に立つ。共に両腕から天衣が後ろに流れるように彫り出される。阿弥陀像の大きさは残る部分で一九センチあり、脇侍像の像高は一七・五センチ（観音像）と一七センチ（勢至像）であり、三尊共に線刻で表される。脇侍菩薩の間に幅一二センチ、高さ五センチの前机に敷き布が敷かれ、三茎蓮がいけられた華瓶・香炉・燭台が置かれる。

像の下、石面の中央に少し大きく交名が、その左右に年紀が、外側に二行ずつ光明真言を種子で彫り表す。

光明真言（種子）
天文十九年庚戌
逆修道圓禅門
三十三年
四月吉日
光明真言（種子）

埼45（図版編九七頁）

富士見市諏訪一－八－三・瑠璃光寺　弥陀三尊図像板碑

板碑は本堂に祀られる。上部を折損しさらに右側は斜めに剥離し、脇侍像の蓮座以下を欠失する弥陀三尊図像板碑で、現高五五センチ、上幅三二・七センチ、下幅三三・四センチ、厚さ二・二～二・七センチの残欠である。幅二九・五センチの枠線が陰刻されるが、脇侍像の天衣に接するところで終わり、それより下は彫られていない。

幅一五センチ、高さ七センチの凹刻した蓮座の上に立つ阿弥陀如来は像高三三センチを測り、両手は親指と第二指を捻じた下品上生の印相をとり、直径一一センチと二二センチの二重の頭光を負う。螺髪・顔の輪郭・目鼻の部分を残し内側を極く浅く平らに彫り下げ、手足も同様な手法で表現される。身に纏う衲衣の襞は線刻で表され、裳裾は襞を残して平底彫りするなど変化に富んだ技法が使われる。頭光も内側は一条の線刻、外は平底彫りの幅広い光明と変化をする。

阿弥陀像の左手に接するように観音像の頭光があり（直径八・三センチ）、蓮台を捧持して左を向いて二一センチの大きさに線刻される。蓮座は中尊と同じように凹刻で表される。その反対側には合掌する勢至像が同じように頭光を負い蓮座上に立つが、剥離のために蓮座は右の上端が残るだけである。脇侍像は面部をごく浅く彫り沈め目鼻を線刻し、衣紋は斜め格子状に線刻で表す。身体から離れた天衣は後方に波をうって靡くように太い線で陰刻される。像高は阿弥陀如来像が三三センチ、脇侍像は共に二一センチの大きさを測る。

上下を欠失して中央の三尊像部分だけを残すもので、刻字などは認められない。

埼46（図版編九七頁）
富士見市諏訪・馬場家　弥陀図像板碑

馬場家から少し離れた墓地に祀られる。自宅裏の斜面上に稲荷の祠がありそこに祀られていたが、稲荷の祠を移建した折りに墓域に移したという。馬場家の墓塔の右後方、玉垣の内側に下部をセメントで固めて、キリーク板碑と並べて祀られる。

現高四三・五センチ、幅は上下共に同じで三六センチ、厚さ右で二、左で三センチを測る。頭部を山形にし、二センチの幅で二段の刻みを入れる。下部刻みから二・五センチ内側から幅三一・二センチの枠線を線刻し、内側両端に直径五・五センチの日月を浅く彫り窪める。枠線中央に直径八・三センチと一三センチの二重光背を負った正面向きの阿弥陀像が右手の第一指と二指を丸めて接して胸元に挙げて立つ。これから下の部分が埋まっていて左手は不明。光明は頭光の内側は一条で外の頭光は三条になり枠線まで長く伸びている。

埼47（図版編九八頁）
富士見市下南畑・柳下家　弥陀三尊夜念仏板碑

昭和五四年、自宅庭内に祀っていた稲荷社を改築した際に発見された由である。賽銭箱には慶応四年の墨書銘がある。

阿弥陀如来の乗る飛雲の一部が残るが、そこから上を欠失し、残る下半分も脇侍菩薩像の下あたりから二折する。現高五四センチ、上幅三二・二センチ、下幅三二・八センチ、厚さ三・三センチの弥陀三尊板碑である。幅三〇センチの枠線を巻く。細い陰刻線の頭光を負い、左を向いて蓮台を捧げ持つ観音菩薩像が刻まれる。宝冠をかぶる面部や手足は線刻で輪郭を彫り表し衣紋は中を凹刻して襞の部分を残す手法で区別する。蓮座を載せる飛雲は雲尾を後方に靡かせ動きを示すが、観音像の下は欠損して不明である。これに相対する勢至菩薩は右を向いて飛雲の上に立つのはほぼ同じであるが、頭光の一部が欠失する。観音菩薩の頭光に阿弥陀如来の乗る飛雲の一部がかかっている。

脇侍像の間に角が取れ四つの孔が開いた前机と思われるものの上に、三茎蓮を活けた華瓶が置かれる。

像の下に銘文の刻まれるのが読まれるが一部は欠損部にかかる。

「兵衛五郎　孫七
三郎次郎　　敬
長禄四年庚辰
夜念佛供養逆修
九月十六日
彦太郎　　白
左近四郎左衛門五郎」

諸岡勝氏の研究によると、夜念仏供養板碑は二五基が知られ（その内図像板碑は一一基）、最も古い板碑は東京都練馬区石神井・三宝院の永享八年銘の弥陀三尊板碑で、本碑はそれより二四年遅れて造立され第二位の古さであるが、図像板碑としては一番古い板碑である。

埼48（図版編九八頁）

富士見市山室三－二・山室地蔵堂墓地　弥陀夜念仏板碑

地蔵堂の左側に墓地が広がり、傾斜面の下の方に東面して地面に立てられる。現高九一センチ、上幅四一・二センチ、下幅四一・五センチ、厚さ三～三・二センチで、下方三二・五センチは幅約二二・五センチの枘を形成する。

現存する石面の約三分の一が剥離し、その下に前机と三具足（左の華瓶は剥落する）を線刻する。剥離する右に光明と思われる直線の刻線が認められ、来迎図像板碑であったと考えられる。

前机の左右から銘文を刻む。

「奉夜念佛供養一結衆敬白
　道□　□
太郎三郎　□　□　平三郎　妙祐　助六
逆　立房　助五郎
　文□十六年甲辰
　十一月十六日
修　太郎三郎　孫二郎
小四郎
□□□　二郎四郎（剥離）
□□」

と読まれる。剥離や風化のために交名は判読が難しくなっている。造立年は干支から文明一六年と知れる。

埼49（図版編九八頁）

ふじみ野市福岡四五〇・下福岡共同墓地　弥陀三尊月待供養板碑

共同墓地の入り口右側に台石に下部を固定して、西面して立てられる。近くを流れる新河岸川の改修工事の折りに出土したものといわれる。現高七三・五センチ、上幅三七・五センチ、下幅三八・二センチ、厚さ二・三（左）～一・九（右）センチで、阿弥陀如来像の頭光の上の部分から欠失する。枠線は作られず、一二・五センチと九・三センチの二重の頭光を負う正面向きの阿弥陀如来が、蓮座の上に立って来迎印をとる。頭光の中から石の端まで放射光が放たれるが、多くの来迎板碑に見られる放射光は一本の筋が通っているのに対し、この板碑の場合は頭光の間毎に刻まれていて向きも不揃いで一本に繋がっていない。脇侍菩薩の頭光に接する部分まで阿弥陀像の上半身から発して石の端まで伸びている。

中尊の蓮座の両脇に接して観音・勢至菩薩の頭光が彫られ、顔を四五度下に向けて蓮台を捧持する観音菩薩、少し身体を前にして合掌する勢至菩薩が飛雲に乗る姿が線刻される。

脇侍像の下に三具足を載せた前机が線刻され、その上、脇侍像の間に「月待／供養」、前机の両側に「逆／修　明応六年丁／巳十一月

廿三日」の年紀を、その下一段に「平二郎／平三郎二郎／ひこ太郎／まご八／□□四郎／□三郎／九郎二郎／ひこ太郎／平□二郎／九郎二郎」と一〇名の交名を彫る。刻字は風化が進み彫りが浅くなり、判読の難しい字が多い。

埼50（図版編九八頁）
ふじみ野市長宮一－二－一一・ふじみ野市立上福岡歴史民俗資料館
弥陀三尊月待供養板碑

現高六九・八センチ、上幅三三・五センチ、下幅三五・八センチ、厚さ三センチの弥陀三尊図像板碑で、中尊の半ばから上を欠く。下部三・五センチの柄の痕が残る。幅三〇～三一センチの枠線（両端と下方）内に三尊像を陰刻する。幅一〇・五センチに高さ二・五センチの大きさの蓮座の上に立つ阿弥陀如来は、下半身を残すのみで頭光からの二条の放光が三ヶ所に見られる。その阿弥陀像の足元下に向かい合う脇侍菩薩は巻き雲の上に立つ。いずれの像もやや太い刻線で陰刻され、風化のために細部は明瞭さを欠く。脇侍像から少し離れて石の中央に幅一七センチ、高さ七センチの前机が彫られ、三具足が並べられる。

中尊の蓮座の下に脇侍像の頭光から頭光へ到る一本の刻線が刻まれ、その下に大きな字で「月待／供養」と彫る。更に三具足の両側に「逆修」、前机の両側に「明応三年甲／九月廿三日刁」の年紀を、更にその間に「ひこ□、平二郎、平三郎、ひこ八、妙善、ひこ六、道音、道仙」塔の交名が読みとれる（一部不明）。

埼51（図版編九九頁）
ふじみ野市長宮一－二－一一・ふじみ野市立上福岡歴史民俗資料館
地蔵板碑（残欠）

元は富士見市諏訪町一丁目から出土したといわれる残欠で、現在は上福岡歴史民俗資料館の井田文庫所蔵とされる。

現高一八・五センチ、幅二一・三センチ、厚さ一・四センチの残欠で、頭部は少し丸くなっているが二条の刻みを持ち、そこに頭光を負った地蔵像が線刻される。顔を左に向け右手に錫杖を持った姿で表されるが、残るのは胸元までである。加藤和徳氏は「諏訪　馬頭観音祠」と所在地を掲げ「六地蔵のうちの一尊か」とされる（加藤和徳『富士見市の板碑』入東史談会、平成元年三月）。

埼52（図版編九九頁）
ふじみ野市市沢三－四－一六・市沢共同墓地　弥陀三尊板碑

道路に面した一隅に五メートル四方くらいの壇を築き、その奥に板碑を七基並べて立て下部をセメントで固定する。図像板碑は右から二基目である。現高五七センチ、最大幅二六センチ、厚さ二・八センチの、おそらくは弥陀三尊図像板碑であったと思われる左部分下方の残欠板碑である。現存の

左上部に蓮座に乗る菩薩像の下半身が陰刻され、その位置からは勢至菩薩像と見られる。

石面の中央右寄りに華瓶の一部（蓮華）が線刻で残り、その左に二〜三行の刻字があるが、風化が著しく交名らしきものと、左端に「現世大安」の刻字が辛うじて判読できる位である。また、石の右下方に「十一月吉日」と年紀の一部が残る。この位置から石は更に右部分があったことが考えられ、それらを総合して先のように三尊板碑の左部分と判断したものである。

なお、資料によると大井東原古堂址から発掘したもので、南北朝期のものか？とする。また、三行にわたり交名を判読している。

埼53（図版編一一六頁）

日高市田波目・路傍小祠（榎堂）**地蔵図像板碑**

地方道日高川島線を北に入った三叉路の一隅に、半間四方ほどの小祠が建てられ、その中に埋け込まれて板碑が祀られている。

地上高七四・五センチ（総高九六・五センチ）、上幅三五・七センチ、下幅三四・三センチ、厚さ三・五センチで、頭部山形に作るが、大きく欠失していて一部が残るだけである。また石面の左側も全体に欠損が目立つ。二条の刻みの下に高さ四センチの額部を持ち、更にその下に溝を刻む。身部に幅二九センチ、高さ五七センチの枠を陰刻するが、左辺は一部分が確認されるだけである。

枠いっぱいに大きく天蓋を彫り、両端に二段の瓔珞が垂れ下がる。瓔珞の間に直径一〇・五センチの頭光を負う地蔵菩薩（像高二〇センチ）が、左手に宝珠、右手に錫杖を持って蓮座の上に立つ。衣紋の端は魚の鰭のように三角に尖って左右に張り出す。刻線はごく粗く細かくは刻まれていないように見られる。

蓮座の下に敷き布の上に華瓶・香炉・燭台の三具足を載せた前机を陰刻し、蓮座との間左右に「文明四年（二二と横に並べる）壬辰／十一月廿二（二二と横に並べる）日」の年紀が刻まれる外は他の刻字は認められない。

埼54（図版編九九頁）

鶴ヶ島市五味ヶ谷四八〇・共同墓地　地蔵像板碑？

川越市の市域に入った所にある共同墓地入り口すぐの右側に立つ。圏央道建設に伴い鶴ヶ島市五味ヶ谷四八〇から移転したものと、この板碑の基礎石に施主滝島氏が刻んでいる。

板碑が現高五七・三センチ、上幅三九・六センチ、下幅四〇・七センチ、厚さ三センチで、幅三四センチの枠線を刻み、上端は飛雲と思われる曲線模様を刻んだ半ばから上を欠失する。この飛雲の下に「毎日晨朝入諸定／入諸地獄令離苦／无佛世界度衆生／今世後世能引導」（毎日夜明けに諸々の定に入り、諸々の地獄の人々の苦を除き、無佛世界の衆生を済度し、今世後生によく衆生を導く）という『延命地蔵経』の偈頌を刻む。不空訳というが偽経であるという。その偈頌の間に「永和元年乙卯十二月日」の年紀を刻む。

埼55（図版編九九頁）

飯能市上名栗・町田家　弥陀三尊庚申講供養板碑

長らく村長を務めた旧家の町田家の敷地内に祀られる氏神の中に、他の板碑と共に収蔵される。

総高一二〇センチ、上幅三九センチ、下幅四〇センチ、厚さ三・五センチの大きさで、下端は一部欠損すると見られるが、根部は幅二七センチと狭く作られる。頭部山形に刻みを付け、その下に三・五センチの額を設ける。身部に上端三二・五センチ、下端三四センチ、高さ九〇センチの枠線を巻くが、縦枠の刻線は石の下方へ伸びている。

枠内一杯に大きくカーブする天蓋を作り四条の瓔珞が豊かに垂れ下がる。このような形式の天蓋を織戸市郎氏は片倉式天蓋と名付けられた。

この天蓋の下に直径一二・八・五、七・七センチの三重の頭光を負い、蓮座の上に正面向きに立つ阿弥陀像は像高二一・五センチで、右手を胸元に挙げ左手を膝の辺りに垂れた来迎印をとる。頭光からは三条ずつの光明（中央は頭部から、両側のものは外側の頭光から放たれる）が一方向に伸びている。中尊の足元からは反花状の蓮座に向かい合って立つ脇侍菩薩像を刻む。観音像は像高一八・五センチで胸元に蓮の蕾（未敷蓮華）を持ち、勢至像は像高一八センチで合掌する。三尊とも線刻で現される。

両脇侍にはさまれるようにして三具足がごく浅く凹刻と線刻で作られ前机に飾られる。この下に次のような銘文が刻まれる。

庚申講供養　彦太郎
逆　彦太郎　弥三郎　弥七
徳　祐　彦五郎　亥内二郎
玉　泉　小次郎
□正　[元]　[　]
正　本　彦四郎　道　薫
妙　徳　平四郎　二郎太郎
六郎三郎　道　阿　与一太郎
□觸縁衆等　亥内四郎
修

なお、弥陀像の下、観音像の左の二ヵ所に穴が開けられている。年紀の部分が剥離していて判読できず、調査・採拓された諸岡氏は康元元年、寛正元年、文正元年、永正元年のいずれかとされる。

また「庚申待供養」の名称と異なる「庚申講供養」という表現が同一視できるのか、「□觸縁衆等」が何を意味するのか等不明な点が多い。詳しくは『名栗村史研究5　那栗郷』（二〇〇六年三月）を参照頂きたい。

埼56（図版編一〇五頁）
東松山市古凍・古凍根岸共同墓地　弥陀三尊図像板碑

新江川に架かる友田橋を東に曲がった川岸近くに共同墓地があり、墓地を入って直ぐ右手のブロック塀の前に数基の板碑に混じって左から二基目に立っている。

下部をセメントで固め、現高五一・五センチ、上幅二二センチ、下幅二七センチ、厚さ三・五センチの緑泥片岩製の板碑で、弥陀三尊像の中尊頭部から上を欠失する。石の上端に面部上半を失った弥陀立像が二重の頭光を負い、光明を放つ（右下方の四放光が残る）正面向きの姿を彫る。足下には斜め上から見た下がり蓮弁で表す蓮座が刻まれる。弥陀像は左手を膝のあたりに垂下するが右手は剥離して不明。中尊の左手のあたりから七センチの大きさの頭光を負って中尊の方を向いた像高一八・五センチの観音菩薩像が彫られるが、よく見られる蓮座捧持の姿でなく密印の姿のように見える。（蓮台は認められない）。左側には観音像よりも高い位置に勢至菩薩像の頭光の一部が残るが、他の部分は剥離のために姿を留めていない。阿弥陀・観音像ともに顔は線刻とし、衣紋は薄く浚えた中に襞を浮き彫りで表すなどの変化を見せる。

中尊蓮座の下に燭台・香炉・華瓶を陰刻し、それを載せる前机が彫り出されるが、剥離の為に真ん中の大きな香炉以外は各々一部分が辛うじて認められる程度である。

石面の下方中央部に「長享二□」の紀年銘と、その右に「了朝／法師」と彫り、石の両側に「光明遍照／十方世界」の偈を彫るが、後半部分は剥離している。紀年銘については『東松山市史』六七四ページには「長禄二年戊／寅八□」とし、

その左にも二行の人名の一部分を掲げるが、現在は下部をセメントで固め、左半分の剥離が進んで判読不能となっている。

埼57（図版編一〇〇頁）

東松山市柏崎三四一・萬松寺墓地　弥陀三尊図像板碑

板碑は、本堂の北に広がる墓地中央奥の歴代住職墓域へ到る石段の右側に、下部を固定して三基の板碑が北面しているうちの中央のものである。地上高八三・三センチ、上幅六〇センチ、下幅五九・七センチ、厚さ五センチを測るが上部を欠失する。石の左端と下端に枠線の一部が認められ幅五一・八センチである。石面の大部分が剥離して像の残る部分は左上部のごく僅かであるが、塔身面は水磨きを施す至極丁寧な手法を取っている。

石の上方中央に幅二四センチ高さ一〇センチの蓮座に乗って立つ阿弥陀如来の下半身が残り、その左に中尊の方を向いて踏み割り蓮座に乗り、頭光を負う陰刻の脇侍菩薩立像の肩から下の部分が残っていて、蓮座の左下方には天衣が靡いている。普通この位置には合掌する勢至菩薩像が彫られるが、本塔の場合は両手を真っ直ぐ差し出して蓮台を捧持している。中尊の右側は剥離の為に像の姿は無く僅かに蓮弁がかすかに残る程度である。観音・勢至が逆に彫られた逆来迎板碑であると考えられる。脇侍像の下に「供養」とあるが反対側は全く痕跡を留めていない。その下は三段にわたって小さな文字で「彦太郎　弥次郎　平六孫次郎　平次五郎」等多数の交名を彫るが、全体は判読しがたい。この交名の中央下部に「□月廿三日／敬白」と刻されるのが認められる。室町時代の民間信仰の供養板碑と考えられる。

埼58（図版編一〇八頁）

東松山市下青鳥一二六・浄光寺　弥陀三尊図像板碑

現在は本堂の右脇に立てられてるが、年紀部分から下が風化して表面が粉状になりポロポロ剥離していた。地上高一六五・五センチ、上幅五三センチ、下幅五七センチ、厚さ七～八センチで、頭部先端や右下に少し欠損が有るが他はほぼ完存する。

頭部山形は少し丸みを帯び、頂部から二一・五センチ下に二条の刻みを正面のみ四・五センチ離して刻み、輪郭の枠線は彫られていない。下の刻みから一六・五センチ離れて四四センチの高さに二重光背を一・八センチの深さに彫り窪め、その中に像高四一センチの来迎印の阿弥陀立像を薄肉彫りする。足下の台座は高さ一五・五センチ、幅一五センチで蓮座の下に敷茄子・反花を彫り出す丁寧な作りである。頭光からは一五対の放光が短く頭光を囲むように丸く線刻されている。

中尊の両脇には阿弥陀如来の垂下した左手のあたりから、高さ三四センチ、最大幅一〇・五センチの細長い舟形光背の中に脇侍菩薩像を薄肉彫りする。右の蓮台を捧持する観音菩薩は顔の表情まではっきり残り、中尊の左には合掌する勢至菩薩を彫るが、勢至像は面部から右肩が剥離する。三尊共に正面を向いて立ち、衣紋の襞は三尊共によく残る。中尊に対して脇侍像の立つ位置はかなり低い。

三尊像の下やや離れて、石の中央に「建長二年庚戌三月」と二行の年紀を刻む外は、何も刻まれていない。

昔は田の畦道の石橋に使われていたのを、大正一三年に境内に移したと言われている。

埼59（図版編一〇一頁）

東松山市六反町一二・新宿共同墓地　弥陀三尊念仏供養板碑

東中学校や六反町公園に隣接する共同墓地を入って左手に、ブロック塀を背にして立っている。

板碑は下部をコンクリートで固め、現高一六三・五センチ、上幅・下幅ともに四八・五センチ、厚さ三・八センチの比較的大型の図像板碑である。頭部は山形に作るが、二条の刻みは造り出されていない。根部を持ち、露出部で測ると幅三六・五センチである。

石の頂部から二一・五センチ下がったところから高さ一三五センチ、幅四一・五～四一・七センチの界線を陰刻する。枠内上部に二四センチ×一〇・五センチの大きさで線刻の天蓋を彫り、その下に像高三〇センチの阿弥陀立像、約二四センチの脇侍菩薩立像をそれぞれ線刻する。陰刻の蓮座に乗る阿弥陀像は頭光を負い、放光四九本が傘状に広がる。左手を膝のあたりに下ろし、右手を胸元に挙げる来迎印をとり線刻で表されるが、顔の部分は風化のために不明瞭である。観音・勢至の両菩薩も顔の部分は風化のため不明瞭で、衣紋等も今ひとつ明瞭さを欠いている。脇侍像の下に三具足を彫るが右側は風化していてわかりにくい。

この三尊像の下方、界線の内側に大きく「奉造立／念佛供養」と刻し、その下に三段にわたって小さな字で多くの交名を彫り、その中央に「天文三年甲／□十一月吉日」の年紀が刻まれる。

埼60（図版編一〇〇頁）

東松山市岡四九八・光福寺　弥陀三尊板碑

本堂前にコンクリート製の収蔵庫が作られ、その中に国指定重文の宝篋印塔と並んで図像板碑が立っている。

現高一六三センチ、上幅三九センチ、下幅四四センチ、厚さ五・七センチの板碑。頭部山形の下に二条の刻みを造り、身部に三三・五（上辺）～三七・五（下辺）センチの幅、縦は一一二センチの大きさで枠線を刻む。この中に直径三〇センチと一〇センチの二重の頭光を負う像高三六センチの阿弥陀像、三重の頭光を負う蓮台捧持の観音像と合掌の勢至像の三尊像を早来迎形で彫り表す。

三尊の顔や肉身部は石の表面のままとし、衣紋は襞の内側を彫りさらえて表現するという異なった手法で表現し、飛雲の上に立つ。中尊の乗る飛雲は大きく雲尾を後方に靡かせ、少し身体を前に屈めた脇侍二菩薩の内、勢至菩薩の飛雲の端は枠線に接し、一方の観音菩薩の飛雲の前方は枠線まで余裕を持たせ、飛雲の高さも左は高く右は低くし、全体として左から右方向へ急ぎ来迎する動感を表している。阿弥陀如来の放射光は五七条あり、二重の頭光の外側に傘の骨状に光明を彫り残して表し、他に下に向けて二条だけ枠線にかかるまで長く伸び陰刻線で表現する光明を彫る。脇侍菩薩の頭光は二重目・三重目を石の表面の高さにし、縁を線刻する。

三尊像の下に五茎蓮を生けた華瓶が一対線刻され、その間に一行「嘉元四年二月日」の年紀を刻む。図像が美しく完存することで古くから有名な板碑である。

埼61－62

東松山市宮鼻一四四・香林寺　板碑群

本堂前のコンクリート台上に一列に並んで五基の板碑が固定されている。足下の九十九川の改修工事などで発見されたといわれるが、この中に二基の図像板碑が見られるが、左から順に記録する。

埼61　弥陀一尊図像板碑（図版編一〇二頁・写真左）

地上高一〇六・五センチ、上幅三六センチ、下幅四一センチ、厚さ五センチの図像板碑。身部に、下部を除く三方に輪郭を巻いて、その中に幅二〇・八センチ高さ一一センチの蓮座に乗り来迎印をとる正面向きの阿弥陀如来立像が、頭光・身光と蓮座の周囲を緩いカーブで一・五センチ彫り窪めて（二重身光）、その中に浮き彫り

で表される。頭光の直径一六センチ、面幅五・五センチ、面長八・五センチ、肩幅一二センチ、裾張り一四・五センチを測る。頭部山形の右側部分に一部剥離が見られるほかは像の摩耗もほとんどなく美しく保存される。刻字は全く見られない。石井真之助氏は『板碑遍歴六十年』の中で「蓮弁の下部が足利市別府の文永十二年碑によく似ているあたり文永の時代あたりではなかろうか」と推定している。

埼62　弥陀一尊図像板碑（図版編一〇二頁・仁治二年在銘・写真右）

地上高七一センチ、上幅三四・八センチ、下幅四一・五センチ、厚さ六・五センチと先の板碑に比べると、小さくてずんぐりした図像板碑である。山形と三条の刻みの下に高さ三センチの額部を作り出し、その二・五センチ下から二九・三センチの大きさで頭光・身光・蓮座を彫り窪め、中に像高二二センチの来迎印の阿弥陀像を陽刻する。足元の蓮座は真横から見た半円形の請花と反花を上下に合わせた臼型蓮座である。全体的に風化が見られるが古式の図像板碑である。

像の下方に「仁治二年辛丑九月」の年紀と「光明遍照」の偈を四行に分けて彫る。九月は干支の左右に振り分けて彫られる。板碑出現より一四年後にあたり、石材が分厚く頂部に額部を持つことや、中央に年紀を左右に偈頌を彫るという様式は嘉禄板碑から一〇基あまりが知られる。

埼63－64　東松山市正代・御霊神社横（新井家）

越辺川に面した御霊神社横の崖下に小屋を設け、その中に三基の板碑が保存される。もとは新井家の敷地内から出土したといわれる。

埼63　弥陀一尊図像板碑（図版編一〇三頁）

台石に溝を刻みそこに下部を差し込んでいる。全高一〇二・五センチ、上幅四〇センチ、下幅四七センチ、厚さ一〇・五センチであるが、現在石は前四センチ、後ろ六・五センチに剥離した状態になっている。

頭部山形の下に浅い二条の刻みを持ち、山形は幅四〇センチに対して高さは五・五センチと低平な造りになっている。二条の刻みの下から三・七センチ離れて、頭光と身光の二重光背を緩い曲面で彫り窪める。頭光の直径は一〇・二センチ、身光の最大幅一〇センチ、二重光背の高さ二三センチと測られる。この中に像高二〇・五センチの来迎印をとる阿弥陀立像を半肉彫りにし、足元は臼型の蓮座（幅は上端が一一センチ、下端一二・五センチ、高さ六・五センチ）が彫り出される。偈の下に界線を一本刻む。

像の下に「諸教所讃／多在弥陀／故以西方／而為一准」の『摩訶止観補行』の偈頌を彫り、その間に「寛喜元年七月日」の年紀を彫ることが報告されている。ただ、

現在は「七月日」が判読できる程度である。この偈頌を彫る板碑としては最古の武蔵型板碑である熊谷市須賀広・大沼公園の嘉禄三年銘弥陀三尊板碑や鴻巣市・金乗寺の仁治三年銘の弥陀一尊板碑等の初発期の板碑に見られる。

埼64　弥陀三尊図像板碑（図版編一〇三頁）

同じように下部を台石に差し込む。高さ七八・五センチ、上幅三七・七センチ、下幅四三センチ（最大幅）、厚さ七・五センチ（左）、八・五センチ（右）。中尊の胸あたりから上を欠失し、足元左右に正面向きの脇侍二菩薩が立つ。観音像は蓮台を持ち、勢至像は胸元で合掌する。三尊共に細身に作られ、足元の臼型蓮座は下向きの蓮座は圧縮されたように扁平である。脇侍像の二重光背は蓮座を取り巻くように彫り下げられ、像高は一七センチと一六センチと少し異なる。頭光の上端と中尊の蓮座の

上端と同じ高さに作られる。
小屋の右端には仁治二年銘の弥陀種子板碑があり、「光明遍照」偈を彫る（現高八八センチ）。

埼65（図版編一〇三頁）

東松山市岩殿一二二九・正法寺　弥陀三尊図像板碑

庫裏の庭に保存される板碑は、総高七〇センチ、上幅四一・八センチ、下幅四三・三センチ、厚さ一〇・六センチの上半分だけの板碑で、側面から見ると上部に比して下部が剥離して薄くなっている。

頭部山形は幅四一・三センチに対して高さ七・五センチと至って低い。二条の刻みは側面の半分までで下に三・五センチの額部を設ける。額部から七・五センチ隔てて高さ三二センチの二重身光を、石の表面から測り一・五センチ彫り窪める。その中の像高は二五・六センチで、高さに比してずんぐりした体躯の阿弥陀像が造られ浮き彫りとする。阿弥陀如来の乗る蓮座はいわゆる臼型蓮座で上端幅一一・五センチ、高さ八・五センチの大きさである。また頭光の外周りからは二条ずつの短い放光が七方向に放たれている。

更に剥離する左下部に勢至菩薩の頭光の一部と思われる円弧が残るところから、弥陀三尊図像板碑であったと判断される。石の両側が剥離するなど保存状態は余りよくないが、近くの正代・御霊神社横の弥陀一尊図像板碑とよく似たところがあり、初発期の板碑と共通する。

肥留間博「初発期陽刻像板碑の紹介と検討」（『史迹と美術』四一六号、昭和四六年七月）によると、「ごく最近境内の水道工事中に発見されたものである」と説明される。さらに「中尊の下には年紀と偈と思われる文字の痕跡がある。年紀の最初の文字は「仁」らしいがはっきりしない。左側には二行の文字がある。前七基から類推すれば偈の後半と思われる。」と、見解を述べておられる。

埼66（図版編一〇五頁）

東松山市岩殿一二一〇・正法寺向かいの山　弥陀一尊図像板碑

現在嵐山町の県立嵐山史跡の博物館に保管される。総高一一一センチ、上幅四六センチ、下幅五六・五センチ、厚さ八センチの緑泥片岩製の図像板碑。頭部山形は高さ六・二センチと低く、その下に二条の刻みを彫る。高さ六センチの額部から五・五センチ下がって高さ三四センチの二重光背を彫り窪め、この中に正面向きの阿弥陀如来像を三一センチの大きさに半肉彫りする。足元の蓮座は幅一〇センチ、高さ六・五センチの所謂臼型といわれるタイプで造る。彫刻はいずれも風化のために細部は不明瞭である。

石の下方には数カ所丸い窪みがあり、甌穴ではないかと見られる。

千々和実『武蔵板碑集録』二の東松山市二九〇に「岩殿　山の尾根六面幢わき」と記し、図版25に写真を掲出する。肥留間博氏は「初発期陽刻像板碑の紹介と検討」（『史迹と美術』四一六号、昭和四六年七月）の中で、「蓮座の下に年紀があり、二字目に禎らしい痕跡が見えるから、これは「嘉禎」であろう。偈は小さな文字で刻まれ、かすかに三行目の「念仏衆生」を判読できる状態で、その位置は他と異なり、年紀に比べ高い位置に刻まれている。」と述べておられ

る。しかし、現在では風化が進んで刻字の跡を確認するのは困難である。

埼67（図版編一〇四頁）

東松山市毛塚・新井家　弥陀一尊自然石板碑

東武東上線「高坂」駅の南約一キロ足らずの住宅地にある新井家の裏庭の塚に東面して、直接地上に立てられている。地上高一一〇センチ、上幅七〇センチ、下幅六二センチ、厚さ九・五～一〇センチのほぼ長方形で、背面はほぼ平らな緑泥片岩の自然石を使う。石の頂部は凹凸があり原形は不明である。

頂部から二センチ下がって高さ五二センチ、最大幅四〇・五センチの幅広の舟形光背を浅く彫り沈め、その中に幅三七センチ、高さ一三・五センチの蓮座を造り、その上に像高三二・五センチの偏袒右肩で結跏趺坐する定印の阿弥陀像を薄肉彫りする。六センチ余りの蓮座に座す化仏が胸前に三角の印を表し、阿弥陀像の周りを取り囲んで七体が同じく薄肉彫りされる。

像を彫った光背の下部の広い平面は剥離するために、現在では刻字の跡も認められない。

主尊の周りに化仏を彫り出す板碑としては、旧妻沼町を中心とする地域に所在する善光寺三尊板碑がある外は知見にない。

埼68（図版編一〇五頁）

東松山市石橋字内青鳥一三三五・おため池畔　地蔵図像板碑

青鳥城二の郭内の東に位置する「おため池」と呼ばれる池畔に地上高三七五センチの巨大な「虎御石」と呼ばれるアーンク大種子板碑が立ち、本塔はその後ろにセメントで下部を固めて立てられている。県の悉皆調査報告書には記載が無い。

現高八七・二センチ、上幅三六・五センチ、下幅三九・九センチ、厚さ三・二～三・六センチで、上部から右方を斜めに欠失する。下部は高さ四・六センチ幅二三・五センチと狭く枘が設けられる。石の表面に幅三一・五センチの枠線を線刻し、巻雲状の雲尾を靡かせた線刻の飛雲に乗り（普通見かけるように左から右方向への動きと異なり、右から左への動きを示す）、胸元に梵箱と思われる四角い物を抱えた像が左を向いて立っている姿が薄肉彫りで表される。この梵箱にかかるようにして頭光の一部が残る。面部は右下部のごく一部分が残るだけで、地蔵か僧侶かはっきり区別は出来ない。

埼69（図版編一〇六頁）

東松山市大谷・藤野家（管理）　**弥陀三尊像板碑**

平成二〇年一一月から二一年二月まで、埼玉県立嵐山史跡の博物館で開催された企画展「板碑が語る中世」にて初公開された図像板碑。東松山市大谷吉庚《よしかね》の丘陵斜面から出土したもの。近くの用水に阿弥陀橋と呼ばれて架けられていたが、いつの頃からか放置されていたという。上部が失われているが嘉禄三年銘の図像板碑と同大の大型板碑と推定されると図録にある。

現高一三八センチ、上幅・下幅ともに六五センチ、厚さは左が厚く八センチで右はそれよりも薄い。石の左

側面はほぼ平らに加工される。背面は不整形。石の上部中央に蓮座の上に立つ阿弥陀如来像の下半身が残る。その左右に脇侍菩薩像が挙身光背を背負って立つ。勢至菩薩の足元の蓮座はいわゆる臼型蓮座で、他の像も同様と見られるが表面の摩耗が進んでいてはっきりしない。観音像の両腕は腰の辺りにあり蓮台を捧持する形を示し、勢至像は肘の角度から合掌する姿と見られる。三尊ともに摩耗が著しく像の輪郭を残すだけである。初発期の図像板碑に似たものといえる。

埼70（図版編一〇七頁）
嵐山町越畑・久保家墓地　弥陀三尊像板碑

久保家の母屋から少し東へ離れたところに祀られる。地上高一五一センチ、上幅四五センチ、下幅四九センチ、厚さは背面に若干凹凸があり下部最大で六センチの緑泥片岩製の図像板碑である。頭部山形から一二・三センチ下がった所に二条の羽刻みを側面の厚さの半分まで刻むが、正面は刻みを持たない。頂上から測って一七センチ下に幅二二・五センチ、高さ六・五センチの石面から見て小さな渦巻き状の天蓋を線刻する。

頂上から二八・五センチ隔てて中尊の舟形光背が作られ、その高さは三八センチである（観音・勢至ともに二九・五センチ）。舟形光背の下端は三尊が一直線に並ぶ。中尊の阿弥陀如来は幅九センチ高さ四センチの蓮座の上に立ち、像高は二八センチの大きさで来迎印を結ぶ。観音菩薩は同じように蓮座に立ち、胸元に小さな蓮台を両手で捧持し、勢至菩薩は両手を合わせて合掌し像高はともに二二・五センチである。三尊とも正面を向いて立ち動きは全く示していない。

像の下に五行の銘文が刻まれる。

「極重悪人
無他方便
弘長二年壬戌卯月日
唯称念佛
得生極楽　」

紀年銘の部分は削られたように不明瞭になっているが、辛うじて判読できる。その両側の偈頌は、恵心僧都源信（九四二～一九一七）が寛和元年に著した『往生要集』を出典とする偈頌である。

埼71（図版編一一〇頁）
嵐山町越畑・青木家墓地　弥陀一尊板碑

久保家より少し北にある青木家の脇を少し登った墓地にある。総高五九・二センチ、上幅一九・一センチ、下幅二一センチ、厚さは上部で四、下部で二・五センチの小型の板碑である。下部が薄いのは石が剥離した為ではないかと思われ、正面でも枠線の右上部で石が浮き上がっていた。

頭部山形の下に正面のみ二条の刻みを入れ、その下に幅一六センチの枠線を巡らす。直径七・八センチの頭光を負う阿弥陀如来が蓮座の上に立つが、全体が押し型風に作られ足下と蓮座の境がはっきりしない（あわせて二四・七センチ）。光明は二条のものと一条のものが交互に丸く頭光の外まで放たれる。蓮座の花弁中央が凹刻され阿弥陀如来の裳裾が少し斜めに削られるほかは平板で、面部や両手なども彫り出されていない。

像の下に「正安三年／十一月十一日」の年紀が二行に分けて刻まれる。県立嵐山史跡の博物館で閲覧した、昭和五二年一一月五日県悉皆調査の「板石塔婆調査カード」（三二八－三七－1　調査員小池氏）の写真では、板碑下部の右側の枠線が写っていて、総高六一センチとする。下部の二センチばかりはその後折損したものと思われる。風化が進み剥離が更に生じる危険性がある。

埼72（図版編一〇二頁）

嵐山町吉田一〇五五－一・宗心寺　弥陀三尊図像板碑

本堂の前に小さなブロック造りの小屋を設け、その中に数基の種子板碑とともに保存される。

現高一三七センチ、上幅四三・三センチ、下幅四五・八センチ、厚さ五・八～六・二センチで、種子を載せた蓮座を残して三角状に上部を欠失する。石の両端には二センチ内側から枠線を彫り沈める。現在の石の頂部から二六・五センチ下がったところから直径二八センチの光明を放つ正面向きの阿弥陀如来が飛雲の上の蓮座に乗っている。像高四二センチで面部は極く薄く陽刻し、衣紋は襞の部分を線刻で表す。光明は二七条で先端に行くほど太くなる三角状に彫られる。頭光を負った観音・勢至の脇侍菩薩は宝冠を被り顔をやや前に傾げてともに中尊の方を向いて立ち、その天衣は腕のあたりから頭部に大きく舞い上がり、足下にまで長く靡いている。像高はともに二三センチで線刻されるが風化のために細部はやや不明確である。三尊ともに飛雲の上に乗るが、脇侍菩薩の蓮座は彫られていないように見える。

弥陀如来像の上に幅三四センチ、高さ一五センチの大振りな蓮座が薬研彫りされ、その上にキリークのイーの一部が残る。種子キリークと弥陀三尊像を併彫する複合板碑である。

石面の下部中央に「文永七年庚午八月日」の年紀だけを一行彫る。阿弥陀種子・阿弥陀三尊像の複合型図像板碑としては、行田市・観福寺塔（文応二年二月日・埼146）に次ぐものである。

大字吉田の泉蔵院墓地で発見されて当寺に移建されたと伝える。

埼73（図版編一〇九頁）

嵐山町菅谷七五七・県立嵐山史跡の博物館　弥陀三尊月待供養板碑

中世に畠山重忠が築城したのではないかと考えられている菅谷館跡（国史跡）の三の郭東側に埼玉県立嵐山史跡の博物館があり、板碑は収蔵庫に保管される。

板碑はかつて近くの菅谷中学校に有ったものである。

総高一一五・八センチ、上幅三〇・五センチ、下幅三一・七センチ、厚さ二・六（左）～三・〇（右）センチの大きさで、下端二〇センチは幅二三・七センチに細く作られ先端が山形に尖った根部を形成する。脇侍菩薩像のところで二つに折損しそのあたりで石を欠いている。頭部山形で二条の刻みを持ち、刻みの下三センチの所から上幅二四センチ、下幅二五センチに高さ七三センチの枠線を陰刻するが、下辺は三センチの幅で二重に刻まれる。

枠内上方に三・二センチの大きさに日月を彫り出し、それに接するように幅一四・五センチ高さ四センチの天蓋を線刻する。その両端には三条の瓔珞が線刻で表される。

天蓋の下に直径五・八センチの頭光を負った像高一五センチの正面向きの阿弥陀如来が蓮座の上に立ち来迎印を結ぶ。その蓮座の左右に頭光を負う一三・五センチと一四センチとほぼ同寸の観音・勢至の脇侍菩薩が正面を向いて蓮座の上に立つ。いずれも飛雲は刻まれていない。阿弥陀如来の頭光からは五〇本の光明が放たれるが、よく見られる右下方の光明だけが枠線まで長く伸びるという表現は取られていない。動感の少ない静的な図像板碑である。脇侍菩薩の下に三茎蓮の華瓶・香炉・燭台を載せた前机が線刻される。

銘文は、脇侍菩薩の間に二行に分けて「月待／供養」と彫り、前机の下に、「天文五年壬申閏十月廿日」、その両側に三行ずつに「本願彦二郎　同□□／了浄　同□□子　妙□／道西同□□子　弥太郎／道金　松子／妙善　□□子／孫八／□□子／道順　次郎　彦二郎」と、読まれる。しかし、二行目は「たら子」三行目「とら子」、五行目「たらこ」と判読した文献もある。

埼玉74（図版編一一四頁）

小川町青山六五四・円城寺　薬師図像板碑

総高六一・五センチ、幅三二・三センチ、厚さ三センチの小型の図像板碑。頭部は平らで山形と二条の刻みを持たない。身部に二重の界線を巡らし、中央に結跏趺坐する薬師如来が薬研彫りの蓮座の上にゆったりと座る。像の下に「我之名号／一経其耳／衆病悉除／身心安楽」（わが薬師の名号が一たびその耳を経たならば諸病悉く除かれ身心安楽になるであろう）という『薬師経』の偈と嘉暦三年（一三二八）戊辰十二月日」の年紀を刻む。薬師如来の誓願は一二あり、この偈はその第七願である。本堂内の厨子に安置され、最近は開扉されていない。

埼75（図版編一一二頁）

小川町西古里・薬師堂横　一尊図像板碑

西古里集落センターの建物の裏手に薬師堂が建ち、その左側に板碑が石垣の上に立っている。

自然石の台石の上に据えられ、現高一五八・五センチ、上幅五九・四センチ、下幅六二・三センチ、厚さ八・五センチの大きさで、上部を欠失した緑泥片岩製の図像板碑である。石の側面はキチンと削平され丁寧な加工がしのばれる。

石の両側に幅五四・五センチ、高さは石の欠失部までで一四八センチある二重の輪郭を巻き、その中に右四半分の頭光があり、それを負う正面向きの像が巻雲に包まれた踏み割り蓮座の上に足を広げて立つ姿で表される。残存する部分での像高は七五センチで、像が乗る巻き雲のサイズは幅四〇センチ、高さ二一センチである。像身は石面よりごく僅か凸出して彫られ、袂は左右ほぼ対称に襞が陰刻で彫り出される。左肩の少し下に手に何かを載せたような痕跡らしき部分があるが、周りと明確に区別出来にくく、全体の剥落が著しく像容は決めがたい。『小川町史』では地蔵像とする。町史の拓影では左腕と見られる黒い部分はあるが、調査時点の拓影では明確には出来なかった。

巻雲の下に五行の銘文が認められるが、一部は判読出来ない部分がある。

右志者為主君并□□
聖霊同結衆三十一人
（如来立像）正應三年庚寅□
現当二世□
乃至法界平等利益也」

千々和実『武蔵國板碑集録』二では森甲子夫家脇墓地所在とし、図に（佛立図像）と記す。

埼76（図版編一一二頁）

小川町下里一区三〇二－一一・寒沢路傍　弥陀一尊月待供養板碑

農村センター北側の路傍にバク種子板碑・六十六部供養塔と並んで南面して立っている。

地上高一四四センチ、上幅四九・七センチ、下幅五三・五センチ、厚さ六センチの大きさで、頭部山形の右から下へ少し欠損する。二条の刻みを浅く作り、身部に幅四一・五〜四五センチの幅で下まで伸びる枠線を刻んでいる。

枠線の中に日月を造りその下に幅いっぱいの大きさに天蓋を線刻する。両端からは長く瓔珞が垂下する。天蓋の下中央に幅一七・五センチに四一センチの大きさに長方形の枠線を刻み、その中に蓮座の上に立ち頭光を負った阿弥陀像が同じく線刻される。直径一三センチの頭光を中心に全身から放光が界線一杯に放たれている。このような意匠の板碑は珍しい（類例としては狭山市・天岑寺塔（埼42）がある）。枠線の下に前机と三具足（華瓶・香炉・燭台）が線刻される。

三具足の両側に「月待供養　逆修」、阿弥陀仏を囲む界線の三分の一位の高さから両側に「帰命月天子本地大勢至／為度衆生故普照四□□」の出典未詳の偈（川勝政太郎『偈頌』一五二ページ、縣敏夫氏によればこの偈は「月待板碑」に限られるという。『板碑における偈頌集成』二二ページ）、前机の下中央に一一・三センチと二八・五センチの大きさの枠線を取り、その中に「長享二年戊申十月廿三日」の年紀を、更にその左右一〇行にわたって三郎二郎・彦二郎・九郎二郎、妙秀・妙永・小五郎・彦六・道弥等三〇名余りの交名を刻む。

埼77（図版編一〇九頁）

小川町角山・亀岡家　地蔵像板碑

道路際にある亀岡家の墓地に祀られる。地上高五六センチ、上幅二四センチ、下幅二五・三センチ、厚さ四センチの小型板碑で下部左側を少し欠く。頭部山形に二条の刻みを作り、下の刻みから九・五センチ隔てて八・五センチの頭光が線刻される。面部は石面の風化のために不明で、線刻の地蔵と思われる立像が線刻される。右手を胸元に挙げ宝珠を捧げ持ち、左手は不明で錫杖の一部、袖から袂にかけての刻線が認められる程度である。足元も不明瞭で蓮座は確認できない。『小川町の歴史』資料編三では、「来迎の線刻像を刻む、下部固定」とし、法量七四・〇、幅四五・〇、厚さ四・〇センチとする。しかし、掲載の拓影を見る限り、今回実査した拓影と殆ど同じ状態でありながら、寸法的には一致しない。また、拓影の下に（地蔵菩薩来迎像）と記す。

埼78（図版編一一三頁）

ときがわ町西平字多武峰・武藤家　六観音六地蔵図像板碑

ＪＲ八高線「明覚」駅の西南西約六キロの山間部にあり、城壁のような石垣や門や古建築がこの家の歴史を物語る。屋敷から少し下の平地に吹き放しの堂があり、その中に多数の板碑をたてて保存される。それらの中には六角形の板石に枘穴を穿った石やその断片も見られる。

本板碑は総高一二八センチ、下幅三〇・五センチ、厚さ三・五センチ。頭部は平らな緑泥片岩製。二条の刻線の下に幅二七センチ、高さ八六・五センチの枠線を彫る。枠線一杯に天蓋を造り出し、華麗な瓔珞が五条垂れ下がる。上二段に六観音像（聖・十一面・千手・不空羂索・馬頭・如意輪＝天台系）を、その下に六地蔵像（檀陀・宝珠・宝印・持地・除盖障・日光）を彫る珍しい図像板碑である。最上段中央のみは二重光背を負い少し大きく彫られ、頭上に多くの化仏を頂くところから十一面観音像と知れる。他の五体は頭光を負い合わせて六観音を表すとされる。その下二段六体は同じく頭光を負い錫杖・梵篋・幡等の持ち物を持つ六地蔵を表す。いずれも蓮座の上に立つ姿で表され、観音・地蔵共に持物や姿態に違いがあるが確定しがたい。

最下段の地蔵像の間に「長禄五年辛巳／卯月吉日」の年紀を彫り、左隅に「重祐」とあり反対側にも刻字があるとするものもあるが、今は判然としない。

形状から六面石幢であるという見方もあるが今回はひとまず板碑と見た。同所には外に三十数基の板碑が所在する。

埼79（図版編一一〇頁）

ときがわ町玉川二七一〇－一・小沢モータース　十一面観音板碑

国道一七一号と県道の交差点近くの小沢モータースの工場うらに石積の壇を設け、その上に小祠を作り祀られる。

現高六五センチ、下幅二六センチ、厚さ二・七センチで左上部と左側の一部を欠失する緑泥片岩製。頭部を山形とし二条の刻みを作る。ただ、この山形の先端は石

幅の中央ではなくかなり右に寄っている点は奇異である。欠けた部分まで延長すると、二条の刻みの位置よりも低くなるという状態になる（図版編参照）。福島県須賀川市の柱田・八斗蒔の来迎板碑二基（双碑）が片流れの頭部であるのを見てきた位である。二条の刻みの下二センチ隔てて太い枠線を陰刻し、その枠線内に直径一四・五センチと八・五センチの二重の頭光を線刻し、一五センチと幅の広い蓮座の上に立つ観音像を同じく線刻する。観音は右手を胸元に挙げ、左手に未敷蓮華を持ち、頭上に釘の頭を曲げたような刻線七、八本が刻まれ、化仏を戴くものと見られる。これらから、ほかに例がないが十一面観音像と判断した。全体的に見ていたって稚拙な刻線である。

像の下部に「昌巌／菴主／寛正二年辛巳五月」と刻む。

埼80（図版編一一四頁）
川島町上伊草八三〇・金乗院墓地　弥陀三尊図像板碑

本堂左前方の一区画、江戸時代の石仏・石塔の中に混じって西面し、下部をセメントで固める。現高六三センチ、上幅三一センチ、下幅三三・五センチ、厚さ三・五センチの弥陀三尊図像板碑で、頭部山形や両側は一部欠損や剥離する。二条の刻みの下に高さ三・一センチの額部を持ち、身部に幅二八・五センチの枠線を取る。額部の下一・六センチから始まる枠線に接して直径四センチの日月を浅く彫り窪める。その下の天蓋は右端が剥離してはっきりしないが、約二六・五センチの枠線ぎりぎりまで線刻し、長短あわせて五条の瓔珞が垂れ下がる。枠線上端から二三センチ下がり来迎印をとる像高二一センチの正面向きの阿弥陀如来が、幅九センチ高さ三センチの蓮座の上に足をハの字に開いて立つ。直径七・五センチと一一・八センチの二重頭光と身体の周りからは四三本の放光が放たれている。

中尊の両袖あたりから、蓮台捧持、合掌の脇侍二菩薩が六センチの頭光を負い宝冠を被り中尊の方を向いて立つが、胸の辺りから下を失う。図像部分を残すのみで紀年銘等は不明である。

埼81（図版編一一四頁）
川島町長楽三一二・共同墓地　阿弥陀一尊・六地蔵月待供養板碑

都幾川に架かる早俣橋の東詰にある共同墓地のほぼ中央に、下部をコンクリートで固めて立つ。地上高六九センチ、上幅三八センチ、下幅三八・五センチ。厚さ二・八センチのほぼ長方形の図像板碑で、上部を欠失する。

石面両側に枠線を取り、更に石の上部中央に幅一八センチの小さな枠線を陰刻し、蓮座の上に立つ阿弥陀如来像を線刻する。身体の周りから枠線いっぱいまで多くの放光が延びている。枠線に接するようにして頭光を負い蓮座の上に立つ地蔵像が、三躰ずつ二段に同じく線刻で彫り出される。六地蔵の像高はほぼ一〇センチ程度で（若干大小がある）、それぞれが異なった持ち物を手にしている。最下段中央には前机と三具足が供えられる。

上段の地蔵像の両側に「月待供養　逆修」、前机の下に「文明／□月廿三」と年紀の一部が、その両側には「助五郎　孫八」等の交名が多数彫られるが、塔身全体が切り出した状態の凹凸があるままに彫刻され、更に風化が進んでいるために剥離

する部分も多く全体的にわかりにくい。

埼82（図版編一一五頁）
川島町長楽一〇七九・長楽用水路横　弥陀一尊自然石板碑

長楽の集落北部を東西に流れる長楽用水路横の町道端に立っている。

地上高一二五・七センチ、上下幅五七センチ、厚さは上部で九・五センチ、下部で七センチ。頭部は三角に尖り緑泥片岩製であるが、武蔵板碑の形式をとっていないところから自然石板碑とした。

不整形な山形をした石の碑面一一・五センチ下から六九センチの大きな舟形光背を浅く彫り窪め（下幅四九センチ）、蓮座上に像高四九センチの結跏趺坐する定印の弥陀像を薄肉彫りする。光背の中に更に線刻の二重円光背を作り、外の光背との間に円弧を画くような線を刻む。兵庫県加西市の石棺仏に似た光背を持つものがあるが板碑では珍しい。埼玉県の板碑調査を永年続けていた故坂田二三夫氏は「歴史考古学」第十五号（昭和六〇年四月）誌上でこの板碑を鎌倉中期の板碑初発期に遡る造立と考察を発表された。

背面に近世の供養塔として再利用した次のような銘文がある。

「一　天長　享保十一丙午　長楽村　横田茂太夫

バク　奉納大乗經本朝回國一千部供養所

地久　三月日　　法名権大僧都常楽印勝寛」

埼83－84
川島町中山一二〇九・正泉寺墓地　地蔵図像板碑

埼83　地蔵板碑１（図版編一一六頁）

墓地の一隅に置かれ、現在はほぼ中央で二石に割れている。総高三〇・七センチ、上下幅二三センチ、厚さ二・八センチのほぼ長方形の緑泥片岩製の板碑である。上辺（二重）、下辺ともに陰刻の界線を刻んであり、これで完全なものと見ると極めて小型の図像板碑ということになる。

枠線の内部に天蓋を線刻し、その下に頭光を負い蓮座の上に立つ二躰の地蔵立像を彫る。像の両脇に「宝徳三年／十月日」の年紀のみが彫られる。

二躰の地蔵像という例は無く、或いはこれは堂の周りを荘厳《しょうごん》する塼《せん》のようなものでなかったのか、という疑問もある。

埼84　地蔵板碑２（図版編一一六頁）

墓地に立っている。総高一二六・七センチ、上幅三七センチ、下幅四一センチ、厚さ三・七センチで、頭部の山形はくずれていて原形は不明である。上方は石面が剥離していて二条の刻みの有無についても不明となっている。石の下端は高さ二七センチ、幅二四・六～二三センチと柄として細く作られる。石の両側五・五センチの輪郭は内部よりも〇・五センチ低く作られる。凸出した中央面に像厚が約一・七センチの押し型風に浮き彫りとした合掌の地蔵と思われる

立像を彫る。面部は剥離して輪郭を留めるだけであるが、衣紋は単純な線刻であるものの良く残っている。長方形の台座の上に立ち合掌するが錫杖も持たず、像の下に刻まれた「永正五天十一月十一日／正因大師」の銘文から、亡き僧侶を彫ったものかとも考えられる。幅約一センチ程の頭光もところどころ剥落し、全体的に保存状態の悪い板碑である。

ここから北東へ約一・五キロの大字吹塚によく似た図像板碑が所在する（埼86）。

埼85

川島町上小見野六六〇・安楽寺　弥陀図像板碑群

市野川大橋の東に立つ寺院で、寺の入り口左に阿弥陀種子板碑・三尊図像板碑（上欠）・三尊図像板碑（下欠）・弥陀図像板碑（下欠）と並んで下部をセメントで固定された板碑が並ぶ。

埼85－1　弥陀三尊図像板碑（図版編一一七頁）

二石に折れており並んで立てられる。上部は現高三九センチ、上幅三四・一センチ、下幅三四・六センチ、厚さ三・五センチで、五・七センチの額部を有し、その上から欠失する。額部は身部より〇・五センチ突出している。幅三・二センチの枠線を取り、上から四・二センチ離れて直径二八センチと一一センチの二重頭光を作るが、内側の頭光はゆるく彫り窪められ、その中で弥陀像の頭部が浮き彫りに表されている。傘の骨状の放光を刻んでいる。阿弥陀如来は左手を挙げ右手を降ろした来迎印で立ち、この右手の辺りで折損する。

下の部分は地上高五九・五センチ、上幅三五・三センチ、下幅三八・八センチ、厚さ四センチで枠線を持ち、石の上方に踏み割り蓮座に乗る脇侍菩薩像の一部が見られる。左の蓮座に対して右側の蓮座が下にあり、更に左の蓮座が枠線に接するように位置するのに対して、右側の蓮座はその右に余裕を持ち、全体として左寄りに三尊像が彫られていて、左から右下方へという動感をたくみに表現する早来迎形と判る。像の下に二行にわたって「正安元年／七月十五日」の年紀だけが彫られる。

埼85－2　弥陀三尊図像板碑（図版編一一七頁）

現高一一一センチ、上幅四〇・五センチ、下幅四四・五センチ、厚さ五センチの下半部だけの残欠板碑で、枠線も取らず現存部分の上方に二つの蓮座と像の足元の一部という像容部分が残る。その下に「永仁二二年丙申三月八／日」の年紀と「光明遍照／十方世界／念佛衆生／摂取不捨」の偈頌を二行ずつに分けて彫る。なお下部は粗叩きのまま残される。

埼85－3　弥陀図像板碑（図版編一一八頁）

地上高四四・五センチ、上幅二九・七センチ、下幅三〇・五センチ、厚さ二センチの図像板碑。頭部（左側が一部欠損する）山形の下に二条の刻みを造り、その下一センチから幅二八センチ（刻線の幅〇・七センチと幅広）の枠線を彫る。枠線から一〇センチ隔てて、直径二五・二センチと枠ほぼいっぱいの大きな頭光を負う阿弥陀像を薄肉彫りする。頭光は三重で、一番内側の頭光は中央に溝を持ち、その両側をゆるい曲線で彫り窪める。二、三重目の頭光の間に傘の骨状の光明を多数刻む。像は左手を胸元に挙げた部分まで残り以下を欠失する。押し型風であるが右下方を向いて立つ姿であることはわかる。

埼86（図版編一一四頁）

川島町吹塚・原家墓地　地蔵図像板碑

「八つ林」バス停近くの原家の屋敷墓の左奥に直接地面に立てられている。

地上高五八・五センチ、上幅三六・四センチ、下幅三六・六センチ、厚さ三・二センチで、上方は角が取れているが平らな板碑である。上端から一三センチ下がった部分から幅二九センチにわたって〇・五センチほど浅く彫り下げる。その中に直径二二・五センチの大きさに頭光を陽刻し、両手を袂に包んだ密印をとる地蔵像を陽刻する（像高は三五センチ）。この袂のあたりから下を地面にいけられており折損するものと思われる。

埼87（図版編一一八頁）

川島町吹塚二一三・華蔵院地蔵堂墓地　阿弥陀図像板碑（残欠）

畑の一角に小さな墓地がある。そこに新しい長足五輪塔が立てられ「華蔵院本尊地蔵堂供養塔」と刻まれる。その前に立てられた文永四年キリーク種子板碑、永仁七年キリーク種子板碑の背後に、断片の板碑が数基積み上げられ、その中にある現高二二センチ、最大幅一六、厚さ三・五センチの残欠が当該碑である。右手を胸元に挙げた阿弥陀如来像の顔と右肩の部分が残り、二重の頭光と面部から発する三条ずつの放光が線刻される。

埼88（図版編一一〇頁）

川島町三保谷宿三五四・南光院阿弥陀堂　阿弥陀石仏

墓地中央に建つ阿弥陀堂の正面祭壇に祀られるのが、緑泥片岩製の阿弥陀石仏である。

下部は枘を作ることが『川島町の板碑』に記録されるが、現在は木台に差し込まれて立てられる。その木台からの高さ六三・七センチ、光背部で最大幅二六・九センチ、足元で二七・三センチ、厚さ二・五センチのものである（前著によると高さ七五・〇センチとし、全形の写真を掲載するが、拓影は上部だけのものである）。五七センチの高さに舟形光背形に石を整形し、そこに内側をごく浅く彫り下げた二重光背を負い、第一指と第二指を捻じた来迎印をとり、蓮座に上に立つ像高四〇センチの阿弥陀如来を薄肉彫りする。像の背部の光背に一三個の円文を渦巻いて取り囲む雲文が薄肉彫りされ阿弥陀像を取り囲む。

光背の下は幅広く石を取り、上は波を表すように曲線を描くが、これは来迎の飛雲を表すものと考えられる。この下端に四角い枘を作り中央に四角い穴を穿つ。その両側に「康永二年／八月日」の年紀を刻むという。石仏で板碑に使われる緑泥片岩を用いた例である。古くから堂内の本尊として祀られたものと思われ、殆ど風化もなく完存する。現在は墓地の管理者数人（墓地奉行）によって鍵が管理されている。

埼89（図版編一一八頁）

吉見町丸貫忍街道・路傍　おねんぼう様　キリーク・弥陀三尊図像板碑

バス停「古名」を北へ約五〇〇メートルばかり入った道路脇に石檀を造り、その中に立てて保存される。

総高二五三センチ、上幅五六センチ、下幅五九・三センチ、厚さ七・七センチの大きさであるが、荘厳体の種子キリークの三分の一程度を残して上部を欠失するから、完存すると三〇〇センチを越える大きな板碑であっただろうと思われる。

身部の両端に一・五センチの幅をもつ枠線の縦画を彫り窪め、その間に

三重の頭光を負い蓮座の上に立つ正面向きの阿弥陀如来像を厚さ一センチに陽刻する。面幅七センチ、頭部を含めて面長一三センチ、肩幅一八センチ、裾張り二三センチ、像高八二センチの大きさで作られ、右手を胸元に挙げ左手を膝の当たりに降ろした来迎印をとる。直径一六センチの二重目の頭光から四五本の光明が四方に放たれ、頭光の最も内側には蓮弁が陽刻され面部の周りを取り囲む。足下の蓮座は幅三五・五センチ、高さ一八センチ、厚さ一・二センチである。

蓮座の下に五行にわたり銘文を刻む。

「右所造立者為阿佛并妻女
現世平生期待万善修行芳
文永拾二年乙亥中春
千年松竹本臨終閉眼夕拝
三尊来迎月紫雲十念時也」

銘文四行目の五字目を石井真之助氏は「梅」と読み、「造立者阿佛とその妻とが現世にあって死後の冥福を祈って建てたものであろう。阿佛は此の地方の豪族で仏門に帰依した人であろう」とし、「右造立するところは阿佛ならびに妻女の、現世、平生、万善の修行の芳しからんことを期待せんが為めなり。千年の松竹梅、臨終、眼を閉ずるの夕、三尊来迎の月と紫雲を拝す、十念のときなり。」と解説される（石井真之助『板碑遍歴六十年』（木耳社、昭和四九年四月）。

同書によれば、「明治四三年の大洪水の時、荒川の濁流の中にあり、舟底が碑の頭部にあたり、荘厳体の種子キリークの半分から上の部分が欠損、行方不明になってしまった。地上二四〇糎だが、全長三米以上あるだろう。若しも完全であったら誠に見事なものであったろう。」と、上部欠失のいきさつを記す。「おねんぼう様」という名でイボを取る神様として今も信仰されるという。

埼90（図版編一一九頁）

吉見町大串一二八二・観音寺　弥陀一尊念仏供養板碑

本堂の左奥手に壇を築き、一列に一〇基ほどの板碑が下部を固定して保存される。図像板碑は地上高七一センチ、最大幅三二センチ、厚さ三センチの緑泥片岩製の板碑。頭部を山形に作り、石の頂部から右側にかけて欠損する。身部には陰刻の郭線を刻む。傘の骨状に放光を放つ頭光を負う阿弥陀如来像が線刻の蓮座の上に立つが、両手から頭部にかけて石が剥離している。衣紋は袖の部分を平底に、襞の部分は線刻と違った手法で彫る。

蓮座の両側に「念仏／供養」と刻し、「道本、妙正、妙慶、太郎次郎」等の交名と、その間に「文明元年」の年紀が認められる。県報告書『板碑』によれば交名は三段に彫られるとするが、現在は一段と少しが出ているのみでそれ以下は埋め込まれている。

埼91（図版編一一九頁）

吉見町江綱・観音堂　弥陀三尊図像板碑

観音堂墓地の入り口の一画に上下を逆さにして固定して立てられる。現高四八・五センチ、上幅三八センチ、根部の部分で幅三〇センチ、厚さ四センチの板碑で、身部の残された部分は三尊の蓮座などわずか一九センチに過ぎない残欠であるが、銘文がある点で貴重である。

中尊は下向きの蓮座に対して、脇侍の両菩薩の蓮座は反花の回りを輪郭で囲む形に線刻する。この下部に「開法／文和□／□／西阿」と紀年名等が読まれる。

埼92－93

吉見町南吉見三七八・長源寺

埼92　弥陀三尊・六地蔵図像板碑（図版編一一九頁）

本堂に収納される板碑は、弥陀三尊像の脇侍菩薩像のごく一部分を残して上部を欠失し、その下に六地蔵像を一列に彫り出す珍しい像容の図像板碑である。現高六六・五センチ、上幅三四・五センチ、下幅三四・六センチ、厚さ四センチの大きさで、下端に二五・五センチの幅で高さ五センチの枘を有する。

身部に幅三一センチの枠線を彫り、上方に阿弥陀如来の乗る踏み割り蓮座、観音菩薩の下半身、勢至菩薩の足と蓮座が残る。その下に頭光を負った六体の地蔵立像が彫り出される。頭光の直径四・六センチ前後、像高は一四・五センチで、左から如意・梵篋・持錫捧珠・合掌・幢幡といったそれぞれの持物を克明に彫り出すが、六道のいずれに該当するか一部わからないものがある。衲衣の襞を残して内部を彫り窪め蓮座を陰刻する。

六地蔵の下には「　癸未／成佛房／康永二年卯月／廿五日／妙法尼／敬白」の銘文がある。

阿弥陀佛の来迎引接と六道を巡って苦の衆生を救済する地蔵を共に表し、極楽往生を願う強い願望を示した図像板碑といえる。

埼93　十三仏図像板碑（図版編一一九頁）

本堂左手奥にある歴代住職墓域の入り口左手に、北面して直接地面に立てられる。総高八三・五センチ、上幅五〇・五センチ、下幅五三・五センチ、厚さ三～三・五センチの大きさで、下部を欠失する。頭部山形も右側が一部欠失し、その下に二条の浅い刻みを持つ。その三センチ下から幅四五センチの枠線を陰刻し、上方に日月を浅く彫り窪める（日は風化のために不明瞭）。枠線にかかるようにして、蓮座の上に乗る直径一一・五センチの月輪を彫り、内にタラーク（虚空蔵菩薩）を薬研彫りする。その下に直径が一七・五、一五、八・五センチの大きさの三重の頭光を負う、正面向きの阿弥陀如来立像を彫る。像高は三三・五センチの大きさで風化のために刻線はかなり不鮮明になっているが、足下の蓮座ははっきりと残る。二重目と三重目の頭光の間に細かく放光が刻まれるほか、身の回りにも面部から下に六方向に三条ずつの放光が放たれている。蓮座の両側に同じく蓮座に乗った月輪を刻み、バン（右・大日）ウーン（左・阿閦）を薬研彫りし、バンの下には同じように月輪の左半分が残り、バイ（薬師）と思われる種子の部分も残る。これらを全体的に見て、阿弥陀如来を像容で表し、他は種子で示す十三仏板碑と考えられる。

阿弥陀像の右側に「帰命月天子本地大勢至為度云々」と銘文を刻み、左側に種子を刻むが一部が判読できる程度である。

埼94（図版編一二〇頁）

吉見町南吉見・関根家　弥陀図像板碑

東松山と鴻巣を結ぶバス道に面して立つ関根家の庭にある井戸に向けて直接地上に立てて置かれる。

現高七一センチ、上幅四四センチ、下幅四五・一センチ、厚さ三～四・五センチで、阿弥陀像の頭光と頭部だけを残す残欠板碑である。頭部山形の下に二条の刻みを作り、幅三七センチの枠線を陰刻する。その下に真っ直ぐな軸に短い幡のような飾りを並べた天蓋を彫り、両端と中央の三箇所から瓔珞が垂れ下がる。その下に直径二五・五センチの大きな頭光と二一センチの二重頭光を彫り表し、内側は線刻、外側は幅のある凹刻で光明を彫りだし、その中央に正面向きの阿弥陀如来の顔部と肩先のごく一部が残る。

埼95（図版編一二一頁）

吉見町中新井・薬王寺　弥陀三尊月待供養板碑

本堂の左前方に、南面して弘安四年銘の種子板碑があり、その左隣に切り石に穴を穿って台座とし、その中に立てられている。総高一八五センチ、上幅四六センチ、下幅五二・三センチ、厚さ五・六センチの室町時代のものとしては大型の図像板碑である。頭部山形は高さ二三センチに対して幅四四・五センチと高い割合を示し、その下に二条の刻みを持つ。

身部に高さ一四〇・五センチ、幅四〇～四五・五センチの陰刻の枠線を作り、上方に直径七センチの日月を線刻する。その下に二重の頭光を負う正面向きの阿弥陀如来像（像高三一・五センチ）が蓮座の上に立つ。蓮座は蓮肉部の上面を斜め上から見た上端部を二重線で彫り蓮実を彫り出し、その下に蓮弁を陰刻する。この間を、蘂を表す縦線で結ぶ。二重の頭光内に放光が二〇本線刻され、その内右下の一本のみが枠線の端にまで長く伸びている。

中尊の蓮座の下方には頭光を負い、お互いに向き合った観音・勢至の脇侍菩薩が蓮座の上に立つが、裾の広がった衣を身に纏い、二一センチと二〇・五センチの像高を測る。三尊とも細い線刻で表される。

脇侍菩薩の間に大きな敷き布を掛けた脚の長い前机があり、燭台・香炉・華瓶の三具足を上端の刻線の上に並べて線刻する。三具足に比して前机が著しく大きく、脇侍像に匹敵する。

この前机の下に「月待供養　寛正□（二二とも六とも読めそうではあるが）」と年紀を刻むが、下方は石の表面が剥離するために不明である。また、その両側に「平太郎、五郎次、頼順、祐覚、弥□太郎」等多数の交名が刻まれるが、他は風化のためにほとんど判読する事が出来ない。

埼96（図版編一二〇頁）

吉見町北吉見四五九・龍性院墓地　弥陀一尊図像板碑

本堂の左に広がる墓地の参道左側にある石井家墓域の墓塔右側の地上に直接置かれる。総高六一センチ、上幅二四・五センチ、下幅二五・五センチ、厚さ二・五～二・七センチの図像板碑で弥陀像の肩あたりから斜めに上部を欠失する。全体に風化が進んでいる。

残存像高一九センチの大きさで、足の向きからやや右を向くと見られ、右手を胸元に挙げ左手を垂下した来迎印の阿弥陀立像を薄肉彫りする（足下の蓮座は彫られていない）。その下には座の正面に三つの格狭間を浅く彫り沈めた礼盤座を斜め上から見た状態で作り出し、机上には真ん中に丸い座、両側に下ぶくれした華瓶を一対薄肉彫りする（蓮華は活けられていない）。礼盤座を表す図像板碑はこれが唯一ではないかと思われる珍しい例である。図像板碑では珍しく陽刻で彫り出されている点も注目される。

埼97（図版編一二〇頁）

吉見町上銀谷一七一・薬師寺　弥陀一尊図像板碑

地元では「古杉之薬師」と呼ばれ信仰が篤いという寺の入り口左手にある墓地を

入ってすぐ、六地蔵石仏の前の塀際に東面して直接地面に立てられる。

地上高七〇・五センチ、上幅四六センチ、下幅五〇・五センチ、厚さ六・五～七センチで下部をセメントで固定する。上端を欠失するほか全体に大きく剥離する。石面の右側には幅三・五センチの枠と見られる幅の広い線刻がある。石面の左寄りに右を向いて来迎印をとる阿弥陀如来の立像が、肩から裳裾までが像厚一・五センチの半肉彫りで残り（その残存部分で約五七センチ）、他の部分は剥落する。足元には大きな蓮座の左部分だけが残される。

埼98（図版編一二二頁）

秩父市野坂町二ー一二ー二五・野坂寺　神像三尊板碑

秩父札所一二番の寺院。板碑は須弥檀の下に格納されている。

総高九二・八センチ、上幅二八・八センチ、下幅三二・三センチ、厚さ二～三・五センチの大きさで、頭部は平らであるが、山形下の二条の刻みから折損したものと見られる。上端から四センチ隔てて幅二八・八センチ、高さ六二・五センチの大きさの枠線を線刻する。枠線の二・五センチ下から直径一四センチと一六・五センチの二重光背を線刻し、蓮座の上に宝冠を被る坐像を陰刻する。蓮座の下から直径九センチの頭光を負う脇侍坐像二体が一三・五センチの大きさに刻まれる。一般によく見かける弥陀三尊像ではなく、神像三尊ではないかと考える。他に類例のない珍しい図像板碑であるが、表面の風化が進み刻線は不鮮明で細部はわかりにくい。像の下中央にただ一行「至徳二年乙丑二月」の紀年銘のみを刻む。

かつては同市熊木町・清水武甲家にあったもので、その後野坂寺に移されたものである。埼玉県調査報告書には清水武甲家に掲げ「主尊虚空蔵菩薩か」と注記する。

埼99（図版編一二四頁）

美里町木部・深沢家　弥陀一尊板碑

深沢家の蔵の中に保管される。総高七八・五センチ、上幅二五・七センチ、下幅二七・五センチ、厚さ三・五センチの比較的小型の図像板碑である。

頭部山形は少し丸くなり二条の刻みもなく、その頂部の一七センチ下から像高二〇センチの大きさで、左手を膝のあたりに下げ、右手を胸元に挙げた来迎印をとる阿弥陀如来が、踏み割り蓮座の上に立ち、右下方を向いた早来迎形の様式で彫り出される。像高は一九センチある。頭光は直径八センチで周囲に放光を放ち、右下の二条は長く石の端に届くように刻まれるのは多く見られるものである。右下の放光以外は一条の光芒で、左へ伸びる放光は石の端まで長く伸びるが、他の放光は風化の為にはっきりとしない。面部は薄肉彫りで衣紋部は陰刻で表わされる。蓮座の下にはかつて線刻の一対の華瓶があったのがわかるが、左は蓮華のみが二弁、左は蓮華と華瓶の下部が残る。

華瓶の間、石面の中央に一行「文永九年□月」と年紀のみが刻まれる。このような比較的小型で二条の刻みを持たない図像板碑は玉蔵寺塔や群馬県多野郡方面に類例が見られる。

埼100（図版編一二四頁）

美里町白石一九五三・宗清寺　弥陀三尊図像板碑

板碑はかつて本堂前の竹藪の中に立っていたが、二つに折損したために、実見したときは本堂の向かって左下に横たえられていた。その後、二折した部分を繋ぎ柄の部分から幅八七センチ、奥行き六〇センチの灰色片岩の台座に立て、覆い堂に収蔵して施錠されるようになった。

総高二二一・五センチ、上幅五一・五センチ、下幅五三・五センチ、厚さ七センチの大きな図像板碑である。

頭部山形の下に二条の刻みを持ち、身部には上から四センチ内側に、幅四二センチの下辺が無い輪郭枠を線刻する。枠線から一七センチ隔てて、斜め上から見た形の蓮座に立つ、頭光を負う像高六四センチの阿弥陀如来像を、衣紋の襞を約一センチほど薄肉彫りし、内側を彫り沈める手法で表す。蓮座は上方を線刻で、真横の蓮弁は薬研彫りでと変化を付けた手法を取る。この蓮座のところで石が二つに折損する。

脇侍像は中尊の蓮座の下から彫り出され、観音像は二六・五センチ、勢至像は二五センチと小さく、共に襞を陽刻で表す。足元の蓮座は線刻される。観音菩薩は左肩に伸びた蓮の華を持つ（勢至像の手元は不明瞭だが合掌ではない）。

弥陀像の両側に漢字で光明真言を刻み、脇侍像の下に「地獄天宮／皆爲浄土／有性無性／斎成佛道」（地獄、また天人の住する宮殿も／皆、浄土である／仏性ある者もなき者も／ひとしく仏道を成ずることができる）という「円覚経」からの偈頌を刻み、その下に「右意趣者／為過去法／界衆生／乃至供養／平等利益／故也」「應安六年癸丑七月五日敬白／願主／空浄」と銘文を刻む。漢字で光明真言を刻むのは至って珍しい。又、刻字は交点で一方を強調して、他画を分断する切り画という手法で彫られる。

川勝政太郎博士は『日本石造美術辞典』の中で「南北朝後半には貧弱な板碑が多い傾向の中で、これは注目すべき大型の秀作である」と評価される。

古くから知られた板碑で、江戸時代の『集古十種』の中の「碑銘六」中に「上野国桐生碑」として収録されるのが本塔である。

埼101（図版編一一三頁）

本庄市児玉町児玉一九六・玉蔵寺　弥陀三尊板碑

板碑は本堂内に収蔵される。総高八五・三センチ、上幅二六・五センチ、下幅二八センチ、厚さ二・五センチの比較的小型の図像板碑である。このような図像板碑が県を越えて群馬県南西部方面にも見られ、高崎市在住の磯部淳一氏は「小幡型板碑」と称されている。

頭部山形の左辺に一部欠損があり、二条の刻みを持たず、身部に線刻の枠線を取るのが断続的に認められる。上辺は一重で下辺は二重に作られ、高さは約六〇・五センチである。枠線上端から七・五センチを隔て、頭光を負い踏み割り蓮座の上に立って右下方を向いた阿弥陀立像が、一五・七センチの大きさで面部や手足は輪郭を彫り下げて薄肉彫りにして作られる。頭光からは放光が放たれ、右下方のものは長く伸びているが、風化のために部分的に見られるだけである。蓮座の下からは同じ彫法で宝冠を頭に戴き頭光を負う脇侍二菩薩が右下方を向いた姿で彫られた、いわゆる早来迎形の弥陀三尊像である。

脇侍像の蓮座の間から花開いた蓮華二茎を生けた華瓶が彫り出され、その両側に「弘安三年／十一月日」の年紀を刻む。石の下端約一八センチほどが斜めに切断されて尖っているのは、地面に突き刺すためと思われる。

埼102（図版編一一五頁）

本庄市児玉町保木野・鈴木家　弥陀一尊板碑

板碑は邸内庭のほぼ中央に立てられる。地上高一一一センチ、上幅三〇・六センチ、下幅三二センチ、厚さ三・一センチの大きさで、完存する美しい板碑である。石井真之助氏も『板碑遍歴六十年』で「磨消や破砕のあとなく、見事な美しい板碑である」と賞される。

身部に二七・五センチ×七九センチの枠線を刻み、中央上部に直径二四センチと一一センチの二重頭光を負う像高三四・五センチの来迎印の阿弥陀一尊像を線刻する。面部は石の面よりも浮き出ている。頭光の内側には蓮花文を刻み、その外に五〇本の傘の骨状に放射光を彫り出す。幅一九・五センチに高さ九センチの大きさに作られた蓮座の下、身部の端に三茎蓮を活けた一対の華瓶を同じように線刻する。

華瓶の間に一行「乾元二年閏四月日」と年紀を彫る。

石井氏は先の書で、「この板碑にとてもよく似ている一尊図像板碑（元徳四年壬申二月時正）が町田市相模原にあったが行方不明、遂にまだ見当らない。惜しいことである。」と解説されるが、鎌倉市扇ガ谷三－五－一・薬王寺にある板碑（神13）が該当するのではないかと考えている。

埼103（図版編一二六頁）
本庄市児玉町太駄五三・正覚寺　弥陀三尊板碑

正覚寺の右手、墓地へ行く道に背を向けて、斜面上にセメントで固めて立てられる。

地上高一〇一センチ、上幅三六・六センチ、下幅三七・五センチ、厚さ三・五～四センチで、頭部を山形に造る。阿弥陀如来は右を向いて踏み割り蓮座に乗って放光を放ち、その下に共に頭光を負う脇侍二菩薩が線刻される。中尊の立つ蓮座は比較

的よく残っている。その下に刻字の跡が認められ「十一月日」が辛うじて判読できるが、年紀はわからない。その両側に二花を活けた一対の華瓶が彫られ、右側は比較的良く残るが、左の華瓶は花ははっきりしているが華瓶は不明瞭である。全体に風化が進み、石の目が浮き出ていて、刻線が埋没してわかりづらい。四方田氏は「埼玉の中世石塔（三）」（『埼玉史談』三九巻二号、平成四年）の中で「はっきりとはわからないが線刻と陽刻を取り入れた手法から鎌倉期の阿弥陀三尊立像であろう」と述べている。

埼104（図版編一二六頁）
本庄市児玉町河内・木村家　弥陀三尊板碑

木村家の庭の一隅に、弥陀種子板碑等四～五基の板碑を直接地面に立てるが、その中の最前列にあるのが当該の図像板碑で、近くの山麓にあったものを、三〇年ほど前に道路工事のために屋敷内に移したという。

地上高一〇八センチ、上幅三七センチ、下幅三八・五センチ、厚さ四センチで、頭部山形に造るが、二条の刻みは認められない。石の表面は風化が著しく、拓本によるよりもむしろ肉眼で観察する方が、まだ像の様子が確認できる。石の頂端から三〇センチ離れて中尊の阿弥陀如来立像が、その右下に小さな頭光を負った観音菩薩像が線刻され、左の勢至菩薩像は殆ど形跡を留めていない。刻字等も不明。

埼105（図版編一二五頁）
神川町新里・須藤家　弥陀一尊板碑

須藤家の裏庭左側に石積みの壇上に社殿が祀られ、その左の地面に下部をコンクリートで固めて二基の板碑が立っている。

左塔が該塔で地上高六一・五センチ、上幅二四・七センチ、下幅二六センチ、厚さ二・七センチで、頭部は先の尖った山形を呈するが、二条の刻みは作られていない。頂部の一一・五センチ下から直径一二・三センチと五・三センチの線刻の二重頭光を

負った、右下方を向いて来迎印をとる阿弥陀如来が先の尖った踏み割り蓮座上に乗っている。衣紋は正面中央を残して線刻で表される。右斜め下に二箇所二条線の放光らしき線刻があるが、他の部分には見られず線も弱い。その他刻字などは全く見られない。

埼106（図版編一二七頁）

上里町勅使河原一八六四・大光寺　地蔵板碑（二面）

本堂のうしろ右手の、平成五年秋に建てられた新しい地蔵堂の中に、石幢（総高一六七・八センチ、「永正六年十一月吉日銘」安山岩製）の左隣に南面して祀られる。現高一一四センチ、上幅五〇センチ、下幅五八センチ、厚さは上部が一四、下部で一五・五センチの分厚いもので、地蔵像の肩から上の部分を欠失する。石の右側が大きく剥離する。地蔵像は残る部分から測って足下まで像高七八センチ、裾幅三三センチである。左手に直径五センチの宝珠を捧げ持ち、右手に柄の短い錫杖を握る持錫宝珠形の地蔵菩薩像を薄肉彫りする。宝珠を捧持する指が克明に刻まれる等丁寧な彫法がとられることが見て取れる。足下の蓮座は幅三八センチに高さ一五センチの大きさである。石の面いっぱいに像を彫り出し、刻字などは認められない。

　石の裏面にも像高が約六六センチ（頭部の輪郭はわかるが足元が不明）の蓮座上に全体的に剥離し輪郭を残すのみの地蔵立像と思われる図像が刻まれるが、二重

光背を負っていたように思われる。右肩の部分、面部の左に錫杖の柄と見られる部分が認められる。蓮座は幅二九・五センチ、高さ一一センチで像よりもはっきり残っている。

　千々和実『武蔵国板碑集録』三で、「厚い板石に陽刻、頭部を欠失しているが、流麗な衣の襞がその古さを示す。地蔵像陽刻として優秀。裏面にも蓮座上に立つ地蔵像を陽刻するが、時代は降ると考える。おそらく表面像破損後の改作であろう」と解説する。

埼107（図版編一二八頁）

上里町帯刀二三五・菅原神社　三尊自然石板碑

本殿裏の円形の塚の上に三基の石塔が立ち、左端のものが該塔である。南面して直接地面に立てられる。地上高一一五センチ、中央部の最大幅六三センチ、地上部での幅六八センチ、厚さ一二～一二・五センチの、背面がほぼ平らな緑泥片岩の自然石を使用する。石の右辺はほぼ真っ直ぐであるが、左辺は緩やかにカーブする。石面の左上部や石の下部は表面が剥離する。

　正面のほぼ中央の位置に、三〇センチの高さに一八センチの幅を持つ、三角形に近い舟形光背を浅く彫り沈め、その中に像高二四センチの如来形坐像を薄肉彫りする。その右には少し小さな三角形の光背が作られ、その中に左を向いて両手を前に出し蓮台を捧持するような姿勢

の像を彫る。中尊の左方は剥落していて僅かに光背のあった形跡を残すだけであるが、全体の構図から先と同じような光背と脇侍像が有ったことが想像される。弥陀三尊像を薄肉彫りする自然石塔婆ではないかと考える。

なお、背面には直径三～六センチくらい、深さ一～二センチくらいの丸い窪み（甌穴か）が一五～六個所見られる。

埼108（図版編一二七頁）

上里町大御堂一一〇九・吉祥院墓地　弥陀三尊板碑？

寺から少し離れた墓地左奥の横山家墓域に上下を逆さにした板碑が、下部をセメントで固定して立てられる。地上高五六センチ、幅三一～三三センチ、厚さ三・五センチの大きさを測る。幅二五・五センチの枠線を陰刻し、その内側左右に踏み割り蓮座と二菩薩の衣紋の一部が辛うじて認められるが、風化が進んでいてそれらもおぼろげにわかる程度である。その下（現状では上の方）に刻字の跡が有り、光明真言の一部が確認されるとされるが現在では判読できない。

埼109（図版編一二九頁）

熊谷市上之三三三六・龍淵寺墓地　弥陀一尊図像板碑

墓地中央奥に「龍渕寺開基成田五郎家時墓」（円覚寺　朝比奈宗源筆）の石柱が立てられ、一段高くなった墓所玉垣の右端に、台石に下部を挿入して立てられる。現高一三〇センチ、上幅四一・八センチ、下幅四五・三センチ、厚さ五センチの緑泥片岩製の板碑で、頭部の山形は失われている。二条の刻みを持つ。

二条の刻みの下四センチから高さ一〇センチ、幅二九センチの天蓋を線刻し五条の瓔珞が垂下する。石面のほぼ中央に二重の頭光を負い正面を向いて来迎印をとる阿弥陀像を三二センチの大きさで線刻する。肩幅一一・五センチに対して像高が低く、ずんぐりした体躯である。上半身部分を斜め格子縞で表すほかは衣紋の周囲を線刻するなど、比較的簡略な彫法を用いる。放射光は二重の頭光の外側と頭からと交互に、二八方向に傘の骨状に丸く伸びている。線刻の蓮座の下方、やや離れて前机・三具足が小さく線刻される。

阿弥陀如来の垂下した手のあたりから両側に一行ずつの銘文と、その下の前机を囲んで四段にわたって二七名の交名が彫られるが、交名は風化の為に一部判読できないところがある。

「

延徳〤年壬／□十月十五日」

（阿弥陀如来像）三具足・前机

道定　妙俊　道永

道念　妙性　道賢

道珎　道□　□祢

妙道　□□　道阿

道金

妙忍

道□

逆修一結衆ホ敬白

道□　□□　□珎

妙徳　妙心　道□

□□　□□　□□

妙□　□□　妙心」

その左に立つ地上高一〇五センチ、上幅三七センチ、下幅五八センチ、厚さ四・七センチの剥離した板碑は県調査報告書『板碑』によると「以前は、阿弥陀三尊種子と地蔵の図像を配し正元元年已未十月中旬の紀年が認められた。現在では剥離が進み已未の文字だけが残る」（資料編(2)）と記録される。

埼110（図版編一二五頁）

熊谷市上川上・一乗院墓地　弥陀三尊図像板碑

上川上自治会館の裏にある墓地の奥に、数基の石造物が並んでおりその右端に立っている。

現高七六センチ、上幅二九・五センチ、下幅一七センチ（左側を欠損する）、厚さ六・五センチの緑泥片岩製のもので、左側が剥離と欠損で痛んでいる。頭部山形の下に二条の刻みを作るが、これは石の側面にまで及ぶ。正面の刻みはごく浅く彫られる。

身部には枠線を彫らず直接像を刻む。二重光背を浅く彫り窪めた中に、像高二四・五センチの阿弥陀如来が来迎印で立ち、その右下に蓮台を捧持して中尊の方を向いた観音菩薩が立つが、その反対側の勢至菩薩像は石が欠失するために姿を留めていない。観音像も背部は剥落するなど細部はわかりにくい。阿弥陀像は薄肉彫の頭光を負い、脇侍の観音像は線刻の頭光を負う等、その造りに変化を見せている。像の彫りは比較的浅く、保存状態がよくないこともあって風化が見られ、細かい部分については不明瞭な状態である。現在像のほかに刻字等は見られない。

埼111（図版編一三〇頁）

熊谷市上中条一一六〇・常光院墓地　弥陀三尊板碑

境内西側に広がる墓地の左寄り「中山家」墓域の石垣片隅に、東面して下部をセメントで固めて立てられている。

地上高一三九センチ、上幅六一センチ、下幅六四・五センチ、厚さ七センチで頭部山形に作る。石の正面は平らなままで石の側面だけに二条の刻みを持つ。側面下の刻みの所から一本の横線が刻まれ、その刻線から八八センチ隔てて石の下方に同じように一本の横線が刻まれ界線を表す。

石の中央に、二重の光背を負った像高四一センチの阿弥陀如来が密印の姿で蓮座の上に立ち、その足下あたりから中央を向いた脇侍菩薩（右に蓮座を捧持する観音菩薩像。左に合掌する勢至菩薩立像が、それぞれ軽く膝を曲げて立つ）が二重光背の中に立つ。三尊共に蓮座の上に立つ。

脇侍菩薩の背面に阿弥陀像の頭光背の高さまで長くゆるやかにカーブする茎と蓮の花が陰刻される。千々和実氏はこのような姿が来迎を表す初期のものとされている。

延宝二年等の後刻があるが本来の銘文は刻まれていない。

埼112（図版編一三一頁）

熊谷市上中条九一八－一・実相院墓地　弥陀三尊図像板碑

寺域南の道路を隔てた向かい側にある墓地の右端に、コンクリートの基壇の上に東面して立っている。

現高一三一センチ、上幅六二センチ、下幅六〇センチ、厚さ八センチの緑泥片岩製の板碑で、左下部が大きく欠損し右中央にも石の破損が見られるなど保存状態はあまりよくない。

頭部の三角山形から一八センチ下に一本の界線を陰刻し、その下八七センチの所に下の界線を刻む。この形式は常光院墓地の板碑とほぼ同じである。この上の界線から八センチ隔てて二重光背を彫り窪めて、その中に正面向きの阿弥陀如来が蓮座の上に立つ姿を彫る。さらにその足元両側に、同じく二重光背の中の脇侍菩薩像を陽刻する。勢至菩薩は胸元で合掌する姿であるが、観音菩薩像は蓮座を捧持する姿で

なく、右の袖を胸元に挙げたような姿に作られやや異形である。足元から両脇侍とも少し中尊の方を向いているように見える。中尊は像の部分がすっかり剥離しておりかろうじて形状を止める程度である。観音像は頭部は剥離するが衣紋の部分以下が残る。勢至像もほぼ同様な状態で三尊とも細かい部分については不詳である。中尊の二重光背は頭光部で直径一二センチ、身部で幅一七センチ、裾部で一三センチである。

　蓮座は中尊のものはごく薄く陽刻で作られ、観音像のものは平底形に彫り浚える様式をとるように見られ、勢至像のものは風化のために不明である。像高は阿弥陀像約四二センチ、観音像二四センチ、勢至像二四・五センチである。

　脇侍像の光背の肩から一本ずつ蓮の茎が上に伸び先端に蓮華が薄肉彫りされるが、阿弥陀像の身光半ばまでで常光院塔のように長くはない。

　かつて武蔵型板碑の悉皆調査の重要性を説き自ら実践した千々和実氏が、常光院塔と實相院塔を比較して取り上げ、来迎を表す図像板碑の初期のものと説かれている。少し長いが引用する。

　「初発期板碑の陽刻の三尊の観音像が蓮座を捧げているからといって、それだけでは来迎像としては不完全である。なぜなら、来迎像の特徴は来迎の動きでなくてはならない。ところがこれら初発期陽刻像をはじめ、それにつづくらしい三光三尊像などいずれも弥陀も脇侍も直立不動の静止状態で、動きはまったく示されていない。普通、来迎像は来迎印がきめ手とされるが、石像では磨損のため判別できないものばかりといってもよい。それより全体の姿態に見る動きが重要である。それに速度を示す飛雲とか、腰をくねらせたり、まげたりしている脇侍、斜横に向いて蓮台をささげる観音、踏み割り蓮座に立って八方に光明を放つ弥陀、とくに白毫から光明が斜め下方に落ちる状など、その動きが来迎図には肝要である。

　こうした観点で、初発期陽刻像から来迎像への展開過程を、熊谷市上中条実相院と、その東方数百メートルの常光院とにある二基の弥陀三尊陽刻像板碑を対照することによって見ることができる。両者とも年紀は見得ないが、実相院のものは三尊とも直立不動の姿で、初発期陽刻像となんら区別するところがないが、ただ両脇侍の左右斜上方に、めずらしくものびた蓮茎を立てた点が異なるだけである。ところが常光院のものは、これと構成はまったく同じであるが、こちらは蓮茎がさらに長くのび、両脇侍の姿態が直立でなく、しなやかに腰をくねらせ、観音は蓮座をささげ、勢至は合掌していて、動きが充分に現われている。だから、この両板碑の前後関係は、まったく直立不動の初発期陽刻像の趣をもった実相院の板碑から、姿態に動きを充分に示した常光院の板碑への展開が示していると見ることができる。惜しいことに両者とも年紀銘を欠くが、ともに頂部に横二条線を深く刻みこまず、左右の端に二段の羽刻みをつける点は、寄居町富田大日堂や横浜市鴨志田の寛元元年、児玉町元田千手堂の正嘉二年三連碑と共通するから、大体それに準ずるころ、すなわち一二五〇年前後のものと考える。」千々和実「板碑に見る中世仏像表現」（仏教芸術学会『仏教芸術』八九号、昭和四七年一二月）

埼113（図版編一三二頁）
熊谷市上中条二〇一六・観音寺　地蔵図像板碑

　本堂の本尊厨子下の戸棚の中に保管される。総高一四六センチ、上幅四四センチ、下幅四六・五センチ、厚さ四センチの板碑で、頭部の一部と塔身右上部に一部欠損が見られるほかは完存する。頭部山形の下に二条の刻みをもち、頂部から二一・五センチ隔てて幅四〇・五センチの下部が開いた枠線を陰刻する。枠線上部には幅三二センチ、高さ一二センチの天蓋を大きく彫り両端に瓔珞が垂下する。天蓋中央部の下には羅網《らもう》と思われる長方形に並んだ刻みが見られる。

　その天蓋の下に直径二〇センチの頭光を負い、両端の弁が長く伸びた蓮座の上に立つ地蔵菩薩像を彫る。頭・鼻などは石の表面に残し、面部を極く浅く彫り窪め、眼・口は陰刻する。衣紋の襞や袈裟は凹刻し裳裾は線刻するなど変化に富んだ彫法をとって彫刻される。蓮座の下には三茎蓮を生けた華瓶・香炉・燭台の三具足の乗った前机が置かれ、その両脇に銘文が刻まれる。

　「逆　明應伍年
　修　十一月廿四日」

紀年銘の下には小さな字で三段にわたり多数（四～五〇名近いと見られる）の交名が刻まれるが、「妙」の付く刻字が目立つものの殆ど判読できない。また、地蔵像の右側には「了空法印」の後刻がある。

埼114（図版編一二七頁）
熊谷市村岡三九六・高雲寺　地蔵図像板碑

板碑は本堂奥の位牌堂に祀ってあり、総高五三・五センチ、最大幅一三・八センチ、厚さ四・五センチの左上部だけの断碑であるが、地蔵像の彫刻が優れるところから有名な板碑である。頭部山形に二条の刻みを持ち、身部に二重の輪郭枠を陰刻し、その中に二重の線刻の頭光を負って線刻の錫杖を右肩に懸けて、右方を向いた地蔵像を薄肉彫りする。頭部の一部を剥離するが、顔の表情は豊かで頬や顎は円満相を表す。墓地を整地中に出土したものといわれる。

埼115（図版編一三三頁）
熊谷市四方寺・路傍　宝塔形弥陀三尊図像板碑

市域北端部の無住の蓮華寺から東へ約五〇メートルほどの農道から少し北へ入った所にある樹木の根元に、コンクリートの基壇を設けていけ込まれている。

現高九四センチ、宝塔の軒幅六七・三センチ、塔身幅四三・五センチ、屋根部分の高さ三九センチ、塔身部の高さ五四センチ、厚さ五センチの緑泥片岩製。石の表面はほぼ平らで像の彫刻以外は何の加工も施されていない。

塔身部いっぱいに線刻の弥陀立像を彫る。三重の頭光を負った阿弥陀如来は、右手を胸元に挙げ左手を膝のあたりに伸ばした来迎印をとる。裳裾のところで石は終わる。全身を覆うように放射光が三五方向に石の端まで伸びている。石の下端に円弧の一部が左右両方に見られるが、これは脇侍菩薩の頭光と見るのが妥当で、これからこの板碑は弥陀三尊図像板碑であると判断される。阿弥陀像の左肩から下の部分に石の浮いた部分があり、早晩剥落が考えられる。

当初からこのような形で作られたものではなく、後世宝塔形に加工されたものかと思われ、他に類例を見ない。県の悉皆調査報告書『板碑』には記載されないが、千々和実『武蔵国板碑集録』三に記録され（図版17熊谷市8、本文一〇四頁）、「中世所刻の画像板碑で弥陀三尊であろう。中世からこの形であったか近世変形させたか未詳、かくれキリシタン釈迦といわれているが、とにかく宝形造堂内（ママ）の三尊である」と解説される。

埼116－118
熊谷市桜木町二－三三－二・熊谷市立図書館付属郷土資料展示室　収蔵板碑群

「熊谷」駅南の市立文化センター三階の「郷土資料展示室」に常設展示される板碑の中に阿弥陀一尊板碑一基、名号・六地蔵板碑二基があり、更に収蔵庫内に名号・六地蔵板碑一基がある。

埼116　阿弥陀一尊図像板碑（図版編一三六頁）

現高四二センチ、最大幅二五センチ、厚さ二・五センチの図像板碑で、頭部や右側が大きく傷むと共に、三具足の一部を残して下の部分から折損する断片である。頭部山形は折損のために二条の刻みの有無は不明で、左端に縦に一本の陰刻線の一部が残り枠線があったことがわかる。上部には線刻の天蓋の一部が見られ、両端は大きく、中の三条は小さく、計五条の瓔珞が垂下している。その下に八センチと六・八センチの大きさの二重の頭光を負った阿弥陀如来像が来迎印をとり、一五・五センチの大きさに線刻される。足下には真横から見た蓮座が幅九センチ高さ三センチの大きさで刻まれる。頭光からは一三方向に三条ずつの放射光が枠線まで長く伸びており、その中央の光芒は阿弥陀像の面頭部から放たれ、その両側の光芒は外の頭光から伸びており、放射光の間隔は不同である。蓮座の下には燭台・香炉の一部が見え、前机があったことがわかる。

かつては同市久下の伴里治久家にあったものである。

埼117ａ　名号・地蔵像板碑（図版編一三六頁）

現在、同所に三基の名号・六地蔵像板碑が所蔵される。現高四七・五センチ、上幅・下幅ともに三八・五センチ、厚さ四・三センチの残欠で、上端に二条の刻みの痕跡を残し、石の左右は真っ直ぐに切断される。上端左部を一〇・五センチ残して右下斜めに欠損する。上端から四・五センチ離れて枠線と思われる陰線が刻まれ、中央に名号の「南無阿弥」を薬研彫りし、その両側に頭光を負う地蔵像を陰刻する。右の地蔵は左手に錫杖を持ち、左像は顔の部分から切断され左手を外に向けて宝珠を持つ。下端も切断されて真っ直ぐになっている。

かつて行田市持田五九〇八・宝蔵寺にあった板碑で、次の名号・地蔵像板碑残欠と一体となる板碑であることがわかり、同寺から当館に寄贈されたという。図版ページの拓影は両者を一つに合成した。

埼117ｂ　名号・地蔵像板碑（図版編一三六頁）

三階の郷土資料室の収蔵庫内に保管される板碑で、先の旧宝蔵寺塔の下に繋がるものである。現高六一・五センチ、幅四七・五センチ、厚さ五センチで「弥陀仏」の部分を残す残欠である。名号は底を丸く彫っており、名号の下に斜め上から見た蓮座を彫るが、中央の蓮弁で深さ一・六センチに彫り窪める。右側に頭光を負い蓮座の上に立つ持錫宝珠の地蔵像を、左に先の板碑に残る地蔵の下半身とその下に上半身の地蔵が残る。

117ａと117ｂを合わせると、名号はほぼ復原でき、線刻の地蔵立像は四体が確認できる。

埼118　名号・地蔵像板碑（図版編一三六頁）

常設展示室の上段に展示される。現高六〇センチ、幅四一センチ、厚さ五・七センチで「南無阿」まで残し、それ以下を欠失する。傷みが激しいが頭部山形の下に二条の刻みを作り、身部には幅三五・七センチの枠線を線刻する。身部の中央に大きく名号を彫り、その両側に頭光を負う地蔵立像を陰刻する。右像の方は風化が激しく頭光の一部と像がぼんやり認められる程度である。共に足元くらいから下を失う。

千々和実『武蔵国板碑集録』三では「大字東別府・常見房次郎家」として、本塔を含めて一四基の板碑を収録し、「名号に脇侍したがう図はめずらしい」と記す。現状から推測すると、欠失した部分に更に二体ずつの地蔵像が彫られていたものと見られる。

埼玉119（図版編一三九頁）
深谷市人見一六二一－二・一乗寺　弥陀三尊図像板碑

寺の参道に面して左手に深谷市史跡指定の人見家歴代の墓（五輪塔三基）があり、その右端に花崗岩製の切石上に図像板碑が並んで北面して立っている。現高

一二八・六センチ、上幅四七・五センチ、下幅五〇・六センチ、厚さ六・五～一一センチの背面不整形の板碑。頭部山形（高さ一四・五センチ）にし、その下に二条の刻みを持つ。二条の刻みの下一〇センチを隔てて、三一・五センチの舟形光背を彫り窪め、約二六センチの像高を測る中尊とその左右に二条刻みから一九・五センチ下から二三センチの舟形光背の中に像高約一九センチの脇侍像を彫り出すが、いずれも風化の為に輪郭を辛うじて残す程度で細部はわからない。三尊はほぼ同じ高さに立つ。善光寺三尊様式とされた時期もあるが、熊谷市弥藤吾・堀口家板碑（埼129）などと同じ阿弥陀図像板碑と考える。身部にも刻字の痕跡らしき部分も散見されるが、判読は出来ず不明である。

埼120－121　深谷市境二二〇－一・宝泉寺

本堂の向かって左前方に墓地がある。その入り口の左手に二基の図像板碑が立てかけられている。大正年間に掘り出されたと伝えられ、石橋として使われていたのではないかという。

埼120　弥陀図像板碑（図版編一三四頁）

墓地入り口に三尊板碑と並べて置かれる。現高九六センチ、幅七〇・五センチ、厚さ四～六センチの阿弥陀図像板碑の残欠である。頭部山形の半ばから左や二条刻みの右端が欠け、表面も一部剥離するなど状態はあまりよくないが、斜め下方に刻み込んだ二条の刻みの下六・五センチを隔てて幅六〇・二センチの枠線を陰刻し、枠線の四センチ下から幅三四センチの火炎宝珠を頂上に頂く天蓋を作り、その下に頭光を負う線刻の阿弥陀如来の頭と顔の一部が覗かれる。頭部からは三条ずつの放光が枠線まで長く伸びている。他の地域でも見られないような大きな図像板碑で、もし完存すれば二〇〇センチを越えるような大型板碑であったろうと思われる。

埼121　弥陀三尊板碑（図版編一三五頁）

上下二つに折損しており、復原すると総高一六九センチ、上幅四一センチ、下幅四七センチ、厚さ八センチの細長い感じの板碑である。頭部山形には二条の刻みは持たず、頂部から二〇センチ下に高さ一一センチ幅二八センチの蓮座を逆さにしたような天蓋と陰刻する。身部にも枠線を彫らず直接像を彫り出す。

頂部から四〇・五センチ隔てて、像高二三・七センチの、石面からすると小さな来迎印をとった阿弥陀如来像が蓮座の上に立つ姿をごく薄く平らに陽刻する。阿弥陀仏の左手のあたりから中尊の方を向いた脇侍像が同じように薄肉彫りされる。右には少し膝を曲げ腰を屈めて蓮台を捧持する観音立像を、左には同じく膝を曲げて合掌する勢至立像を彫り出す。像高は観音像が一五センチ、勢至像が一四・五センチを測る。来迎形の弥陀三尊像の場合は観音像が勢至像よりも低い位置に彫られる事が多いが、中尊の方を向き合った三尊像の場合は同じ高さの場合が普通である。しかし本塔の場合は観音像の方が約四センチ高く彫り出されており珍しい。脇侍像は共に腕から天衣を垂らしており蓮座の下まで伸びている。

石の下方、中央に「文永八年辛未二月日」の年紀を大きく彫り、その両側に「光明遍照十方世界／念仏衆生摂取不捨」の偈頌を二行に分けて彫り表す。ただ、折損する部分にかかるために

各行の最初の刻字が欠失する。
石の下方約二八センチは根部を構成し、表面は粗叩きのまま残されている。

埼122（図版編一三七頁）
深谷市東方二九〇二・全久院　善光寺三尊板碑

本堂に向かう石畳の右手にさつきの植え込みが有り、板碑はその後ろに西面して直接地上に立てられる。

地上高一三三・五センチ、上幅五六センチ、下幅五九・五センチ、上部厚さ九、下部厚さ一一センチの緑泥片岩製板碑で、他の善光寺式三尊板碑と同じように、二条の刻みが側面まで巻かれる。高さ五三、幅三〇～二九センチの光背は二条の刻みの下から六センチ離れて彫られ、中央に挙身光背を負う阿弥陀如来を三四センチの大きさに、その左右に一八センチの大きさで観音・勢至の脇侍二菩薩を陽刻する。像表面に風化があり観音菩薩の両手の状況は不明瞭であるが、勢至菩薩像は胸元で両手を重ね合わせているのが確認出来る。脇侍菩薩の蓮座は臼型であるが上の部分は左右に大きく伸びて異形である。中尊の蓮座の下部には長方形の台座を薄肉彫りする。

中尊の二重光背の上の部分から蓮茎が五本伸び、先端に水滴状の光背が彫り出される。この形式は妻沼・歓喜院塔と同じで、能護寺塔・福寿院塔の如くその中に化仏を彫り出すことはしていない。善光寺式三尊は七化仏を光背部に伴うが、本塔は五本の茎を伸ばし先端の化仏を表す部分も小さく、全体の形から見て蓮華の伸びる状況を表しており、化仏の表現意欲はうすいと考えられる。また石の幅に対して光背の幅が狭く石面両側の平坦部分が広いことなどは、造立年代が少し遅い時代の造立によるものを示すと考えられる。

光背の左下辺りの石が一部剥離するほか、前述の如く阿弥陀像の上半身は剥離し脇侍像にも剥離や風化が認められる。

埼123（図版編一三八頁）
熊谷市須賀広・大沼公園　須賀広弥陀三尊板碑

江南北小学校西北隅に建つ町教育委員会の倉庫内に保管されている時に実査した。旧大沼公園弁天島に在った最古銘を有する図像板碑として有名なもので、銘文部分が剥離しかけて浮き上がっている。調査時点では東京足立区の展示返却時の梱包のまま保管される状態で実見した（写真3）。

1

2

3

現高一三九センチ、上幅五八・五センチ、下幅六一センチ、厚さ九・五センチの緑泥片岩製。弥陀三尊像の内、中尊の方から上を欠失する。高さ三七センチと身光を大きく彫り窪めた中に、正面を向いた三三～三三・五センチの脇侍菩薩像が陽刻される。

像の下に「嘉禄三年□月／大才二十／丁亥□日」の紀年銘が彫られるが、現在は剥離の為に殆どがわからなくなっている。その両側に二行ずつに分けて「諸教所讃　多在弥陀　故以西方　而爲一准」という「摩訶止観輔行伝弘決」を出典とする偈頌を大きな文字で刻む。この偈頌は比較的初発期の板碑に多く用いられた偈頌である。

4

この板碑の発表は『考古学雑誌』第二五巻第一号に平野元三郎氏が「嘉禄の陽刻板碑」と題する報文を発表されたのが最初といわれる。写真１は稲村坦元「板碑」（雄山閣『仏教考古学講座』）から引用したものである。

写真２は平成六年三月に当時埼玉会館郷土資料室で開催されていた第一五三回展示「石のみほとけ」—図像板碑の造形—で展示されていた時のものである。現在池の畔には復元された板碑が立っている（写真４）。

埼124（図版編一三七頁）
旧江南町教育委員会（旧江南南小学校）　弥陀三尊板碑

調査した時は教育委員会の倉庫に保管されていたが、かつては江南南小学校に保管されていた。現在二折している。

上半は現高九〇センチ、上幅五四センチ、下幅五七・五センチ、厚さ六センチ。下半は現高九二センチ、下幅五八センチ、厚さ六・五センチの完全であれば二〇〇センチに近い大型の図像板碑である。頭部山形は低平で二条の刻みの下に高さ五センチの額を作る。そこから七・七センチ離れて直径一三センチの円頭光を二・五センチほどのゆるい曲線で彫り窪める。それに続いて最大幅一五センチの身光を彫り、合わせての二重身光（挙身光）は四三センチを測る。足元には約

一一・五センチ、高さ七・五センチの蓮座を陽刻し、その上に三〇・五センチの来迎印の阿弥陀如来が正面を向いて立つ。蓮座に接するようにして脇侍菩薩の頭光が彫られ、左は頭を剃った面部と肩の一部が、右は上半身が残り髷を高く結うのがわかるが、像容の細部は風化のためにわからなくなっている。三尊とも頭光の回りに二本と三本の短い放光が交互に線刻される。下半部の右上部には右脇侍の蓮座後残っている。

「若有重業障
無生浄土因
　　　為悲母
　　　歳次
寛喜二　六月二十三日
　　　庚寅
　　　奉造立
□弥陀願力
□□安楽國」

と、年紀と「観世音菩薩往生浄土本縁経」の偈を刻む。嘉禄の板碑に遅れること三年の初発期の図像板碑で、勢至菩薩の代わりに地蔵菩薩が彫られる事で注目される。

埼125（図版編一三九頁）
旧江南町教育委員会　弥陀一尊板碑

旧江南町教育委員会倉庫に保管されている。現高四七・五センチ（右）、四七センチ（左）上幅三六センチ、下幅三七センチ、厚さ五・五センチの上下を欠失した残欠板碑である。幅三〇・五センチの枠線を刻み、その中央に正面を向いて飛雲・蓮座に立つ阿弥陀如来を、袂を太い凹刻線で他を線刻で彫り出すが、腕あたりから上（垂下した左手が残

る）を失う。飛雲の下中央に「貞」一字が残る。貞永・貞和・貞治・貞享等があるが貞和・貞治かと思われる。像の下部に楕円形の孔が開けられている。町内の坂井・鹿島遺跡から出土したといわれる。

埼126（図版編一四〇頁）
熊谷市妻沼一六二九・歓喜院門前　善光寺三尊板碑

歓喜院門前（本坊右手）の駐車場の片隅に、簡単な屋根を差し掛けて保存される。

現高一七八センチ、上幅五八・六センチ、下幅五九センチ、厚さは上部一二・五センチ、下部一二センチの緑泥片岩製で、頭部は平らに切られており板碑ではないという意見もある。頂頭部から二二センチ下に幅一六センチの小さな天蓋を線刻し、頂頭部の三四センチ下から高さ七五センチの蓮弁型光背（最大幅三八センチ、下部で三五センチ）を、内に向かってゆるやかに彫り窪め、その中に像高四三・五センチの右手を胸元に挙げ左手を垂下する阿弥陀如来像が薄肉彫りされる。その左右に宝冠をかぶり両手を胸元に重ね合わせる梵篋印という独自のポーズをとる脇侍二菩薩が、三一センチと三一・五センチの大きさで彫られる。三尊の乗る臼型蓮座の下には三区に分けた幅四〇センチ、高さ九・五センチの格狭間付きの台座が作られる。

三尊の挙身光背から蓮の茎が伸び、その先端に蓮弁型の七化仏が彫り出される、いわゆる「善光寺式阿弥陀三尊」形式の図像板碑である。

裏面には上方に釈迦（バク）普賢（アン）文殊（マン）の「釈迦三尊」を薬研彫りの種子で彫り表す。

この板碑はかつて妻沼小学校の敷地（もと大我井森）にあったが、昭和三〇年一二月に校舎増築のため現在地に移したものであることが、傍らの説明板に記される。通称「ひらぼとけ」とよばれる。

先述の如く、塔身が大きく厚く頭部が水平であるから、これがもともと板碑であったかどうか、はなはだ問題で、おそらくもとは笠塔婆であったろうとする稲村担元氏の意見に千々和実氏も同意している。

埼127（図版編一四一頁）
熊谷市妻沼字中岡二四〇四・玉洞院　弥陀三尊板碑

板碑は本堂の左前方に建つ如意輪観音を祀る「圓通閣」の堂前に、直接地上に立てられ東面する。

地上高九九センチ、上幅六二・五センチ、下幅六四センチ、厚さ五・五～六センチの緑泥片岩製で、三尊像の下部で折損するのを接合してある。高さに比して幅の広いところは他の図像板碑と異なる。石面中央に高さ四二センチ、最大幅一四センチの舟形光背の中に像高二六センチの阿弥陀如来像を薄肉彫りする。右手を胸元に挙げているが左手は風化のために不明瞭である。脇侍菩薩は三四×一一センチの光背に二〇・五センチの像高を測る観音菩薩像も同じように薄肉彫りされる（勢至菩薩像は剥落のために不明）。観音像を見ると両掌を重ねて上に持物を載せる形ではなく、肘の角度は両手で蓮台を捧持する角度であるように見える。観音・勢至像共に筒型の宝冠を着ける。同じ一光一尊形式の堀口家の図像板碑では、三尊が乗るのは普通に見かける蓮座であるのに対して、本塔は縦に筋の入った上下の蓮座を重ねた臼型蓮座である。

現在は風化が進み確認は出来ないが、かつては三尊像の下に「光明遍照」と「極重悪人」の偈頌が細字で刻まれていたという肥留間博氏の報告がある。

埼128（図版編一四一頁）
熊谷市妻沼字中岡二四〇四・玉洞院　善光寺三尊板碑

石村喜英氏の報文「新発見の善光寺式銅像と板碑小考」（『史迹と美術』四一八号

昭和四六年一〇月）の中で、同寺歴代住職の墓地に小型の善光寺式板碑が立てられていると報告されたが、その後の県板碑悉皆調査の報告書『板碑』には収録されておらず、諸岡リスト(1)では「現存せず」と注記されている。板碑は境内入口の六地蔵を祀る堂内に立てかけてそのまま置かれている。

現高四三センチ、上幅二八・八センチ、下幅三〇・三センチ。厚さは小形の板碑にしては厚く左四・五、右五・五センチあり、像の蓮座の下端当たりから折損する。頭部を山形に整形し二条の刻みを施すが、その刻みは側面まで巻かれている。左が欠けているので幅が不明であるが山形は低平である。両側面は平滑に仕上げられ、断面を考えると中央が約一センチ前と後ろに張り出す六角形を呈する。

石面には枠線を設けず直接それぞれが光背を負う弥陀三尊像を半肉彫りする。中央の阿弥陀如来像は刻みの下七・五センチから舟形光背を二一センチの高さに作り臼型蓮座の上に立つ。手印は風化のために来迎印か剣印か明確に判別することはできないが、二指を伸ばし他の指は曲げるように見える。脇侍菩薩像は一二センチ下から一六センチの舟形光背を負い臼型蓮座の上に立ち、どちらも両手を胸前で重ね合わせる梵篋印をとる。たての筋の無い蓮座は観音像のものがほぼ完全に残るが、阿弥陀像と勢至像のものは下向きの蓮座が半ばで欠失する。

三尊三光背であるが、臼型蓮座と脇侍が梵篋印、宝冠をかぶる点を考えると、善光寺式三尊板碑と考えていいのではないかと思われる。比留間博氏は善光寺式に他ならないと書かれている。

（1）平成六年三月に開催された埼玉会館郷土資料室第一五三回展示「石のみほとけ―図像板碑の造形―」展の図録別冊として諸岡勝氏が作った『「武蔵型図像板碑」編年目録・所在目録』（一九九五年三月）を指す。

埼129　熊谷市弥藤吾・堀口家　弥陀三尊板碑

（図版編一三九頁）

母屋と道の間の庭先に自然石で壇を築き、その上に祀られる。

現高七四・五センチ、上幅三二・五センチ、下幅三三・五センチ、厚さが六センチの、頭部山形の高さ五センチに対して幅三二・五センチと低平な割合を示す比較的小型の図像板碑である。二条の刻みは側面まで巻かれ、その二条の刻みの下から三センチ隔てて二六センチの舟形光背を、内に向かってゆるやかなカーブで彫り下げ、その中に像高二〇センチの円形頭光をおう阿弥陀如来が線刻の蓮座の上に立つ。右側の観音は二条の刻みの一四・五センチ下から一九センチの光背を彫り、一四センチの像高で薄肉彫りされる。勢至は同じく二条の刻み一四センチ下から観音と同じ大きさで彫り出される。観音菩薩は胸元で蓮台を捧持し、勢至菩薩は胸元で両手を会わせて合掌する姿で中尊の両側に立つ。三尊とも線刻の蓮座の上に立ち頭光を負う様式の、県下でよく見かける弥陀三尊図像板碑である。

像の下部には左右に行ずつ、計四行にわたる「極重悪人／无他方便／唯称念仏／得生極楽」という源信の『往生要集』からの偈が刻まれ、その中央には「建□□年」と読まれる紀年銘が部分的に認められるが、現在は風化が進み一部分が判読できるだけである。

埼130　熊谷市弥藤吾二〇〇二・福寿院　善光寺三尊板碑

（図版編一四三頁）

川岸からおりた境内墓地の入り口に、台石の上に立てられ東面する。台石上から計って現高一三二センチ、上幅四九・七センチ、下幅五二センチ、上部厚さ

一〇・五、下部厚さ九センチの、頭部山形、側面まで巻かれた二条の刻みを持つ武蔵型図像板碑である。

二条線の下から三センチ離して六九センチの高さ、幅三九～三六・五センチの光背を彫り窪め、その中に頭光を負う像高四三センチの阿弥陀立像と、三〇・五センチの両脇侍菩薩を薄肉彫りする。観音菩薩は両手で蓮台を捧持するように見えるが、勢至菩薩は風化のために判然としない。勢至菩薩は膝から下部が剥落するなど保存状態は良くない。三尊とも臼型蓮座の上に立っている。

光背の上部には七つの水滴状の光背の中に、仏坐像が小さく陽刻されるが蓮茎は作り出されていない。一光三尊形式の善光寺式阿弥陀三尊図像板碑と知れる。

なお、板碑を挿入する台石（高さ六四×幅三八×奥行き六三センチ）の側面には「安政二夘年／十月吉日／寄附　栗田久三郎／玄道代」と刻まれる。

埼131（図版編一四二頁）

熊谷市永井太田一四一〇・観音堂墓地（掛川家管理）　**山王板碑**

観音堂背後の墓地中央の掛川家墓域の左後方に、自然石を台石にして立てて祀られる。但し、現在は二つに割れており、上部の図像部分のみが墓域の左後方に固定保存され、下の部分は堂前の空き地に放置されていた。

上半部は頭部から右上部を欠失し、高さ八〇センチ、幅四七センチ、厚さ四センチの大きさで下部を自然石の台石に差し込んで固定する。下半部は現高五三センチ、幅四八センチ、厚さ五センチを測る。両方を合わせて再現すると約一四〇センチの大きさになる。

上方に線刻による天蓋の左部分が一部残り、石面の中央には二重の頭光を負って正面を向いた中尊が蓮座の上に立っている。その下に冠をかぶっているように見える頭部をした脇侍二像が同様に線刻されるが、足下部分以下を欠失する。三像とも袂を大きく風に靡くように横流れに彫り、一般に見られる図像板碑とはやや様相を異にする。

下部には「南無山王　二十一社」と両端に、中央下部に「天文二」、「南無山王二十一社」の間に横彫りに「願主」という刻字が読まれる。天文二から下を欠失するので単に二か二十何年かは不明である。

縣敏夫『図説庚申塔』（一八ページ。揺籃社、一九九九年一二月）で取り上げられ、石造物として「南無山王二十一社」銘のものとしては、東日本で最も古いものであると記す。また、その解説の中で星野昌治氏が「神道の板碑」（『板碑の総合研究』(1)柏書房、昭和五八年）で「山王三聖かも知れない」と、述べていることを紹介している。星野氏は「彫りが浅く判定は難しいが、左は、両手を重ねて薬壺印を結ぶ薬師、右は、釈迦のような立像にも思える。となると山王三聖を表したものかもしれない」とする。星野氏によると山王廿一社を文字で表した唯一の板碑であるという。

埼132（図版編一四四頁）

熊谷市永井太田一一四一・能護寺　善光寺三尊板碑

板碑は本堂の左手に広がる墓地入り口の、歴代住職の墓塔群の中央台石上に東面して立てられる。

現高一三六・五センチ、上幅五一センチ、下幅五三センチ、厚さ六センチの緑泥片岩製の板碑である。頭部山形、二条の刻みは右側面を見るとその痕跡をとどめている。二条の刻みの下から四センチ隔てて、高さ五一センチ幅三五センチの大きさに光背を緩い曲線で彫り窪め、その中に直径一四・五センチの頭光を負う、像高四〇センチの阿弥陀如来が右手を胸元に挙げて施無畏印をとり、左手は衣の袖を少し内に曲げ刀印といわれる印相をとって臼型蓮座の上に立つ。その左右には三〇センチの像高を測る脇侍二菩薩が同じく臼型蓮座の上に立つ。脇侍像は胸元に両掌を重ねて宝珠を抱く梵篋印を示す。三尊が一つの光背の中に立つ一光三尊形式像である。

光背上部には水滴状の光背に小さな像を陽刻した七化仏が彫られる。板碑全体としては惜しいことに左上部を欠失するほかは比較的良好な保存状態である。

なお、当寺にはかつて断片ではあるが、善光寺三尊板碑がもう一基あったことが千々和実『武蔵国板碑集録』三で報告されるが現存しない。

埼133（図版編一四四頁）
熊谷市上須戸八四五－二・正法寺　弥陀板碑

板碑は本堂裏の墓地へ通じる参道右端の無縁墓塔群の最前列右端に下部をコンクリートで固定・保存されている。

板碑全体の上下部を欠失しており、現高三五センチ、幅二七センチ、厚さ四センチの緑泥片岩製の図像板碑（残欠）で、現在残された石面いっぱいに来迎印をとる像高三〇・五センチの大きさの正面向きの阿弥陀如来立像を薄肉彫りする。頭部からは二〇方向に先端が太くなる放射光を放ち頭光は彫り出されていない。阿弥陀像の衣文の裾辺りから下を欠失するほか刻字の跡なども認められない。

千々和実『武蔵国板碑集録』三の妻沼町の記録部分は、「昭和四〇年八月実査、四三年八月調査には見あたらず」と記している。

埼134（図版編一四四頁）
深谷市本田五二二一・俵薬師　弥陀一尊図像板碑

俵薬師のお堂の左手の空き地のガラス張りの収蔵庫に下部をセメントで固め収蔵される。

地上高一五二センチ、上幅三六・五センチ、下幅三九・二センチ、厚さ六センチの背面は平らで、断面は正面手前が幅広く背面は狭い梯形を呈する緑泥片岩製の板碑である。頭部を山形に整形し（高さ一一センチに対し幅三六センチ）、二条の刻みを作り、高さ三センチの額部を有する。額部の下とそこからさらに一〇三センチ下に界線を刻み、その中に正面を向き右手を胸元に挙げ、左手を膝のあたりに降ろした来迎印の阿弥陀如来が薄肉彫りで表され、踏み割り蓮座の上に立つ。衣紋は細かい菱形文を刻み丁寧な作りである。頭部は二重の頭光を負い、そこからこの界線の間一杯左右上下に二条ずつの光明を九八本放つ他に例のない形式で造られる。

下の界線から二三センチ隔てて同じく一本の陰刻線を刻み、その中央には三茎蓮が彫られるが、中央の蓮花は界線を越えて踏み割り蓮座の下まで長く伸びている。その両側に「観応元年庚刁／八月日（華瓶）一結衆中／等敬白」の紀年銘を草書体で彫る。

『日本石造美術辞典』で川勝政太郎博士は「南北朝らしい固さはあるが、仲々華麗で、独創的な意匠を持っており、保存もよく美しい板碑である」と記している。

埼135（図版編一四五頁）
深谷市畠山九三一－一・満福寺　弥陀三尊月待供養板碑

月待板碑は本堂右手の収蔵庫に格納される。

総高一〇〇センチ、上幅四二センチ、下幅四三・二センチ、厚さ三・七（左）～四・

六（右）センチの緑泥片岩製の図像板碑で、上下を欠失して現在は碑面の真中の部分を残す。幅三七～三八センチの枠線を線刻する。

石の上部に、正面を向いて右手を挙げ、左手を垂下した来迎印をとる阿弥陀如来像を中心に、その左手のあたりから観音・勢至の両脇侍菩薩像を彫る。三尊共に正面を向き動きのない像容である。中尊は二重の頭光を負い、三条ずつの光明を四方に放つ（真ん中の一条は頭部から、両側の二条は外側の頭光から放たれる）。頭光を負い蓮座の上に立つ両脇侍は共に胸元で手を合わせるように見え、像の大きさも二〇・五センチとほとんど違いがない。なお、中尊の頭光の両側には天蓋の瓔珞の一部分が認められる。

像の下に前机が彫られ、上に三具足が捧げられる。その下と両側に三行の銘文がある。

「月待供養
文明十三年
逆修　文阿弥陀」

千々和実『武蔵国板碑集録』三には「満福寺前方百メートル、通称お阿弥陀にあった」と記録される。

埼136（図版編一四二頁）寄居町風布一九六九・釜山神社　弥陀三尊図像板碑

総高九八・六センチ、上幅三五・七センチ、下幅三六・六センチ、厚さ三・六センチのもので、頭部山形は右側が一部欠損するほか左上部にも欠失箇所が見られる。二条の刻みの下に幅三一センチの枠線が身部を取り囲む。枠上端には幅一杯に平らな天蓋が線刻され、両端には瓔珞が垂れ下がる。

直径八・七センチで幅広く平底に作られた、頭光を負う中尊が線刻蓮座の上に立っている。面部や上半身は石面が剥離していて不明であるが、下半身は衣紋の裾が

鰭状に左右に大きく張り出す。頭光からは三三条の放射光が不規則に放たれている。蓮座の両脇から、右を向いて頭光を負い、放射光を放ち蓮台を捧持する観音菩薩（像高一四・五センチ）が蓮座の上に立ち、その左には頭光を負い（放射光は二、三条が認められる）両手を胸元で上下に交差する変わった姿勢をとる勢至菩薩（像高一五センチ）が同じように蓮座上に立つ。共に右方を向いており、剥離のせいで阿弥陀像は身体の向きははっきりしないが、左から右下方へ動く早来迎像と考えられる。二菩薩の蓮座のところから下は石面が剥離しており、刻字などは見られない。全体に風化があり細部ははっきりし難いものがある。

埼玉県『板碑　埼玉県板石塔婆調査報告書』Ⅲ資料編、四七九ページでは「薬師三尊図像」とする。『寄居町史』原始・古代・中世資料編では「もと墓地に建てられてあった。野づたの根が表面を一面に覆ったため、剥離がひどくなり鑑定が困難である。千々和実氏は弥陀三尊来迎図像とするも、県の緊急調査では薬師三尊図像としている」と記述する。筆者は今まで数多くの図像板碑を採訪してきて、これを特に薬師像と見る根拠は無く、千々和実氏の見解を是とするものである。

埼137（図版編一四六頁）行田市斎条七三七・宝泉寺　弥陀三尊種子・地蔵像板碑

山門を入ってすぐ左の塀を背にして、北面して直接地面に立てられる。地上高一一一センチ、上幅四六センチ、下幅五一・二センチ、厚さ九センチの大型の板碑で

ある。頭部山形の下の二条の刻みは側面まで巻かれ、山形の高さ一二・五センチに対して幅は四五センチである。二条の刻みから二センチ隔てて幅四八センチの二重枠線が身部を取り囲み、その上部に蓮座に乗る堂々とした弥陀三尊の種子キリーク・サ・サクが大きく薬研彫りされる。キリークは幅六センチで深さ四センチ、サ・サクは幅三センチで深さ一・四センチで刻まれる。

その下に像高が約六四センチの持錫宝珠の地蔵像を彫るが、面部は剥離して肩から下を残す。なお、二重の頭光の一部が左方に残る。地蔵は右手の第一指と第二指で錫杖の柄を支え、左手で宝珠を持つがこの部分は剥離していて不明確である。

この背面は表の面に比べて石面はかなり凹凸がありでこぼこしているが、石の頂部から二四センチ下がって八二・五センチの大きさで宝塔を線刻する。火焔宝珠からは宝鎖が張られ、軒下には風鐸が下がる。塔身には釈迦の種子「バク」が薬研彫りされる。塔の下中央に一行「弘長元年辛乙酉七月五日」の年忌を刻む。

この板碑は江戸時代末期のころに川底から引き上げられて、昭和の初期に当寺に移したと伝えられる。

なお、種子の下に像容を刻む複合板碑の代表的なものを列挙すると次のような板碑が上げられる。

(1)キリーク・弥陀三尊図像　文応二年（一二六一）　観福寺
(2)キリーク・サ・サク・地蔵　弘長元年（一二六一）　宝泉寺
(3)キリーク・弥陀三尊図像　文永七年（一二七〇）　宗心寺
(4)キリーク・弥陀一尊図像　文永九年（一二七二）　浅草伝法院
(5)キリーク・弥陀一尊図像　文永一二年（一二七五）　おねんぼう様
(6)キリーク・地蔵像　文□□　盛徳寺
(7)キリーク?・六地蔵像　康安二年（一三六二）　勝願寺

(7)を除いて一二六〇～一二七五年に集中することが見て取れる。

埼138（図版編一四五頁）
行田市桜町二－二〇－四四・長久寺　弥陀三尊像板碑

山門を入って本堂に向かう途中にある無縁塔の向かい側に、一列に並んで立つ数基の石造物に混じって、切り石の上に据えて一基の板碑が祀られている。

現高八四センチ、上幅四三センチ、下幅四三・五センチ、厚さ九・五センチの緑泥片岩製の板碑。下方約三センチは幅二三センチと狭くなり根部であることがわかる。即ち身部の高さは約八〇センチ（左右で少し異なる）である。全体的に傷みがあり頭部山形も二条の刻みも持たない。両側面も不整形である。

石面の上方に枠線を刻まず、直接に像容が彫り出される。即ち、直径一四・五センチの線刻頭光を負った正面向きの阿弥陀如来立像（像高四〇・五センチ）は、幅一三センチ高さ六・五センチと小さな蓮座（両端が脇侍菩薩の頭光に隠れる）の上に立ち、右手を胸元に挙げて捻じ、左手は膝のあたりに降ろした来迎印をとる。面部や手足は石面のままに彫り出し、衣紋は襞の部分を凹刻して内部を薄く彫り浚える手法で表現する。二条ずつの放光は前身から一一方向（今は真上の放光は認められない）に放たれていて、石の端まで長く伸びている。中尊の蓮座の端に食い込むようにして脇侍二菩薩の頭光が線刻され、共に中尊の方を向き合った観音菩薩と勢至菩薩が蓮座の上に立っている。観音像は肩から腕の方にかけて曲がりくねった天衣が陽刻され、衣紋の襞も陽刻で表現される。勢至菩薩は上半身の部分が風化により細部が不鮮明であるが、残る部分からその彫法が丁寧であることがわかる。観音像二三センチ、勢至像二五センチの像高を測る（蓮座の下辺も勢至像の方が少し低い）。

脇侍像の間に一行、次の年紀のみが彫られる。

「至徳二年十一月日」

埼139－140
行田市行田二三－一〇・大長寺　弥陀三尊板碑二基

埼139　弥陀三尊図像板碑（無銘。図版編一四七頁）

鐘楼の前に一列に並べられた数基の種子板碑に混じって置かれる。総高八二センチ、上幅五九センチ、下幅六一センチ、厚さ七センチのほぼ長方形をした板碑で、

原型を留めていない。二重の頭光を負った阿弥陀如来像は蓮座の上に立って、来迎印をとる（像高五一・五センチ）。身体全体から発する放射光は、二重の頭光の間は一条ずつでそこから外は二条の光明に変わっている。右の袂のあたりに雲尾が見られる。蓮座の左右から頭光を負った脇侍菩薩の上半身が見られる。石面の右側に「施主　種子ア念」、左に「逆修善根」等の刻字が見られる。

埼140　弥陀三尊図像板碑（康応元年銘。図版編一四八頁）

墓地の中央部、宮沢家の墓域の中央に南面して切石の上に祀られる。現高一〇二・五センチ、最大幅七一センチ、厚さ五センチの背面が平らな緑泥片岩製の板碑であるが、頭部山形や二条の刻みなどの板碑の形態的特徴は見られない。石の上端から一三センチ離れて頭光を負った像高約五四センチの阿弥陀如来が蓮座の上に立つが、ごく浅く浮き彫りにして衣紋を線刻する。手のあたりから両側に脇侍菩薩が彫られるが、風化の為に観音像は頭部と足部が僅かに残る程度である。勢至像はそれよりも状態がよくほぼ全形が残る。放射光は中尊の蓮座の付近を残して三〇方向に石の端まで伸びていて、一部は交名にかかる。

中尊の蓮座の下に「康応元年巳／八月／廿八日」の年紀を彫り、その左右に「妙阿弥陀佛／明知　善住／道圓　道心」等多数の交名を彫る。

埼141　行田市埼玉一一一八・盛徳寺　弥陀種子・地蔵像板碑（図版編一四八頁）

板碑は本堂の左前に切石の上に立てられており、両側と上を石材で囲んだ状態で保存される。現高一五五センチ、幅三二センチ、厚さ六・五センチで下の地蔵像の肩あたりで折損する。二条の刻みの下に二重の枠線を刻み、その四センチ下から三八センチの大きさで種子キリークを薬研彫りする。その下の蓮座は幅二四センチに高さ一二・五センチの大きさである。

枠線から六三センチ隔てて、直径一四センチの頭光を内側へ緩く彫り下げ、面部を浮き彫りにした地蔵立像を四七センチの大きさで彫るが、石面の周辺を彫り下げて像を陽刻状に作る。面部は表面が風化して目鼻は全くなくのっぺりしており、左手に持つ錫杖も頭部は失われている。地蔵の立つ蓮座は種子と違い踏み割り蓮座で表される。

その下中央に「文□□三　」、地蔵の両側に偈頌らしい刻字が見られるが判読には至らない。

埼142　羽生市上新郷五六〇一・法性寺　弥陀三尊板碑（図版編一四九頁）

板碑は、近世の観音石仏を上に頂くブロック造りの収納庫の中に祀られる約二〇基程の板碑群の中の一基である。

現高一一九センチ、上幅四一センチ、下幅四二・三センチ、厚さ五～五・五センチの弥陀三尊板碑で、上下部分を欠失する。幅三八センチの輪郭線を巻き、その中に飛雲上の踏み割り蓮座に立つ阿弥陀如来像、その右足下に蓮台を捧げ持ち腰を少し屈めて右を向いた観音菩薩、その左に胸元で両手を合わせ合掌する勢至菩薩の立像が、それぞれ踏み割り蓮座に乗る。阿弥陀如来の後頭部には蓮弁様の頭光が陽刻される。その下には瑞雲が薄肉彫りされ、左後方には雲尾が表されるが、ほぼ上に靡いており動感にはやや乏しいきらいがあるが、おとなしい表現がとられている。

三尊共に像容は押し型状に薄肉彫りで表される。中尊の阿弥陀如来は袂や前衣の襞が緩やかに凹刻され、勢至菩薩像では腕から垂下する天衣が足下に流れる様がよくわかる。足下の瑞雲も丸く巻き上がった状態が認められるなど表現は豊かなものがある。

像容の下に二段にわたって偈頌と銘文が刻まれる。上段は「光明遍照／十方世界／念佛衆生／摂取不捨」の『観無量寿経』を出典とする偈頌を、下段にはそれよりも小さな刻字で五行「右志者為／悲母現當／二世乃至／法界□□／（以下欠損）」の銘文を刻むが、この銘文部分から下を折損し、紀年などは認められない。

三尊ともに右下方を向いて来迎するいわゆる「早来迎形」の図像板碑である。鎌倉期の建治頃の造立とする意見もある来迎図像板碑である。

埼143 （図版編一五〇頁）

羽生市下新郷・鈴木家　弥陀・勢至図像板碑

下新郷で菖蒲園を開いている鈴木家の庭一隅に、十数基の板碑が祀られていてその内の一基が図像板碑である。

総高一〇九センチ、上幅二六センチ、下幅二八・三センチ、厚さ二・五（上部）～三・五（下部）センチの緑泥片岩製。頭部山形は幅二五センチに対して高さは六センチと比較的低い（その割合は〇・二四）。側面に羽刻みを施すが、正面の二条線は刻まれていない。石の右の部分に剥落が見られる。

上の線から一三センチ下がったあたりから、雲尾を後ろに靡かせた飛雲の上に乗り来迎相をとる、顔を右下方に向けた像高二三センチの早来迎形の阿弥陀如来像を薄肉彫りし、衣紋等は陰刻で表現する。踏み割り蓮座に乗り二重の頭光を負う。

その雲に接するように左下方に、同じく二重の頭光を負って雲上に立ち、少し身体を前にかがめて合掌する勢至菩薩像を、像高一六センチの大きさで表す。

多くの図像板碑では、この勢至菩薩像の前に、蓮台を捧持する観音菩薩像を彫る場合が普通であるが、この板碑はそのような三尊形式であった形跡は見られない。石の右面に剥離する部分があるが、その残されたスペースなどを考慮しても、弥陀・勢至像の二尊のみのきわめて珍しい形式の図像板碑と考えられる。埼玉県『板碑』にも他に類例は見当たらず、県下で唯一のものと思われる。ここから二〇～三〇メートルほど離れた畑地から出土し、その時は金泥が残っていたという事だった。

埼144 （図版編一四九頁）

羽生市小須賀八九三・薬師寺　弥陀種子・像容混合板碑

本堂右手に鐘楼があり、その前に北面して二基の板碑が立っている。左塔は、地上高一一三・五センチ、上幅・下幅ともに四六センチ、厚さは九センチで背面はほぼ平らになった板碑である。左側頂部は大きく欠損してほぼ平らになっているが、右側頂部には羽刻みの跡が残っている。平らに磨かれた石の表面上方に高さ五二センチ、幅二八センチの大きさで種子「キリーク」を薬研彫りする。縦線の部分で幅九センチに対して〇・九センチという割合い浅い深さで彫りこむ。種子の下には幅二五センチ高さ一九センチの大きさで蓮座を陰刻するが、種子の形に合わせて左の連弁は右に比べて長く伸びている。

県報告書『板碑』には、この種子の下に「脇侍部分が月輪状に線刻されている」と記されている。地面を少し掘り下げてみると、その下に陰刻で衣紋が彫られており、幅約一センチの平底に彫られた頭光もあることがわかる。また、この頭光の中に細い線刻で顔が彫られていることが、右側の頭光の中に認められる。即ち二脇侍菩薩を像容で表すものと知れる。

主尊が阿弥陀如来の種子キリークであるから、脇侍菩薩は観音菩薩と勢至菩薩であると考えられるが、右側の像は頭を丸めているように見え、弥陀三尊図像板碑と断定しがたい。中尊を像容で表し、脇侍菩薩を種子で表す例は群馬県前橋市・小島田板碑など数例が見られるが、この板碑の場合は逆の表現法を取っている点で珍しい。

坂田二三夫氏は「埼玉県の板碑拾遺雑記」(『歴史考古学』第一五号、昭和六〇年四月)の中で、その製作年代を「推定であるが、板碑の形や種子の古風な大らかさから見て、建長年間以前のものと考えている」と、述べている。

埼145　加須市騎西一四〇四－六・大英寺　弥陀三尊板碑 (図版編一五〇頁)

墓地の一隅に下部をコンクリートで固めた板碑が数基並べて立っている。左端の図像板碑は現高一〇二・八センチ、上幅三四・三センチ、下幅三六センチ、厚さ七センチで、頭部山形の先端の部分が欠損する。二条刻みの下の身部には幅三一～三三センチ、高さ七三センチの大きさで、他に例のない唐草模様の枠線を陰刻し、その中に三尊が右下方を向いて念仏行者の臨終に間に合うように急ぐ早来迎形の像容を線刻で表される。風化のために細部は分かりにくくなっているが、直径一二センチの頭光を負う阿弥陀如来は来迎印をとり、その蓮座の右から頭光を負い少し身体を屈めて蓮台を捧持する観音菩薩を、中尊の右袂のあたりから合掌する勢至菩薩が線刻で表される。観音菩薩の腕から垂れる天衣は後方に靡き、その位置も勢至像より八センチ低く彫られており、来迎引接を急ぐ様子が表される。阿弥陀如来の頭光からは三四方向に放射光が傘の骨状に丸く放たれ、右下端の二条の光明のみは長く伸び、観音菩薩の頭光に接する。

枠線の下部中央に「正嘉元年／丁巳／四月十二日」の年紀を刻む。線刻の早来迎形の図像板碑としては最も古い板碑である。

埼146－147　行田市南河原一五〇〇－一・観福寺　図像板碑二基

平成四年度に国・県の補助事業として板碑の保存修復がはかられ、平成七年三月から覆い屋の中で保存管理されるようになった。国指定史跡「南河原石塔婆」である。松平定信『集古十種』や江戸時代の地誌『新編武蔵風土記稿』に収録され、古くから有名な板碑である。

埼146　弥陀種子・弥陀三尊像板碑 (図版編一五一頁)

地上高二五八・五センチ、上幅五四・五センチ(欠損する)、下幅六四・五センチ、厚さ八・五～九・五の堂々とした大きな板碑である。上部右側や右下、左下部に欠損剥落がある。頭部山形の高さは二〇センチ、六・三センチと六・五センチの二条の刻みを彫り、その四・五センチ下から左右の端から四・五センチ内側に二重の枠線を線刻する。

石面の上方に高さ六七センチの大きな阿弥陀種子「キリーク」の、いわゆるB型キリークを四・二センチの深さに薬研彫りする。大振りな蓮座は斜め上から見た状態で表し、蓮実が蓮肉上面を取り巻いて彫り出される。蓮座の右端が剥離する。

その下に、像高四九・五センチの正面向きで足をハの字に開いて蓮座上に立つ阿弥陀如来像が、二重の頭光を負い一五方向に二条と三条と交互に短い放射光を放つ。外側の頭光は幅二センチに平底彫りし、内側の頭光は線刻される。阿弥陀像の左手のあたりから、二重の頭光を負い左を向き蓮台を胸元に捧げ持つ観音菩薩が像高三三センチの大きさに、その左に胸元で合掌する勢至菩薩がほぼ同じ大きさに彫られるが、面部は石面が剥離しているために不明である。三尊ともに衣紋の襞を残して内側を彫り窪める手法で表し、脇侍菩薩は両腕から天衣が垂れ下がり一部は蓮弁に懸かる。

中尊の蓮座の下から「文応二年 辛酉貮□ 」の年紀を大きく彫り、その両側に三行ずつ一〇組ばかりの結縁交名が彫られる。但し現在は交名部分とともに一部が剥離しているために、紀年銘も二年が鮮明に認められるのみである。紀年銘の両側は「仲□入道妻女一万□／二平次并弥藤太并妻女／交佛坊□女四郎□入道（右側）／弥平太并妻女（以下剥離）／三郎太郎并妻（以下剥離）／新平次後家□（以下剥離）」と判読されるが不明瞭なところが散見される。

※写真はかつて墓地に立っていた当時のもの（坂田二三夫氏撮影）。

埼147　地蔵・司命司禄図像板碑（図版編一五一頁）

阿弥陀種子・弥陀三尊像板碑と同所にある。現高一七八センチ、上幅五二・五センチ、下幅五七・五センチ、厚さ六・五～七センチで、頭部左側を欠失する。身部の端から二・五センチ内側から二重の枠線を陰刻する。この中に幅二七・五センチに高さ一四センチの火炎宝珠を中心にした天蓋に六センチの長さの瓔珞が一〇本垂下する。

その天蓋の下一二センチ離れて三重の頭光が彫られ（外側の頭光は太く直径二一センチ、その内の二重の頭光は線刻で一八センチと一六センチ、顔の周りを取り巻く頭光は一〇・五センチ）、蓮座の上に座し、左足を別の小さな蓮座に載せる地蔵坐像を五五・五センチの大きさに陰刻する。衣紋は襞を残して彫り窪め、面部や手足は石面のままにして周囲を線刻して表すために詳細はわかりにくい。左手の上下には錫杖の柄が陽刻されるが右手のあたりではそれが見あたらず、錫杖の頭の部分は頭光の近くに線刻で認められる。なお、蓮座の下に岩座が線刻される。その岩座の下部両側に線刻の立像が認められ、右側は右手でバット状の物を持ち、左手は右腕を上に振りかざすようなポーズをとる。普通これは地獄の冥官、司命・司禄と云われ、地蔵菩薩との三尊形式で造立されたものである。

岩座の下に大きく「文永二年 大才/乙丑 敬白」の紀年銘を彫り表し、その両側に極く小さく細い字で右側五行、左側六行の交名を刻むが左側は判読しがたい。「新阿弥陀佛／願阿弥陀佛　藤原氏／浄阿弥陀佛　佐伯氏／定阿弥陀佛　藤原氏／見阿弥陀佛　藤原氏」（年紀の右側）「□□□／□阿弥陀佛　□□／道阿弥陀佛　□□／定阿弥陀佛　□阿弥陀佛／念阿弥陀佛　□／妙阿弥陀佛（以下欠損・年紀の左側）等阿弥陀号を持つ人々の交名が刻まれる。

埼148　行田市南河原・松本家　地蔵板碑（図版編一五二頁）

松本家の屋敷入り口左手に屋敷墓があり、その南側に北面して台石の上に立てられる。現高一二〇センチ、上幅三〇・六センチ、下幅三三・八センチ、厚さ二・五～三センチの緑泥片岩製の図像板碑で、地蔵像足元の蓮座のあたりで二折するのを木の枠に嵌め込んである。二条の刻みはごく浅く下の刻みから五センチ隔てて一六・五センチほどの頭光を彫り、像高三八センチの地蔵を線刻する。線刻の部分と薬研彫り風の衣紋など変化を付けた表現がされるが、全体に風化が進み像の細部は不鮮明になっている。右手に持つのは通例の錫杖ではなく、幡を持つのではないかと坂田二三夫氏は『歴史考古学』16号の中で述べておられる。

蓮座の下、石面の中央に一行「文永元年甲／子十一月日」の年紀のみを刻む。武蔵板碑で年紀を明らかにする地蔵像板碑では本塔が最も古いものである。

埼149（図版編一四七頁）
さいたま市岩槻区馬込一二〇九・満蔵寺　地蔵板碑

　本堂右前方の薬師堂に多数の板碑が保存される内の一基である。総高六七センチ、上幅・下幅ともに二九・五センチ、厚さ三・五センチで下部は銘文の途中から丸く欠失する。頭部山形の下に二条の刻みを持ち、下の刻みから一・五センチ離れて二五・五センチの幅を持つ輪郭線を身部に刻む。上の界線に接するようにして両端に瓔珞を下げた幅一九・三センチの天蓋を彫り、その下に直径一一センチの頭光を負って右肩に頭の大きな錫杖をかついだ地蔵立像を線刻する（像高一八・五センチ）。足元には蓮座が刻まれ、その下には華瓶・香炉・燭台を載せた前机が線刻される。

　蓮座の両側から光明真言の種子を刻み、前机の下に「天文十六（下欠）／三月（欠）」の紀年と「逆修　道阿弥（欠）／妙芳禅欠」の交名が不完全ながら残る。夫婦の逆修供養板碑と見られ、完存すれば一〇〇センチ程度の大きさの比較的小型の図像板碑と考えられる。嘉津山清氏によると、この天蓋・瓔珞は東西葛飾郡に共通する形式であるという。

埼150（図版編一四七頁）
さいたま市岩槻区本町三－一五－一二・願生寺墓地　弥陀月待供養板碑

　本堂左奥に広がる墓地の中に、江戸時代の石塔台石に穴を穿ち差し込んで固定する。現高七〇センチ、上幅三一・六センチ、下幅二三センチ（右が斜めに欠失）、厚さ三・五センチの板碑。阿弥陀像の下から欠失するが、下端に左脇侍の頭光が僅かに見えるので、弥陀三尊図像板碑であることがわかる。

　頭部山形は右部分が一部欠損し、その下に二条の刻みを有する。石面上部左右に日月を薄く彫り沈め、その間に天蓋を幅一八センチ、高さ七・五センチの大きさ

に線刻し、瓔珞が四ヶ所から垂下する。天蓋の中央から右に寄って一六センチと一〇センチの二重の頭光を負った像高三三センチの阿弥陀如来が踏み割り蓮座の上に立つ。面・頭部や手足を線刻で表し、衣紋は下の方を鱗状に中を彫り沈める手法で変化を見せる。面頭部から三条ずつの光明が外側の頭光まで線刻され、右下の光明のみが長く石の端まで伸びて念仏行者を照らす様子を見せる。踏み割り蓮座の左下には脇侍菩薩の負う頭光の極く一部が覗かれる。

　蓮座の下に逆、修、月の文字が確認でき、月待ち板碑であったと考えられる。また、阿弥陀像の左に「為度衆生故普照四天下」の刻字が読まれ、これは「帰命月天子／本地大勢至／為度衆生故／普照四天下」の偈の下二句である。

埼151（図版編一五二頁）
さいたま市岩槻区本町二－二－三四・さいたま市立岩槻郷土資料館
地蔵図像板碑（遍照院墓地旧在）

　展示ホールの入口右手にケースに入れて地蔵板碑が展示されている。資料館の表示では岩槻区大字黒谷の個人蔵とされる。県調査報告書『板碑』では黒谷返照院墓地所在とし、その間の経過は不明という。嶋田富夫氏によると、かつては本堂前の道を右に一〇メートルほど行った墓地の中程に立っていたという。

　総高一〇四・七センチ、上幅三一・三センチ、下幅二五センチ（左下方が欠損する）、厚さ四・一（上）～三・七（下）センチの緑泥片岩製。頭部山形で二条の刻みの下に高さ四・五センチの額部を造り、身部に幅二七・七センチの枠線を陰刻し、その中に

二五・三センチの大きな頭光を負って、右肩に錫杖を担いで左方向を向いた地蔵立像を彫る。面容や衣紋の襞は周りを彫り沈めて画線を陽刻として残す手間のかかる手法を取る。小さな踏み割り蓮座に立つ地蔵像は像高四七センチでゆったりした風情で表される。

像の下に「應永十一年甲申（以下欠）／義山忠公禅定門」という刻字が読まれる。

埼152（図版編一五三頁）越谷市大成町二－一二二・仲立墓地　弥陀三尊庚申待板碑

道路に面した細長い墓地の奥に、墓塔に囲まれて直接地面に立てられている。総高一二二センチ（地上高九九センチ）、上幅四二センチ、下幅四三センチ、厚さ五センチで頭部山形の右側が少し剥離する外はほぼ完形。高さ一六センチの山形の下に浅く二条の刻みを施し、その下に幅三八・五センチの上左右を線刻した枠を作る。上の枠線に接して幅二四センチに高さ五センチの小振りな天蓋を陰刻し、その両端からは棒状の瓔珞が垂れ下がる。

枠線から一六センチとやや離れた所から二重の頭光を負い、身長に比べて横太りの体躯の阿弥陀如来が右下方を向いて来迎するのを、一九・五センチの大きさに線刻で表現する。頭部からは七方向に二条ずつの放射光が伸び右下の二条は観音像の頭光に接する。

中尊の左手のあたりから、右向きになり顔を傾けて両手で蓮台を持つ観音像を、中尊の左に勢至像を線刻するが、風化が進んでいて刻線は不鮮明である。特に勢至像は一部剥離していて手の様子は分からない。観音像は勢至像よりも約五センチ下に刻まれる。脇侍像は共に頭光を負い、蓮座の後ろには不明瞭ながら雲尾が後方にたなびく様子が見られ（中尊に飛雲は認められない）、これらから動きを伴った早来迎の形をとることがわかる。全体に線が細く、風化のために不明確な部分が見られ、全体的に力強さに欠ける図像板碑である。

観音菩薩の蓮座の左に前机・三具足が陰刻される、更にその下に「奉庚申待供養／天文廿一年壬子／十一月吉日」の銘文と、その両側に「二郎三郎四郎□／小三郎四郎二郎／□□志／□三□／三三郎」と交名を刻むが、風化があり細字ということもあって判読が難しい。

埼153（図版編一五三頁）八潮市上・恩田家　弥陀三尊庚申待板碑

古利根川に近い氷川神社に近接する恩田家の邸内、神木の欅の根元に祀られる。総高一三六・二センチ、上幅三六センチ、下幅三八センチ、厚さ二センチで、四つに割れる。頭部山形の下に二条の刻みを作り、身部に三一・五×七六・五センチの枠線を陰刻する。上の枠線に接するように高さ六・五センチに、幅二五センチの天蓋を作り、両端には長さ一一・五センチの瓔珞が垂下する。これに接するように二重の頭光を負った来迎印の阿弥陀如来立像が二〇・五センチの大きさで蓮座の上に陰刻される。その裾あたりから頭光を負い蓮台を両手で捧げ持つ観音菩薩を右に、左に勢至菩薩を彫るが風化のために衣紋の外側だけが残り、中尊像のように襞の細部まではっきり残る状態とは異なる。この脇侍像のところで右下に斜めに折損する。

脇侍蓮座に接するように直ぐ下中央に、一茎蓮を生けた華瓶（口からすぐに曲り萎れたみたい）・香炉・燭台を載せた前机を同じく線刻する。

前机下に「奉庚申待供養結衆／享禄五年壬辰／十月廿日」の銘文と、「□□弥七郎三郎／□（不明）二□□／源四郎　孫二郎／□圓□□四郎」の交名が読まれるが、この部分は小さな破片も入れて二つに割れていて、風化もあって判読しがたい部分が多い。年紀についても廿と日の間が少しある。

埼154 （図版編一五四頁）

八潮市南後谷七六三－五〇・八潮市立資料館　弥陀三尊庚申待供養板碑

板碑は収蔵庫に収納される。総高一一三・三センチ、上幅三四・五センチ、下幅三七センチ、厚さ二・三～三・二センチの緑泥片岩製で背面は不整形である。下方右側に少し欠失部があるがほぼ完存する。下端は二五センチほどが次第に先細りし根部を形成する。表面は横方向に鑿の跡を残し、その凹凸の儘に彫刻が施されている。頭部山形の下には二条の刻みを持ち、身部に幅二九センチに高さ六一・五センチの枠線を陰刻する。その枠内上方に幅二六センチ、高さ六・五センチの天蓋を作り、四カ所から瓔珞が垂れ下がる。中央の瓔珞の間に二重頭光を負った正面向きの像高一七センチの阿弥陀如来像が、幅八・八センチの蓮座の上に立つ姿を陰刻で表される。頭光からよく見られる放射光はなく、来迎を表す飛雲も刻まれていない。

蓮座の両脇から直径六・五センチの頭光を負い、蓮座の上に立つ脇侍菩薩像が同じく陰刻で刻まれる。共に中の方を向いた三尊鼎立型で動きを示すものはない。

中尊の蓮座の下、脇侍像の間に華瓶・香炉・燭台を載せた前机が置かれ、敷き布が垂れ下がる。

前机の下中央に「奉庚申待供養」その左右に「天文廿四年乙卯／十月廿九日」の年紀、更にその外側に二段八行にわたり「弥九郎　孫六／右馬太郎　右衛門次郎／源衛門　六郎次郎／文芳上空　三郎次郎」「□□□□　衛門次郎／三郎□□　五郎次郎／権衛門　次郎四郎／六郎右衛門　助三郎」の交名を刻むが、左半分の方は風化が進んでいて判読しがたい。庚申待の図像板碑としては一二基の在銘板碑が知られるが、その一一番目に当たり、遅い時期の造立になる。

埼155 （図版編一五四頁）

三郷市彦江・鈴木家　弥陀一尊板碑

板碑は高速道路の反対側の屋敷墓の一隅に祀られている。入口を入った左手にブロック塀を背にして一〇基余りの小型板碑が並んで立っていて、その右端にセメントで固めて東面する。

地上高四六センチ、上幅三四・六センチ、下幅三四・六センチ、厚さ五センチのもので、三具足の上半分から下を欠く。両端に幅三〇～三一センチの縦に刻まれた刻線があり枠を取っていたことがわかる。石面の上端は失われ天蓋から垂れ下がる瓔珞の一部が石の上端に見られ、その間に一〇・五と八・五センチと測られる二重の頭光を負う正面向きの阿弥陀像（像高二七・五センチ）が蓮座の上に立っている。身体を覆う衣紋の右袖や正面の襞の一部が残る程度で、全体に風化が進み刻線が鈍くなっている。右手を胸元に挙げているのがかろうじて見て取れる。身体から四方に二条や一条の放射光が放たれている。蓮座は幅一四・五センチに高さ五・五センチで作られ、その下に三具足が刻まれる。

埼156－157

三郷市彦倉一－一三三・三郷市立郷土資料館　図像板碑二基

板碑は展示室のケースに収納される。

埼156 弥陀三尊図像板碑（残欠、図版編一五四頁）

現高三四・三センチ、最大幅二一・五センチ、厚さ三・五センチの断片で、雲尾を右後方に靡かせた飛雲の上の蓮座に立ち左を向いた像が線刻で表される。腰の当たりから下が残るものであるが、膝を軽く曲げていて、その背後（石面の右端）に枠線の一部が見られるので、三尊像の右側の菩薩像と考えられる。県下で多く見られる弥陀三尊図像板碑の断片と考える。蓮座に下には「道□　妙徳／道□　道光」の交名が部分的に読まれる。

埼157　弥陀三尊図像板碑？（断片、図版編一五四頁）

現高四四・五センチ、最大幅一三・五センチ、厚さ二・五センチの細長い断片で、上端と下方に図容の一部が残り、他の部分は剥離している。上部には枠線の一部と二本ずつのほぼ平行の直線二組とその間に阿弥陀如来の放つ光明と思われる二本の刻線があり、更にその右に雲尾と見られる曲線の一部が残る。下の像容部分は衣紋の裾の一部と足が見られ、上の像容部と寸法的に隔たりがあり、それぞれ別の像と考えられる。すなわち弥陀三尊像の弥陀像と勢至像の一部かと考えられる。

第五章　南関東（東京都・神奈川県）

区1（図版編一五五頁）

江戸川区松島一-三八・区立郷土資料室　弥陀三尊図像板碑

現高四六・五センチ、上幅二五・三センチ、下幅二四・七センチ、厚さ二・三センチの緑泥片岩製で、頭部山形の上部と脇侍菩薩の足元以下を欠失する。二条の刻みの下に枠線を施さず、二重の頭光（外側で直径七センチ）を負い一一方向（風化で有無を判別できない箇所がある）に二条の放光を放ち（一番下のみ一条光）、正面を向いて来迎相をとる阿弥陀如来が蓮座の上に立つ（像高一八・五センチ）。蓮座の下には中尊の方を向いた観音菩薩・勢至菩薩の二菩薩が、少し身体を前に傾けた姿勢をとる。脇侍菩薩の膝あたりから下を失う。三尊像ともに線刻で表される。風化が進んでいて刻線は浅くなり、不明瞭な部分が見られる。江戸川区一之江五-八-二〇・妙音寺の所有という。

区2（図版編一五五頁）

江戸川区松島一-三八・区立郷土資料室　勢至像板碑

現高四九・七センチ、上下幅二七・五センチ、厚さ二・五センチの図像板碑で、身部の左から下方を剥離し、像の足元以下を欠失する断碑である。頭部山形。二条の刻みの下に幅二四・四センチの枠線を線刻し、日月とその下に瓔珞が垂下した幅一九センチの天蓋を彫る。その下に直径一二センチの頭光を負い、宝冠をかぶり合掌する勢至菩薩立像を二三・五センチの大きさに線刻する。他に刻字等はないが「月待供養板碑」かと思われる。石質の関係もあって風化が進み、細部は不鮮明である。区1同様、妙音寺の所有という。

区3（図版編一五六頁）

葛飾区東水元・大川家　弥陀三尊月待供養板碑

水元小学校前の日枝神社本殿右側の摂社「三峯神社」の祠の中に立てかけて祀られる。三尊の間で二折しており、木枠に嵌め込まれて保存される。

現高約一〇五センチ（枠内九八・五センチ）、幅三六・五センチ、厚さ二・五センチの緑泥片岩製。頭部山形は途中で折損するように見える。その下に二条の刻みを持ち、身部には三一・四センチの枠線を陰刻する。

枠線内上方に大小四条の瓔珞の下がった幅二四センチ、高さ八センチの天蓋を陰刻し、その左右上部に日月を作る。一四センチ・九センチの二重の頭光を負う正面向きの阿弥陀如来像は、来迎印をとり飛雲の上に立つが、左膝のあたりから勢至菩薩像の面部にかけて二折し、かなり広く剥離するために蓮座の状態はわからない。残る右足から像高は二五・五センチとわかる。頭光からは二条ずつの光明が一〇方向に放たれ、左下端

の光明は一条で、石の端まで伸びている。
飛雲の下には中尊の方を向き合った脇侍菩薩が蓮座・線刻飛雲に乗り、観音像は蓮台を捧持し（像高二二センチ）、勢至像は合掌する（像高二二・三センチ）通常見かける形態で線刻されるが、長身であるのが目立つ。
脇侍菩薩の間に小さく前机と三具足が彫られる。
身部の下部に次のような三行の銘文と一五名の交名が刻まれる。この板碑では禅門を門、禅尼を尼と略した表記をとっている。

「　与一三郎　二郎四郎
　平四郎　八郎三郎
　与一次郎　妙西尼
　智香尼　長享三年己酉
奉　月　待　供　養　結　衆
妙香尼　十一月廿三日
文治郎
道香门（ママ）　五郎三郎
三郎四郎　小二郎
与三郎　七郎太郎　」

天明六年七月の洪水の折りに、大川家裏の大池から発見され、既に折損していたので木枠に納めて祀り現在に至るという。

区４（図版編一五六頁）
葛飾区東新小岩・橋本家　弥陀一尊月待供養板碑
屋敷角に小祠を作り、その中に下部をコンクリートで固めて祀られる。
現高一〇五センチ、上幅三一・八センチ、下幅三五センチ、厚さ三～三・五センチの緑泥片岩製で左下部に一部剥離や浮きが見られる。身部に上辺二八・五センチ、下辺三〇・三センチ、高さ七九センチの枠線を彫る。枠線内上部に日月を彫り沈め、枠線から九・五センチ離れて、像高二七・五センチの正面向きの、蓮座に乗った阿弥陀来立像を彫る。三重の頭光を負い、そこから二一方向に枠線まで伸びる二条ずつの放射光を放ち、来迎印をとる。蓮座の下の飛雲は彫り出されていない。

蓮座の下に短い足の付いた長方形の机を平らに浅く彫り窪め、その上に香炉を同じように陰刻して乗せている。室町時代の民間信仰にかかわる図像板碑の多くでは、三具足を敷き布を掛けた前机に載せた形式で表される場合が多く、本塔のような例は珍しい。
その香炉の下に三行の銘文、左右に三行ずつ四～五段わたり多数の交名が彫られる。

「　道仙　妙西　正祐　正本（カ）　道泉
明慶　道明　道祐　道西　妙秀
道全　道院　道空　道法
寛正六年乙酉
奉　月　待　供　養　結　衆
十月廿三日
道春　正圓　道善　道生　妙□（剥離）
妙慶　正善　明秀　妙界
源長
明性　妙仙　道順　正善」

区５－７
葛飾区白鳥三丁目二五－一・葛飾区郷土と天文の博物館　図像板碑三基
二階の郷土のフロアに展示される中に図像板碑がある。いずれも葛西城址から出土したものである。

区５　弥陀一尊図像板碑（図版編一五五頁）
現高五六・三センチ、上幅二八・八センチ、下幅二九・六センチ、厚さ一・九～二・

九センチの下部を欠失する板碑。頭部山形も左半分が失われる。身部に二四・五センチの幅の枠線を陰刻し、石の端との間に菱目文を施すという変わった意匠を取る。枠の両端上部に日月を直径五センチと四センチに作るが、月は三日月とする。その下に幅二一・五センチの天蓋を作り、両端に瓔珞が五条垂れ下がる。

正面を向いた来迎印の阿弥陀如来は、直径一〇センチと一一・六センチの二重の頭光を負い、足を広げて立っているがこの箇所から欠損している。像高は二四・二センチを測り、両手の印相は鮮明によくわかる。二重の頭光からは一七方向に二条ずつの光明を放ち、そのうち左上の光明は天蓋を越えて石の枠線まで長く放たれている。

図6　弥陀一尊図像板碑（図版編一五五頁）

現高三七センチ、最大幅二八・三センチ、厚さ二・二センチのもので、上は天蓋の下端が僅かに残り、右方は原形を留めないほど崩れ、下端は蓮座のごく一部がのぞく所までで大部分を失う残欠であるが、幸いにも像容はほぼ完全に残っている。

八・五、一〇・五、一四・五センチと三重の頭光を負う正面向きの阿弥陀如来像は蓮座の上に立ち、来迎印をとる。像高は二二・五センチでずんぐりした印象を受ける。石の左端にはごく細い枠線の一部が見られ、瓔珞も二箇所に見える。一三方向に二条ずつ（下端だけは一条光）の光明を放つ。足元には蓮座の先端が覗いている。

図7　弥陀一尊図像板碑（図版編一五五頁）

三つに割れているがつなぎ合わせると、現高五八センチ、幅二七・三センチ、厚さ一・八センチの大きさになる弥陀一尊図像板碑である。上端には二条の刻みが僅かに残り、石の両側には枠線が見られる。天蓋の左半分が残り、左端には瓔珞が垂下する。頭光を負った阿弥陀如来は大きな蓮台の上に、足をハの字に広げて立ち来迎印を取るが、光明は作られていない。その下には燭台と香炉を載せた前机の右部分が僅かに残っていて、更にその下に「道仙禅（欠）／道秀《カ》という交名の一部が読まれる。

図8（図版編一五七頁）

足立区花畑三－二四－二七・正覚院　弥陀三尊庚申塔

本堂への参道左側にある小さな覆屋の中に東面する二基の石塔が立ち、その右側が本項の来迎三尊庚申塔（板碑型庚申塔）である。総高一六〇センチ、上幅四九・八センチ、下幅六一センチ、最大厚さ三五・五センチの花崗岩製で、頭部を山形にし、頭部に半円形の繰り方を二段に唐破風に作る。頭部山形から見て〇・八センチ、一・七センチと低くなって身部があり、下部では一・五～二センチ身部から張り出して根部を形成する。背面は上が浅く下になるほど張り出した不整形の石を用いる。

身部の両側には三・五センチ幅の枠を取り、中を一・二～一・五センチ彫り沈める。この身部の上方円形部から二一センチ隔てて二重に陽刻する二重頭光を負い、左下

方に視線を向けた阿弥陀如来が飛雲の上に立つ。その右下には陽刻された二重の頭光を負う観音菩薩像が蓮台を捧げて右下方を向き、中尊の左には同じような頭光を負い、合掌する勢至菩薩像が瑞雲の上に立つ。雲尾は中尊の乗る瑞雲には表されるが、脇侍菩薩の瑞雲には無い。しかし天衣が後方に靡いている様があらわされていて動感を示している。中尊の像高二三センチ、観音像一四センチ、勢至像一六センチを測る。阿弥陀如来の頭光からは六方向に陽刻の光明三条が伸びているがそれはごく短く、右下のみが観音の頭光まで長く伸びている。

三尊像の下に銘文を刻む。

「　元和玖年癸亥年　武刕花又村
　現世安穏　本願　三右門新栄
奉待庚申供養　成就所　辰之助兵庫
　後性善生　□□小右門
　十兵右藤七
　二月十二日　寶泉坊　施主敬白」

身部の下は一・五〜二センチ張り出して台座部を形成し、上端で四九・九センチ、地上部で六一センチと台形に形作る。ここに幅三六センチ、高さ二六センチの高さに比して幅の詰まった蓮座を陰刻する。小花波平六氏によると、江戸城普請中に作られた数少ない庚申塔の一つであるという。

この庚申塔の左には地上高一一七センチ、上幅四四・八センチ、下幅四六・五センチ、厚さ二六センチの同じような形の砂岩製の庚申塔が立つが、風化の為にかろうじて三猿の姿を止めるのみである。

図9（図版編一五七頁）

足立区鹿浜三－二〇－五・宝蔵寺　弥陀三尊庚申待供養板碑

板碑は現高四八・五センチ、幅三七・八センチ、厚さ三〜三・八センチの緑泥片岩製の板碑で、上下部を欠失する断碑である。石の右辺には枠線が認められるが左辺には見当たらない。石の左寄りに線刻の勢至菩薩立像が彫られ、その足元の右に前机と三具足が線刻される。像の位置から見て弥陀三尊を彫った図像板碑であったと考えられる。前机の下に「奉庚申待供養」、前机の両側には「十年辛／丑」「九月吉日」の年紀を彫る。十は一部が欠けるが干支と併せて天文一〇年と判断される。

石の全面に「都良□　七郎太郎／五郎左衛門　孫六／助左衛門　五郎次郎／奉庚申待供養／五郎衛門　助太郎／道善　蓮□／小三郎／佛師圓宥」と七行にわたり交名が彫られる。『武蔵野』十九巻三号によれば当時江北村鹿浜土手下墓地にあったとされる。

図10（図版編一五七頁）

足立区大谷田五－二〇－一・足立区立郷土博物館　弥陀一尊夜念仏供養板碑

かつて伊興五・八幡社（山口洋氏管理）に祀られていた図像板碑で、現在は郷土博物館で常設展示される。総高八四・五センチ、上幅三〇・三センチ、下幅三一・三センチ、厚さ二・五センチの板碑で、頭部山形左側から身部左側にかけて欠失するほか、銘文の箇所から下を失う。二条の刻みの下、身部の二センチ内側から幅二五・七センチの枠線を陰刻し、枠内の上方に枠線近くまで伸びた天蓋を作る。両端には大きく太い瓔珞が、その間には小さな瓔珞が垂れ下がる。六・七センチと八・三センチという比較的小さな二重の頭光を負う正面向きの阿

弥陀如来は、一五・五センチの大きな陰刻の蓮座の上に立ち来迎印を結ぶ（像高二二・七センチ）。体からは二条（一番下のみ一条）の放射光が一五方向に放たれる。天蓋にかかる放射光はそれを貫いて枠線まで達する。

蓮座の下には大きな前机が置かれ、敷き布の上には大きく曲がった三茎蓮を生けた華瓶・香炉・燭台が並べて載せられている。

その両脇から少し大きく光明遍照偈が一行ずつ枠線の内側に刻まれ、その間には二二名の交名が刻まれる。

「光　明　遍　照　十　方　世　界
与三郎　八郎太郎　助三郎　平二郎
与四郎　助二郎　八二郎
彦六　小二郎
弥二郎　明応六年丁巳
阿弥陀如来・三具足　奉　夜　念　佛　供　養
与二郎　十月十五日　□□
右馬四郎　与一五郎　彦二郎
彦六　彦二郎　孫太郎
右衛門太郎　孫四郎　助五郎　二郎三郎
念　佛　衆　生　摂　取　不　捨」

なお、群馬県伊勢崎市三光町・相川考古館の弥陀一尊図像板碑（上欠）が、一年後の同月日の造立であり、板碑彫刻も形態が酷似し、更にかつて伊興にあったものであることがわかっているので、一五世紀末に伊興周辺で周期的な夜念仏供養が行われていたと推測できる資料として、その強い関連性が指摘されている。

区11（図版編一五八頁）
足立区大谷田五－二〇－一・足立区立郷土博物館　弥陀三尊善光寺時供養板碑

現高六一・三センチ、最大幅三四・五センチ、厚さ三センチの弥陀三尊図像板碑の左半分だけを残す残欠である。石の左端に像高一五センチの勢至菩薩像が、頭光を負って蓮台に乗り、右を向いて膝を少し曲げて上体を傾け合掌する姿を陰刻する。頭光の右側には中尊の蓮座が蓮弁を線刻して左側の一部が残る。その下には茎の大きく曲がった蓮が三茎生けられた華瓶、紫煙が上がる香炉、そして燭台が並んだ線刻の前机が置かれる。

像の下には

「妙鏡禅尼　菊子
□□　慶子
天文二年癸巳
奉善光寺時供養結衆
十月十五日
楠子　申子
妙林禅尼　法□子」

の銘文が刻まれる。一部判読できない交名があるが、ここに刻まれるのは女性のみである点に注目される。また、銘文も「善光寺」までは比較的明瞭に読めるが、それ以下は風化が著しく文字の大きさなどから見て五字分と考え、後述の縣氏の論考と絡めて「時供養結衆」と判読したが後考を俟ちたい。なお、「善光寺時供養」の銘を持つ板碑は縣敏夫氏が埼玉県三郷市・医薬寺で発見され、『野仏』31集（平成一二年七月）に「善光寺時供養之板碑」として発表されたものが初出であり、他に類例は見つかっていない。

もとは足立区加平二－六－一六・円泉寺墓地にあったもの

で、現在は博物館蔵となっている。

※写真は郷土博物館特別展「あしもとの文化財でたどる室町・戦国時代」（平成一〇年一〇月）の図録より転載した。

区12（図版編一五八頁）

足立区千住二－一一・勝専寺　弥陀三尊板碑

俗称「赤門寺」といわれる寺院の客殿に祀られる。現高五三センチ、幅二九センチ、厚さ三センチの断片で、頭部山形の左部分から斜めに欠失し、脇侍像の足部以下を欠損する。二条の刻みの下の身部に枠線を陰刻し、上方に瓔珞が下がった天蓋（向かって右半分は欠失する）を、その下に二重の頭光（直径七・五および五・五センチ）から枠線まで伸びる二条ずつの光明を一方向に放つ、正面向き来迎印の阿弥陀如来を、両足をハの字に開いて蓮座の上に立つ像容で陰刻する（像高一九・三センチ）。その足元の蓮弁と一部重なるように両脇侍菩薩の頭光（共に六センチ）が線刻され、中央を向き合った蓮台捧持の観音菩薩と合掌する勢至菩薩が同じく線刻で彫り表される。脇侍像の腕からは天衣が垂れ下がり、観音像の足元には蓮座の一部が残る。二脇侍像の足元から下を欠失する。

区13（図版編一五八頁）

荒川区西尾久三－一〇－六・地蔵寺　弥陀三尊夜念仏供養板碑

法隆寺の夢殿を模したという三層造り本堂の一階、護摩堂の厨子に入れられて祀られている。

現在は、中尊の阿弥陀如来像の部分を欠失し下部を残す。現高七一センチ、上幅三一・五センチ、下幅三三・三センチ、厚さ三・九センチの緑泥片岩製。石の表面に横幅二八・一～二八・八センチの枠線を陰刻し、右側に雲尾を曳いた飛雲の上に、蓮座の上で膝を少し曲げて両手に瓔珞が三条下がった蓮台を捧げ持ち頭光を負う観音菩薩立像を、一六・五センチの大きさに陰刻する。頭上右上から体の左へ天衣が細く線刻される。その反対側には、両手を合わせて合掌する勢至菩薩が飛雲・蓮座の上に立ち、ほぼ同じ一六センチの大きさに彫られる。両菩薩は肩下から後方へ天衣がなびき、互いに向き合う姿勢をとる。

像の下部には次のような銘文が読み取られる。

「源内五郎　五郎三郎
左衛門五郎　九郎三郎
文明十五年癸卯
奉夜念佛供養結衆
十月七日
右馬次郎　小次郎
弥六　次郎四郎」

なお、裏面に「地蔵院法元誌」と追銘がある。昭和二十年代に西尾久二丁目の地蔵山の共同墓地から出土したのを、保存のために本堂に移したとのことである。

区14（図版編一五八頁）

荒川区荒川三－五三－一・浄正寺　弥陀一尊板碑

板碑は境内の池から出土したといわれ、本堂に保存される。総高八一・五センチ、

上幅二七・五センチ、下幅三三センチ、厚さ三・八センチの緑泥片岩製のもので、右側面を一部欠失する。裏面には横方向へのノミ痕が多数残っている。頭部山形は高さ一二・五センチで二条の刻みを持ち、その下二センチを隔てて幅二七・五センチの陰刻された枠線を持つ（下部は欠損しており不明）。幅二〇センチに高さ六センチの天蓋を刻み、その下に七・八センチと五・八センチの二重の頭光を負って来迎印をとる正面向きの阿弥陀如来立像を彫る。頭光から発する放光は左側部分が石面の摩耗の為に不鮮明で、現在は一二方向が認められる。阿弥陀像の足元は摩滅しており、三具足と思われる刻線が所々認められる位でしかない。石の下部は表面の石質が上方と異なり軟質で、剥離が甚だしい。図像部分も風化摩滅が著しく全体に不鮮明な図像板碑である。

区15（図版編一五九頁）北区豊島・武藤家　弥陀三尊板碑

阿弥陀像の乗る飛雲から上、銘文の下部分をともに欠失する図像板碑で、現高六三センチ、幅三六センチ、厚さ三センチの緑泥片岩製のもので、庭内に祀られている。石の両端に枠線の縦の線刻が残る。中尊の乗る飛雲の両側には三条の放射光が左二カ所、右一カ所に認められ、この下にお互いに向き合った観音菩薩と勢至菩薩が同じように飛雲に乗り、蓮台捧持・合掌というそれぞれの姿をとる。雲は動きを示すように後方に雲尾を靡かせる。頭光を負った両脇侍菩薩はともに像高一八センチの大きさに作られる。

脇侍像の下中央部に華瓶・香炉・燭台を載せた前机を線刻し、その下と両側一杯に銘文と交名を彫る。

「光明遍照　十方世界　白
光三郎　五郎二郎　七郎五郎
十郎太郎　□太郎　五郎四郎
小五郎　□衛門□
文明十五年关酉
奉　夜　念　仏　供　養
八月十五日
□太郎□
□太郎　太郎三郎
太郎五郎　弥三郎
念佛衆生（以下欠）」

現在は北区立郷土資料館に寄託されている。

区16（図版編一五九頁）北区赤羽三丁目四−一・宝幢院　阿弥陀像・三猿山王塔

石塔は山門を入った右手に地蔵石仏と並んで立てられる。地上高一一四・二センチ、幅は上下共に五三センチ、厚さ二三・五センチ（背面は不整形）の安山岩

製。頭部を山形にし、高さ二一センチのところで一・二センチ塔身からせり出しており、中央に半円の刳り形を入れる。塔身に枠を取り、表面・枠・塔身と順次彫り下げて三センチに及ぶ。下部には高さ二四センチの台座が作られ、上端四五・八センチに下端五三センチと末広がりに作られる。

塔身上方には像高二二・五センチの頭光（八・七センチ）を負う正面向きの阿弥陀立像を薄肉彫りし、足元に線刻の蓮座が刻まれる。その下方には共に内側を向いて阿弥陀像を振り仰ぐ、烏帽子姿の二猿が飛雲の上に立っている姿を彫る。縣敏夫氏は『図説庚申塔』の中で「上部に本尊として阿弥陀如来の立像と、それを拝む左右の猿を浮き彫りで表しているのは、中世の板碑にみる弥陀三尊来迎図に影響を受けた構図と思われる」と解説される。

弥陀像の肩の所に「山王廿一社」と横刻し、二猿の下に「岩渕赤羽根村／宝幢院祐真／寛永十六年己卯霜月十八日」の銘文を刻む。

区17（図版編一六〇頁）

台東区浅草二―三―一・浅草寺伝法院　弥陀一尊板碑

伝法院庭園内の経ケ島に保存され、内側に向かって立てられている。この地は一般人の立ち入りを認めていないので、調査は遠慮願いたいと回答があった。

『台東区の板碑（浅草篇）』（台東区文化財調査報告書第十五集、平成六年三月）には「昭和二九年一一月三日、本堂西側瓜生岩子銅像付近で出土」と記載される。これによると、高さ一五八センチ、上幅三三、下幅三六センチで、厚さは塀に嵌め込まれていて不明という。

頭部山形の下に二条の刻みを持ち、下の刻みの中央に火焔宝珠が刻まれる。二条の刻みから身部を取り巻くように凵状の枠線を刻み、塔身の上方に大きくB体といわれるキリークを薬研彫りする。その下に二重の頭光を負い、蓮座の上に立って来迎印を結ぶ阿弥陀如来を刻む。面部・手足は石面の高さに残し、周りを彫り沈めて浮き彫りとする。両手は第一指と第二指を合わせる印相など今もよく残されている。蓮座の左右下に大きな華瓶といけられた蓮二茎を陰刻する。

華瓶の間、蓮座の下方に「文永九年／壬申／卯月」と年紀のみを刻む。弘長・文永年間にこのような種子と像容を併せ彫る複合式といわれる図像板碑が見られる。

区18（図版編一六〇頁）

台東区浅草二―三―一・浅草寺　西仏板碑

本堂西北側の植え込みの前に北面して立っている。現高二一八センチ、上幅四七・五センチ、下幅五〇・五センチ、厚さ六～七センチの大きな板碑である。ほぼ中央部で折損し、文化一一年に設けた支柱に支えられる。

板碑の上部を欠失している。身部に幅一センチ余りの広い輪郭を巻き、そこに釈迦の種子バクが薬研彫りされる（上部の一部が欠損する）。その下に錫杖を持った正面向きの地蔵菩薩が蓮座の上に立つ姿を薄肉彫りする（像高一〇四センチ）。ただ、袈裟を着て右手に錫杖を持つが、頭部は地蔵の剃髪ではなく如来形で表される。これから「異形の釈迦」とする説がある。川勝政太郎博士は「地蔵弥陀同体説による形相であり、右側は念仏行者と思われる」と『日本石造美術辞典』の中で述べられる。ちょうど膝のあたりから折損する。

幅三四センチ高さ二四センチの大振りな蓮座の真下に、薄肉彫りのふっくらした華瓶が彫られ、五茎以上の花が陰刻されている。

その左右と華瓶の下に五行にわたり銘文が刻まれる。『日本石造美術辞典』によると、

「右志者、為四躰内三躰
沙弥西仏先妻女弁
西仏敬白
男女二子、為一躰沙弥
西仏現当二世諸願円満」

と刻まれるとする。梵字、図像の様式から見て鎌倉中期の板碑であると考えられる。西仏という法名は非常に多く、特定の人にあてることはむずかしい、とする。

区19（図版編一五九頁）

台東区谷中四－二－三七・永久寺　聖観音板碑

墓地入口石段を上がったすぐ右手にたつ、「仮名垣魯文墓」の安山岩製の角形塔婆正面に板碑形を彫り窪め、その中に嵌め込んでいる。

現高七一センチ、上幅三二・五センチ、下幅三三・五センチで、下部は欠失する。頭部山形に二条の刻みを持ち身部に頭光を負った観音像を彫るが、表面の風化と剥離が著しく詳細はわかりにくい。化仏の付いた宝冠を被りやや浮き彫り状の面部は目鼻立ちもわかり、左手で開敷蓮華を胸元に持つ（右手は剥離して不明）。その下の衣紋も一部が認められるが全体の姿はわからない。像の右には雲尾が見られ来迎の様子を示す。縣敏夫氏は「永久寺（台東区谷中）の観音画像板碑」（『武蔵野』第五九巻第一号、昭和五六年三月）の中で、発見までの経緯と、二条線の切り込みの入念さや像の刻線の自在さなどから鎌倉末から南北朝初期の造立と考察されている。一方、「板碑が「仮名垣魯文」の墓石に」という記事を鈴木道也氏が発表され（昭和五六年四月二三日、朝日新聞夕刊）、室町中期頃の造立とされるなど、造立時期についての見解が分かれる難しい板碑である。

墓塔の右側面「韓人金均金書／佛骨庵獨魯草文」、左側面「遺言本来空／財産無一物　俗名／仮名垣／魯文」と刻む。

区20－21

中野区江古田四－三－三四・中野区立歴史民俗資料館

区20　弥陀三尊六斎念仏供養板碑（図版編一六一頁）

現高八七・三センチ、上幅三四・五センチ、下幅三五・五センチ、厚さ三・六センチ（右）、四センチ（左）の緑泥片岩製で、江古田四丁目の川の中から引き上げられ堀野家が所有する板碑である。

弥陀三尊像の阿弥陀如来の上半身から上の上部と、右側銘文の半ば以下を斜めに欠失する図像板碑で、中尊は飛雲上の蓮座に立ち三方向に二条の光明が枠線の端まで伸びている。膝のあたりから上を欠失する。中尊の下にはお互いに中央を向き合って頭光を負った脇侍菩薩が一四・五～一五センチとほぼ同じ大きさに線刻され、蓮座の後方には雲尾が上に靡いているのが見られる。右側の観音像は蓮台を両手で捧げ持ち、勢至菩薩は両手を合わせて合掌する。

脇侍像の下、石面の中央に三具足・前机が、その下には銘文が彫られる。四段に細い線で区切られ、三十数名の交名が刻まれるが一部は風化の為に判読できない。

「妙性　浄祐　（以下欠失）
妙法　妙祐　□□（以下欠）
浄願　□□　□□三郎
覚真　□□　太郎四郎　助三郎
　　　□□　文明九年丁酉
六　斎　念　佛　供　養　逆　修
　　　八郎三郎　二月時正日
□□　小三郎　衛門太郎　道円
妙善　□□　妙祐　左近二郎
道法　妙祐　平次五郎　八郎二郎
浄祐　四郎二郎　六郎太郎　三郎五郎」

浄祐、妙祐という交名が複数刻まれる。六斎念仏供養の板碑は比較的少なくて、諸岡勝氏の「資料目録」中で念仏供養板碑を一九基挙げるが、六斎念仏供養は本塔を入れて二基だけである。

区21　弥陀図像板碑（図版編一六一頁）

現高五五・五センチ、上幅・下幅ともに三六センチ、厚さ二・五～三・七センチで、阿弥陀如来の裳裾の当たりから下部を欠失する。頭部山形の下に二条の刻みを入れ、その下二・二センチを隔てて、身部に三二センチ幅の枠線を巻く。日月を彫り表した下に、二重の頭光を負い一六方向に二条ずつの光明（真上に伸びる光明のみは三条で表される）を放ち、正面を向いて来迎相をとる阿弥陀如来が飛雲に乗る。蓮座などは欠失するが雲尾部分が放光の中に刻まれているのが見られる。

中野の文化財No.19『中野区板碑資料集』によると、杉並区堀ノ内に所在したものであったという（原田弘氏寄贈）。同書九ページの解説には「この板碑はもと杉並区大宮八幡神社付近の善福寺川のほとりにあったものと推測される」とある。

区22（図版編一六二頁）

板橋区西台二－一八－一・円福寺　弥陀一尊月待供養板碑

総高一〇七センチ、幅三二センチ、厚さ二・五センチの板碑で、本堂に保存される。身部に枠線を陰刻し、その内部上方に日月を彫り、平底彫りの蓮座の上に立つ阿弥陀如来は来迎印をとって、二重の頭光をおい、そこから二条ずつの放射光を一三方向に放つ。目鼻立ちを線刻しその顔に比べて大きな螺髪を陰刻する。蓮座の下方に線刻の前机と三具足を表し、その下部に銘文を刻む。

「光明遍照　十方世界
　道秀　宮大女　功□弥
　文明十七年乙巳
奉　月　待　供　養　結　衆
　霜月廿五日
　道乗　弥五郎　五郎二郎
念佛衆生　摂取不捨」

区23（図版編一六二頁）

豊島区長崎一－九－二・金剛院　弥陀一尊夜念仏板碑

山門から本堂に続く参道右手に、下部を固定して二基の板碑が立っており、左塔が図像板碑である。現高八二・六センチ、下幅三一・三センチ、厚さ二・三～二・五センチの板碑である。二条の刻みは少し右下がりに作られ、頭部山形の部分から身部上方にかけて一部欠損している。

身部正面に六四・四×二七センチの枠線を線刻し、その内側に正面を向いて陰刻された蓮座の上に立つ来迎印の阿弥陀如来像が、像高二八・五センチの大きさに彫られる。頭光は周囲を彫り窪め面部は彫り下げて、目鼻部分を残す手法で表現する。頭部には三重の頭光を負い、そこから二条の光明が体を包むように一八方向に放たれる。

蓮座の下には側面を平たく浅く彫り浚えた前机を置き、前面に三角に垂れ下がった打ち敷きを掛け、その上に左から華瓶・香炉・燭台の三具足を陰刻する。これらは上坂悟氏によると（「板碑にみられる仏具」『板碑の総合研究』1、柏書房、一九八三年）、関東地方の武蔵型板碑板碑にのみ見られ、東京都区内では一四四〇年から一五〇〇年代まで認められるという事である。

身部の下部には、三郎二郎／助三郎／八郎太郎／三郎太郎／□□郎／左近二郎等六名の交名と、中央に「夜念佛」、左端に「念仏衆生」と刻まれる。石の右端に欠損部分があり、紀年銘は認められない。また、下の部分は埋め込まれて一部の字は欠けた状態になっている。

区24（図版編一六三頁）

豊島区巣鴨三－三五－二・高岩寺（とげぬき地蔵）　**弥陀三尊庚申待供養板碑**

板碑は境内隅の会館内に安置され、ガラス越しに境内からも見ることが出来る。頭部を山形に整形した安山岩角柱の正面を板碑形に彫り込み、その中に嵌め込んでいる。現高八五センチ、上幅二六センチ、下幅二七・五センチの緑泥片岩製の図像板碑で、右下部と根部を欠損する。頭部はやや丸みを帯びた山形をし、高さ八・五センチでその下に二センチずつの二条の刻みをもつ。二条刻みの下二センチのところから縦六七、横二三センチの枠線を彫り、その内側いっぱいに線刻の天蓋を作り瓔珞が垂下する。その下に正面を向いて蓮座の上に立つ来迎印の阿弥陀如来像を彫る。二重の頭光は直径七・五と六・五センチで、そこから一一方向に二条ずつの光明を放つ（一番下の方光のみ一条）。阿弥陀如来の像高は一八センチを測る。

蓮座の下には頭光が中尊の蓮座に食い込んだ形で、中尊の方を向きあって蓮台に乗る観音・勢至の両脇侍菩薩の像高はともに一三・五センチで、中尊と同じように線刻像で彫り表される。

三尊像の下に、前机を置き敷き布を掛け、三具足を配置する。

像の下に交名と紀年銘が彫られる。

「　助左衛門　　右（欠）
　四郎三郎
　大永八年戊子
奉　庚　申　待　供　養
　閏九月三日
　道林　　弥次郎
　新三郎　左衛門太郎　」

図像庚申待板碑としては三郷市・東光寺閻魔堂塔（長享三年・弥陀一尊）に次いで古い。

板碑を嵌め込んだ角柱の左側面には角丸の長方形の彫り込みがあり、その内側を水磨きして、二行の銘文を彫る。彫り込みの大きさは横幅二〇センチに縦九六センチである。

〈左側面の銘文〉

「寛政十二年歳次庚申秋七月　　吉田主計源久孝
　施主
□□山□□禅寺十三世□□代　　同彦五郎源天久」

〈右側面の銘文〉

「當寺先住密厳和尚穿池獲彫畫庚申像之石二枚
其傍有誌詳矣今去其世三四百年尚存于當寺當
寺之爲古跡亦可知也於是當住大俊和尚余紀其
事辞不獲命聊記所見云寛政十二年秋七月吉永元孝撰」

〈背面の銘文〉

「蜂屋新五郎源昌弘／久保栄左衛門藤原有年／上原治左衛門藤原行隆／吉田弥八郎源久武／神山塀蔵藤原周達／水谷善四郎源道慶／小野田源三郎藤原久林」

この板碑が、有名な『集古十種』碑録八に「江戸坂本高巌寺碑」高二尺四寸、幅九寸余として収録されていることは、よく知られるところである。

区25（図版編一六一頁）

渋谷区東四－九－一・白根記念渋谷区郷土博物館・文学館　弥陀一尊月待供養板碑

板碑はかつては庭内の塀によせかけて直接地面にたてられていたが、現在は収蔵庫に保管される。現高一一三センチ、上幅四〇センチ、下幅四一・五センチ、厚さ三～四センチの緑泥片岩製の図像板碑で、前机から下の部分を欠失する。

頭部山形、二条の刻みの下三センチを隔てて、上幅三五・五センチの輪郭を巻き（下

端欠失部で幅三七・五センチ）、その中に瓔珞を垂下した天蓋を線刻し、天蓋の上に月日を浅く彫り沈める。天蓋の下に像高四一・五センチの正面を向いて来迎印をとる阿弥陀如来像が、二重の頭光（直径一二センチと九センチ）を負い、平底彫りの蓮座の上に足を開いて立っている。像の周囲から四方に三条ずつの放射光が枠線まで長く伸びて放たれるが、天蓋や瓔珞からは飛び出さないように彫られている。面部や衣紋の袖は陰刻で表されるが襞は凹凸を交互にして立体感を出す。蓮弁は極く浅く平底彫りで表される。

蓮座の下には前机が置かれ、その上に華瓶・香炉・燭台の三具足が置かれるのは室町時代の図像板碑に多く見られる形式である。蓮座の両脇に「月待／供養」の刻字がある。前机の脚の下の部分から石が欠損していて、他の銘文については不明であるが、下端中央に「文」の刻字と、左右に交名と見られる一字づつの刻字が認められる。月待ち板碑は諸岡勝氏の調査研究などから約二〇〇基の所在が知られ、文明期と享禄期に二つのピークが見られると言われるが、本塔はこの文明の造立と考えられる。

区26（図版編一六三頁）

世田谷区赤堤三―二八―二九・西福寺　弥陀一尊板碑

板碑は本堂左脇の間に木箱に入れて保存されている。現高七二センチ、上幅三三・八センチ、下幅三五センチ、厚さ三・五～四センチの大きさで、頭部山形は少しくずれて丸くなっている。二条の刻みを持ち、身部の二・一センチ下から幅二九・五センチの枠線を彫る。

身部の中央に三重の頭光（内側から順に直径一一、一二・三、一六・七センチ）を負って蓮座の上に正面を向いて立ち、飛雲に乗る阿弥陀如来像が像高四〇・五センチの大きさに彫り出される。面部は周囲をごく浅く彫り下げてそこに目鼻を陰刻し手足

は線刻される。両手とも第一指と第二指を捻じる下品上生の印相をとる。衣紋は襞の部分を残して中を平らに彫り浚える彫法で表される。両足のすぐ下のあたりから折損しており、陰刻された蓮弁が両側に覗かれる。丸く巻きあった飛雲は左後方に流れて靡いている。頭光から発する放射光は、頭光内では一条で頭光の外からは三条になって左右対称に一九方向に放たれている。また、雲尾にかかる部分ではその三条の刻線は無く、飛雲の後方を照らしている様子を表している。

区27（図版編一六三頁）

世田谷区深沢・三田家　弥陀三尊板碑

「深沢二丁目」バス停の数メートル先の左手奥まった所に、西面して小祠が建っている（三田家の敷地内）。下部をセメントで固めて、小祠の中央に立てられる板碑は、現高七一センチ、上幅三九センチ、下幅四〇センチ、厚さ二・五～三センチの大きさを測る。頭部山形の下に二条の刻みを持ち、その下二・五センチを離して枠線を

刻むが線が細いため風化によってわかりづらくなっている。

直径一三センチと九センチの二重の頭光を負って、正面を向いて蓮座の上に立つ阿弥陀如来像は来迎印をとり、像高

二九・五センチの大きさに作られる。衣紋は襞の部分を残して中を彫り浚える手法で表す。身体全身から三条ずつの放光（頭光内は一条）を一六方向に枠線いっぱいに陰刻する。蓮座の下には不明瞭ながら飛雲が刻まれるのが雲尾が左に靡いていることからわかる。

その両端から中尊の方を向いた脇侍菩薩が共に頭光（直径六・五センチ）を負って作られるが、下半身あたりから下を欠失する。全体に風化が進み刻線もわかりにくい部分がある。

「せたがやの文化財」では「観音・勢至を種子で表す」とするが、特に勢至像は衣紋の一部を明確に認められ、像容・種子混合の図像板碑ではない。衣紋の襟部分は凹刻三角形で表され、一見蓮座のように見えるところから弥陀三尊像の見誤りというほかは無い。

区28（図版編一六〇頁）
世田谷区尾山台二―一〇―三・伝乗寺　弥陀一尊板碑

現高五〇・七センチ、上幅二七・七センチ、下幅二六センチ、厚さ二・七センチで、三具足の半ばから下を失う。頭部山形の二条の刻みの左右も少し欠失する。この下一・七センチ下がって枠線が巻かれるが（横幅二三・五センチ）、縦の刻線は右上部に認められるだけで、他の部分はほとんど見えなくなっている。枠線の上方に寄って直径九、一〇・五センチの二重の頭光を負う来迎印の阿弥陀如来が、両足を開いて蓮座の上に立っている。像高は二二センチで太い刻線で衣紋が表される。袖の部分に曲線の模様が有る他はごく単純な線刻で表されるだけである。足元の蓮座は幅一一・五センチ、高さ三・二センチで、周囲を刻線で表し、中は石の面のままに残して中を線刻する。

頭光から発する光明はお顔の廻りからは一条で、外の頭光からはその外側に一条ずつ計三条の光明となって、一一方向に放たれている。ただ真上は頭部から三条、左右両下端では二条の光明と変わっている。

蓮座の下に華瓶・香炉・燭台の三具足の上部分が残り、下端から下を欠失する。残された部分からは刻字の跡などは全く見られない。

区29（図版編一六四頁）
杉並区阿佐谷北一―二六―二・世尊院　弥陀三尊庚申待供養板碑

南面する本堂後方左塀の内側にある庭の奥まったところにある五層塔の右側に、簡単な屋根を設けた枠内に嵌め込まれて保管される。

総高一〇四センチ、上幅三一・五センチ、下幅三五センチ、厚さ二・五～三・五センチの大きさで、塔身左下と根部を欠失する。頭部山形の下に二条の刻みを作り、塔身には幅二八・五センチ、高さ七三・五センチの枠線を設ける。枠内上方に幅二二・七センチの天蓋を陰刻し、両端からは瓔珞が垂下する。

直径七・五センチの頭光を負い、左下方を向いた阿弥陀如来が飛雲上の蓮座に乗り、顔の周囲から放射光を放つ。右下の二条の光明は枠線に懸かるまで長く伸びる。蓮座の右には同じように頭光を負い、膝を少し曲げて蓮台を捧持する観音菩薩像を一三・二センチの大きさに作り、蓮座の左には頭光を負い合掌する勢至菩薩像（像高一三センチ）を陰刻する。共に宝冠を頂き天衣が靡いている。

脇侍菩薩像の足元付近から三具足を載せた前机を、像と同じように線刻で彫る。

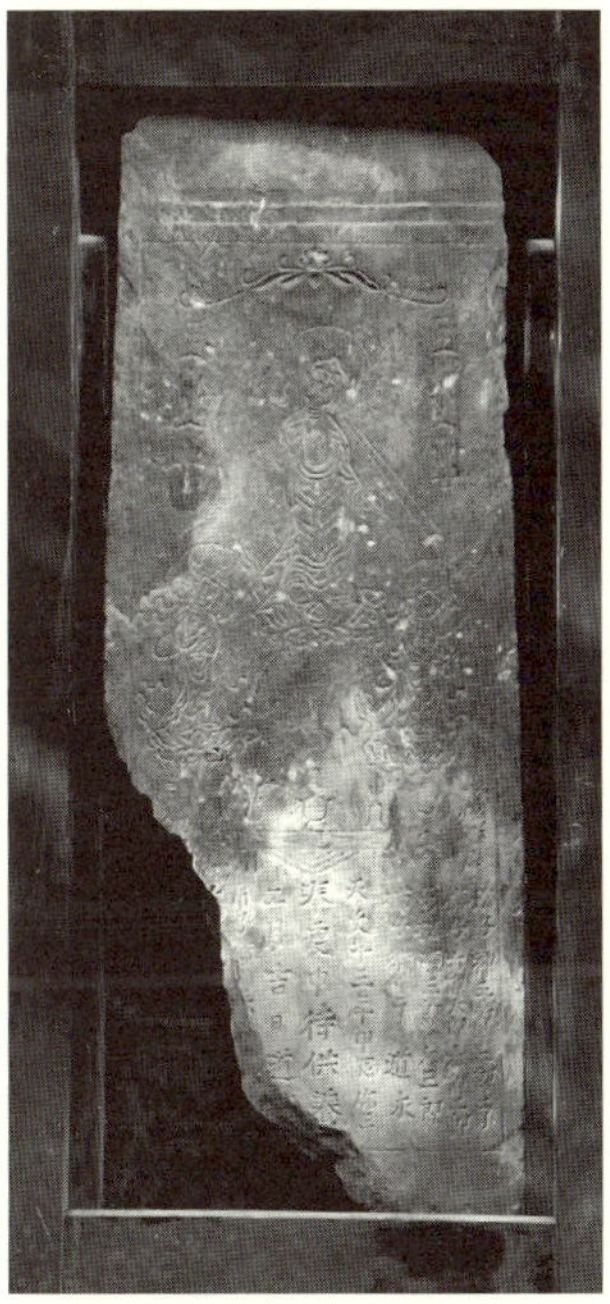

その下に紀年銘「天文十三年甲辰／奉庚申待供養／二月吉日」、その左右に交名を三段に渡って刻むが、欠失部を含めて考えると総勢は三〇名足らずと考えられ

る。また、前机の左右にも三名の交名が認められるが、その書体は異なるので、後刻かとも考えられる。

妙祐禅尼　松子　神五郎　三郎二郎
乙　房　※□子　六郎太郎　太郎二郎　※□木偏に菊か
（前　机）　為松　源三郎　六三郎
※□子　衛門二郎　道永
天文十三年庚申　弥三郎
奉庚申待供養
清□　市子　衛門三郎

馬橋の横川家旧蔵の板碑で、その後世尊院に奉納されたものという。

区30（図版編一六四頁）

練馬区石神井台一－一五－六・三宝寺　弥陀三尊夜念仏供養板碑

本堂左に建つ千体地蔵堂（半地下形式）の壁面に陳列ケースを設けて、全部で五一基の板碑を安置してある。中央に二基の大きな板碑を置き、両側に断片を多数配する。

該塔は総高一四〇・五センチ、上幅三三センチ、下幅三五センチ、厚さ三・三センチのほぼ完存の板碑であるが、惜しいことに観音・勢至菩薩の半ばで折損する。頭部山形の一部は破損するが、二条の刻みを持ち、身部には幅三〇センチ、高さ九二センチの大きさに枠線を陰刻する。枠線上方には幅一七・センチとやや小形の扁平な天蓋を作り瓔珞が五条垂下する。その下に像高二八・二センチの大きさで右下方を向いた来迎相の阿弥陀如来像が蓮座の上に立っている。更にその下に雲尾を左後方に靡かせた渦巻き状の飛雲が刻まれる。頭部には直径一八・三センチと八・五センチ（内側は二重）の頭光を彫り、三条の光明（中央は頭部から発し、両側の二条は内側の頭光から発する）が丸く一五方向に放たれ、右下の三条は石の枠線にまでおよんでいる。

雲尾の下から蓮台を捧持して同じく飛雲の上に立つ観音菩薩像が右に、胸元で合掌する勢至菩薩像がその後に立って作られている。二菩薩は石面の左寄りに彫り出され、観音像の前は少し空間を設ける。像高は観音像が一六・五センチ、勢至像が一八センチの大きさである。三尊の衣は薄く陽刻され美しい姿が昔から有名な図像板碑である。根部は丸く三角状に作られるが、枠線の下から二五センチ隔てたところに一本の刻線が認められる。

脇侍菩薩像の下中央に三茎蓮を生けた華瓶・紫煙が立ちのぼる香炉・燭台という三具足を載せた前机を配し、その両側に銘文を刻む。

「孫四郎　平太次郎
六郎四郎
夜念仏供養　逆修
文明四年壬辰　七月十五日　白敬
八郎三郎　次郎太郎」

なお、同所に弥陀図像板碑（断碑）も陳列される。現高四〇・六センチ、最大幅三〇・二センチ、厚さ三センチの大きさで、頭部山形の下に二条の刻みを持つ。阿弥陀如来像の肩から上の部分を残すものである。

区31－32

東京都練馬区錦一－一九－二五・圓明院　板碑三基

区31　弁財天板碑（図版編一六五頁）

本堂右の脇の間に祭壇を設け、正面の厨子の中に祀られている。総高三八センチ、最大幅二一・五センチ、厚さ二センチの頭部が尖った緑泥片岩製の板碑である。ただ、二条の刻みは全く作られていない。頂部から四・五センチ下がったところに種子「ソ」を縦に長く浅く彫り、同じく頂部から一四センチ隔てて像高一一・五センチの宝珠円光をおい、八臂の弁才天坐像を線刻する。義浄訳『金光明最勝王経』（大正蔵16―437下）によると「常に八臂を以て自らを荘厳にし、各弓、箭、刀、矟、斧、長杵、鉄輪並びに羂索を持つ。」と記される経軌にほぼ従うように見えるが胸前に

は宝珠を持ち、一部は不明瞭である。像の両側に「文亀元年／巳月良辰」の年紀を彫る。四月の造立と知られる。住職の話では、この板碑は大正四（一九一五）年、寺の背後にある洞窟から偶然発見されたもので、当時は付近の水田の用水路であった田柄川の清流が門前を流れ、たいへん風景が美しく、水との関係のある弁財天を信仰したものと思われる。村人たちはこれを懇に供養し穴守弁財天として祀り、それから毎月三日と二一日の縁日には大勢の参詣人でにぎわったという。現在はその場所（本堂の背後）に龕を設けその中にこの弁才天板碑の模刻像を収め、前に七福神像を祀る。

縣敏夫氏は筆者への書信で「紀年銘の位置も大きさも不自然で追刻と思います。種子と像のバランスなど近世的で、弁才天信仰も関東では他の例などから文亀までは遡れないと思います」という見解をお教えくださった。

区32　弥陀図像板碑（残欠。図版編一六五頁）

本堂の棚に数基の種子板碑と共に収蔵される。高さ三〇・三センチ、最大幅二八・二センチ、厚さ三・〇センチの頭部山形の下に二条刻みを作り、幅約二〇センチの天蓋と、二重の頭光を負った阿弥陀如来のお顔のごく一部が残る断片である。

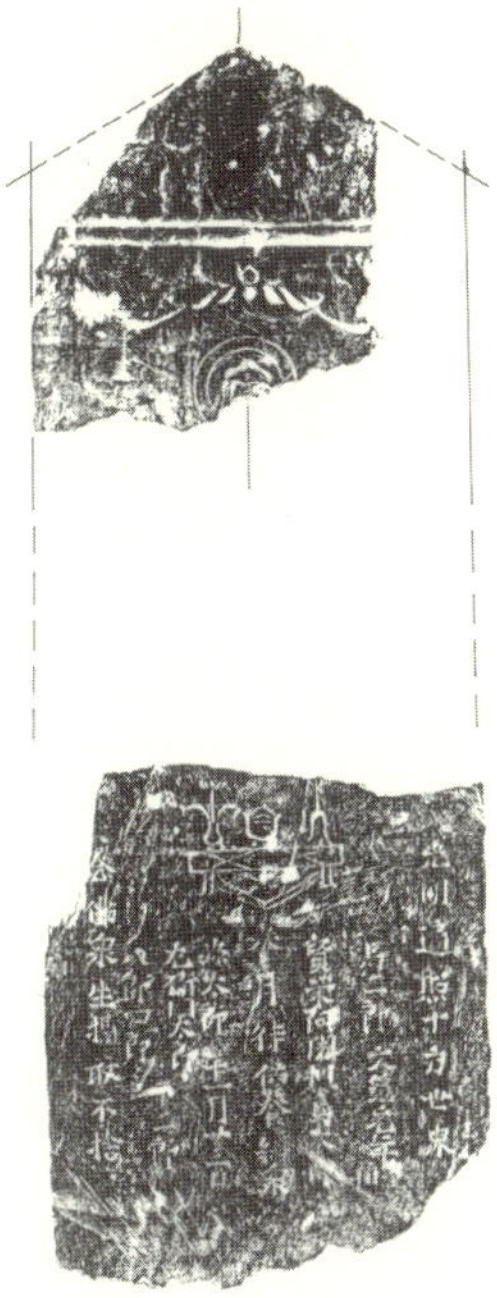

同じ棚に高さ四〇・八センチ、上幅三四・二センチ、下幅三四・八センチ、厚さ三・三センチの板碑下部の断碑がある。残る部分の上方に華瓶・香炉・燭台を並べた前机が線刻で表され、その左右に「光明遍照」の偈を二行に分かち彫り、間に次の銘文を刻む。

「光明遍照十方世界
　馬二郎　　文亀元年辛酉
　賢榮阿闍梨　与太郎
　奉　月　待　供　養　結　衆
　孫太郎　　十一月廿三日
　左衛門太郎　　平二郎
　八郎四郎
念佛衆生摂取不捨」

先の上部残欠が右方を欠いており、復原すると弥陀像と月待供養の銘文とがほぼ同じ位置に並び、石の厚さや状態を観察すると弥陀像の身体から蓮座にかけて欠くが、もとは同じ板碑であったのではないかと思われる。

区33－34
渋谷区東四－一〇－二八・國學院大學考古学資料館　弥陀三尊板碑

元は大田区山王一－四一－二五・山王草堂（旧徳富蘇峰邸）にあったもので、平成一三年に國學院大學に一括寄贈された。このうち板碑は七〇基を数える。

区33　弥陀三尊板碑（図版編一六五頁）

現高六七・五センチ、上幅三〇・五センチ、下幅三五・五センチ、厚さ三・五（左）～三（右）センチの大きさで、下部を欠失する。上部を三角山形とし、一一センチ下から二条の刻みを持つ。身部には枠線を作らず二条の刻みの下から一一センチ離れて、像高二六・五センチの正面向きの阿弥陀如来を陰刻する。阿弥陀像は飛雲の上に立ち、右手を垂下し左手を胸元に挙げた来迎の相をとり、二重の光背を負う。直径一三センチと九・五センチの二重の頭光からは三条ずつ線刻された放射光が一六方向に伸びるが、石の両端二センチほどの所で先端が止まっている。中尊の足下には共に中を向いて頭光をおう脇侍二菩薩が彫り出される。三尊とも顔は石の表面に作られ輪郭を線刻し、衣紋は薬研彫り状に彫り淺えて表されている。

二条の刻みの下、左側に三日月状の月天が陰刻される。右側にはこれと対に日天が彫られていたと思われるが、現在この部分は石を欠いている。

脇侍菩薩の間、中尊の飛雲の下に「奉待□」の刻字が残る。

区34　弥陀板碑（図版編一六五頁）

先の板碑と同様に山王草堂にあった一基。現高四七・二センチ、上幅二八センチ、下幅二九センチ、厚さ三〜三・五センチの下部を欠失する板碑である。高さ六センチの山形の下に二条の刻みを持ち、直径二三センチの大きな頭光を負う阿弥陀立像を彫る。像は顔の輪郭や三道、衣紋は陰刻する線で表され、胸元に挙げた左手の肘のあたりから下の部分はやや不鮮明であるが、衣紋の刻線が縦に刻まれる点から立像と考えられる。下部が欠失するので一尊か三尊かは断定しがたいが、石の大きさから見て一尊であったと考える。

頭の周囲には二重の小さな頭光を彫り、中に蓮華文を陰刻する。その外の大きな頭光には傘の骨状の放射光が六〇本という多さで彫り出される。頭光の中に蓮華文を彫り傘の骨状の多くの放射光を彫る板碑としては、埼玉県本庄市保木野・鈴木家の弥陀一尊図像板碑（乾元二年）や、東京都東久留米市下里・石塚家墓地の弥陀一尊図像板碑（下欠）等が知られるが、本塔も同様に南北朝時代の造立かと思われる。

多1（図版編一六六頁）

調布市小島町三―二六―二・調布市郷土博物館　弥陀一尊夜念仏供養板碑

図像板碑は収蔵庫にあり、現高七八センチ、上幅三三・四センチ、下幅三四、厚さ三・二センチの大きさで、根部は三角状に尖っている。阿弥陀如来の膝あたりから上を欠失する。石の正面に幅二九・三センチの枠線を刻み、その中央に阿弥陀如来立像を陰刻する図像板碑である。阿弥陀像の衣紋は襞の部分を残して中を平らに彫り浚え立体感を表す。

阿弥陀像の立つ蓮座（幅一六・五センチに高さ六センチ）の下に、前机が置かれ前方に敷き布が垂れ下がるが、打敷は一般によく見られる三角状ではなくカーテン様に襞を寄せた状態に彫られる。その上に三茎蓮の華瓶・香炉・葉の伸びた華瓶が並んで彫られ、前机の脚は隠された状態に作られる。このあたりは一風変わった意匠ということができる。

阿弥陀像の両側に種子が数字ずつ残り、右が光明真言、左が随求小咒といわれる。

前机のあたりの石の端に「奉夜念仏供養逆修」「文明三年辛卯九月三日敬白」と刻み、その間に「法善　妙賢　了音　教善　了誓／了得／妙福尼　経法／妙金尼　了各／道善　道圓／了園／了實　道珎　性法　浄金　了園／覚實」と一九名の交名が刻まれる。

昭和四三年に入間川の滝坂橋改修工事中に出土し、館に収蔵されるようになったものという。

多2（図版編一六六頁）

東久留米市下里・石塚家墓所　弥陀一尊板碑

ブロック塀に囲まれた小さな墓地の左奥に石塚家の墓所があり、一列に石塔が並ぶ中に、将棋の駒形に作った石材の中央に埋め込まれて立っている。

地上高五〇・八センチ、上幅二六センチ、下幅二六・二センチで、厚さは先のような保存状態で測定できない（東久留米市教育委員会発行の『文化財資料集』―板碑編改訂版―は三センチと記す）。頭部山形にし二条の刻みを作る。身

部に上端の幅二八・八センチの枠線を陰刻し、その中に正面向きの来迎印をとる阿弥陀如来立像を彫るが、膝のあたりから下を失う。現存部で像高二六センチを測る。一一センチと九センチの小さな頭光と二一・三センチの大きな頭光を負い、一番内側の頭光には七弁の蓮華文を陰刻する。一番外の頭光には傘の骨状の放光が五〇本作り出されている。埼玉県本庄市保木野・鈴木家の弥陀一尊板碑（乾元二年）や鎌倉市扇ガ谷・薬王寺の弥陀一尊板碑（元徳四年）に似ているという指摘もあるが、これらは面部が陽刻であるのに対して石塚家塔は線刻であることなど若干の違いが見られる。

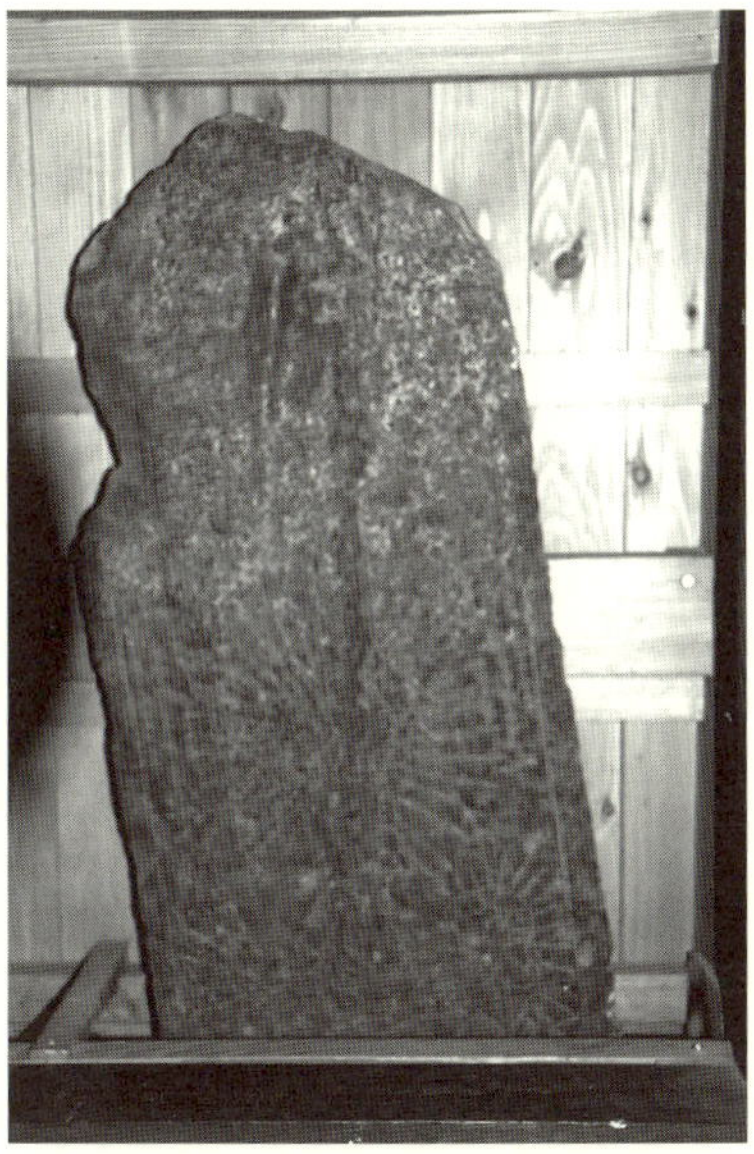

多3（図版編一六六頁）

東京都府中市宮西町・秋元家　弥陀三尊月待供養板碑

庭の一隅に楕円形の祠堂があり、正面に窓状の開口部を設けて、その向こう側に二折する板碑が祀られている。上部は中央部で測って高さ一〇四センチ、幅三九・八センチ、厚さ四センチで、下部は高さ五七センチ、幅三八センチで、総高一六一センチとなる。下方に高さ二七センチの根部を設ける。室町時代後期の板碑としては大型板碑に属する。

頭部を山形にし、二条の刻みを付す。ここから五センチ隔てた身部に幅三四・五センチ、高さ一〇二・五センチの枠線を陰刻し、その上方には幅約三一〇センチの天蓋とその両端上方に日月を浅く彫り窪める。この天蓋は風化により刻線が不鮮明になっているが片倉式天蓋である。その下に左から右下方を向いた早来迎形の弥陀三尊像が線刻で彫り出される。蓮座の上に立つ阿弥陀如来像は頭光を負い、三三方向に傘の骨状に放光を放つ。来迎の動きを示す飛雲は彫られていない。中尊の足元から同じく頭光を負う観音・勢至の脇侍立像がやはり線刻で表される。脇侍菩薩像が中尊同様に光明を放つのは割合珍しい。折損するあたりに前机に載せられた三具足があったと思われるが、現在は摩耗して僅かに香炉と燭台の一部が見られるだけである。石の下半部上端には前机が認められる。

中尊の足元から「月待供養」の刻字が辛うじて読まれる。前机の両側には梵字の光明真言が二行ずつ刻まれるように見える。前机の下方には「延元元年八月十五日」とその左に「文明二二年／□月廿三日」の年紀を刻む。月待板碑の出現は嘉吉元年（富士見市立考古館の弥陀三尊種子板碑）であり、延元銘が他の刻字が風化で判読しがたくなっているのに対してはっきり残る点から後刻と見られ、文明四年のほうが本来の年紀であると見るべきであろう。

年紀の右には太郎三郎、ひこ七、三郎太郎等の交名、左には栄仙　七月十四日／実阿三　七月十八日／浄阿三　七月六日／妙珍／□坊等の刻字が認められるが、風化が甚だしく判読は困難である。特に左側の栄仙　七月十四日～浄阿三　七月六日は何を表すのか。年紀の右側に俗名、左側に法名が区別して刻まれる点は珍しい。秋元氏の話では実家筋に当たる国分寺市の本多家から移動したものという。

多4（図版編一六七頁）

小金井市桜町三－七－一・江戸東京たてもの園　弥陀一尊月待供養板碑

総高一〇四センチ、上幅三四・六センチ、下幅三五・五センチ、厚さ四・二センチ、背面不整形。頭部山形は高さ一一・五センチで、その下に二条の刻みを作る。その二・五センチ隔てて枠線が巻かれるが、右の縦線は摩滅のために確認できない。下端は高さ九センチで幅が狭くなり根部であることがわかる。石面の下右から左へ欠損する。石面全体に風化が進む。

上の枠線に接するようにして両端に日月を浅く彫り窪め（直径四・五センチと四・八センチ）、その下に天蓋を線刻し両端には瓔珞が垂下する。像高約二六センチの阿弥陀如来が、足を開き二重の頭光を負って蓮座の上に立つ。頭光と上半身からは四方に二九条まで数えられる放射光が枠線一杯に長く放たれている。面部から上半身は摩滅が進んでいて輪郭を残すのみで像の詳細は分かりにくい。衣紋は裾の部分がかろうじて残る。蓮座は幅一二センチ、高さは五・五センチの大きさで線刻される。その下には華瓶・香炉・燭台を載せた前机が作られる。

前机の両側に「月待／供養」、その下中央に「明應二年癸丑十一月吉日」の年紀、その両側に長五郎／正五郎／太郎二郎（右）／□□三郎／□□五郎（左）と五名の交名が刻まれるが判読が難しい。

『入間市史』中世資料・金石文編によると、昭和二〇年代終わり頃まで新久六八六・吉野家先にあったが流出して、現在は武蔵野郷土館に保管されていると解説される。

多5（図版編一六八頁）

小金井市中町四－九・共同墓地　三尊月待供養板碑か

市立図書館の前の細い坂道を下る右手に墓地があり、その東北隅の渡辺家墓域に道路に背を向けて小さな覆屋を掛け、二基の板碑が西面して立てられる。

目的の板碑は左側のもので、地上高六八・二センチ、幅三五・七センチ、厚さ二・七センチの上部と左側を欠失した断碑である。石面の右と下辺に枠線が残る。中央に敷き布の垂れた前机と右端に燭台の一部が残りその左右に蓮座が認められる。

右側の蓮座には風化の為に非常に不明瞭ながら像の肩から下の身部が左へ傾いた状態で刻まれている。左は蓮座の右半分が残るだけである。種子ではなく三尊像の内の脇侍像が刻まれたものと判断した（種子なら薬研彫で、風化しても底の部分は痕跡が残ると考える）。弥陀三尊像と見るのが妥当と思うが右像の細部が不明で観音像とも断定出来ず、一先ず図像板碑とした。

この下に、以下のような銘文が認められる。

「□□　太郎衛門　牛子　□女
□□　彦衛門
栄弥　孫四郎　寅女　常□女
道慶　天文七年戊戌
奉　月　待　供　養　十一月廿三日
道尊　妙慶　妙性
妙清　太郎女　浄光
妙忍　孫三郎　太郎九衛門
□如　妙覚　妙底　寅□　」

風化が進み、刻字の判読も難しい部分が多い。月待供養板碑としては末期に近い造立である。

多6（図版編一六七頁）

国分寺市西元町一－一三－一六・国分寺　弥陀三尊板碑

国分寺の寺域に設けられた国分寺文化財保存館に、全部で一〇基の板碑がケースに収蔵されているが、弥陀三尊板碑はこのうちの一基である。総高九七・六センチ、上幅二五・一センチ、下幅二八センチ、厚さ二・五センチの緑泥片岩製の板碑で、下部の右側一部を欠くほかは完存する。二条の刻みを持ち、身部には輪郭を巻かず三尊像を石面いっぱいに彫る。

直径六・二センチの二重の頭光を負う、像高二五・二センチの阿弥

陀如来は正面を向いて来迎印をとり、蓮座の上に立つ。頭光には二八本の光明が傘状に彫られる。

中尊の降ろした左手のあたりから頭光を負った観音菩薩が左を向き両手で蓮台を捧げ持ち、反対側には右を向き両手を合わせて合掌する勢至菩薩が飛雲の上に立つ。像高は観音像一四・四センチ、勢至像一四・三センチとほぼ同じで線刻される。阿弥陀像の踏む蓮座は真ん中を彫り窪めて立体感を表現し、脇侍菩薩の場合は線刻の踏み割り蓮座とするなど異なった表現がとられる。像は三尊ともに線刻で表される。

三尊の下部中央に一行の紀年銘だけを彫る。

「正中三年丙寅二月十九日」

多7（図版編一六八頁）

東村山市諏訪町一－二六－三・徳蔵寺　弥陀三尊月待供養板碑

境内入り口に校倉造りで二階建ての「板碑保存館」が完成したのは昭和四三年九月のことで、市の援助と檀信徒および有志の寄付を得て、徳蔵寺が独自に建設したきわめて異色の保存施設である。一階は郷土資料、二階に板碑・五輪塔などが展示される。壁面四面にわたって約一七〇基の板碑が展示される。

本板碑は正面左の壁面の中段に展示される。現高八七・二センチ、上幅三五センチ、下幅三六センチ、厚さ三・五センチの大きさで、弥陀三尊を刻んだ図像板碑であるが、中尊の下部蓮座のあたりから上を折損する。下部は高さ二二・七センチが幅二二センチと細く根部を形成する。身部には幅三〇センチの枠線が巻かれる。

中尊台座の下左右には頭光を負い中央に向き合った脇侍菩薩が、像高一五センチの大きさで線刻される。衣紋の裾は広く浅く彫り下げ、他は線刻とする。共に蓮座の上に立つが飛雲は刻まれていない。観音像は蓮台を捧持し勢至像は胸元で合掌する。脇侍像の下に華瓶・香炉・華瓶を載せた前机が線刻される。

脇侍像と枠線の間に梵字の光明真言を、像の間に「月待供養」、三具足の左右に「逆修」、前机の下に「文明一五天／十二月廿三日」の年紀、その左右に「浄祐　左衛門次郎／浄□　右衛門三郎／右衛□二郎　□□五郎」の交名が陰刻される。

この板碑は、埼玉県旧三保谷村所在のもので、昭和三二年六月に埼玉県比企郡在住の故遠山荒次氏蒐集の二五〇～二六〇枚といわれる板碑群を一括購入されたものの中の一基である。保存館の建設はこの事が切っ掛けになったといわれる。

多8（図版編一六八頁）

東村山市諏訪町・塚越家　弥陀板碑

母屋左の庭の一隅に小祠を造りその中に祀られる。現高四一センチ、上幅三〇・八センチ、下幅三一・二センチ、厚さ一・六センチの板碑で、阿弥陀像の胸元から下を失う。頭部山形で二条の刻みを持ち、一センチ程内側に枠線を取るのが上辺と左側で確認される（右は下方にやや不明瞭に認められる）。

身部の枠線内いっぱいに直径二七・五センチの大きな頭光と一三・五センチの小さな頭光を造る。小さな頭光は幅一センチ足らずの太い頭光を陽刻する。その中に正面向きの弥陀図像が薄肉彫されるが風化のために細部は不明である。面部からいわゆる傘の骨状の光明四二本が放たれる。外側は一部剥離部があるもののよく残っている。

かつて庭内にあった井戸から掘り出されたという。恐らく弥陀一尊図像板碑であったと考えられる。縣敏夫氏は『多摩地方の板碑』の中で図像板碑の一覧表を挙げ、本塔の造立年代を〈推定鎌倉期〉と備考欄に記している。

多9（図版編一六八頁）
武蔵村山市中藤一－三七－一・真福寺　弥陀三尊板碑

平成二〇年一二月に調査依頼をしたところ、現在は非公開であると断りの連絡があった。縣敏夫氏の拓本によると、現高六一センチ、上幅三二・七センチ、下幅三四センチの大きさで、頭部は二条の刻みの上の段から欠失しており、左にごく一部分が見える程度である。額部と見られる直下から幅二九・五センチの枠線を刻み、両端から六センチほど内側に日月を彫り窪める。一六・五と一四センチの二重の頭光を負い、蓮座の上に立つ正面向きの阿弥陀如来像は像高二七・五センチを測る。面容や印相・衣紋等は多くの弥陀像とは一風異なった図様である。全身から二九方向に一条ずつの放射光が枠線迄長く伸びて放たれる。足元の蓮座の表現も斜め上方から見た状態で表され下端から以下を欠失する。蓮座の右には頭光の一部とその中に観音像の面部が線刻で残り、左下端には頭光の極く一部分が見られることから、本塔が弥陀三尊板碑と知れる。

縣敏夫氏は「この板碑は上部に日天・月天を刻し、三尊来迎図を主尊としている点で、月待供養の結衆板碑である可能性を持っている。同形式のものでも念仏供養のものは日天月天はみられず、日天月天を伴う庚申待板碑はこの地方に少ない。なお、素朴なタッチの弥陀像に類似するものが、北約一二キロ離れた入間市　天岑寺・文明十四年月待結衆板碑の右脇侍・勢至像にみえ、蓮座が線刻であるなどの共通点もあり、真福寺画像板碑の性格および年代推定を考える上で参考になるであろう」とする。

多10（図版編一六九頁）
多摩市関戸・小山家　弥陀三尊板碑

小山家母屋の奥の庭、西南隅に前面がガラス戸の小祠を設けて保存される。総高一二三・五センチ、上幅三二・一センチ、下幅三三・三センチ、厚さ三～四・五センチの緑泥片岩製で根部右側を斜めに欠損する。頭部山形は高さ八センチに対し幅三一・五センチを測り、その下に三センチの高さに二条の刻みを持つ。身部に幅二九センチ高さ七九・五センチのやや太い枠線を刻み、上方に三条ずつの瓔珞を五カ所から下げた小さな天蓋を陰刻する。

その下に二三・五センチと一一・三、八・五センチの三重の頭光を負い来迎印をとった正面向きの阿弥陀如来が飛雲の上の蓮座に乗り、その飛雲の下に頭光を負い向き合った観音・勢至の脇侍菩薩を陰刻するが、摩滅のために観音像の形状は判然としない。阿弥陀如来の三重の頭光の最も外側に三五本の方光が線刻され、頭光の中心には蓮弁が頭部を取り巻いている。三尊の像高はそれぞれ阿弥陀像二四・五センチ、観音像約一四センチ、勢至像一三・五センチである。瑞雲は動きを示すように雲尾を後方にたなびいている。

脇侍二菩薩の間に三茎蓮を生けた大きな華瓶があり、その両側に「元亨二年／八月日」の年紀を刻む。この年紀はかなり崩された書体で判読が難しく二年説・三年説などに分かれる。

当家の南を流れる大栗川の南方、関戸北木戸に旧在し、昭和三六年現在地に移転。他の約一五基の種子板碑はそのまま旧地で祀るという話である。

注：元亨二年説～石井真之助氏、多摩市「多摩市の板碑」、元亨三年説～清水長明氏「武蔵板碑図集」、『東京都板碑所在目録』。

多11（図版編一六九頁）
多摩市貝取・鈴木家　弥陀三尊念仏供養板碑

道路脇に簡単な小屋を設け、その中に四五基あまりの板碑がコンクリートで固めて保存されており、入り口正面突き当たりに弥陀図像板碑が立てられる。

現高一一九センチ、上幅三六・五センチ、下幅三八センチ、厚さ二・五センチの緑泥片岩製のもので、額部の左端に一部剥離があるがほぼ完存する。下部七センチは幅二六・五センチと狭くなり根部を形成する。頭部山形は高さ一五・七センチ、一・三センチと一・五センチの二条の刻みの下に高さ三センチの額部を有し、一・五センチ下方に上幅三三センチ、下幅三三センチ、高さ八二センチの枠線を陰刻する。枠線いっぱいに陰刻で片倉式天蓋を彫り、四個所から瓔珞が垂下する。天蓋の下に正面向きの来迎印をとる阿弥陀如来像を中尊とし、衣紋の裾の両外にそれぞれ中尊の方を向いた脇侍二菩薩が飛雲に乗って向かい合う（阿弥陀如来には蓮座のみで飛雲は彫られていない）。中尊の左肩のあたりは石が剥離している。観音菩薩は顔を少し下方に向けて頭光を負い両手で蓮台を捧げ持つ。勢至菩薩は合掌するがやや不明瞭である。二菩薩の乗る飛雲は渦の部分を彫り窪めて薄肉彫りし、小さな雲尾を後方に引いている。中尊の直径一〇センチの頭光の内側は一条の、頭光から外は二条の放光が丸く二三方向に放たれている。

　阿弥陀如来像の下に前机と三具足が陰刻されその外側に「念佛／供養」、前机の下に「文明二年庚寅十一月中旬」の年紀を、その外側に二段にわかち一〇名の交名が彫られる。

「　　平三郎　孫二郎
念佛　彦六　小三郎
　　孫二郎
　文明二年庚寅十一月中旬敬白
　　左衛門三郎
供養　孫次郎　平次三郎
　　平内二郎　彦六　」

　江戸時代後期の文政六年三月に、貝取の山中で発見された一群の板碑の中の一基であるという。

多12（図版編一七〇頁）
町田市小野路町二〇五七・千手院　弥陀一尊板碑

板碑は本堂の右、脇の間の壇の上に祀られた厨子の中に納められる。総高七六・五センチ、上幅二二・三センチ、下幅二六・五センチ、厚さ二センチ。頭部から左側約一〇センチ位が欠けている外は完存する。頭部山形の下に二条線を刻み、二・五センチ下から簡略な天蓋を線刻し、両端からは瓔珞が垂れ下がっている。

　一四・四センチと七・五センチの二重の頭光を負った正面向きの阿弥陀如来は、像高二〇・五センチの大きさで、右手を挙げ左手を垂下した来迎印をとり、大きな蓮座の上に立つ。頭光の中に三条ずつの放光を七方向に放っている。

　蓮座の下、石面の中央に一行「永仁三年二月日」の紀年銘があり、その両側に左右対称に高さ一八センチの三茎蓮を生けた華瓶が線刻される。

　石井真之助『板碑遍歴六十年』（木耳社、昭和四九年四月）の拓影を借用する。この解説で石井氏は「下部を水平に切っているのは厨子の中に立てるためではないか。『武蔵名所図会』に〈四、五年前、寺中より、青碧石の板碑に弥陀の像を刻したるものを掘出せり、下に永仁三年二月日と銘あり、厨子に入れて本堂に安置す〉とあり。『新編武蔵風土記稿』には〈観音を彫りたり〉とあるがこれは誤りであろう。上部の山形と二条線は普通である。上部左右に欠損あり。簡単な瓔珞がある。ヨーラクの点々がかんざしの如くに美しくさがっている。頭光から出ている放射光は三本ずつに離れて番傘をさしているよう。大きすぎる蓮座に乗ってる阿弥陀様、誠にあどけなくて可愛らしい。右手をあげて左手を下げ五指をのばしているのは説法印であろうか。／永仁三年二月日／」の紀銘も大きからず、その左右の二個の華瓶の横縞も面白いが花柄の曲りくねっているのもいい。誠に小型で愛すべき板碑であるが拝観は一切許されない。拓本を作るなどはもってのほかでござる。」と、述べている（同書二〇二ページ）。

多13－14
八王子市日吉町（日吉八王子神社）**小松家**

日吉八王子神社宮司・小松家に所蔵され、元は白山神社に伝来したものという。

多13 阿弥陀坐像板碑（図版編一七〇頁）

現高四七センチ、中央部での幅二八・五センチ、厚さ三センチの大きさで阿弥陀坐像の膝から下の部分を欠失する。頂部から二六・五センチ隔てて薄肉彫りした定印の阿弥陀像が刻まれる。肩から頭光と見られる細い刻線が一部見られる。像容などから鎌倉後期の造立と考えられる。石の上方は二条の刻みや山形は見られないが、像の位置などから現在の石の上部は元々のものであるように思う。

多14 薬師坐像板碑（図版編一七〇頁）

総高六五センチ、上幅二一センチ、下幅二二・三センチ、厚さ一・八センチという長方形の小型板碑で、頭部山形でないところから板碑でないという見解もある。石面の上方に高さ三八センチに幅一九・五センチの枠線を細く刻むが、上端と下端は二重線で表し上部は三角形の山形とする。

二重の山形の下から測って四・六センチ隔てて直径一〇センチと一八センチの二重光背の中に、右手を胸元に挙げ、左手に薬壺を持ち結跏趺坐する薬師坐像を細い線で刻む。像高は一二センチ。薬師像の座す蓮座は幅一八センチ、高さ六・五センチで細い葉脈を刻む。

元は白山神社に伝来したものといい、御正体としての造立と見られる。室町初期の造立と考えられる。

多15 羽村市羽七四一・羽村市郷土博物館 弥陀三尊念仏供養板碑（図版編一七一頁）

板碑は玄関を入ったロビー左手に展示される。現高一五六センチ（『羽村町の板碑・石仏』の一覧表では一六七センチとする）、上幅五〇・八センチ、下幅五二センチ、厚さ四センチで、身部の左上部に一部欠損があるほかは完存する。頭部山形の下に二条の刻みを持ち、両端はきちんと羽刻みを形成する。刻みから下に六・三センチ隔てて三九・五センチ（下方では四〇センチ）の幅の枠線を線刻するが、上端は二重線になっている。そこに幅三四センチ、高さ一一センチの天蓋を陰刻し、両端に瓔珞が垂れ下がる。

天蓋の下には幅二五センチに高さ四二センチの下向きのコの字形の枠をとり、その中に中尊の阿弥陀如来像が頭光を負い蓮座の上に立つ。このような形式は埼玉県児玉郡小川町・寒沢入り口の弥陀一尊図像板碑（この場合は長方形の枠）、川越市・川越市立博物館の弥陀一尊図像板碑（下部は欠失）、狭山市・天岑寺弥陀三尊図像板碑で実見している。蓮座の幅は一六センチで高さは五センチ、線刻される。光明は一八方向に放たれ頭部からは一条が、頭光からはその両脇に一条ずつの三条光となって、厨子の枠いっぱいに伸びている。

この厨子の枠線の終わりには直径九センチの頭光を負う脇侍菩薩像が、それぞれ蓮座の上に乗って蓮台捧持・合掌という姿で立つ。阿弥陀像二四センチの像高に対し、観音像一八・五センチ、勢至像二〇センチの大きさに作られる。身体は正面を向いているが、お顔はそれぞれ内側を向くように彫られている。脇侍菩薩像の間には前机を置き打敷きの上に三具足が並べて置かれる。

阿弥陀像の枠線の外側に梵字の光明真言が一行ずつ刻まれ、その下に「念佛／供養」、前机に下中央に「天文二年癸巳二月吉日」の年紀を、その両側に四段にわたり「本願八郎へもん」を筆頭に主水助・妙安、善仲等の交名・平次太郎、四郎太郎等の俗名など四〇名ほどの名を刻む。孫さえもんや八郎さえもん

といった仮名書きも混じりきわめて判読が難しい。
　本塔はかつて入間市にあった由で、『入間市史』中世資料・金石文編の解説によれば「現在は当地から流出しているが、一〇〇年位前までは太子堂境内にあった阿弥陀三尊図像板碑である。文化・文政ごろの『武蔵野話』、明治初年の『狭山の栞』にはこの板碑の記録が見え『羽村町史』にもこのことを記している」（四一九ページ）とある。その後羽村の堰に近い島田清四郎旧宅の庭に建てられていたが、昭和四一年頃の台風によって傍らの樹木が倒れ、左上部を少し損傷し、以後同家の倉の屋下に保管されることになった（『羽村町の板碑・石仏』二四ページ）という記録から見て、入間市から羽村へ移動していたこととなる。更にその後博物館に移動した経緯は明らかでない。

多16（図版編一七一頁）

あきる野市菅生六二九・福泉寺　弥陀三尊図像板碑か

　本堂の一隅に、鉄骨でフレームを作り強化プラスチックスのカバーをして保存される。現高八三・五センチ、上幅四一センチ、下幅四三・五センチ、厚さ四・二～五センチの緑泥片岩製のもので、頭部山形、身部両側、下部を欠失しており、必ずしも保存状態のいい板碑とは言い難い。二条の刻みも一条だけを部分的に残し、身部三センチの所に枠線が認められる。枠線から四・五センチ隔てて直径一九・五センチ、内側に九・八センチ、更にその内側に七センチの三重の頭光を線刻するが、放射光は刻まれていない。面部は周囲を彫り下げ薄く陽刻彫りとし、衣紋は襞の部分を薬研彫り状に彫り下げて立体感を表す。ただ、風化が著しく面部や両手など細部については判然としない。裳裾や足部は風化し、蓮座についても明瞭に連弁の形状を呈していない。正面向きの像容である。石の右下端に近い部分には線刻の円弧の一部分が見られ、脇侍菩薩（観音菩薩像）の頭光にも見えるが、現状からは断言しがたい。位置的には少し離れ過ぎる嫌いがある。

　全体の様子から鎌倉時代の造顕によるものと考えられる。『秋川市史』は、「無銘であるので、一般には注目されない板碑であるが、多摩川秋川流域を通じて、絵像板碑として、最大であり、鎌倉期で、しかも、かなりの上流の地にある点、板碑の分布伝播の上から重要な意味を持つ例である」と解説する。
　福泉寺の南方を東西に流れる平井川流域の日の出町に二基の図像板碑が所在することを考えると、この付近一帯が中世において注目される地域であったと推測される。この点に関しては地元の研究者である齋藤慎一氏の詳細な論考がある。

多17（図版編一七〇頁）

西多摩郡日の出町平井三六〇〇・熊野神社　弥陀三尊板碑

　現高六四・七センチ、上幅二九・二センチ、下幅三〇センチ、厚さ二・七～三・〇センチで、下部を欠失する。頭部山形の下に二条の刻みを持ち、身部には一センチ内側から幅二七・五センチの枠線を陰刻する。直径八センチの頭光を負う阿弥陀如来は正面を向いて立ち、三条ずつの光明を一四方向に丸く放っている。その光明の先端を玉のようなもので止めている。面部・頭部は薄く彫り浚え、目鼻は薄肉彫りで表される。耳の長いのが特に印象に残る。上半身の状態は風化と剥落ではっきりしないが、下半身は単調な線刻で衲衣が表される。足元には四重ほどの巻き雲が裳裾を取り巻いている。
　その巻雲の両端下部に直径七・二センチの頭光を負う脇侍菩薩像が彫り出されるが、風化のために詳

細はわからなくなっている。観音像は胸のあたり、勢至像は下半身までが残り、以下を欠失している。

齋藤慎一氏は『日の出町の板碑』で「図様と輪郭線のとり方などから考察して、鎌倉期の文永年代のものである」という縣敏夫氏の説を紹介し、更に「主尊は四十一筋もの円光を発するが、総体はやや古拙の趣がある。しかし、これは決して室町期の絵像《（ママ）》板碑にみるような稚拙さではない。たとえば、神奈川県相模原市上矢部・阿弥陀堂の本尊である弥陀一尊絵像板碑（乾元二年八月日）のものに類似するような、いわば鎌倉時代的な様式といえる。管見によるが、熊野神社のものは文永年間代を下って、乾元年代の可能性もあろう。多摩郡の中でも特色のある図様で、本宿の建治三年のものと並んで注目すべきである。（後略）」と、詳細な解釈を記述する。

多18（図版編一七二頁）

西多摩郡日の出町平井二一五〇・平井阿弥陀堂　弥陀三尊板碑

西光寺の寺畑であったという地にたつ小祠の中央に祀られる。堂内にはその他に十数基の種子板碑が安置される。元々露仏であったのを昭和四八年に野口弥之助氏が小堂を作って納めたと町史にある。

板碑は総高一〇三センチ、上幅三二・七センチ、下幅三三・三センチ、厚さ三センチの大きさであるが、表面には一部剥離が見られる。頭部山形は高さ八センチで、その下の二条の刻みは見られず、側面に羽刻みが二つずつ刻まれる。あるいは細い陰刻線が刻まれていたのかも知れないが、現状では詳らかでない。

石の頂部から一八・五センチ隔てて二九方向に放たれた放光が直径一七センチの大きさで丸く伸び、右下の二条の光明は長く石の端近くまで伸び、念仏行者を引摂する様を表す。

直径八センチの頭光を負う阿弥陀如来は、像高二〇センチの大きさに刻まれ体全体を右下方に向けている。右手を胸元に挙げ、左手は膝の辺りに垂れる来迎相をとる。頭部・面部・手足は石の面のまま陽刻し、衲衣は襞を残して中を彫り淺える鋤出彫りと表現に変化を付けている。足元は踏み割り蓮座であるが、右足の一部は剥離にかかり蓮座が見られなくなっている。蓮座から約五センチほど離れて頭光を負った観音菩薩の立像が見られるが、背中の部分は剥離のために見えず、蓮座を捧持する様子や踏み割り蓮座に立つ様子が認められる。左の勢至菩薩像は剥離のために全く姿をとどめていない。

その観音像の下、石の中央に「建治三年丁丑九月（以下不明）」と年紀を、その左右に一行ずつ「右志者□□□」「聖霊往生極楽□□□」の銘文が刻まれるが、風化のために判読は難しくなっている。建治三年銘は日の出町で最も古い板碑にあたる。

この銘文部分の位置などから石が折損するものと考えられる。

頭部山形の下に二条の刻みを持たず、早来迎像を刻む図像板碑は埼玉県北西部の児玉郡、更に県境を越えて群馬県多野郡に類型が見られる。当時の人々の交流や信仰の教線など深いつながりが考えられる。

多19（図版編一七二頁）

青梅市黒沢三－一五七八・聞修院　弥陀一尊板碑

板碑は本堂後ろの位牌堂の入り口右手、一メートル四方くらいの壁に立てかけられている。総高一六二センチ、上幅四二・六センチ、下幅四五・八センチ、厚さ三センチで完存する。この時代としては大型の板碑である。頭部山形は高さ一四センチで幅四二センチある。二条の刻みを持ち、身部上端から三・五センチ隔てて上幅三五・二センチ、下幅三八・五センチに高さ八六センチの枠線を陰刻する。枠内上端に幅三〇センチの天蓋がいっぱいに陰刻され、両端には瓔珞が垂下する。

直径九センチの頭光を負う正面向きの阿弥陀立像が右手を胸元に挙げ左手を膝当たりに垂下し、蓮座の上に立つ（像高二一・五センチ）。阿弥陀像の面部からは一八

方向に枠線まで伸びた放光がごく細い刻線で表される。

蓮座の下には前机が置かれ、敷き布が前方に三角に垂れ、その上に華瓶・香炉・燭台の三具足が飾られる。この形式は室町後期の民間信仰板碑に多く見られる形式である。

前机下中央に「奉逆修供養本願　馬次郎／天文十二年辛卯十月吉日」の年紀を刻み、その両側に約四〇名の交名を刻むが風化と彫りの浅いことと相まって判読が難しい。男女の法名が刻まれ、俗名のものは本願だけである。

なお、根部は四九センチあり、全長の約三分の一に近く長いという印象を受ける。

多20（図版編一七二頁）

青梅市千ヶ瀬町・伊藤家　弥陀三尊板碑（断碑）

現高三四・五センチ、上幅二三センチ、下幅二一センチ、厚さ三センチのほぼ長方形の板碑断碑で、側面は裏の方が幅が狭く丁寧に水磨きが施されている。石の質も緻密でこの丁寧な加工といい造立者の心意気が感じられるものである。石の左端に枠線の縦画が残り、その右に宝冠を被りやや右下を向き、胸元で両手を合掌する勢至菩薩像が足の部分まで残っている。頭光は直径一一・五センチと大きく作られる。衣紋はやや太い線刻で表されている。衣装と枠線の間には下から上へ細くたなびく雲尾が伸びている。

勢至菩薩に重なるようにしてその右には中尊の阿弥陀如来立像が正面の襞は線刻で、右の袂は襞の部分を残して内部を彫りさらえる技法で表している。踏み割り蓮座に立つ右足は全体が残り指まできっちり刻まれ、左足は指先を欠失する。

足元の蓮座は深く彫り浚えて半分が残っている。石の質が緻密で拓本を見ても表面の荒れは少なく優美な刻線が認められる。阿弥陀像の右には蓮台を捧持する観音菩薩像があった筈で、元の板碑は幅が四〇センチ以上ある大型のものだったと考えられる。力強さにはやや欠けるものの端正な刻線や石の加工などからは、鎌倉時代後期の造立であることが考えられる。

この板碑に関しては、昭和六〇年八月二〇日発行の『多摩郷土研究』第五九号に「青梅市塩舟〈北の坊〉後出土の絵像板碑」と題して、齋藤慎一氏が解説を執筆されている。それによると、塩舟観音堂十二坊の『北の坊』跡の「北の入」（一六七番地・沼田家の附近）で、昭和五六年頃、植木移植中に出土したという。

神1（図版編一七三頁）

横浜市青葉区みたけ台三二－一七・祥泉院　弥陀三尊寒念仏板碑

板碑は本尊を祀る須弥壇の背後に設けられた位牌室に祀られる。

総高九一センチ、上幅三四・二センチ、下幅三六・八センチ、厚さ四センチの緑泥片岩製の図像板碑で下部は刻字部分の中半から下を欠失する。石面はかなり荒れた肌を呈している。頭部山形の下に二条の刻みを浅く作る。身部に幅三〇・八センチの枠線を刻み、中に日月・両端に瓔珞を吊り下げた天蓋を作り、その下に右下を向いて蓮座上に立つ来迎印の阿弥陀如来を線刻する。直径七・七センチの頭光を負い、一二方向に二条ずつの短い光明を放つが右下の二条光のみ長く伸びている。蓮座の両脇から同じように頭光を負う脇侍菩薩が右向きに線刻される。右側の観音菩薩はやや背中を曲げ蓮台を捧げ持ち、左後方の勢至菩薩は顔を少し傾け胸元で合掌する、早来迎形の三尊像である。

三尊の下に打敷きをした前机の上に三茎蓮を生ける華瓶・香炉・燭台の三具足を載せる。

この下中央に

「天文八年

奉寒念仏供（以下欠失）

十月吉」

の造立銘と、その外側に交名を刻むとされるが、寒念仏も「寒」の刻字は石面が荒れていて明確には判読できず、交名も□二郎、助□等が判読される程度である。

寒念仏とは『日本石仏図典』によると、寒の入りから明けまでの三〇日間、酷寒の中を山野で行う厳しい修行で、もともとは僧侶たちの厳しい専修念仏であった。後には一般の庶民も加わるようになり、江戸時代には白衣で寒夜に寺々を巡拝する人びとの姿が、随筆などにも記されている。

寒念仏塔は中世のものは意外に少なく、埼玉県新座市畑中三丁目・東福寺の弥陀三尊種子板碑と、本塔が知られているくらいという。

神2（図版編一七三頁）

横浜市都筑区荏田東町四二八〇・矢羽根不動堂　不動板碑

かなり急な石段を上がった所に立つ不動堂の、祭壇内右前方に板碑が穴を開けた角材に差し込まれて祀られている。総高三五・二センチ、上幅一四・二センチ、下幅一五センチ、厚さ二センチの小型のもので、下端には枘の痕跡が残る。少し丸みを持った頭部山形の下に二条の刻みが薄く残り、この下に岩座の上に立ち、右手に剣を持った像高一四・八センチの童顔の不動像を、割合太い刻線で刻む。体全体が火炎光背に包まれる。像だけで刻字の跡などは見当たらない（『緑区史』資料編第二巻〈昭和六〇年三月〉に収録）。

神3（図版編一七三頁）

横浜市都筑区牛久保西一－一五－一・天照皇大神　弥陀一尊月待供養板碑

板碑は幣殿内に保管される。現高五五・六センチ、上幅三三・五センチ、下幅三三・五センチ、厚さ三・六センチの緑泥片岩製の板碑で、阿弥陀如来像の膝の下あたりから下を欠失する。頭部山形の下に二条の刻みを持つが、左側を残して大きく右方向に欠損や剥離がある。二条の刻みの下二センチ隔てて幅二八センチの枠線を陰刻し、その上方左端に月天と陰刻で表される天蓋の一部が見られる。九センチと一二・三センチの二重の頭光を負った阿弥陀如来は、共に第一指と第二指を捻じた来迎相で右手を胸元に挙げ左手を膝あたりに垂下して立つ。頭光からは一七方向に三条の放射光（一番内側の放射光は体から発し、両側の放射光は二重目の頭光から発する）。一部は二条だったり一条だったりするほか、間隔などもかなりばらつきのある彫法を採る。

欠損する下端際の左右に「月／供養」の刻字が見られ、月待供養板碑であることがわかる。現在神奈川県における図像板碑は二七基が知られるが、月待供養板碑は本塔が唯一のものである。

神4（図版編一七四頁）

横浜市港南区野庭町二四五・正応寺　弥陀一尊板碑

石段を上がり、本堂の左前方に一メートル四方ほどの正面ガラス張りの小祠（平成一二年八月建立とある）を設け、阿弥陀一尊図像板碑がこの中に祀られる。ただ、四面とも開けることを考慮しない構造に造られ、現状ではガラス戸の内側にはカビが生えて板碑をはっきりと見ることができない状態となっている。

以前に実査された嘉津山清氏の記録によると、緑泥片岩製の図像板碑で、総高一〇六センチ、幅三一センチ、厚さ四センチのもので、向かって右端上部が欠損している他はおおむねよく保存されている。

二条線の下に一重の枠取りをして、最上部に天蓋を表し、瓔珞を吊す。その下に来迎印を結ぶ高さ三六センチの円形光背の阿弥陀立像を蓮華座上に線刻する。像は全体的には線刻ではあるが、単なる線刻ではなく、片方から斜めに彫り込んだ、片切彫りの手法を用いた技法はなかなか優秀なものといえる。像が扁平にならず、立体的に浮き出て見え、総じて端正なものとなっている。像の下に「嘉暦四年己巳八月日」の紀年を刻し、その左右に美しい一対の花瓶を同様な手法で表す。天蓋に吊された瓔珞の一つが弥陀の頭上へ中央から下がり、美しい一幅の仏画のような構成を見せている。東京都大田区に似たような形式の天蓋（正安・延慶期）があり、それを少し簡略化したような天蓋形式である。

神5（図版編一七四頁）

川崎市中原区井田一－二〇－一・善教寺　地蔵板碑

現高五六・五センチ、上幅（二本の刻み下部で）一七センチ、下幅二二・七センチ、厚さ二・五センチの緑泥片岩製で、頭部山形を呈するが欠損する部分が大きい。頭部左から身部半ばまでと右側下半部に欠損があるほか、下部も枠線の下で折れた状態である。身部に枠線を巻き（縦は四三センチ、横は残存部から測ると一八・五センチの長方形）、その中に三体の持錫宝珠の地蔵立像を彫る。上は右が直径六・八センチの頭光を負った像高一六・六センチの左向きの地蔵、左は左側部分が欠失するが右向きの顔を少し上げた地蔵（像高一五・八センチ）と二体を並べて彫り、その下に直径六・六センチの頭光を負う像高一六センチの左向きの地蔵が一体彫り出される。上二体は蓮座の上に立ち、下は飛雲の上に立つなど意匠的には異なった表現がなされる。三尊とも頭光の縁側から浅く彫り沈めて面部を陽刻状に彫り出し、目鼻も周囲を彫り下げ陽刻とする。地蔵像三体を彫るだけでほかには何も彫られていない。地蔵図像板碑は、一尊、二尊、六尊の実例はあるが、三尊というのは本塔が初めてである。あるいはもう一基同様のものがあって二基一対で六地蔵を表したものかと考えられる。
本塔については三吉朋十『武蔵野の地蔵尊』埼玉東部・横浜・川崎編（有峰書店、昭和五〇年四月）の中に「明治一三年八月初旬井田村内金堀川上にて小児ら戯れに水泳して水中より抱き上げたもの」と触れられている。

神6（図版編一七四頁）

川崎市宮前区土橋・大久保家墓地　弥陀三尊板碑

大久保家墓地の入り口に、道路の方を向いて直接地面に立てられている。地上高七五センチ、上幅三三・八センチ、下幅三五・二センチ、厚さ四センチの、頭部山形をした板碑。山形の下に二条の刻みを作る。身部には枠線を巻き（残存部で幅二九・五センチ）、上方に日月を直径四センチの大きさに平底に浚えて作る。その間に約二一センチの幅を測る天蓋があり、両端からは瓔珞が垂れ下がっている。
瓔珞の下に二重の頭光（直径八センチと一一・五センチ）を負った正面向きの阿弥陀如来が尖った蓮弁で出来た蓮座の上に立ち、来迎印を結ぶ。

頭光からは二条ずつの光明が四方に放たれている。阿弥陀像の衣紋の両袖は平底に作り、その間の襞は陰刻される。中尊の両腕のあたりからは同じように頭光を負った観音・勢至の両脇侍菩薩が正面を向いて立つのが辛うじて認められる。

三尊像の下には敷き布を垂れた前机が地面すれすれに認められるが、机上の三具足は風化の為に不明瞭である。永年風雨に晒されてきたと見え、像容も前机もかろうじて刻線がわかる程度に風化しており、拓本によって弥陀三尊像と判別出来る程度である。

『川崎市史』資料編1「川崎市の板碑」では、図像、完形、天蓋、月輪一、摩滅甚だしと表記する。「諸岡リスト」では「阿弥陀か」とするが、今回弥陀三尊像板碑であることが確認出来た。

神7（図版編一七五頁）

川崎市多摩区長尾三－九－五・妙楽寺　弥陀板碑（残欠）**二基**

妙楽寺所蔵の板碑二〇数基の断片を含む板碑が本堂に並べられていた。最も古いものは嘉元四年十月在銘の「弥陀一尊種子板碑」で『川崎市史』資料編1には一一基が収録されるが、今回実見した板碑は二三基を数える。ご住職の話では薬師堂の跡から出土したものも有るということだった。

図像板碑は市史では一基だがこの二三基を詳細に見て、二つの断片が有るのに気づいた。同一のものか子細に眺めたが、刻線の太さなどが微妙に相違するようにも見える。

(1)弥陀図像板碑の断碑（右下）

現高二五センチ、最大幅一八センチ、厚さ二・五センチで、直角三角形に残っているが右の方は剥離しており、残る部分の幅は一三センチだけである。ここに顔の頬から下、足元までと蓮座の一部が残る。残る左足や衣紋は線刻で表し、蓮弁は薬研彫と平底彫りを交互に作るようである（一弁ずつしか残らないので断言は出来ない）。頭光のごく一部が残り二条ずつの光明が放たれている。

(2)弥陀図像板碑の断碑（左上）

現高一九・五センチ、最大幅十四・七センチ、厚さ二・二～二・五センチの小さな断碑で、二条の刻みの一部が残り、身部には枠線が刻まれる。枠線の内側に月天が陰刻され、頭光の一部からは二条の光明が枠線まで伸びている。

『川崎市史』資料編Ⅰでは「画像」として記載し、高さ四三センチ、幅二五センチとし、破片、月輪と記するのは、この二つの断碑を一基と見ているのかも知れない。ただ、頭光の刻線の太さに太い・細いの相違があり、今回はひとまず別物と判断する。

神8（図版編一七五頁）

川崎市麻生区高石二－六－一・法雲寺　弥陀三尊板碑

板碑は本堂左の別室に祀られる。伝来については詳らかでないとの話であった。

現高八〇センチ、上幅三三・二センチ、下幅三七センチ、厚さ二・八センチの緑泥片岩製の図像板碑で、頭部の山形は丸くなり中央から右側にかけて欠損する。下部は前机から下の部分を失う。二条の刻みを持ち、下側の刻みから二センチ隔てて、上部で二九・センチ、下部で三一・二センチの幅の枠線を欠失した部分まで線刻する。枠線の内側に五センチと五・三センチの日月を両側に彫り表し、その間に引き伸ばした蓮座を逆さにしたような天蓋を彫り、中央と両端に三条の瓔珞が垂下する。天蓋の中央下部に九センチと八・二センチの二重の頭光を負った、正面向きの阿弥陀如来が像高二二センチの大きさに彫られ、来迎印をとり飛雲上の蓮座の上に立つ。頭光からは一七方向に二条ずつの放射光が輪郭の枠線まで長く伸びている（最も内側の光明のみは一条である）。

その飛雲の一部に重なって、頭光を負い両手で蓮台を捧げ持つ観音菩薩（像高一五・五センチ）が、像に比べて比較的大きい飛雲の上に乗り左中央を向く。その反対側の勢至菩薩は、少し石面が風化していて上半身が不明確であるが、同じように飛雲に乗って合掌する（像高一四・五センチ）。

脇侍菩薩の下には、三茎蓮を生けた華瓶・香炉・燭台の三具足が敷布の上に飾ら

れ、その右側に「妙善禅尼／道□禅門／□」の交名が彫られ、反対側にも同様に刻字らしい部分が認められるが、紀年銘は認められない。交名のほかに光明真言が梵字で刻まれた一部が認められる。前机の脚の部分から下を失う。「月待供養板碑」であった可能性も否定できないが、現状ではなんとも判断できない。

神9（図版編一七五頁）

川崎市麻生区王禅寺西・松田家　弥陀三尊板碑

かつての所有者（逗子市・川口家）宅で実査したが、その後松田家の所有になっている。

総高一二五・三センチ、上幅二九・三センチ、下幅三五・五センチ、厚さは上部二・二センチ、下部で三・五センチある。九〇・五センチのところから下は根部を形成し、やや右に張り出しながら先端が丸くなっている。頭部山形は幅二九センチに対して高さ七・二センチと割合低平な割合を示し、二条の刻みを持つ。身部右上部に二本の細い線彫りが見られるが輪郭線は刻まれていない。

身部から九センチ隔てて、直径七・五センチの頭光を負った早来迎形の阿弥陀如来像を二五・五センチの大きさに彫る。頭光からは一一方向に二条の放射光が放たれており、その内右下の二条は石の端まで長く伸びている。阿弥陀像は面部を薄く陽刻し、衣紋は線刻で表される。飛雲の上に乗り雲尾は脇侍の勢至菩薩の頭光の上から伸びている。

脇侍の二菩薩は、中尊の膝あたりから頭光を負って一九センチ（勢至菩薩）、一九・五センチ（観音菩薩）と、ほぼ同じ大きさに線刻で彫りだされ、共に飛雲に乗る。全体的に左上方から右下方へ今まさに来迎する動感を感じさせるように作られる。三尊とも刻線は太く、中尊の放射光も太さや長さが不揃いであるなど、彫法はやや荒っぽい感じを受ける。

観音像の飛雲の下に「夫婦二人／逆修為也」と二行の刻字が見られるのみで紀年銘は彫られていない。

平成二年八月、町田市立博物館で開かれた「武蔵の塔婆」展に出展され、その時の解説書によれば、町田市野津田の河井将次家裏山から発掘されたものであるという。

なお、松田家にはほかに建長四年銘のある善光寺三尊板碑が所蔵されるが、訪れた日は雨天で、露天に置かれており採拓出来なかった。

鎌倉市の図像板碑（鎌倉国宝館収蔵の図像板碑）

鎌倉国宝館には板碑も多数収蔵されるが、本書収録の図像板碑では海蔵寺二基、寿福寺一基、旧大石邸一基の四基が寄託・収蔵される。

神10　弥陀三尊板碑（海蔵寺蔵。図版編一七六頁）

総高一〇二・四センチ、上幅二七・五センチ、下幅二九センチ、厚さ二・六センチ（下部）一・七センチ（上部）のほぼ完存する図像板碑で、中尊の胸のあたりで折損するのを木枠に嵌めて保存され、常設展示される。

身部に幅二五・五センチ、二四・二センチ、高さ七〇・四センチの二重の枠線を陰刻し（下部は一重）、その中に早来迎形の弥陀三尊像を表す。下品上生の来迎印をとり、踏み割り蓮座の上に立つ阿弥陀像の像高は三〇センチ。飛雲の雲尾は衣の後ろに出て動感を表す。二重の頭光の内側は直径八センチで一三枚の蓮弁を表し、外の

頭光（直径二三センチ）との間に二条ずつの放射光三〇本が彫られ、そのうち二条のみが観音菩薩の頭光に接するまで長く伸びている。

中尊の膝のあたりから四条の飾りが垂れ下がった蓮台を両手で捧持し、右下を向いた観音菩薩が飛雲・踏み割り蓮座の上に立ち、中尊の右袂のあたりからは合掌する勢至菩薩が観音像よりも高い位置に彫り出される。ともに腰と膝を少し曲げ、頭の宝冠は標識を乗せ二条ずつ瓔珞が顔の両側に垂下し、三道の下に胸飾りが下がるなど装飾豊かな彫刻が施される。像高は観音像二一・七センチ、勢至菩薩像が二二センチである。陽刻と陰刻とを合わせ用いた彫り方で、早来迎形を巧みに表現される。

像の下に大きく開いた蓮花と半開の蓮花各一本と蓮葉一本という組み合わせの三茎蓮を生けた華瓶が一対彫られ、その間に「嘉元四年八月日敬／白」の年紀が刻まれる。

「海蔵寺十六ノ井」は床面に四列に四つずつの孔が穿たれ、正面の壁面にこの来迎図像板碑が嵌められていたという。

神11　弥陀三尊板碑（寿福寺蔵。図版編一七六頁）

板碑は弥陀三尊来迎板碑の断碑で、拓影から計った大きさは高さ三四センチ、上幅三六センチ、下幅三七・五センチの大きさで、左方は勢至菩薩像の一部を残して剥離する。ただ、写真と比較すると部分拓と思われる。

右の観音像は左を向いており、胸から上を欠失する。両手で蓮台を捧持し、両腕からは天衣が垂れ下がる。飛雲の中の踏み割り蓮座に立つのがわかる。観音像の左側には片足など勢至像のごく一部と飛雲が見られる。飛雲はいずれも太い刻線が用いられる。

両菩薩像の乗る飛雲の間に「延慶」の二字のみが残る。大正一四年四月の調査のおりに境内で発見したと『鎌倉市史』考古編で赤星直忠氏が述べている。鎌倉国宝館での実見が出来なかった。ただ、館蔵の拓影を拝見できたので、それに基づいて記録した。

神12　弥陀三尊板碑（旧大石邸在。図版編一七四頁）

高さ四四・五センチ、上幅一八センチ、下幅一九センチ、厚さ三・五センチという小型の武蔵型板碑。頭部山形は先端や右端を欠失しているが、二条の刻みは残っている。下端を半球状の石材に挿入して固定する。身部上方に中央は一五・五センチ、右は一一センチ、左は一一・五センチの舟形光背を作り、中に阿弥陀・観音・勢至菩薩の三尊像を半肉彫りする。像は風化が進んでいて細部はわからなくなっているが、観音・勢至菩薩の肘の角度などから見て弥陀三尊図像板碑と考える。三光背の内、中央が両側より高く作られる点など埼玉県熊谷市弥藤吾・堀口家の弥陀三尊図像板碑に似ている。

三尊像の下に「建保三乙亥／歳次五月三日／義孝建立」と刻むが、明らかに後刻である。和田義盛の墓碑として祀られていたという。

神13　鎌倉市扇ヶ谷三-五-一・薬王寺　弥陀一尊（図版編一七六頁）

板碑は、総高一〇四センチ、上幅二九・五センチ、下幅三一センチ、厚さ二・五センチの緑泥片岩製の図像板碑で完存する。頭部山形の下に二条の刻みを持ち、身部には幅二五・五センチに高さ六三・七センチの界線を巻き、その中央上方に三重の頭光を負った（内側から直径六、九・六、一二センチ）正面向きの阿弥陀如来像が薄肉彫される。顔の下から上半身にかけて石の表面が剥離している。像高は二四センチで

幅一四・五センチに高さ五センチの蓮座の上に立つ。頭の周りには蓮弁が一重目と二重目の間に彫り出され、二重目と三重目には傘の骨状の放光が彫られる。

足元下の両側に三茎蓮を生けた華瓶が一対彫られ、その間に「元徳四年／壬申／二月時正」の紀年銘が読まれる。

石の下部二〇・五センチの部分は上辺がほぼ真っ直ぐになっており、それより下の部分が約〇・五センチ厚く荒叩きのまま根部を形成する。

この板碑はかつて東京都町田市本町田の三橋家にあったもので、埼玉県本庄市保木野の鈴木家の弥陀一尊板碑（乾元二年）に像容がよく似ている。

神14（図版編一七八頁）

相模原市中央区上矢部三－一二－一七・阿弥陀堂　弥陀一尊板碑

畑の一角を約一メートルほど盛り土して、その奥まったところに南面して新しくコンクリート製の小堂を設け、その中央に立てかけられている。

板碑は現高一〇三・三センチ、上幅二八・五センチ、下幅三一センチ、厚さ二・五センチと比較的薄い緑泥片岩製の板碑で、幅二八・五センチに対して頭部山形の高さは八センチと低平な割合を示す。二条の刻みを持ち、下の刻みから測って六・三センチ下に直径一八センチの頭光を線刻し、更にその内側に両側を彫り窪めて中央を陽刻状に残して変化を持たせた頭光を彫る。阿弥陀像は像高二四・五センチで、正面を向き、右手を胸元に挙げ左手を膝のあたりに降ろした引接来迎の印を結んで蓮座の上に立つ。蓮座を囲んで波形の飛雲が陰刻される。衣紋の刻線は縦と横の繰り返しで、裳裾もごく単純な表現である。螺髪は陽刻でその中央に大きく白毫が陰刻される。

飛雲の両側に、三茎蓮を生けた華瓶を彫りあらわし、その中央に「乾元二年八月日」と一行の紀年銘のみが彫られる。群馬県多野郡神流町柏木に同じく「乾元二年八月日」と同じ紀年銘をもつ弥陀三尊板碑がある。

矢部義兼の供養碑として、戦死した後九〇年後の乾元二（一三〇三）年に立てられたと、地元では伝えられているという。

神15－16

相模原市南区上鶴間本町八－四二－六・惣吉稲荷神社　双式弥陀三尊板碑

社殿左側に板碑を収納する覆い屋が設けられ、施錠管理される。堂内中央に基礎をセメントで固めた二基の図像板碑が、下部を金具で固定して保存されている。

神15（左塔。図版編一七七頁）

現高九七・五センチ、上幅二九・五センチ、下幅三二・五センチ、厚さ三～三・三センチの大きさである。頭部山形の下に二条の刻みを三センチずつ彫り、その下三・五センチから高さ七三・五センチ幅二七センチの輪郭を巻き、上部四六・五センチの中に弥陀三尊が右下方を望んだ早来迎形の像を薄肉彫りする。中尊の阿弥陀如来は七・五センチの頭光を負い、像とおなじく陽刻の二条ずつの放射光を一方向に放ち、そのうち右端の放光は観音菩薩の頭光にかかる。蓮座の上に乗り、飛雲は右後方に流れて放射光に接する。右手を胸元に挙げ右手を降ろした来迎印をとり、衣紋は比較的単純な線刻で表されている。なお、像高は二一センチである。

中尊の飛雲の右下には、膝を曲げ腰をかがめ両手で蓮座を捧持する観音菩薩が頭光を負って同じように飛雲の上に立つ。また、その後方には飛雲の上に立つ勢至菩薩が胸元で合掌している（像高は一一センチと一二・五センチ）。三尊の内では勢至菩薩がやや風化の度合いが強いが右塔に比べて風化の程度は少なく、目鼻立ちまでがはっきり残る。

三尊像の下二七センチは浮き彫りになっており、中央に「延文四年（二二と横並べ）己亥十月日／逆／修」の紀年銘を陰刻し、その両側に二行ずつに分けて梵字の光明真言を彫る。

神16（右塔。図版編一七七頁）

現高九四センチ、上幅三〇・八センチ、下幅三一・六センチ、厚さ三センチと左塔とほぼ同じ大きさの図像板碑である。頭部山形の右側に少し剥離があり、全体的に風化の度合いは左塔よりも強い。塔身を巻く枠線の下九・五センチから直径九・五センチの頭光を彫り、一一方向に放射光を放つのも左塔とほぼ同じである。そこに像高一九センチの右下を向いた来迎印の中尊の阿弥陀如来像を薄肉彫りする。その下方に腰をかがめ両手で蓮座を捧持し頭光を負う観音菩薩像が飛雲に乗り、その後方には両手を合わせて合掌する勢至菩薩が、同じように雲尾を後方になびかせた飛雲の上に立っている（像高は観音像一二センチ、勢至像が一三センチ）。風化が進み像の細部は不明確である。四行にわたって光明真言を梵字で彫り、その中央に「延文㐅年己亥十月日／逆／修」の紀年銘を彫る。

これらの板碑は少し離れた道正寺址といわれる傾斜地の横穴から出土したと地元では伝えられている。二基ともほぼ同形で、衣紋等の刻線はパターン化しておりやや退化形式をみせる。

神17（図版編一七三頁）

相模原市中央区上溝七－二一・上溝共同墓地　弥陀一尊板碑

上溝共同墓地北東隅に、下部を切石に埋め込んで固定し地上に東面して置かれる。頭部から左上部に欠損が見られるが、現高六二・二センチ、二条の刻みの下の部分で幅二〇センチ、下幅二三・七センチ、厚さ二センチの緑泥片岩製の比較的小型の図像板碑で、頭部山形の下に二条の刻みを持つ。

石の上部に、蓮座の上に立つ像高一九センチの弥陀一尊像が線刻される。頭光は直径一四・八センチあり、像の頭部を囲む円光から比較的太い四二本の放射光を放っている。像頭部の円光は傘状頭光の場合蓮華文をもって飾られていることがあるが、本塔の場合は一部剥落があるが彫刻はされていないようである。頭部は面容がはっきりしないが正面向きの像容であると考えられる。

蓮座の蓮弁は陰刻で表され、五弁で両端のものは大きく外に開き長く伸びている。蓮座の下方両側に三茎蓮を生けた一対の華瓶が陰刻される。

この華瓶の間に一行「建武□年二月日」の紀年銘を彫るが、年号の部分で石が斜めに欠けており一見すると二二の一部が認められるようであるが、子細に検討するとやや疑問があり後考を俟つ。

銘文の下方、切石の間約五センチほどはその上部とごく僅かの段差があり、石の面の仕上げも少し粗雑で根部であると考えられる。

神18－20

相模原市緑区澤井・加藤家　双式弥陀三尊板碑

延文銘のある図像板碑二基と同じ像容の無銘板碑の三基が保存される。

神18　延文六年銘図像板碑（図版編一七八頁）

総高八八・五センチ、上幅二四・七センチ、下幅二六・二センチ、厚さ四センチ（上部）、三センチ（下部）の緑泥片岩製のものである。頭部山形は高さ七・七センチに対して幅二四センチあり、その下に二条の刻みを持つ。二・二センチの額部の下に一センチ幅の界線を陽刻し（横幅二一〜二三センチ、縦幅五四センチ）、その中に三尊を板彫り様で表される。脇侍二菩薩は中尊の下部や飛雲に食い込むように、頭光を負い飛雲の上に立つ。中尊は顔をやや右下に向けているように見えるが、脇侍菩薩像は枠線に接するように像が表され雲尾が枠線に懸かっているところから、中尊の方を向き合っているように見える。平板状の中に部分的に衣紋が線刻されるのみで細部は判然としない。中尊の二重の頭光からは二五方向に太い陽刻線で枠までいっぱいに伸びている。

脇侍像の飛雲の下部に「延文六年／八月十七日／藤原氏女」と三行に銘文を刻む。

神19　延文六年（？）図像板碑（図版編一七九頁）

総高八四・七センチ、上幅二四・五センチ、下幅二六・三センチ、厚さ二〜三・五センチと、三基の中で最も小型の板碑である。石の表面は風化のために著しく荒れていて、像容などの詳細はわかり難い。額部の下に枠を陽刻し押し型風の弥陀三尊像を陽刻するのは他の板碑と同様である。脇侍像の下に三行の銘文があり、「延文六《カ》□／□□□／八月□」と読めるようである。

神20　無銘図像板碑（図版編一七九頁）

総高八五・七センチ、上幅二四・五センチ、下幅二六センチ、厚さ三・五〜四センチの図像板碑で、頭部山形の左右と身部の右端部分が剥離する。〇・七センチ（上辺）、一センチ（縦枠）の幅広い枠を浮き彫りし、その中に弥陀三尊像を押し型風に作るのは先の板碑と同じである。脇侍像が宝冠をかぶったり、勢至菩薩の乗る飛雲の雲尾が枠線からはみ出していない所や、天衣がはっきり作られるなどの小異が見られる。銘文は両菩薩の飛雲の下部中央に四字の刻字が認められるが、風化のために判読には至らないが、「藤原氏女」ではないだろうか。

これらの板碑については、守屋潔氏が「考古学雑誌」二二ー六（昭和七年六月）に「相模の国に見たる陽刻阿弥陀三尊の来迎像板碑に就いて」という発表をされている。これによると、内郷村の鈴木重光氏が加藤家の墓地で発見し、守屋氏は昭和六年八月二二日に実査されたという。

第六章　千葉県

千1（図版編一八〇頁）

野田市野田三七〇・野田市郷土博物館　地蔵板碑

醤油関係資料を中心に展示する博物館で、地蔵図像板碑は収蔵庫に保管される。総高八〇・五センチ、上幅二八・二センチ、下幅三三・八センチ、厚さ二・五センチの緑泥片岩製の図像板碑。頭部山形ではあるが破損しており、その下に二条の刻みを持つ。その下一・五センチの所に幅一九・五センチの陰刻する天蓋を刻むが瓔珞は垂下していない。直径九・五センチの頭光はごく浅く平らに彫り沈めて、その中に面部が浮き彫りになった左向きの地蔵像を、正面の衣紋を薬研彫り状に陰刻した姿で作る。足元は踏み割り蓮座で、来迎の動きを示すように像の右後方に雲尾がたなびいている。肩に担いだ錫杖の頭は大きく、頭光にかかるほどである。像高はやや不明瞭ながら二一センチ程度である。

像の下方中央に刻字の跡が認められるが判読できない。その両側に四種子ずつ一部は月輪の残る種子を刻んでいるが、右側が上から「カーン」「バク」「マン」「アン」（欠「カ」）、左側は「ユ」「バイ」「サ」「サク」（欠「キリーク」）と読めそうで、下部が欠損亡失した十三仏ではないかと推察される。これについては歴史考古学研究会の松永修輔氏に意見を頂いた。

千葉県で現在所在が知られる武蔵型図像板碑で、地蔵像を表すのは、本塔が唯一である。

千2（図版編一八〇頁）

松戸市千駄堀六七一・松戸市立博物館　西連寺弥陀三尊庚申待供養板碑

矢切の聖徳寺（廃寺）附近で発見され、近くの西連寺にあったが調査時点では文化ホールの郷土資料展示室にアクリルケースに入れて展示されていた。総高九一・二センチ、幅三八・五センチ、厚さ約三センチの緑泥片岩製の板碑である。

頭部を山形に整形し二条の刻みを持つ。下端は四分の一位から欠失して三角に尖っているが、その先端部分に横の枠線の一部が見られ、二条の刻み下から測って七一センチの高さで、幅三二・五センチの線刻であることがわかる。その枠内ほぼいっぱいに両端から瓔珞の垂下した天蓋を陰刻し、その下に蓮座に乗った正面向きの阿弥陀如来像が二三センチの大きさで線刻される。蓮座の脇からは内側に向き合った観音菩薩像（風化が進み詳細は不明）と勢至菩薩像（像高一五・五センチ）が頭光を負って蓮座の上に立つ。

脇侍菩薩の間に三具足を載せた前机があり、その下中央に大きく「奉庚申待供養結衆」、その両脇に「天文十二年癸卯／二月吉日」の年紀を刻み、さらに浄泉、四郎等の交名が刻まれるが判読しがたい。

千3（図版編一八一頁）

松戸市小山四五・増長院　弥陀一尊板碑

板碑は本堂の一隅に下部を木製の台に支えられて保存される。総高八七センチ、上幅三七・九センチ、下幅三八・五センチ、厚さ二・五センチの緑泥片岩製の武蔵型図像板碑で下部を欠失する。

頭部山形、二条の刻みを持ち、身部に幅三四センチの枠線を線刻する。枠線上方に両端は長い瓔珞を下げた天蓋を枠内いっぱいに陰刻し、その下に正面向きの来迎印の阿弥陀如来が蓮座の上に立つ（像高三〇・五センチ）。面部は周囲をごく浅く彫り沈めた中に浮き彫りで表し、手足や衣紋は陰刻で表現される。二重の頭光からは

一五方向に放射光が枠線まで放たれるが、真上に伸びる放射光のみ三条で他は二条になっている。幅一五・二センチ、高さ五センチの蓮座は平底に陰刻され、その下に敷き布を掛けた前机に載せられた三具足が線刻される。ちょうどこの前机の脚の下あたりから折れているが、右の方は少し斜めになりここに交名の最初の一字ずつ「善・五・道・性・道・重」が六行にわたり判読できる。室町時代の民間信仰の板碑（おそらくは月待供養板碑）であろう。

千4（図版編一八一頁）

松戸市紙敷九一一・下総史料館　弥陀三尊板碑

JR武蔵野線・北総線東松戸駅から徒歩五分の所にあった私設の資料館で、市内で出土した、縄文・弥生時代の土器や土偶・装飾品を中心に展示していたが、平成一七年末に閉館した。

板碑は現高七七・五センチ、上幅三九センチ、下幅四〇・八センチ、厚さ三・四センチで下半を欠失する。二条の刻みの下に高さ四センチの額を持ち、その下二センチの所から幅三四・五センチの枠線を線刻する。枠内上方にほぼいっぱいの大きさに片倉式天蓋といわれる大きな天蓋を作り、五カ所から瓔珞が垂れ下がる。その下には更に幅二一センチの枠を取り、二重の頭光を負う正面向きの阿弥陀如来立像をやや太い刻線で刻む。像の周囲から一八方向に枠内いっぱいに三条の放光が放たれるが、中央の放光は頭部から放たれる。残存する右下に丸い円弧の刻みが残り、脇侍菩薩の頭光がかろうじてわかる。

千5（図版編一八二頁）

柏市藤ヶ谷六八六・香取神社　弥陀三尊庚申待供養板碑

国道一六号線に面する公民館の北側に鎮座する本殿の脇に三基の板碑が保存されるが、いずれも武蔵型板碑である。

弥陀三尊板碑は右端にあり、金具で四カ所を止めて固定される。総高一五一センチ、上幅四三・五センチ、下幅四六・五センチ、厚さ四センチの緑泥片岩製のもので完存する。頭部山形は一九センチありその下に二条の刻みを施す。二条の刻みから下に一・五センチ隔てて枠線を線刻し、枠内上部に約四〇センチの大きな天蓋を彫る。その下に正面を向いた阿弥陀如来とその飛雲の左右に中尊の方を向いた観音・勢至の脇侍菩薩が共に線刻立像で彫られる。阿弥陀如来の直径約七センチの頭光からは一一方向に二条ずつの放光が短く放たれ、右端のもののみ石面の端まで長く伸びている。中尊の飛雲と脇侍菩薩の間に小さく三具足が彫られる。

三尊像の下に刻字がある。「永禄四年（二二）／三月吉日」中央に「奉庚申待供養」とあり、その間に交名が多数彫られるようであるが、石の表面が風化のために著しく荒れていて細部の彫刻や刻字は不明瞭である。

下1（図版編一八二頁）

香取郡東庄町東今泉九四二・東泉寺　弥陀三尊来迎板碑

弥陀三尊来迎板碑は、現在本堂の廊下の左端に置かれた木台に立て掛けて保管されている。総高九六・七センチ、上幅五三・五センチ、下幅五〇・七センチ、厚さ二・五（左）～七（右）センチの黒雲母片岩を使用する。頭部は三角に尖り、そこから一一・五センチ下がった所に一本の溝を刻み、更にその一・五センチ下から高さ五四・五センチ、幅三四（上部）〜三四・五センチ（下部）の長方形の枠線を彫る。

その内部に二重の頭光を負い、そこから四四本の放射光を放ち、蓮座・飛雲に乗って右下方を向いて来迎する像高二三センチの阿弥陀立像と、その下に同じく右下方を向いて頭光を負う脇侍の観音・勢至（共に約一四センチ）の二菩薩立像を線刻する。放射光のうち二本は長く枠線にまで長く伸びている。三尊の乗る飛雲は後方に雲尾を靡かせて動きを表す。

平凡社版『千葉県の地名』では常総系板碑とし、南北朝期の作としている。銘文等は見当たらない。

下2（図版編一八三頁）
香取郡東庄町新宿・秀蔵院　弥陀三尊来迎板碑

墓地入口の中央に、上州岩船地蔵と呼ばれる石仏が祀られ、その右方に低い石垣がある。その角に頭部が山形をした、黒っぽい黒雲母片岩と思われる比較的小型の下総板碑がある。地上高七三センチ、上幅五四センチ、下幅五六センチ、背面は不整形で右側で六センチ、左側で一〇センチの厚さがあり背面不整形である。石の表面は水磨きされたと思われる平滑な面を呈している。

頭頂部から一〇センチ下がって長さ五三センチ、横幅三六センチの長方形の輪郭を巻くが、上方は一・五センチの幅で二童の界線が彫られる。この枠線内ほぼ中央に右を向いて飛雲上の蓮座に乗る、来迎印の阿弥陀如来立像が、三重円光を負い四一本の放射光と二条の右枠にまで伸びた放光を放って線刻され、その左の掌のあたりから同じく右を向いて、頭光を負い片膝をたてて蓮台を奉持する観音菩薩が飛雲に乗り、また、その後方には合掌する勢至菩薩が同様に頭光を負って飛雲上に立つ。いわゆる早来迎形の三尊像である。中尊からの二条の光明は長く伸びて観音菩薩の頭光にかかり、更に華瓶の蓮華に届く。雲尾が左後方に靡く。

長方形の輪郭線の下方両脇には、下端が魚の尻尾状の形をした華瓶一対を陰刻し三茎蓮を彫るが、輪郭の外に向けて伸びて大きく迦葉を彫る。刻線はいずれも太く彫られている。銘文・紀年銘共に彫られていない。先の東泉寺板碑とほぼ同じ時代の造立と思われる。

下3（図版編一八四頁）
香取郡東庄町平山字夏見台・阿弥陀堂　弥陀一尊板碑

平山の集落を約一五〇メートルばかり東に入った畑地の中に、ブロック宝形造りの阿弥陀堂が南面して建っている。その堂内の正面にブロック二段を積んで、その中央に下部を固定して、弥陀一尊板碑が祀られている。

現高一二〇センチ、上幅五五センチ、下幅五六センチ、厚さ六〜六・五センチの、やや黄色味を帯びた砂岩製のもので、下総板碑の雲母片岩製と異なる。大きく三つに割れているのをセメントで接合する。頭部は丸く加工されて石の頂上の八センチ下から二条の刻みが彫られているが、その底部は斜めに削ぎ落とさずに丸くなっており、その幅も二センチと広く作られている。

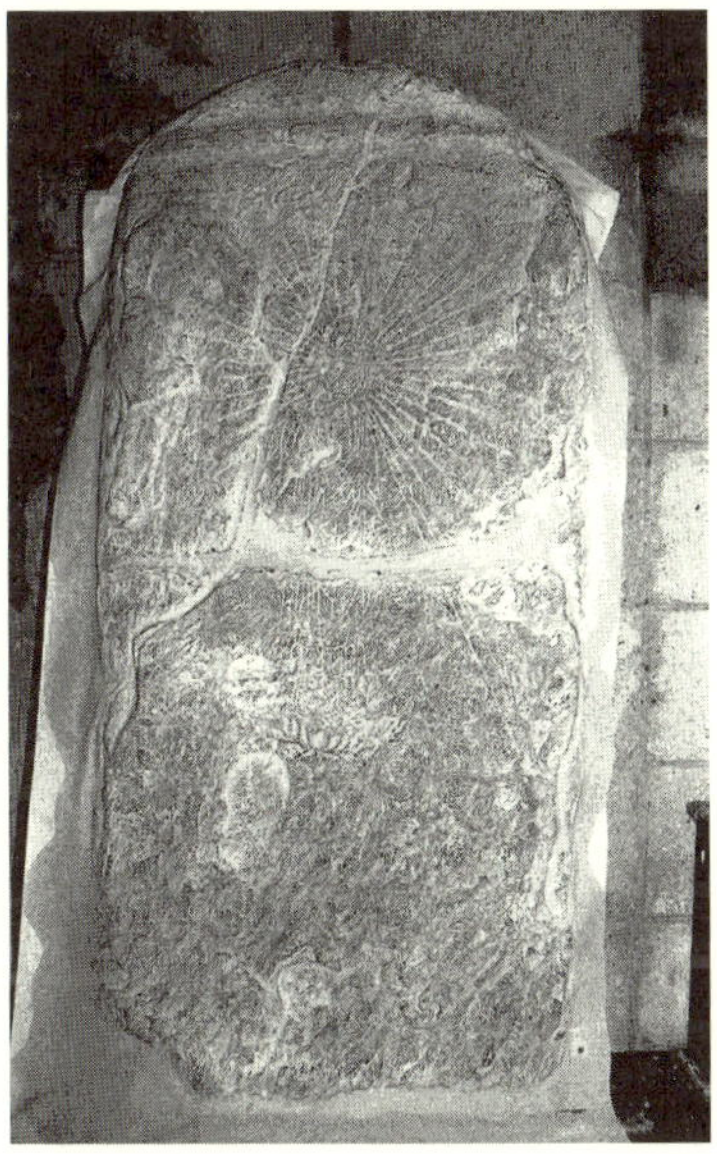

上から三二センチ下がった所に像高四二センチの阿

弥陀如来が、踏割り蓮座の上に右向きに立つ早来迎形の独尊板碑である。頭光は彫られておらず、直接放射光が四方に放たれ、その内の二条だけが石の右端にまで長く伸びている。放射光や顔の部分は風化が激しく細部は不明瞭である。像の衣文は線刻で表される。石の表面全体に風化が進み、あちこちが剥落しており、全体の様子がわかりにくい状態である。

下4（図版編一八五頁）

香取郡東庄町神田・共同墓地　弥陀一尊板碑

集落の奥に共同墓地がある。墓地の中央やや左寄りに共同供養の区画があり、江戸時代の石仏の左側に下部を台石に固定して祀られる。

現高一〇一センチ、上幅四二センチ、下幅四八センチ、厚さ一〇～一二センチの黒雲母片岩製。頭部を山形に作り、二条の刻みを設ける。二条の刻みのすぐ下あたりから、三重の頭光を負う右向きの阿弥陀如来像が、雲尾を後方に靡かせた飛雲に乗り踏割り蓮座の上に立っている。白毫からは二条の光明が放たれ、その先には屋形が刻まれるが、その屋内には、臨終を待つ念仏行者の姿は彫られていない。飛雲の下には香取市貝塚・来迎寺の弥陀三尊板碑のような、本格的な台座が作られている。阿弥陀像の像高は四六センチを測る。石の表面はかなり風化して荒れているが、面部は毛彫りで細部までよく残り、全体的に丁寧な作りである。

地元の石井保満氏は『史迹と美術』六二八号（平成四年九月）に「未紹介の下総板碑（三）」を発表し、その中で弥陀像の右側に「光明遍照」の偈が二行に、像の左側に「右志者為照養妙心尼菩提也」、台座の下部に「康永四年／十一月廿六日」の銘文があるとされる。

下5（図版編一八五頁）

香取郡東庄町大友・観音堂墓地　弥陀三尊板碑

地上高六四センチ、幅三八センチ、厚さ九センチ。黒雲母片岩製の下総型板碑で頭部山形に整形し二条の線刻の下に長方形の枠線を取る。その中に三尊ともに左から右下方への動きを見せる早来迎形の図像を陰刻する。武蔵型早来迎形と異なり、足元は飛雲ではなく蓮座・敷茄子・反花・二段の框座から構成される本格的な台座に乗る。この形式では早来迎形の軽快さを持たない。右下の観音像も枠線に接して窮屈な彫刻になっている。

脇侍像の間に「文保二年三月」の年紀を一行彫る。平成一七年五月に発見、報告されたものである。利根川下流域に見られる下総型弥陀三尊図像板碑はこれで九基を数えるようになった。

下6（図版編一八六頁）

香取市小見川区貝塚二〇〇五・来迎寺　弥陀三尊来迎板碑

板碑は本堂の右手、近世の石塔に混じって西面して下部をセメントで固定し、直接地面に立てられている。保存のために簡単な覆い屋を建てかける。

地上高一〇四センチ、上幅四八・二センチ、下幅五一センチ、厚さ一〇センチの背面が不整形の黒雲母片岩製で、頭部を欠損するほか上部が大きく剥離している。石の表面は平らでなく、右方の観音像が彫られるあたりは約四・五センチも段差があり、そのままの状態で使用されている。

頭部はやや丸みを帯び、その下に二条の刻みを有する。その下に矩形の上と左右の三方の枠線を作り、その枠の中に弥陀三尊像を押し形状に彫刻する。即ち、頭光を負い像高二六センチの右下方向きの早来迎形の阿弥陀如来が、台座の上の蓮座に立ち一一方向に二条ずつの放射光を放ち、右下方

の光は長く石の段差まで伸びる。蓮座の右方一段石の表面がえぐられた所に、頭光を負った観音像が右を向いて蓮台を前に差し出す姿で薄板状に陽刻され、中尊の左には勢至像が同様に彫り出される。風化のために脇侍像の細部は今一つ尖鋭さを欠く。阿弥陀如来の蓮座の下は、華盤・敷茄子・反花・框座等を具備した仏像彫刻と同じような、本格的な台座が作られる。下総板碑にはこのような台座を彫る板碑がかなり見られ、東庄町神田・共同墓地（下4）の弥陀一尊来迎板碑もほぼ同じ表現である等、一つの特徴となっているが、来迎の軽快さを欠く感を免れ得ない。

台座の下方には五行にわたり、「右志者為／大龍尊霊／往生極楽／嘉元四年丙午二月日／敬白」と左下がりに銘文が彫られている。

『千葉県史料』では一行目の前に更に一行の刻字があるとして□□□とし、大龍尊霊を六部□□、更に嘉元四年二月□日とする（一四二ページ）。今回二行目は六部□□と判読した。

下7（図版編一八七頁）

香取市阿玉台・福寿院跡　弥陀一尊板碑

鎮守編玉神社の南西やや低地になった辺りに、旧福寿院の墓地があり、その正面に吹き放ちの小屋を建て、その中に直接地上に立てて東面する。

総高九五・五センチ、上幅三一センチ、下幅三三・五センチ、厚さは上部で四・五センチ、下方で五センチの、正面平滑な黒雲母片岩製の図像板碑である。頭部を山形に整形し、その下に二条の刻みを設ける。山形は幅三一センチに対して高さ一三センチでかなり高い印象を受ける。正面中央に大きく踏割り蓮座に乗り、右下方を向いた来迎相の阿弥陀如来を三七センチの大きさに彫る。二重の線刻の頭光を負い、白毫からは二条の光明が石の右端近くまで長く伸びている。肉身部は線刻で表し、衣文はV字形に彫り窪めて表現される。頭部の右側や身部の右端に一部剥落があるものの、像は石質が固いのか平滑な表面によく保存されており、優美な板碑として古くから知られている板碑である。

像の両側に一行づつの銘文が刻まれる。

「奉當檀那和田道金禅門」（右）

「享徳元年壬申十一月十五日一結衆／敬白」（左）

下8（図版編一八八頁）

香取市一ノ分目一〇〇八・善雄寺　弥陀一尊像／バン種子板碑

本堂の左から奥に墓地があり、図像板碑は墓地奥の正面にある九基の板碑の中に見られる。現高八三センチ、上幅八九・五センチ、下幅八七センチ、厚さは上部の方が厚く、下部の方がうすくなり七〜九センチを測る横長の雲母片岩製の板碑である。石の下部は薄く剥離している。石の中央に太い界線を一本入れ、それを挟んで右側は幅三六・五センチ、中央の高さ四五センチの、左も幅三九センチ、中央の高さ四五・五センチと同じような駒型の輪郭を線刻する。

界線の右側には楕円形の円光背の中に、蓮座に乗った大日種子バンが薬研彫りされ、この光背は外に向けて火炎を彫り表す。枠線の両側に一行ずつの銘文と、種子の下に二行にわけて交名が彫られる。

界線左の輪郭の中には、像高二八・七センチの、右向きで右手を胸元に挙げ、左手を下に伸ばした来迎相の阿弥陀如来が飛雲上の蓮座に立つ姿を彫る。頭光からは一本ずつの放射光が一四方向に放たれ、その内の一本は右下方に長く伸びている。枠線に沿って各一行ずつの銘文がある。

〈右区〉「右志者為道仲禅門
バン　　妙仲
　　　　禅尼
逆修善根也仍而」
〈左区〉「一蓮法界平ホ利益敬白」
（弥陀一尊来迎像）
「永禄二年己未十月吉日」（干支は斜め彫り）。

香取市内には阿弥陀如来像を二体彫った図像板碑が数基見られるが、種子と図像を彫ったものは例がなく、また左右がバンと阿弥陀と異なるのも下総板碑では、本塔一例だけである。

下9（図版編一八九頁）

香取市大倉字中郷・清宝院　弥陀像・サ／サク種子板碑

本堂の左前方に広がる墓地の中に板碑が点在する。地上高九一センチ、上幅六三センチ、下幅五四センチ、厚さ八センチの、背面不整形の雲母片岩製の板碑で、下幅が狭く上幅が広い駒型をしている。その外観にそって上端で四九センチ、下方で四五センチの頭部が駒形をした枠を線刻する。枠の中央部上方に大きく天蓋を彫り、その下に踏割り蓮座の上に頭光を負って右向きに立つ早来迎形の阿弥陀像を彫り出す。顔面の輪郭・目鼻や両手・両足を陽刻し、衣文・蓮台と飛雲は線刻で彫り出される。頭光からは九方向に放射光が三条ずつ放たれていて、左右下の光は下方に向かって長く伸びている。蓮座は飛雲に乗っており、雲尾は左後方にたなびいて動きを示す。この飛雲の下に蓮座に乗る月輪の中に、脇侍菩薩の観音・勢至を表すサとサクが薬研彫りで彫られる。下総板碑で阿弥陀如来を像容で、脇侍菩薩を種子で表す併用の板碑は本塔のみである。現在はこの種子以下が地中に埋もれている。

像の両側に次のような銘文が認められる。

「□□志趣者為妙真禅尼逆修功徳七□（以下土中）」
　　　　サ
（阿弥陀如来立像）
　　　　サク
「奉□志趣者為道秀禅門逆修願善根□（以下土中）

調査にあたり二〇センチほど掘り下げたが、全文は確認できなかった。『千葉県史料』金石文篇2によれば、種子の下に四行にわたって亨徳／三年／□月／□日の紀年銘があるとする。

下10（図版編一九〇頁）

香取市多田本田・分飯司堂跡　名号阿弥陀図像板碑・種子板碑群

細い道から一〇メートルばかり入った集落の、小さな広場の奥に六基の板碑が一列に並んで、直接地上に立てられ或いは倒れているのが見られる。

名号阿弥陀図像板碑は左から二基目で、右側を太い竹に接して前傾して立っている。地上高九二センチ、上幅九〇センチ、下幅八七センチ、厚さは中央部で一三センチの横幅の広い黒雲母片岩を用いる。石の上端はほぼ平らで一部が剥離する。石の上端から五センチ下がった所から駒型の枠線を高さ八〇センチ、上幅六五・五センチ、下幅六六・五センチの大きさに取る。宝珠を中央に載せた天蓋を彫り、その下に平底彫りの頭光を負った阿弥陀像を踏割り蓮座の上に立つ姿で薄肉彫りで表し、顔や手足も同様に陽刻

で表現する。像の左右に蓮座の上にサ・サクの脇侍菩薩を薬研彫りで表すが、サクは剥離して一部を残すだけである。同様のものは佐原市新寺区公会堂横のものがある（下21）。

枠線の内の左右に「為道照禅門七分全得也」「為妙弥禅尼逆修菩提也」と彫り、阿弥陀像の足元に三行にわたって「文明十二／天庚子／三月廿一日」の年紀を彫り表す。

下11（図版編一九一頁）

香取市佐原ハ四五〇〇・県立大利根博物館　阿弥陀二尊板碑

展示室の一画に香取・惣痔院跡の板碑三基が一列に並べて展示され、左端が本塔である。現高七四センチ、上幅八七センチ、下幅八九センチ、厚さは右で一一センチ、左で七・五センチの横長の黒雲母片岩製の不整形板碑で、石の周辺は大きく剥離している部分がある。石の表面も平らに加工されず凸凹のままに使用されている。展示の為に下部を固定し更に小石を敷いているために現高七四センチとしたが、元の大きさを『千葉県史料』では高さ九五センチとする。

枠線もなく表面に直接二体の阿弥陀像を線刻する。右の阿弥陀像は石の上辺から三〇センチ下から彫り出され、二二センチと七・五センチの二重の頭光をおい、放射光は三〇方向に放たれる。像は右手を垂らし左手を胸元に挙げ、やや左を向き複輪つきの踏割り蓮座の上に立つ（像高は二七・五センチ）。左の阿弥陀像はやや右向きの姿勢で左手を垂らし右手を挙げる他は、殆ど同じように彫られている。

両方の像の間に三茎蓮を生ける華瓶が脚付の台の上に置かれる。この部分は石が剥離して低くなっている所に彫り出されている。

石の両端に、

（右）「奉道賢禅門逆修善根也」

（左）「為妙珎禅尼菩提也

文亀〆季甲子八月吉日孝子ホ敬／白」

の銘文が彫られている。

なお、銘文の下部は『千葉県史料』によって補足した。

下12（図版編一八九頁）

香取市香取一八三三・新福寺　地蔵板碑

墓域左側の中程にある崖の斜面に、一基の板碑が上向けに置かれている（吉田家墓塔の左横）。

総高六八センチ、上幅二九・六センチ、下幅二一・三センチ、厚さ五・五センチの黒雲母片岩製のもので、幅五ミリ、長さ六〜一〇ミリ位の輝石が随所に見られる。石の上部はほぼ真っ直ぐで欠損するものと思われる。

左手に宝珠、右手に錫杖を持ち、頭光を負う延命地蔵が陰刻の踏割り蓮座の上に立つ姿を線刻する。像高は三四センチを測る。衣文の彫りはごく粗く彫られている。

石の両側に銘文があったと思われるが、石の表面は風化のために荒れていて、右側は痕跡のみ、左側は「延文五年庚／子□」と読める。清水長明氏は『下総板碑』で「右側には「也」で終わる願文があるが読めない」とされる。

下13（図版編一九二頁）

香取市香取・惣持院跡　名号阿弥陀像板碑

坂の途中に小さな墓地があり、小沼家墓域の巻石近くに南面してたつ。地上高一〇五センチ、上幅七七センチ、下幅七九センチ、厚さ（最大）一一センチの黒っぽくほぼ長方形をした雲母片岩製である。縦八〇センチに横五四センチの将棋の駒形の枠線を彫り、山形の頂部のすぐ下から陰刻の天蓋を彫り、頂部から二一・五センチ下から直径一五センチの頭光を、周辺から中央に向けて浅く彫り下げ、頭部と身部及び連座を浮き彫りにする。頭部と手足を彫り、身部は「阿弥陀佛」の文字を変形して表現する。像の右に『口権少僧□』、左枠の中程から『文安五年戊辰五月廿日敬白』という刻字が認められる。文字阿弥陀像板碑の中で、この惣持院跡塔が最も古く、最も新しいのは佐原市大戸川・浄土寺（下23）の永正二年の板碑であり、わずか六〇年程の期間に造立されている。

下14（図版編一九三頁）
香取市津宮・正法院跡　来迎一尊来迎板碑

津宮第五区公民館（薬師堂）の西側に残る、小さな墓地の前列に西面して並ぶ四基の板碑の中の一基である。地上高六八・五センチ、上幅七八センチ、下幅八四センチ（最大部分で幅八六センチ）、厚さ一一センチの黒雲母片岩製で、背面はほぼ平らに整形されるのに対して、外形は剥離や風化の為に原形を留めていない。或いは自然石のまま使用した可能性もある。

石の頂部より七・五センチ下がった所から、高さ五一・五センチ、幅四〇・五センチの将棋の駒形の枠線を陰刻し（左辺と下枠の一部は風化の為に判然としない）、この中央に渦巻き状の飛雲の上の踏割り蓮座に立ち、頭光を負って右下方を向いた来迎相の弥陀像が線刻される。頭光は二重円光背であったと思われる部分を残し剥落する。ここから一八条の放射光が放たれ、その内の一条は右下方に長く伸びている。

駒形の右角に二行、像の左側と枠線の左下方に刻字の跡が認められる。即ち、

奉造立石□／為妙□禅口
（来迎弥陀像）
為妙心口尼／□口　敬白

等の刻字は認められるが、紀年銘は磨滅しており不明である。全体に表面の剥離が進み、保存状態のあまりよくない板碑である。

下15（図版編一九四頁）
香取市新市場八七・地蔵院　弥陀一尊板碑

弥陀一尊来迎板碑は高台の墓地の下の一角に、根元をセメントで固定してブロック塀に立て掛けるようにして置かれる。現高一二〇センチ、上幅四七センチ、下幅五二・五センチ、厚さ一〇センチで背面はほぼ平らな雲母片岩製の板碑である。頭部はやや丸味を帯びていて、その表面に将棋の駒型の枠を線刻する。枠の幅は上方で三二・五センチ、下方で四一・五センチ、高さは両側とも八九センチである。その中に二重の頭光を負って右下方を向いた来迎相の阿弥陀一尊（像高二七センチ）が、飛雲の上の踏割り蓮座

の上に立ち、雲尾は左後方に靡いて来迎の動きを示している。頭光外側からは短い後光が四方に放たれ、その内の二条は右枠に達する長い光明となっている。巻き雲の下方に多くの刻字があるが、完全な判読は難しいが、

「毎年月念佛人数也」（右端）

交名多数

「天正二年甲戌十一月吉日」（左端）

と彫る。銘文の間に交名が彫られ約五〇人に及ぶ名が読み取られる。

下16（図版編一九五頁）
香取市大根一一五一・西蔵院　弥陀一尊板碑

板碑は、大師堂のすぐ横手の宝篋印塔の後ろに、下部をセメントで固定して立てられているが、かなりの部分が地面に埋め込まれている。現高一一〇・五センチ、上幅一〇七・五センチ、下幅一〇七センチ、厚さ五・五三六・五センチの、ほぼ板状の大きな雲母片岩製の板碑である。石の上から測って二一センチの所に、中央に火炎宝珠を持つ大きな天蓋が線刻され、瓔珞が垂下する。さらに石の上から六二センチの位置から三重の頭光を負う正面向きの阿弥陀像を陰刻する。右手を胸元に挙げ、左手を下に降ろした来迎相の像容をとり、頭光からは二条ずつの短い光明が四方に放たれている。阿弥陀像の袂の辺りから下が埋められている。

石の両端に銘文が彫られている。

「法印大権大僧都神口為逆（以下地中）

七分全（以下地中）

寛　永　拾　年　癸酉三月（以下地中）

一般に、武蔵型板碑は江戸時代には消滅するのに対して、下総型板碑は江戸時代になってもまだ造立が続けられていて、しかもこのような大型の物も作られていたことが注目される。

下17（図版編一九六頁）
香取市大崎字菱崎・大六天神社横　文字阿弥陀像板碑

丘陵地に鎮座する大六天神社の北側にある、小さな共同墓地の入口右側に、如意輪観音石仏数体の左に、直接地上に立てられ少し後ろに傾いている。地上高九六センチ、上幅五六センチ、下幅七〇センチ、厚さ九・五センチの、上部の幅がやや狭いが、ほぼ長方形をした、平らな板状の雲母片岩製の板碑である。石の上辺から八センチ下から簡単な天蓋を彫り両側には瓔珞が垂れ下がる。その下に頭光を負い、頭部を薄肉彫りし、体は阿弥陀仏の文字を図案化して衣文を形作って陽刻とした阿弥陀如来を彫り、足元に蓮座を彫り出す。

像の両側に一行ずつの銘文が認められる。

「奉修宗久／妙秀逆修善根

（名号阿弥陀像）

文亀三年癸亥二月時正」

下18－20
香取市与倉一〇一二・大龍寺

当寺には嘉暦四年より寛永拾五年までの三〇基もの紀年銘のある板碑があり、江戸時代のものを除いて国分家関連のものと考えられている。現在西面する本堂の正面と右手の二か所に分けて、これらの板碑が年紀の順に覆い屋の中に保存されている。

下18　名号阿弥陀像板碑（図版編一九七頁）

本堂正面の覆い屋の前列三基の中央に置かれる板碑で、地上高八六・五センチ（中央部）、上幅八一センチ、地上幅七三センチ、厚さ一三センチの背面不整形の黒雲母片岩製である。石の上部は不整形で中央がやや高く丸みを帯びている。石の表面中央に高さ七六センチ、幅六〇センチの将棋の駒型の枠線を線刻する。枠線の中央部に線刻の天蓋を刻み、その下に線刻の頭光を負った阿弥陀像が、他の名号阿弥陀像板碑と同様に阿弥陀仏を体躯にして薄肉彫りで彫り出される。

枠線の左内側に「文明十二歳庚子二月廿日□」の年紀を彫る。

下19　地蔵・童子図像板碑（図版編一九八頁）

地蔵・童子図像板碑は本堂の右手の覆い屋の三列に並べられた板碑の、前列左端に直接地面に立てられて保存されている。地上高七二センチ、最大幅五九センチ、地上幅五六センチ、厚さ一三センチの背面不整形の雲母片岩製の図像板碑である。石の上辺は大きな凹凸をみせ、そこから六・五センチ下がったところから高さ六〇、幅四四センチの将棋の駒型の輪郭をとる。その中に枠線いっぱいに傘の様な大きな天蓋を線刻し、その下に日月を陰刻する。天蓋の下に持錫宝珠の地蔵立像（像高三二センチ）が大きな蓮座の上に立つ姿を彫り、その宝珠の下あたりに帽子状のものをかぶり、花を捧げる童子を彫り表す（像高一二センチ）。

輪郭の左右内側に、

「奉造立地蔵一尊為花林童子／菩提者也」

「寛永拾五年戊刁八月廿九日」

の銘文を彫る。

清水長明『下総板碑』では「地蔵の侍者である常善童子、常悪童子のいずれかであろうか。あるいは花林童子の姿を刻んだものなのであろうか。」とする。小林靖氏は東国文化研究会第六回例会報告から「賽の河原を表現した供養塔―胞衣をかぶった童子像―」（『東国文化』第三号、一九九一年三月）を発表し、そのなかで江戸時代の説経節からヒントを得て、板碑の童子がかぶっている帽子状のものは、賽の河原で水子がかぶっている胞衣《えな》であると、詳説している。いずれにせよ童子追善のために建立した地蔵図像板碑である。江戸時代に入って二〇年程たつが、この地方ではまだ板碑の造立が行われていたことが知られる。

下20　不動像板碑（図版編一九九頁）

本堂の左手に広がる墓地の奥に小さな滝があり、その崖上の平らな地面に倒れている。総高一二七センチ、上幅六八センチ、下幅六一センチ、厚さ九センチの雲母片岩製で、風化のために刻線は浅く、拓本で辛ろうじて不動明王の立像らしき姿が部分的にうかがえるものである。

この板碑を発見された石井保満氏は「不動明王三尊像」で「暦応三年二月一日」と判読しておられるが、今回の調査では宝剣を持つ不動明王の姿がかろうじてわかる程度で、脇侍の二童子の姿や銘文を検出することは出来なかった。

下21（図版編一九九頁）

香取市新寺四〇八－一・新寺墓地　名号阿弥陀像板碑

佐原駅の東方約三キロメートル、新寺集落の小さな墓地の中に、幅三二〇センチ、奥行き一六〇センチのコンクリート基壇を設け、断片を含め一一基の板碑が二列に配列して保存されている。その前列左端の板碑が名号阿弥陀像板碑である。地上高八二・五センチ、最大幅五五センチ、地上幅二七センチ、厚さ一二～一三センチの雲母片岩製で、上の方が幅が広く下幅が狭い不整形の石を使う。石の上部や左側等に剥離があり、右側を大きく欠いており保存状態のよい板碑ではない。

駒形の輪郭が右上方に認められ、その下に頭光を線刻し顔の目鼻を陽刻で、陰刻の阿弥陀佛の文字で体躯を表す、足を陽刻し踏割り蓮座に立つ名号阿弥陀像が彫り出される。「陀」の文字の左右に蓮座に乗った月輪を線刻し、その中に脇侍菩薩のサとサクを浅く彫る。現在名号阿弥陀図像板碑は香取市と西隣の神崎町で合計一〇基が知られるが、このように三尊形式で表されるものは、香取市多田本田・分飯司堂跡の板碑（文明一二年）とこの板碑の二基だけであり、また像を陰刻で表すのは佐原市大戸・路傍の文字阿弥陀像板碑とこの板碑だけである。

石の両側に一行ずつの銘文が読み取られるが、刻字が小さく彫りが浅く風化のためやや判読しにくい。

サ（月輪）　為浄阿弥陀禅門□
「名　号　阿　弥　陀　像」
寛正二（四）年癸未十月廿四日才子ホ敬白　サク（月輪）為妙集禅尼□

下22（図版編一九九頁）

香取市森戸四三八・大法寺　弥陀一尊坐像板碑

板碑は本堂左手の墓地の中央に東面して建つ「子育観音堂」の本尊として祀られる。堂の中央にコンクリート製の壇を築き、その中央に下部を固定して安置されている。現高四九センチ、上幅四六センチ、下幅四四・五センチ、厚さ六センチの黒っぽい雲母片岩製のもので、左右両側面は一部に剥離はあるもののほぼ真っ直ぐである一方、上部は凹凸が激しく原形を留めていない。

石の上部に二線を刻み、八・三センチの頭光を負い二重の身光背を持つ弥陀が蓮座の上に座している姿を陰刻する。像の両手にかかる法衣は、台座の両脇に垂下する。ちょうど膝のあたりから二つに折れて継いでおり、下部には浄土寺塔、吉祥院塔で見たような台座を彫る。像は風化の為に印相などははっきりしない。しかし、板碑で表現される仏としては圧倒的に阿弥陀像が多く、その他の仏は極端に少ないため阿弥陀像と考えられる。弥陀一尊坐像板碑でこの様式のものはこれ一基と考えられる。

像の両側に『右ゐ父母也／貞治四（二二の横書き）年十月日」の銘文を有する。

下23－24

香取市大戸川三五－一・浄土寺

下23　名号阿弥陀像板碑（図版編二〇〇頁）

本堂前面の鐘楼の左側に、一列に北面して六基の板碑が直接地面に立てられていて、名号阿弥陀像板碑は左から三基目のものである。地上高七七センチ、上幅五一センチ、下幅一〇〇センチ、厚さ一四～一六センチの五角形をした不整形な雲母片岩製の板碑である。石の上部から一一センチ下に頭光を負う阿弥陀像が踏割り蓮座の上に立つ。阿弥陀佛は薄肉彫りで表されるが、磨滅や風化のために不鮮明である。

像の両側に陰刻線があり、輪郭を刻んでいたものと思われる。像の右側に二行の刻字の跡があり、左側には一行の年紀が彫られる。

□七分□
名号阿弥陀像
「永正二年乙丑十二月一日」

下24　弥陀並坐像板碑（図版編二〇一頁）

全六基の板碑群の内、左から二基目のものである。地上高八三センチ、上幅四五センチ、下幅四七センチ、厚さは上部で一四センチ、下部で七~八センチの、背面不整形の雲母片岩製のものである。石の上から一四センチ下がったところと、三八・五センチのところに界線を陰刻し、その間に蓮座の上に座った阿弥陀像を刻む。蓮座の下には下総板碑で見られる仏像の台座と同じような台座を刻む。二重光背を負う阿弥陀像は左右ともに同じ二九・五センチの大きさに作られ、膝の上に置かれた衣の袖は、その先が台座まで垂下する宋風の法衣垂下像で表現される。

このような宋風図像板碑は武蔵板碑には見られず、下総板碑に限られている。下総と鎌倉との宗教・文化の交流が海を隔てて緊密であったことがしのばれる。

像の下部、界線の下に一対の華瓶を彫り（右側は剥離して部分的に残るだけである）、その間に「観応□年」の年紀を彫る。

下25（図版編二〇二頁）
香取大戸川一六六・宝聚院　弥陀並立像板碑

地上高八三センチ、上幅四九センチ、下幅五二センチ、厚さは左で七、右で一五センチの不整形の雲母片岩を使う。石の右辺は大きく欠損する。石の上から九・五センチ下に右端から左端まで続く一本の陰刻線があり、その二・五センチ下に横四一センチ、縦四六センチの輪郭線を刻み、丁度中央で二つに区切る。それぞれの区画の中央に正面を向いて蓮座の上に立つ、来迎印の阿弥陀像が二重の頭光を負って線刻される。像高はいずれも二七センチである。頭部からは五方向に三条ずつの放光が輪郭線まで伸びている。左右ともほぼ同じ像容を示す。

輪郭線の下部に三茎蓮を生けた華瓶が一対彫られ、その間に「明応二年／二月／二十九日敬白」の紀年銘を彫る。

下26（図版編二〇三頁）
香取市大戸五七五・才ノ神社　名号阿弥陀像板碑

三叉路の右手に道ロクジン様と地元で呼ばれる所に石の鳥居があり、その後ろにたつ。定まった名称は無いらしく才ノ神社と言われることもある。地上高九三センチ、上幅四五センチ、下幅五六センチ、厚さは上部で九センチ、下部で七センチの背面不整形の雲母片岩製の板碑で、切り石の上に固定されて祀られる。石の上から

八・五センチ下に高さ二二センチの天蓋を陰刻する。その下に頭光を負った阿弥陀立像を、顔の部分は薄肉彫りとし、手足は線刻で表して踏割り蓮座の上に立つ。像高は四六センチの大きさを測る。

像の左右に一行ずつの銘文が刻まれている。

「奉造立為乗尊逆善故也」

（名号阿弥陀像）

「文明三年辛卯八月十五日」

追善ではなく逆善となっていることの意味は不明である。あるいは追善の誤りかとも思われるが、拓影からは逆善としか読めない。

下27（図版編二〇四頁）

香取市山之辺六〇六・西福寺　種子不動像板碑

総高八四・五センチ、上幅四七・三センチ、下幅四七・一センチ、厚さ一〇センチの黒雲母片岩製の頭部が丸く加工された板碑である。顔・剣と索を持つ両手首・両足を線刻で、体躯を薬研彫りのカーンマンの種子で表す。像の背後は火炎光背とし、足元も種子で岩座を表現している（種子はヂクで般若菩薩を表すという）。全体にその保存状態はよいが板碑下部の左側を欠失している。像の右下に「延文五年二月三□」の年紀を彫る。以前は集落の北のはずれの滝台に祀られていたものを、西福寺に移したものという。保存状態が良好なのは不動堂の本尊として祀られていたためと考えられる。

高知県土佐市宇佐町龍・青龍寺（四国霊場三六番札所）の本尊波切不動の墨刷りの絵札が梵字不動像であることや、福島県須賀川市館ケ岡の阿弥陀磨崖仏の右下に、転落した石があり、その表面に種子不動像があることなどが知られる。清水長明氏も中世以降の墨刷り絵札が流布したことを述べ、この板碑が絵札を下絵として彫像が行われたものであろうと推測されている（『下総板碑』七四ページ）。

下28（図版編二〇五頁）

香取市上小川・吉祥院　弥陀並坐像板碑

一段高くした壇上の歴代住職の墓塔群の後ろに、五基の板碑と共に直接地上に立てられる。地上高一〇五センチ、上幅一〇五センチ、下幅一一〇センチ、厚さ一九・五センチの背面平滑な横に広い雲母片岩製の板碑で、石の上部左右は表面が剥離している。石の上から二〇センチ下に幅八四センチに縦七〇センチの輪郭を線刻し、中央の縦刻線で左右に二分する。上辺の輪郭は二重になっている。

枠線で区切られた中央に二重光背を負い、蓮座の上に座る阿弥陀像を彫り出す。像高はいずれも二七センチで、両手を膝の上で組む定印の姿で、法衣は両膝から左右に垂下する宋風形式である。二重円光背を負う点や台座の上に座ることなども併せて、浄土寺・弥陀並坐像と同じ表現ということができる。右像に比べて左像の方が風化がはげしく衣文等は不明瞭である。台座も左右の形式が異なるように見える。

弥陀像の外側に一基ずつの華瓶が、台座の脇に線刻される。

郭線の内両側に一行ずつの銘文が認められるが、風化のために判読しがたい部分がある。

「右志者爲面々人々諸聖灵成仏得道也」

「貞治六年二月時正一結諸衆等敬白」。

下29（図版編二〇六頁）

香取市瑞穂・寺内公民館横金剛殿内　バン種子／種子不動像板碑

寺内公民館の左手に一間四方の「金剛殿」という扁額を掲げた小堂が建っており、中央に壇を築き弘法大師の木像を祀る。この後ろの壁に寄せ掛けるようにして、一基の下総板碑が下部を木の台に穴をあけてそこに差し込まれて立っている。総高が八五・五センチ、上幅三四センチ、下幅三六・五センチ、厚さ六～七センチの黒っぽい色をした雲母片岩と思われる石材が使われている。

正面は幅三三・五センチに対して高さ一一・五センチのやや低い山形を呈し二条線を陰刻する。この下に天蓋を彫り、陰刻の蓮座に乗る金剛界大日如来の種子バンを薬研彫りする。種子の両脇、石の左右端に「光明遍照十方世界／念仏衆生摂取不捨」の「仏説観無量寿経」からの偈を二行に分けて彫り、蓮座の下には五行に分けて銘文を刻む。

「　右志者為過去
種子バン　文永十一年甲戌彼岸中日
精霊往生極楽
頓證芝也
道力」

刻字の下あたりから斜めに大きく根部を欠損し、反対側は約六センチ丸く張り出している。

背面には石を加工した時の厚さの高低がかなりあり、周囲が大きく剥離するが、真ん中のほぼ平らな部分を使って種子不動像を刻んでいる。すなわち、カーンマンの梵字を体躯とし、これに左手に剣を、右手を上に曲げて索を持ち、両足を踏みしめる像高四五センチの不動像を線刻する。顔の髭が少なく、剣がやや外側を向くなど先の西福寺塔とは若干の違いがあり、不動像は火炎光背を持たず、カーンマンを表すと思われる種子も線が細く、力強さに欠ける。なお、紀年銘は持たない。

下30（図版編二〇七頁）

香取市西坂三一六・寺内区不動堂　不動図像板碑

寺内区不動堂に祀られる。上部が三角形になった石の下部を、丸太をくり抜いて挿入している。総高は約八六センチ、三角形になった部分の最大幅六九、厚さ一一センチの、白っぽい凝灰岩かと思われる石材を使用する。

一四・五センチの頭光を負い、像高二五センチ、膝張り二〇センチの不動明王の坐像を、肉身部分は陽刻とし衣文を太い陰刻線で彫り出している。台座から上を火炎光背で覆う。不動像は右手に宝剣を、左手は真っ直ぐ横に伸ばし羂索を持ち、

頂髪は左肩に垂れる。足元からは裳が瑟々座に垂れ下がっている。

像の左右に、

「　聖僧　従高（右側）
（不　動　坐　像）
　　祥擇
長禄辛巳八月四日」

の銘文を刻む。長禄辛巳は干支から長禄五年とわかり、既に改元して寛正二年に当たる。

下31（図版編二〇〇頁）

香取市田部二〇七二・馬頭観音堂　弥陀一尊板碑

木内家裏の山中に、馬頭観音堂があり、その堂内正面左に厨子に入れて一基の図像板碑が保存される。『千葉県史料』金石文篇二によれば、用水沼橋堰堤防角にあったが、明治一〇年頃この堂内に移したと記されている。

総高五八センチ、上幅三一・五センチ、下幅二九・八センチ、厚さ一〇・五～七センチの雲母片岩製の小型の図像板碑である。頭部山形に整形して頂部から七・五センチ下がった所に一条の線を入れ、さらにその一センチ下から、高さ三七・八センチ、横幅二二センチの矩形の輪郭を線刻する。この枠いっぱいに踏割り蓮座の上に立つ、右向きの来迎相の弥陀一尊像を彫る。肉身部は押型風に作り目鼻や両手は線刻とし、衣文は陰刻であらわす。白毫から右の枠線に二条の光明が放たれている。これらの刻線はごく粗く、また頭は上の枠線からはみ出して彫られている。

像の左側に「嘉元三年十二月日」の紀年銘をもち、下総の弥陀一尊来迎板碑で最も古いものであり、踏割り蓮座を表現する初めての事例である。

下32（図版編二〇八頁）

香取市西和田字不動山　不動像板碑

北流する大須賀川左岸の道路から五メートル程高いところを少し平らにし、そこに東面して直接地上に立てられており、背面は斜面に埋もれる。地上高九一センチ、上幅六六・五センチ、下幅六八センチ、厚さは露出している部分が約六センチの雲母片岩製のものである。ほぼ長方形の石の上辺はやや欠けた部分がある。

横四四センチ、縦六七センチの輪郭をとり、その中に火炎光背を負い右腕を曲げて宝剣を持ち、左手は降ろして羂索を持って、岩座の上に立っている不動像を線刻する。石の表面の凹凸そのままに像を刻んでいるため、像容はやや不明確であるが像高は三三センチを測る。

輪郭の五センチ上に一本の横沈線が刻まれる。長方形の輪郭線のうち、下側のものの左部分は不動像の岩座の刻線と一緒になり、右線の部分も途中で途切れたようになっている。

輪郭枠の外両側に二行ずつの銘文が読み取られる。

「　本願与六道悦□
奉庚申供養石仏一体造立事」
（不　動　像）
「干時天文十八年己／酉九月十八日□　（干支は斜め書き）
　本願道元禅門道□」

下33（図版編二一〇頁）

香取郡神崎町郡一七〇四・郡台公会堂　弥陀三尊来迎板碑

郡にある公会堂の前に小さな覆い屋を設けてその中に保存される。かつては公会堂の建物の後ろの崖に倒れていたものである。

総高一二八センチ、上幅四二センチ、下幅四六センチ、厚さ七センチの黒雲母片岩製の板碑で、頭部は高さ一三・五センチを三角の山形に加工される。ただ二条の刻みは彫り出されていない。表面の風化がかなり進み、石の下部は剥落している。

山形の下から幅二九・五センチ、高さ一〇センチの天蓋が線刻され瓔珞が垂下する。その下に一九・五センチのやや大きめの頭光を負って、右下方を向いて踏割り

蓮座の上に立つ早来迎形の阿弥陀如来像が、来迎印を結び像高二三センチの大きさで彫られる。白毫から一条の光明が長く伸びている。中尊の左の蓮座に接するように、頭光を負って、やや前屈みになって胸元で合掌する勢至菩薩が蓮座の上に立ち、その右側には跪座して両手で蓮台を捧持する観音菩薩が、飛雲に乗って右下方に急ぐように他の二尊よりも低い位置に彫られる。観音菩薩の持つ蓮台ははっきりしない。三尊とも衣文を陰刻で表現し、面部・飛雲は線刻で表されている。

石の左端に一行の紀年銘がある。

「正安二年庚子十月八日」

下34（図版編二〇九頁）

香取郡神崎町小松二八一・浄専寺　弥陀三尊来迎板碑

本堂の右奥に広がる墓地のほぼ中央に南面して弥陀三尊板碑が直接地上に立てられている。現高三四センチ、上幅下幅ともに三四・五センチ、厚さ八・五センチの雲母片岩製で上部を欠失する。

石の正面に幅二四・五センチの輪郭を巻き、この中に早来迎形の弥陀三尊図像を陰刻する。すなわち左端に右手を下にした阿弥陀像の胸から下のあたりが見られ、その右に頭光を負い頸をきつく曲げて合掌する勢至像と、更にその右に腰を屈め蓮台を前に差し出す蹲踞坐の姿勢をとる観音像を、他の来迎図像板碑のように細密なものではなく、ごく粗い刻線で彫り表す。蓮座も三角の線刻で示されるだけで、飛雲も見られない。下総板碑において弥陀三尊来迎図像板碑は無銘のものを含めて九基の所在が知られ、そのいずれもが早来迎形であるが、脇侍菩薩が阿弥陀如来の前方に立ち、左から阿弥陀如来・勢至菩薩・観音菩薩という配列の板碑は本塔だけである。

全国的に見てもこの配列の物は少数の例が知られるだけで、板碑としては福島県郡山市・駒屋四十坦にその例を見るくらいであり、浄土教画としても大阪府・細見氏本が知られる程度であろうと思われる。

阿弥陀像の下部に「康永四年／四月口日」の紀年銘があるとされるが、現在では判読できない。

下35（図版編二一二頁）

香取郡神崎町武田七七九・妙楽寺　名号阿弥陀像板碑

板碑は本堂の前右方に低くブロックの囲いを作り、その中に崖を背に東面して地面に直接立てている。地上高八四センチ、上幅九三センチ、下幅八六センチ、厚さが九センチで、背面は左側が厚く右側は薄い黒雲母片岩を使用する。石の上端から五センチ下に小さな天蓋を陰刻し、その下に一四・五センチの頭光を負う阿弥陀如来像を、他の文字阿弥陀板碑と同様に体躯を「阿弥陀佛」と薄肉彫りで表し、踏割り蓮座の上に立つ像高四六・五センチの大きさで表現する。天蓋の両側に右から左へ一行で「逆修善根七分全得三身妙果佛果圓満」と彫り、その下に小さな文字で九〇人余りの交名を、石の左端に「文安五年戊辰十月十六日本尊弘法御筆模之」と刻む。阿弥陀像と紀年銘のほぼ中間に蓮座の上に梵字「タラーク」を彫る。惣持院跡の名号阿弥陀図像板碑に次いで古

い板碑であり、清水長明著『下総板碑』で「弘法御筆模之」とあり、原図の存在を語っている」と、解説される。また、金沢邦夫氏は「考古学ジャーナル」三三一号の板碑特集Ⅲの「画像板碑」において「文字と頭・手足を組み合わせて尊容とするのは阿弥陀像、不動像ともに室町時代以降の墨刷版画にみられるものである。また、このような弥陀・不動の版画には版を異にするものもあり、大量に流布したことであろうが、そのような図様がそのまま板碑に表われ、しかも佐原市《（マヽ）》に集中してみられるのは興味深い現象である」と、述べている。さらに同氏は『板碑の総合研究』1で「墨刷版画の像には「空海」の名が記されているものがあり、妙楽寺板碑に「本尊弘法御筆模之」とあるのは、まさしく墨刷版画の図様を石に写し刻んだことの証左となるものである」と、この板碑を引いて説かれる。

下36（図版編二一三頁）

香取郡神崎町毛成・円満寺　名号阿弥陀像板碑

板碑は参道の右側斜面に直接地面に立てられている。地上高は右側で一〇五センチ、左側で八一センチ、上幅八六センチ、下幅八五センチ、厚さ八～一二センチで背面不整形の雲母片岩製で、石の表面は著しく風化剥離しており、刻線の残る部分は中央部のごく一部分で、かろうじて文字阿弥陀像板碑とわかるものである。踏割り蓮座に立った阿弥陀像を「阿弥陀佛」の文字を陽刻して体躯を表し、手足は線刻されている。像の両側には小さな文字で一面に交名が彫られているが、剥離のために判読出来る部分は少ない。右上方に「過去為□」とあり間に交名が、弥陀像をはさんで多く刻まれ、更に石の左上方に「文安五年戊／辰□」の紀年銘が読み取らる。

下37（図版編二〇九頁）

香取郡神崎町毛成九五七・宝善寺　名号阿弥陀像板碑

円満寺（下36）の北東約五〇〇メートルの所にあり、本堂右手の近世の石塔の塔身部に立て掛けて置かれる。

左辺で高さ四一センチ、右辺で四四センチ、上幅三五センチ、下幅三四・五センチ、厚さ九センチの背面がほぼ平らな雲母片岩製の左上部を残す断碑である。右端に線刻の頭光に陰刻の阿弥陀像が「阿弥」の文字の部分を残す。石の左端に「享徳二季癸酉七月九□」の紀年銘を刻む。

下38－39

匝瑳市中台・加持堂

県道八日市場と佐倉を結ぶ道路東側に数メートル高くなった墓地があり（字見堂作）、その左手奥まった所に一間四方の小さな堂が建つ。

下38　地蔵線刻板碑（図版編二一五頁）

墓地入り口に「加持堂の碑」（爪かき地蔵）として説明ある。堂を入ってすぐの所にセメントで四角い柱状の台を二本作り、その上に立つ地蔵板碑は、総高一六七センチ、上幅八〇センチ、下幅八四センチ、厚さ一五センチの砂岩（飯岡

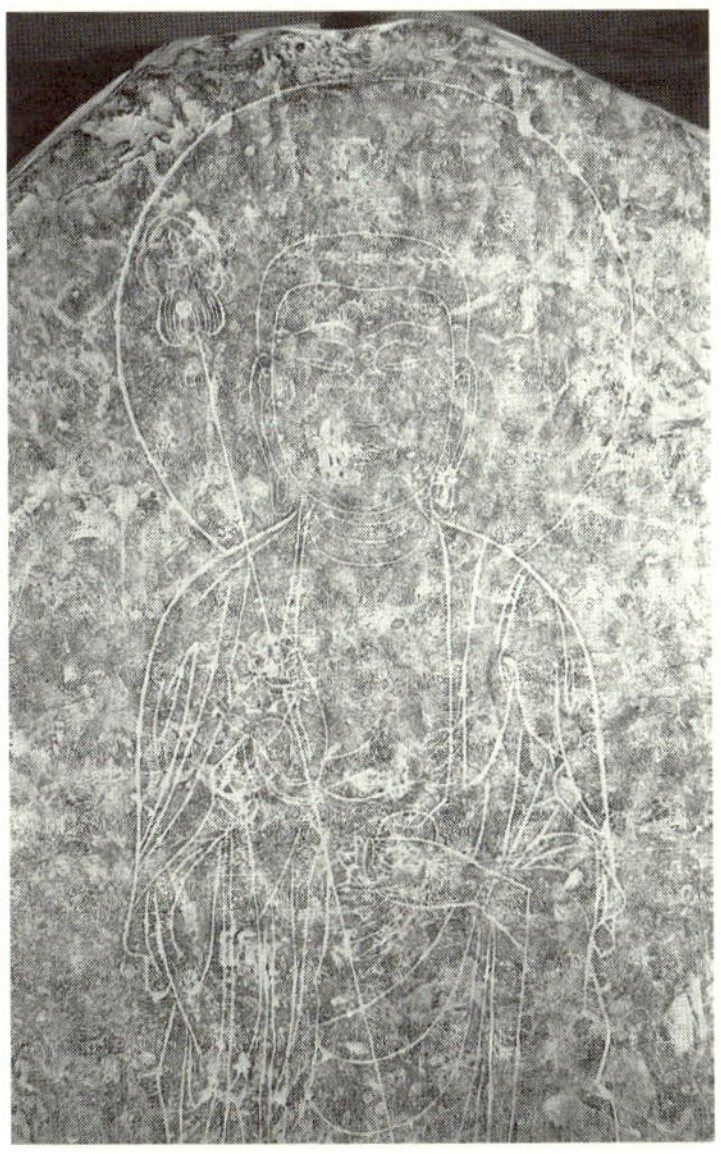

石）製。背面は不整形であるうえ、正面も真ん中から下をかなりの部分で剥離している。石の上部は自然石のまま丸みを持つ。長方形の石の上部五センチ下から、直径三六・七センチの頭光を負い、足先までの像高一一八・五センチ、右手に錫杖を持ち、左手は胸元で宝珠を捧げ持つ通形の地蔵像を線刻する。面長一五センチ、面幅一二・五センチで髪際は中程でやや下がり二弧となる。膝のあたりからおおよそ二五センチほどがすっかり剥離しており、その下のくるぶし近くから裳の裾と両足が残っている。単弁の蓮座は線刻され高さ一二～一三センチ、幅四三センチで葉の先端は比較的細く尖っている。

　肩幅は二五センチあるが、かなり撫で肩で、像全体の刻線もごく細く力強さや力量感に乏しい印象を受ける。

　凹凸のある背面のほぼ中央に二行の銘文が、

「建長五年关丑夘月八日
　　願主僧實性敬／白」

と、刻まれる。

下39　聖観音板碑（図版編一二六頁）

　先の建長五年銘の地蔵板碑の右下にたてられている。上部の角が丸い飯岡石（砂岩）の自然石を使用する。地上高七三センチ、上幅二五センチ、下幅二四センチ、厚さ一五センチの比較的小型の板碑である。

　石の上部から一二・八センチ下がって直径一四・五センチの頭光を線刻し、それを負った形で像高二六センチの聖観音立像を蓮座の上に彫る。お顔の部分が少し磨滅する他は、比較的保存のよい板碑である。左手に蓮華を持ち、右手は施無畏印と思われる。

　像の左右に一行ずつ、蓮座の下に四行の銘文が陰刻されるが、下部は石面が完全に剥離している。

「玠外　見阿祢　一心
　　祐玠　妙榮□
　　長禄五年辛巳□
（聖観音立像）
　　見阿旀　浄□
　道照　性圓　妙透　見性□」

下総において聖観音を刻んだ板碑はこの一例が知られるのみである。

下40　匝瑳市八日市場ホ二六六一・西光寺　地蔵・冥官線刻板碑（図版編一二七頁）

　朱塗りの鐘楼と文殊堂の間の空き地に、東面して簡単な覆い屋を設けその下に、直接地上に立てられている。

　頭部を山形に加工した地上高一〇四・五センチ、上幅五八センチ、下幅五七・五センチ、厚さは背面不整形で最大一二センチを測る飯岡石製の板碑で、石面の所々に礫部分がある。

　石の頭部から二一センチ下がった所から直径二三・七センチの頭光、直径三五センチの身光を負い、左手に宝珠を、右手に先端が頭光からはみ出した錫杖を持ち、蓮座の上に座す像高四二センチの地蔵菩薩像を線刻する。法衣の両端は膝の両側に垂下している。

　地蔵像の下には十王の眷属である司命・司録と思われる冥官を（左像の像高二一・五センチ、右像の像高二四センチ）同様に線刻で表すが、左の像は礫質の部分にかかりややわかりにくい。

　石の両側に小さいがやや太い刻字で、一行ずつの銘文が認められる。

「右志者逆修山道父□初□□□修也
　　冥官
（地　蔵　菩　薩　坐　像）
　　冥官
應安二年己酉四月八日建之」

下41（図版編二一一頁）

旭市井戸野・路傍・地蔵堂　地蔵像板碑（汗かき地蔵）

住宅地の丁字路の一隅に建つ、萱葺き吹き放ちの地蔵堂の中に南面して直接地面に立てられている。地上高一〇三センチ、中央の最大幅三五センチ、地上幅三〇センチ、厚さ一〇センチの丸みをもった砂岩（飯岡石）製の板碑。石の上方に将棋の駒型の輪郭を陰刻（高さ六〇・五センチ、幅二七・三センチ）する。簡略な天蓋の下に日月を表し、下方に左斜めを向き右手の錫杖を肩にあてた、いわゆる延命地蔵型の地蔵が踏割り蓮座の上に立っている（像高は三一センチ）。踏割り蓮座の下の雲は後方に流れて、六道能化の歩行の姿を表す。

地蔵像を取り囲んで一四字の梵字が刻まれる。

キリーク　サ　バイ　ユ　バク　カーン
バン　ウーン　タラーク（地　蔵　立　像）
アク　サク　イー　アン　マン

左下の文殊マンの種子の下には蓮座を彫り、右下の不動種子カーンの下には岩座を彫っている。この一四字の種子について諸説あり確定していない。

下42（図版編二一八頁）

旭市西足洗七〇〇・地蔵堂墓地　地蔵板碑

本集落には数軒の墓塔を祀る墓地が数カ所あるが、その中で神社の南東にある墓地の中央、佐野家墓塔の右側に台石を敷きその上に据えられて西面する。

現高八七センチ、上幅五七（最大幅六七）センチ、厚さ一一センチの飯岡石製の地蔵図像板碑。石の頭部は山形に尖るが、自然石を用いたもので、二条線や枠線等も彫られていない。直径二二センチの線刻頭光を負った地蔵は、踏み割り蓮座に乗り、顔は後ろを振り返った見返り地蔵の像容を線刻する。錫杖を持ち、風に衲衣が翻り動きを示していが、衣文等の刻線は比較的単調である。刻線が細く風化の影響もあり、年紀があったという指摘も現在では確認出来ない状態である。

下43（図版編二一四頁）

旭市見広一四二二・文殊院　地蔵板碑

本堂の左前方、薬師堂の左に小祠を建て下部を固定して保存される。

現高一一〇センチ、上幅九五センチ、下幅一〇一センチ、厚さ九～一〇センチの飯岡石製の板碑である。石は左辺が高さ一一〇センチに対して右辺が七七センチと、頭部が斜めのままの自然石が使われる。二条線も枠線も認められない。

直径五五センチの大きな円光の中に座す地蔵菩薩像が、左辺より四〇センチ、石の上部より三四・五センチ下から彫り出される。宝塔を陰刻した錫杖を真っ直ぐに持った正面向きの地蔵像は、膝の辺りまでが辛ろうじて拓本で認められる程度で、それ以下は磨滅している。総じて下総板碑の陰刻線は細く、風化などによってわかりにくい場合が多い。像以外には何も彫られてはいない。『八日市場市文化財調査報告書』第二集によれば、川勝政太郎博士は拓本を見て南北朝時代のものと推定し

たと記している。

下44 （図版編二一九頁）
銚子市高田町・逆川地蔵堂　地蔵図像板碑

高田町三丁目にある地蔵院本寺から南へ約一・五キロ離れた丘陵の南端にある別院の入口にある地蔵堂の本尊として祀られ、念仏講の人々の手によって守られている。

　現高八九センチ、上幅九六センチ、床面での幅九二センチ、厚さ九～一〇センチという、横幅の方が広い黒雲母片岩製の図像板碑である。石の表面は脈理の凹凸もそのまま整形されないで、石面の中央に二三センチの頭光を負い、右下向きの地蔵菩薩像を、線刻で彫り出す。像の膝あたりからは表面が剥離しており細部は不明瞭であるが、像の向きから考えて遊行の立像と見られる。或いは石の下部が切断されている可能性があるようにも思われる。

　顔を右下に向けて偏袒右肩の衣を身につけ、右手には錫杖を持って、左手はやや不明瞭ながら、その衣文の状態から肘を曲げて掌を上にして、宝珠を持つものと見られる。右手の裳裾あたりから下は剥離しており足の部分は不明である。不明瞭ながら衣文の裾までは線刻が認められるので、ここから下の部分は意識的に彫られていなかったとも見られる。今のままでは頭の大きさから見て体躯が短く、約五頭身くらいの大きさになる点は考察の必要がある。坐像とする意見もあるが、坐像の場合は一般的に正面を向いて座る姿が普通であり、横向きの場合は遊行中の姿を写す。この板碑は場合によれば、飛雲に乗る来迎様式をとるものではないかとも推測される。紀年銘については一説に応永廿四年丁／酉□月日という意見もあるが、今回採拓の結果刻字は検出されず不明である。

下45 （図版編二二〇頁）
銚子市三門町四一五・路傍　地蔵坐像板碑

道路の西側に小さな覆い屋を設けて、その中に下部をセメントで固定して祀られる。現高五九センチ、最大幅六六センチ、厚さは石の左側で六・五センチ、右側で三センチの頭部が三角になった不整形な形をした雲母片岩製の図像板碑である。石の右側が剥離する。

　二重円光背の中に六角形の台座の上の蓮座に座り右手に錫杖を持つが、顔から胸元にかけて表面が剥落するので、像の詳細は不明である。像高はおよそ二四センチと見られる。

　石井保満氏は「文明五年□月□日」の銘があるとするが、石の表面を丹念に観察したものの刻字の跡は認められなかった。像容からは室町時代後期のものとみられる。

下46（図版編二二一頁）

銚子市岡野台町二・路傍　弥勒坐像板碑

道の左脇に幅四メートルに奥行き三メートルばかりの小さな池があり、その左手の少し高くなった所に弥勒菩薩坐像板碑と紅頗梨色阿弥陀種子板碑が並んで、下部を固定して祀られている。

石の上部は三角形をしていたらしいが、右側を大きく欠失しており、現高八三センチ、上幅・下幅ともに四六センチ、厚さ一四・五センチの飯岡石製の図像板碑である。石面いっぱいに直径二七・五センチの頭光を負った弥勒菩薩坐像が薄肉彫りされる。両手を膝の上に組みその上に塔を捧持し、頭には宝冠をかぶる。両袂は膝の両側に長く垂下する宋式の様式をとる坐像で、膝張りは三五センチある。蓮座の下には本格的な台座を作る（像高は五八センチ）。

宋式や本格的台座は下総板碑の大きな特徴の一つである。石井保満氏は「応安元年二月日」の年紀があったとされるが、現在では風化のために確認できない。

◆下総特有の図像板碑

下総の図像板碑で他の地域に見られない特異なものとして「名号阿弥陀図像板碑」と「種子不動図像板碑」がある。

前者は「南無阿弥陀佛」の六字名号を図案化して、それに手足をつけて阿弥陀の像容を表した板碑で、香取市とその西隣の神崎町の東西わずか一〇キロメートルというごく狭い範囲に限られた地域に、現在一〇基の所在が知られている。一尊像が一般的であるが、サ・サクを伴う三尊形式に作るものが二基見られる。像容は陽刻のものが多いが、陰刻のものも四基ある。あたかも名号板碑と図像板碑をミックスしたような独特の板碑ということができる。

先行研究では、「文字阿弥陀板碑」の名称が使われているが、本書では「南無阿弥陀佛」の名号を用いて阿弥陀仏の図像を表現するところから、「名号阿弥陀図像板碑」の名称を用いた。

この板碑は、天蓋の下にやや右を向いて、踏割り蓮座の上に立っている「阿弥陀佛」の文字を体躯に、頭部と手足を付けて造形化した阿弥陀如来像を刻んだもので、戸川安章氏は『出羽三山の絵札』の中で次のように説明している。

「頸が『無』字であらわされているところをみると頭部と顔面は「南」という文字を象ったものであろう。そう思ってみると、頭部から頬にかけての髪毛の部分は「丙」、白毫・両眼・鼻・顎髭は「半」、あわせて『南』となるであろう。すなわち「南無阿弥陀佛」である。手は「阿」字の偏と旁の下部からのびている。右手は屈折して上へ、左手はそのまま垂下して来迎印を結んでいる。また、足は「佛」の旁の方にみられ「くるぶし」から先を表している」

石材の大きさはそれぞれ異なるが、阿弥陀像の像高や頭光から蓮座までの大きさは殆ど同じであり、若干の差は計測誤差や石面の荒れによる誤差と考えられる。石井保満氏は『種子に朱の塗られた下総板碑』『史迹と美術』第六五一号、平成七年一月）の中で、「（前略）碑の総てを採拓して比較すると、像の彫り方こそ陰刻あるいは陽刻と夫々に相違しているが、像は重ね合せると、ぴったりと合い同じ木版を使って作った刷り仏であることを疑いもなく想致させる」と、述べている。

これらの板碑は、室町時代以降の墨刷りの版画にその源流のあることが、金沢邦夫、清水長明、千々和到、石井保満氏等多くの先学者によって研究されている。この版画または御札を持って、各地を巡業した人々の存在が考えられ、清水長明氏は

『下総板碑』で、高野聖のような宗教者の存在が佐原市付近に見られたとし、千々和到氏は『板碑とその時代』で湯殿山系の修験がかかわっていた可能性も否定できないと述べている。変わった例として正岡健夫著『愛媛県金石文』には、松山市和気・太山寺の「絵像版木」として、阿弥陀絵像と不動絵像を取り上げており、下総の図像板碑と殆ど変わりがない。

後者の「種子不動図像板碑」はカーンマーンという不動の梵字を体躯にしてそれに頭部・手足や持ち物を陰刻したもので、二基が香取市に所在する。四国第三十六番霊場の高知県土佐市宇佐・青龍寺には本尊波切《なぎり》不動の墨刷り絵札が今も配布されているという。

更に阿弥陀坐像の両袂が両側に垂れ下がる「法衣垂下式」とも言われる宋式様式の像容を彫る図像板碑が見られる点も、他の地域の図像板碑では見られない特徴という事ができる。

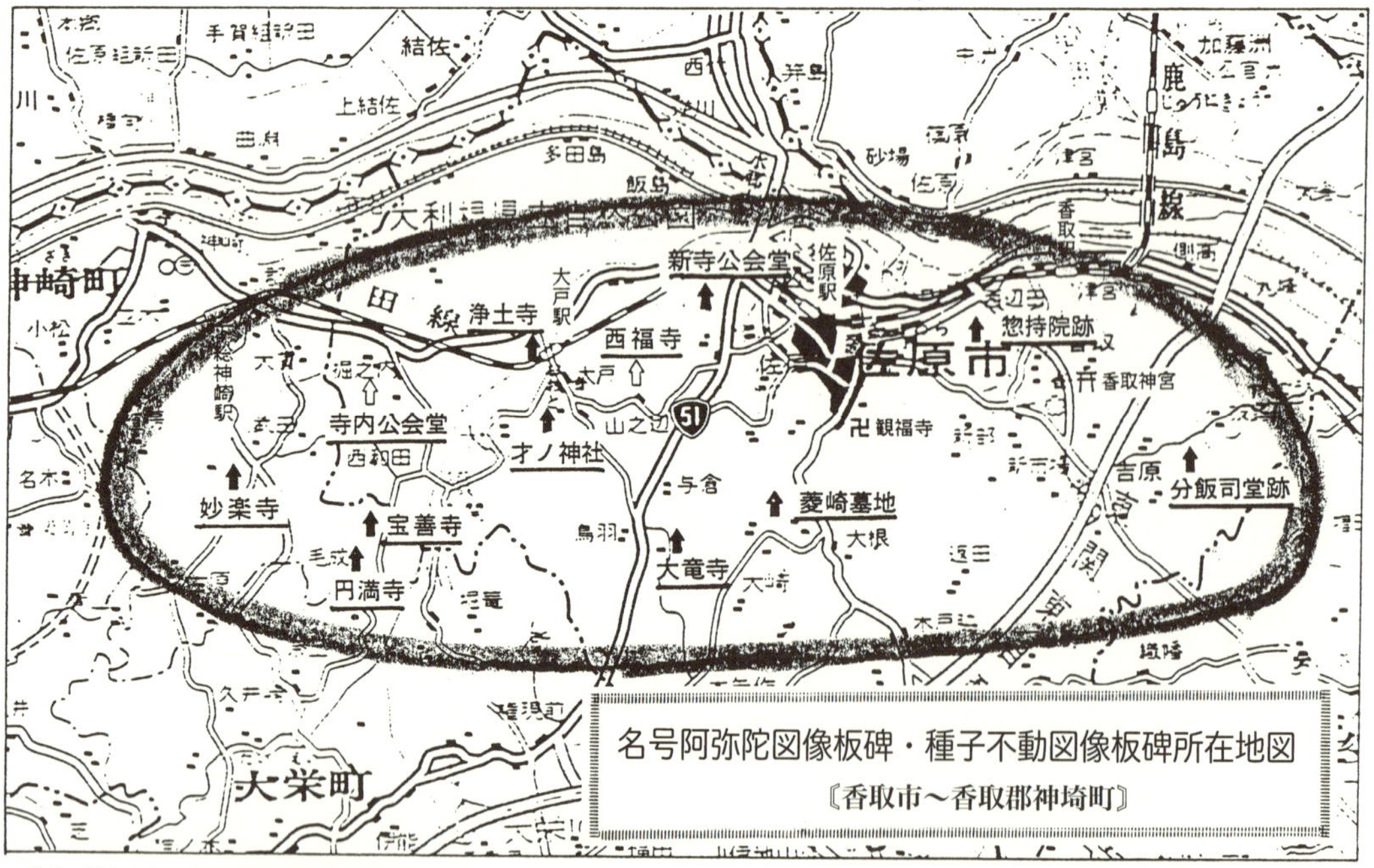

名号阿弥陀図像板碑・種子不動図像板碑所在地図
〔香取市～香取郡神埼町〕

〔凡例〕 ⬆︎；名号阿弥陀図像板碑
⇧：種子不動図像板碑

0　2　4　6　8　10km

第七章　甲信地方

山梨県内板碑の概観

『甲斐国の板碑』一・二の著者、持田友宏氏によれば、県内板碑の造立は郡内地方と国中地方に分けられ、前者は緑泥片岩製、後者は安山岩・花崗岩製と区別され、様式や像容も異なるという。

　本書に収録する郡内地方では現在二基の図像板碑が知られる。

梨1（図版編二二二頁）

上野原市大椚《おおくぬぎ》三二九・吾妻神社（大日・観音堂）**弥陀三尊板碑**

吾妻神社（日本武社）は弟橘姫命を祭神とするが、石段の右下に建つ「大日・観音堂」は「不動院行満寺の廃跡に建つ」とされ、堂内に大日如来と千手観音坐像（ともに江戸中期とされる。市指定文化財）が祭壇上に祀られ、その間に木枠に固定して図像板碑が保管される。

　板碑は総高五〇・五センチ、最大幅二四・二センチ、厚さ二・五センチの緑泥片岩製で、頭部山形と二条の羽刻みを持つが、左側は中程から下を斜めに欠失し、下端は脇侍観音像の頭部以下を失う。身部には幅二二センチの枠線を刻し、それに接するようにして直径一一・八センチと八・二センチの二重の頭光を負う正面向きの阿弥陀如来が蓮座の上に立つ。阿弥陀像の上半身からは一三方向に一条ずつの放射光が放たれ、右下の一条は長く枠線近くまで伸びている。両腕は曲げられて説法印様の印相をとり、丸く丸まった左袖と右袖の間は十字の衣紋が線刻される。面容も線刻で稚拙な印象は全体的に見て東京都武蔵村山市中藤・真福寺塔（多9）に似ているという感じを強く受けた（真福寺塔は現在未公開で、縣敏夫氏の拓影からの印象である）。

　足元には大きな蓮座の右部分が見られる。その下には頭光の一部と宝冠をかぶった観音像と思われる面部の一部が残される。阿弥陀如来像が正面向きであるのに対し、観音像も目鼻から見て左下を向くように見える（右：大椚吾妻神社塔、左：武蔵村山市・真福寺塔拓影）。

　造立時期については室町中期以降のものと考えられる。

梨2（図版編二二三頁）

大月市初狩町下初狩一〇〇〇・法雲寺　弥陀三尊板碑

板碑は本堂の脇の間に置かれている。

総高一二〇センチ、上幅二九センチ、下幅二九・七センチ、厚さ三・五〜四センチの緑泥片岩製の板碑である。二折し下部分のみが残っていたが、平成一七年に寺から五〇メートルほど西で上部分が発見された。見つかったのは板碑全体の三分の一程度になる最大高四二・三センチほどで、頭部山形の右側など部分的に欠損するが、ほぼ完全な姿を見ることが出来るようになった。

頭部は破損が著しく二条の刻みも一部が残るだけである。額部と思われる部分の中央に蓮座上の飾りを持つ天蓋が笠状に開き先端には逆ハート型の飾りを陰刻する。天蓋の両端とその間二箇所から陰刻の瓔珞が垂下する。板碑の天蓋はほぼ類型の形があり、本塔はこれからやや外れた意匠を用いており、絵画的という印象を抱く要因の一つになった。

二重頭光（外側は直径一一・五センチの陽刻線、中は直径八センチの陰刻線）を負う阿弥陀如来は白毫から二条の光明を右下に放ち、飛雲に包まれた蓮座の上に立つ（像高三五・五センチ）。腰のあたりまでが新しく見つかった石に残る。またその石の左下方に雲尾がわずかに残る。

中尊の飛雲の右部分に食い込むようにして、直径八・八センチの頭光を負い右下を向いたポーズの観音菩薩像が三本の瓔珞が垂れた蓮台を捧持し、中尊と同じように飛雲の上に立つ。動きを示すように両腕から垂下する天衣が左後方に靡き舞い上がる様が線刻で表される。観音菩薩の左後方少し高い位置から、八・三センチの頭光を負い顔を少し右下に向けて胸元で合掌する勢至菩薩が、左の枠線に接するようにして立つ。像高は観音像が二三センチ、勢至像が二四センチと少し違いがある。

石面には枠線の中いっぱいに以上の早来迎形の弥陀三尊像を刻むだけで、年紀などの刻字は認められない。浄土教絵画の図様をそのまま石面に写したという印象を受ける。「日本の美術」シリーズの「浄土教画」「浄土図」「来迎図」を見ても、同一という図様は見当たらないが、根津美術館蔵の「弥陀三尊来迎図」などが近いように見受けられる。京都博物館の図録『浄土教絵画』では福島・如来寺（鎌倉）、広島・光明院（南北朝）の図版を挙げ「鎌倉時代以降この種類の作品は無数にある」と解説する。いずれにせよ原図となった来迎図があり、それを元に緑泥片岩の表面に彫刻を施したと考えていいのではないか。

三尊とも比較的細い刻線で克明に彫刻がされているのがうかがわれるが、土中に在ったために石表面全体に細かい荒れがあり、細部の状況はわかりにくい。ただ、その作りは丁寧であり、それは石の側面が直角に保たれ水磨きされることなどからもうかがわれる。

長野県の板碑概観

諸先学の研究によれば、長野県下で発見される板碑は緑泥片岩製で、県内では産出せず秩父地方からの移入と考えられる。関東に接する県南東部に多く板碑が集中することもあり、造立も鎌倉後期から約一〇〇年が考えられるという。また、その伝播は上野国の西毛・北毛方面から小県・北佐久郡へのルートを辿ったと見られ、現在三基の所在が認められる。

長1（図版編二二一頁）

小諸市大久保二五五〇・釈尊寺　弥陀一尊板碑

細長い将棋の駒型の木枠を組んでその中に下部を欠失する板碑を挿入して保存される。

現高六〇・二センチ、幅二五・六センチ、厚さは二・二センチ以上の大きさを測る。木枠から頭部山形であることがわかるが、二条の刻みは彫り出されていない。木枠の下から一七センチ隔てて、直径七センチの頭光を線刻し、像高一三センチの右向きの阿弥陀如来立像を陰刻する。頭髪・目鼻は周囲を彫り窪めて陽出し、手足も陽刻される。右手は胸元に挙げて一、二指を捻じ、他の指は伸ばす。膝あたりへ下ろした左手も同様の来迎相を現す。衣紋は襞の部分を残して周囲を斜めに彫り窪めた手法で表される。

足元は踏み割り蓮座で、蓮座全体の幅は一〇センチを測る。群馬県西毛地方や埼玉県北西部の小型図像板碑が同じように踏み割り蓮座が多いことから、この地方との強い結びつきが考えられる。

足元の下、石面の両側に開花蓮を二本ずつ生けた細い首の華瓶が一対線刻される（左の華瓶は折損部にかかり一部を失う）。この華瓶の間、石

面の中央に一行

「永仁元年癸巳十二（以下欠）

と、年紀のみを刻す。県内で唯一の在銘板碑である。年に一回はこの板碑を持って善光寺へ参拝しているとの話であった。

長2（図版編二二二頁）

佐久市大沢七八九・旧大沢小学校　弥陀一尊板碑

旧大沢小学校の資料室に展示される板碑で、総高四三・三センチ、上幅一三センチ、下幅一三・六センチ、厚さ二センチの小型の板碑である。石質は一見すると緑泥片岩よりも白っぽい印象を受ける。頭部を三角形に整形するが二条の刻みは作られず、毛彫りで三本の線が辛うじて認められる。

その線から一センチ足らず下に離れて直径四・三センチの少し歪んだ頭光を太く陰刻し、それに像高一〇・八センチの右向きの阿弥陀如来像を彫り出す。頭部・目鼻・両手・両足は石面の高さにして周りを浅く彫り淡えて陽刻とする。足元の蓮座は幅六・五センチに高さ二・五センチの大きさである。

頭光からは笠の骨状に光明が放たれるが、風化の為に全体には認められず、左方に限って見られる。右下方が石の端まで長く伸びるようには作られていない。

像の下方、石が細くなる所にも一本のごく細い刻線が認められる。そのほかは刻字の跡もない。群馬県西毛地方から埼玉県北西部に似た図像板碑が見られるが、その場合はほとんどが踏み割り蓮座である点が、本塔と異なる。

東国図像板碑一覧表

所在地	種類	紀年銘	高さ、横幅、奥行き（単位はセンチメートル）	備考・文献	図版番号・解説頁
【北海道】					
★函館市船見町一八－一四・称名寺	双式弥陀一尊	貞治六年二月日	七七×八二×三〇	家形　行者像　『蝦夷島奇観』に図が収録される	北1・5頁
【青森県】					
★弘前市一町田・木村家	弥陀一尊		一五三×八八・七×一七	自然石、長方形枠内に放光の阿弥陀像	青1・6頁
☆弘前市新町二四七・誓願寺	弥陀一尊	応安四年七月日	七九・六×六八・五×一三	安山岩製　行者像	
【秋田県】					
★大仙市大曲須和町三－一－二六・大川寺	地蔵坐像	鎌倉時代（川勝説）	一二四×五〇×二一	安山岩製　行者像	秋1・7頁
★〃　〃	弥陀三尊種子・二行者像板碑		八三×七七・五×二五	安山岩製　二折　前机の両側に人物像	秋2・7頁
★〃　角間川町一一三・喜福院	弥陀一尊	嘉暦三歳八月二十八日	八八×五八×一六	凝灰岩製　像風化	
★横手市大森町猿田五二・山王堂	弥陀三尊		七〇×三七・五×四・七	緑泥片岩製　菅江真澄「雪の出羽路」	秋3・8頁
【山形県】					
★東置賜郡高畠町夏刈・長谷川家墓地	弥陀三尊	徳治元年（検出できず）	一六四×六六×三二・五	板碑型　長方形枠内に薄肉彫りの三尊像	
★〃　夏茂・原田家	弥陀三尊		一〇六×六七×一四	凝灰岩製	
☆〃　阿久津・蛭沢入り口	弥陀三尊		約二三〇×三六〇×二二〇	磨崖　龕殿型（一八〇×一〇五×一〇〇センチの彫り窪みの奥に三尊を薄肉彫りする）　行者像	
★〃　川西町州島・旧龍天寺	弥陀三尊		一一二×七一×二五	凝灰岩製　龕殿型（奥壁に三尊並立像）	
★〃　大塚・牛谷家阿弥陀堂	弥陀一尊		一二〇×四八×二三	凝灰岩製　板碑形　来迎形弥陀一尊像	山1・9頁
★〃　高山・我孫子家	弥陀一尊		一二八×六三×一八	凝灰岩製　行者像	
★米沢市窪田町小瀬・木村家	弥陀三尊（上欠）		一〇三×六二・五×一九	凝灰岩製	山2・9頁
西村山郡河北町溝延字千刈九一－一・阿弥陀堂	弥陀坐像（下欠）		一〇四×五五×一八	町指定文化財	
☆鶴岡市家中新町一〇－一八・致道博物館	弥陀三尊		七九×六〇×一九	凝灰岩製　福島県郡山市旧在	
【宮城県】					
★大崎市岩出山上野目四八・天王寺	弥陀三尊		一三三・五×三二×一二	粘板岩製　線刻像	宮1・10頁
★〃　〃	弥陀三尊		一一五×三二×七	粘板岩製　線刻早来迎形	宮2・11頁
大崎市古川飯川四六・飯川上三阿弥陀堂	弥陀三尊（残欠）		七三・六×三六・二	『宮城考古学』三号（二〇〇一年三月）	
★〃　古川堤根・天寿庵	弥陀一尊	正応三年十二月八日	一一九・五×三七×一五	粘板岩製　下総型板碑に似た蓮華座に阿弥陀像が立つ	宮3・11頁
★黒川郡大衡村大森・宝幢寺阿弥陀堂	弥陀一尊	元応二年八月廿日	七八×三〇・五×九	凝灰岩製　薄肉陽刻像　行者像	宮4・12頁
★石巻市桃生町牛田・五十鈴神社	弥陀一尊	応長二年	八〇×八四×五	粘板岩製　早来迎形　線刻像	宮5・13頁
★〃　〃　城内一二二・香積寺	弥陀三尊		七六・五×六〇×三	粘板岩製　幡状の天蓋　線刻三尊像	宮6・13頁
〃　羽黒町一－一二七・永厳寺	弥陀一尊			佐藤雄一氏教示	
☆〃　高木字竹下・高木観音堂	地蔵	興国第二年七月三日	七五×四八×四	稲井石製	
☆〃　〃　〃	地蔵		五四×三四×七		
★東松島市大塩字緑ヶ丘三－四・丘の上	弥陀三尊	弘安二年七月二十三日	一六七・八×六八×一七	粘板岩製	宮7・14頁
★登米市津山町柳津・丘の上	弥陀三尊	元亨二年十月下旬	一〇一・五×五一×一三	粘板岩製　早来迎形	宮8・15頁

★牡鹿郡女川町女川浜・旧生涯教育センター	弥陀三尊	延慶二年十一月十日	八八・五×六五・五×七	粘板岩製　東日本大震災で失う	宮9・16頁
【福島県】					
〈県北地区〉					
☆福島市北矢野目字阪東・墓地	弥陀三尊（上欠）		一六三×九六×三三	凝灰岩製　側面水磨きされる仕上げ	
☆〃　下鳥渡字寺東一七・陽泉寺	弥陀三尊	正嘉二年九月一八日	一六八・五×一三一×三七	凝灰岩製　早来迎形（陽刻像として最古）	福1・19頁
★〃　〃　〃	地蔵坐像		一四〇×一二四×六二	凝灰岩製　来迎板碑へ行く途中の参道左に立つ	
☆〃　下鳥渡・胡山寺跡	弥陀三尊	天明二年七月吉日	八六×五五・五×二三	凝灰岩製　線刻像	
★二本松市本町一－一四八・称念寺	弥陀三尊（上欠）		七二・三×四四・五×一五・五	凝灰岩製	福2・19頁
☆本宮市太郎丸・観音堂	弥陀三尊		一四九×七二・五×一八・五	凝灰岩製	
×〃　仁井田東町六四・新昌寺（今亡）	弥陀三尊	延慶か	一〇〇×四五×一五	石英粗面岩製	
★〃　〃　西町七二・不動堂	弥陀三尊（上下欠）		五五×六〇・五×一三	凝灰岩製	福3・20頁
★〃　関下字石網・阿弥陀堂	弥陀三尊		四四×五二×一〇	凝灰岩製　石殿の奥壁	
★本宮市（旧白沢村）白岩字馬場・路傍	弥陀三尊	永仁七年三月十五日	九八・五×五〇×一五	凝灰岩製　枠右上に色紙型	福4・20頁
★田村市大越町下大越・下大越小学校裏山	弥陀三尊		六九×二九×八	安山岩製　早来迎形	福5・21頁
★〃　〃　字檀野平・桜地蔵尊	弥陀三尊		八〇・五×二六・五×八	安山岩製　早来迎形	福6・21頁
〈安積地区〉					
★郡山市日和田町高倉一七二・山清寺	弥陀一尊		七六・五×五一×一三	凝灰岩製　念仏行者像を伴う	福7・22頁
★〃　日和田町日和田一二五・蛇骨地蔵堂	弥陀一尊		八四・五×四七・五×一二・五	凝灰岩製	福8・22頁
★〃　〃　〃	弥陀一尊		七八×五七×一一	凝灰岩製	福9・23頁
☆〃　阿久津町・阿弥陀堂	弥陀一尊		一三五×六〇×一五	凝灰岩製　前に丸い穴のあいた板が填められる奥に本尊として祀られる	
☆〃　大町一・今泉女子専門学校	弥陀三尊		七〇×四〇・五×一二・五	凝灰岩製　早来迎形　校庭の一隅の小祠内に祀られる	
★〃　大町二・阿邪訶根神社	弥陀三尊		九一・五×六二×一七	凝灰岩製（福原石）	福10・23頁
★〃　池ノ台・荒池	弥陀三尊		八八×五七×一二	凝灰岩製　阿邪訶根神社塔と類似	
★〃　本町一・元熊野神社跡	弥陀三尊		六四×七五×五	凝灰岩製　早来迎形	福11・23頁
★〃　〃	弥陀一尊		一〇〇・五×八六×一五	凝灰岩製	
☆〃　小原田一－九－一四・円寿寺	弥陀三尊（上欠）		六四・五×七一・五×一四	凝灰岩製　屋形・人物陽刻像	
☆〃　小原田五－一二－一〇・小原寺	弥陀三尊		一〇二×五九×一八	凝灰岩製　右側損傷著しい	
☆〃　富田町音路・音路太子堂	弥陀三尊		一一一×六〇×一五	凝灰岩製　多くの板碑群に挟まれて立つ	
★〃　〃　諏訪内	弥陀三尊	弘安八年九月廿五日	一一五×六五・五×一四	凝灰岩製　丘陵地の小祠内に祀る　枠上半部に銘文	
★〃　富久山町福原一一・本栖寺	弥陀三尊		八二×五四×不明	凝灰岩製　石龕奥壁	福12・24頁
☆〃　〃　久保田五二・阿弥陀寺	弥陀三尊		一一七×八八×三七	安山岩製　左辺欠損　早来迎形　行者像	
☆〃　〃　〃　〃	弥陀三尊か（上下欠）		五四×六〇×一一	凝灰岩製　弥陀上半身のみ	
★〃　喜久田町堀之内・薬師堂	弥陀三尊		八五×四八×一五・五	凝灰岩製　早来迎形　行者像	福13・25頁
★〃　〃　〃	弥陀三尊（下欠）		五六×四七・五×一七	凝灰岩製　早来迎形	福14・25頁
☆〃　喜久田町堀之内一七六・龍角寺	弥陀三尊		一〇五×五二×二八	凝灰岩製　セメントで補作して原形は一部だけ	
☆〃　〃　〃	弥陀三尊		七五×五〇×二八	凝灰岩製　早来迎形　行者像	

★郡山市熱海町上伊豆島	弥陀三尊（上欠）		八八×七二×一三	凝灰岩製　早来迎形　壇上に合掌する行者二人像	福15・25頁
☆〃　下伊豆島	弥陀三尊		一一八×五八×一三	凝灰岩製　二折　風化が著しい	
☆〃　片平町深谷・深谷神社向かい	弥陀三尊		九二×四九×一三	凝灰岩製	
★〃　三穂田町川田・日向墓地	弥陀三尊		七二×四五×八・五	凝灰岩製　早来迎形　行者像	福16・26頁
★〃　〃　駒屋・八大墓地	弥陀三尊（上欠）		五九×四二×一三・五	凝灰岩製　逆早来迎形	福17・26頁
★〃　〃　駒屋四十坦	弥陀三尊		一一一×五二・五×二三	凝灰岩製　二折　早来迎形　三尊の配列が異例	福18・27頁
★〃　〃　鍋山・旧芳掘墓地	弥陀三尊		一一七×六三×二〇	凝灰岩製　早来迎形　観音蹲踞座	福19・27頁
☆〃　〃　野田字工藤台一・光伝寺	弥陀三尊		一三四×五七×九	凝灰岩製　阿弥陀堂内厨子の中に祀る　美形	
☆〃　〃　山口・橋本家	弥陀三尊		七四×三九×一三	凝灰岩製　風化顕著	
★〃　〃　富岡・阿弥陀堂	弥陀三尊	文永二年八月時正日	六七・五×三三・五×九・五	凝灰岩製　石殿（元禄十五天）の中に納める	
☆〃　安積町日出山・子安観音堂	宝塔三尊		七〇×九二×一六	凝灰岩製　三尊像と間に三重塔一基ずつを陽刻	
★〃　〃　笹川一二四・熊野神社	弥陀三尊		一〇五×六五×一三	凝灰岩製　早来迎形	福20・28頁
☆〃　〃　〃　・佐藤家	弥陀三尊		一三八×八七×一六	凝灰岩製　厚肉彫り像	
☆〃　〃　字御所前二八・天性寺	弥陀三尊（上欠）		九〇×六六×一一	安山岩製　阿弥陀像は四角い台座に乗る	
☆〃　〃　〃　〃	弥陀一尊（上欠）		五九×五四×一二	凝灰岩製	
★〃　中田町高倉・熊田家	弥陀三尊（上欠）	観応（『郡山市史』）	九〇×四二×一二	凝灰岩製　早来迎形	福21・29頁
★〃　田村町上道渡・阿弥陀山	弥陀三尊（上欠）		八九×四四××一〇	凝灰岩製　早来迎形　中尊立像脇侍座像	
★〃　〃　〃	弥陀三尊		一〇八×四〇・五×一一	凝灰岩製　早来迎形　中尊立像脇侍座像	福22・29頁
★〃　西田町根木屋・太平山精舎横	弥陀三尊		一〇〇・三×四八・三×一四	安山岩製　近世の石塔一一基と共に立つ	福23・30頁
★〃　横川町・愛宕様	弥陀三尊		六七×五〇×七	安山岩製　石殿（慶応二年）の中に納める　早来迎形　行者像	福24・30頁
★〃　下白岩町字三斗蒔・路傍	弥陀三尊		一〇五・五×七五×一三	安山岩製　早来迎形　行者三人	福25・30頁
★〃　湖南町福良字地蔵山	弥陀二尊		七九×九二×一〇	凝灰岩製　家型龕の奥壁	
〈岩瀬地区〉					
☆須賀川市古屋敷・石井家	弥陀三尊		七九×四四×二二	安山岩製　二折	
☆〃　中宿岩瀬森・鎌足神社	弥陀三尊		九二×六六×一六・五	凝灰岩製　十九夜塔など一二基と共に祀られる	
★〃　池上町一〇一・十念寺墓地	弥陀三尊		一一五×六四×一七	凝灰岩製　本堂西側　石柵に囲まれて立つ	
★〃　〃　・十念寺	弥陀三尊（上欠）		七四×五五・五×一七	凝灰岩製　二折断碑	
★〃　諏訪町九二・千用寺	弥陀三尊		一〇〇×四九×二三	凝灰岩製　釈迦堂川の岩瀬の渡しに通じる古道にあった	福26・31頁
★〃　宮先町・市原家別荘	弥陀三尊（上欠）		八三×五三×二三	凝灰岩製　早来迎形	福27・31頁
★〃　〃　・市原家別荘	弥陀一尊（下欠）		三五×四一×一〇・七	凝灰岩製	
★〃　加治町・円谷印刷所	弥陀三尊		九六・五×五三×一二	凝灰岩製　火に罹り不明瞭	福28・32頁
★〃　加治町八八・長松院墓地	弥陀・地蔵		一一〇×四五×一六	凝灰岩製	福29・32頁
☆〃　森宿字下宿二二・宝来寺	弥陀三尊		九六×六三×二〇	凝灰岩製　三基が並び立つ	
☆〃　〃　〃	弥陀三尊	□廿八日	一〇二×六五×一八	凝灰岩製	
★〃　〃　〃	弥陀三尊		八八×四九×一二	凝灰岩製　早来迎形　行者像	福30・33頁
☆〃　森宿字下宿・御所宮（大山祇神社）	弥陀三尊（上欠）		一一八×七三×三五	凝灰岩製　大きく破損した残欠	

☆須賀川市仁井田字阿弥陀・畑の中	弥陀三尊		一一二×七一×一三	凝灰岩製 厚肉彫り三尊像 左破損 二基並び立つ	
★〃 〃 〃	弥陀三尊		一四〇×七八×一八	凝灰岩製 早来迎形 行者像	福31・33頁
★〃 舘内二三八・願成寺	弥陀三尊		六八×五一・五×一九	凝灰岩製 追刻銘あり 物置の床の支えにされる	福32・34頁
★〃 舘内一九二・常林寺	地蔵三尊		一三〇×五七×一七	凝灰岩製 大日堂内に祀る	福33・34頁
☆〃 関下・熊野山	弥陀一尊		九一×四四×一四	凝灰岩製	
☆〃 〃 〃	弥陀一尊		一三五×七一・五×一六	凝灰岩製	
☆〃 〃 〃	弥陀一尊		九一×三七×一五	凝灰岩製	
☆〃 舘ヶ岡字本郷八三・来迎寺	弥陀三尊		一〇〇×七二×一三	凝灰岩製	
★〃 西川字影沼 東北自動車道横	弥陀三尊		一〇二×六九×一五	凝灰岩製 釈迦堂川渡船場・愛宕堂脇にあったもの	福34・35頁
☆〃 稲字新城館・普応寺跡	弥陀三尊（下欠）	康永甲申三月□□月	六九×五七×一七	凝灰岩製 斜面地に弥陀種子板碑と並び立つ	
☆〃 稲字平・小針家	弥陀三尊		一二三×五六×一七	凝灰岩製 厚肉彫り 普応寺南参道にあったという	
★〃 袋田字西の内・阿弥陀堂	弥陀三尊		一六三×一〇二×二二・五	凝灰岩製 大型有形	福35・35頁
★〃 和田字宿六二・金剛院	弥陀三尊（下欠）		七七・五×六一×二〇・五	凝灰岩製	福36・36頁
★〃 前田川広町字草池下	双式弥陀三尊		一三三×一二六×一四	安山岩製 双式 覆屋の中、保存状態良好	福37・36頁
★〃 〃 〃	弥陀三尊（上欠）		五七×四五×一七・五	凝灰岩製 早来迎形 行者像	福38・37頁
★〃 〃	弥陀一尊		九三×三七×一六	凝灰岩製 板碑形 説法印の弥陀立像	
☆〃 浜尾字鹿島四八・芦田塚	双式弥陀三尊	嘉元三年極月廿五日	一二五・五×一四六・五×二七	凝灰岩製 双式（左右異形）風化進行	
★〃 滑川字東町・筑後塚	双式弥陀三尊		八八×八九・五×一九	凝灰岩製 小型の双式	福39・37頁
★〃 〃 〃	弥陀二尊		七〇×五一×一六	凝灰岩製	福40・38頁
☆〃 滑川字関下	弥陀一尊		一一六×六一×不明	凝灰岩製 二折 畦道に放置状態 行者像	
☆〃 塩田・阿弥陀堂	弥陀三尊	□日願主	六一×四五・五×一五	凝灰岩製 早来迎形	
★〃 雨田字中山・中山地蔵堂	弥陀三尊		八一・五×四二×一二	凝灰岩製 早来迎形	福41・38頁
★〃 〃 〃	弥陀三尊		七四×四三×一一	凝灰岩製 早来迎形	
★〃 田中字堀ノ内・畑の中	弥陀四尊		五六×七〇×一五	凝灰岩製 地蔵を加えて四尊像 早来迎形	福42・39頁
★〃 下小山田字関・佐藤家墓地	地蔵（下欠）		七五×三七×一八	凝灰岩製 板碑形	福43・39頁
★〃 狸森字横石八九・宗徳寺	弥陀三尊		八八・五×五五・五×一〇・五	安山岩製	
☆〃 柱田・公民館	弥陀三尊		一一五×八〇×一五	凝灰岩製	
☆〃 〃 〃	弥陀三尊		九〇×五八×一・五	凝灰岩製	
☆〃 柱田字南谷地前・岩瀬中学校	弥陀三尊		一一二×九二×一五	安山岩製	
★〃 柱田字石田・横耕地	弥陀三尊		一五〇×八七×二二	凝灰岩製 早来迎形 二基並び立つ	
★〃 〃 〃	弥陀三尊	文永八年八月廿七日	一三三×九六×一六	凝灰岩製	福44・40頁
☆〃 柱田字八斗蒔	弥陀三尊		一一五×五六×一八	安山岩製 二基並び立つ 頭部山形が左右に偏る	
☆〃 〃	弥陀三尊		一二〇×五七×一四	安山岩製	
★〃 今泉字町内一〇三・永禄寺	弥陀三尊		九三×七八×一五	凝灰岩製	福45・40頁
★〃 今泉字鼠内一〇〇・白方小学校	弥陀三尊（上欠）		六五×八二×一二	凝灰岩製 今泉字日中内の一本松北側から移設	
☆〃 畑田字橋本五〇・長命寺	弥陀三尊	弘長二年四月日	一七四・五×九〇×三五	凝灰岩製 大型 岩瀬郡最古の在銘図像板碑	福46・41頁

☆須賀川市畑田字橋本五〇・長命寺	弥陀三尊（下欠）		八一×五九・五×一五	凝灰岩製	
☆〃　守屋字町・佐藤家	弥陀三尊		七六・五×四八・五×一〇	凝灰岩製　早来迎形	
★〃　大久保字宿・相楽家	弥陀三尊		八七×四四・五×一三	凝灰岩製　早来迎形　行者像	福47・41頁
☆〃　〃　〃	弥陀三尊（上下欠）		七〇×六四×二二・五	凝灰岩製　元は石龕だった可能性あり	
☆〃　〃　・路傍	弥陀三尊		六九×五〇×一四	凝灰岩製　損傷が著しい	
☆〃　〃　〃	弥陀三尊（下欠）		一五〇×一〇〇×二二	凝灰岩製　損傷が著しい	
★〃　桙衝字古舘・熊田家横	弥陀三尊		九七×四八・五×一〇	凝灰岩製　早来迎形	福48・42頁
★岩瀬郡鏡石町鏡田高久田字木曾・路傍	弥陀三尊	弘安六年四月日	八七・五×六三×一三	凝灰岩製　旧道の傍らの小祠に祀る	福49・42頁
★〃　〃　鏡田字影沼・阿弥陀山	弥陀三尊（上下欠）		五五・五×四二×一三	凝灰岩製	
★〃　〃　鏡沼七六・西光寺	弥陀三尊		九五×五七×一六	凝灰岩製　参道左、江戸時代の石塔と共に立つ	福50・43頁
☆〃　〃　鏡田字仁井田三一九・仁井田墓地	双式弥陀三尊	嘉暦四年（墨書）	約四〇〇×約六〇〇	磨崖　左に奥壁素面の龕を掘る	
★〃　〃　西側・鈴木家	弥陀三尊（下欠）		七五×五一×一六・五	凝灰岩製　家の氏神として祀る	福51・43頁
★〃　〃　久来石字蘭塔山・橋本家	弥陀三尊（上欠）		五三・五×五二×二一・五	凝灰岩製	
☆〃　〃　成田字池ノ台二二五	弥陀一尊		一三〇×五八×二四	安山岩製	
☆〃　〃　〃	弥陀一尊		一四三×六〇×二五	安山岩製	
〈西白河地区〉					
★矢吹町東の内・崖の上	弥陀三尊		一四八×六一×二七	凝灰岩製　板碑形（額部面取り）　陽刻像	
★〃　〃	弥陀三尊（上欠）		五二×四三×一二	凝灰岩製　早来迎形　朱の痕が残る	福52・44頁
★〃　堰ノ上三一〇・阿弥陀湯	弥陀三尊		一〇七・五×四四×一三	凝灰岩製　板碑形・陽刻像	福53・44頁
★〃　〃　〃	弥陀三尊（下欠）		八九×四三×一三	凝灰岩製　板碑形・陽刻像	福54・45頁
★〃　三城目二一六・澄江寺	弥陀三尊		六七×四五×一七	凝灰岩製　早来迎形	福55・45頁
★〃　三城目字東川原・諸根家前	弥陀三尊		一二〇×六四×二五	凝灰岩製　早来迎形	福56・46頁
★〃　中野目字中野目東・円谷正秋家	弥陀三尊		一一三×四七×一七・五	凝灰岩製　板碑形（額部面取り）　早来迎形	福57・46頁
★〃　〃　円谷善人家	弥陀三尊	嘉元三年（『県史』）	一三〇×四五×一二	凝灰岩製　板碑形（学文面取り）　阿弥陀像容・脇侍種子	福58・47頁
★泉崎村踏瀬字観音山・東北自動車道下	弥陀三尊		一〇二×五三×二七	磨崖　板碑形（額部面取り）　早来迎形	福59・47頁
★〃　太田川字居平三・常願寺	弥陀三尊（左欠）		八七×五二×一二	凝灰岩製　勢至像剥落　左辺欠損	福60・48頁
★〃　泉崎字下宿八八・昌建寺	弥陀三尊（上欠）		七八×三六×一二	凝灰岩製　押し型像　早来迎形	福61・48頁
★白河市大南田五五・大村温泉　裏山	弥陀一尊	延慶か	一六九×八四・五×四四・五	安山岩製　「一念弥陀佛」偈　延□　線刻像	福62・49頁
☆〃　本沼字西ノ内・畑の中	弥陀三尊		六九×四五×一七	凝灰岩製　切妻造りの石龕の右壁　早来迎形	
☆〃　〃　〃	弥陀三尊（上欠）		六八×四七×二一	凝灰岩製　早来迎形　屋形の一部に朱・墨の跡	
☆〃　〃　〃	弥陀三尊（残欠）		四五×五六×一〇	凝灰岩製　早来迎形　断片二個	
★白河市（旧表郷村）番沢字硯石	弥陀三尊		約一九〇×約二〇〇	磨崖　早来迎形　L型枠内に三尊・屋形・人物像	福63・49頁
〈石川地区〉					
★玉川村岩法寺・観音山観音堂	弥陀三尊		九八×四七×一〇・五	凝灰岩製　板碑形（二折）　陽刻三尊像	福64・50頁
★〃　〃　〃	弥陀三尊		九三×四五×二二	凝灰岩製　早来迎形　陰刻三尊像・人物像	福65・50頁
★〃　小高小字江平・高原阿弥陀堂	弥陀一尊		八七×六〇・五×一三・五	凝灰岩製　石龕（宝暦十一年）の奥壁に納める	

★玉川村小高小字池ノ入九二・長慶寺	弥陀三尊		一一〇×五八×一七	凝灰岩製　早来迎形　主尊陽刻・脇侍線刻像	福66・51頁
★〃　大字北須釜字仁戸内一九五・阿弥陀堂	弥陀三尊		九五×四七・五×一八	凝灰岩製　板碑形（額部面取り）陽刻早来迎形	福67・52頁
★〃　大字川辺字宮前・川辺墓地	弥陀三尊		一一四・五×五一・五×三三	凝灰岩製　板碑形　早来迎形・異形	福68・52頁
★〃　南須釜字奥平	弥陀一尊		一〇四×四二×一二・五	凝灰岩製　板碑形（額部面取り）	福69・53頁
★石川町字境ノ内・関根家	弥陀三尊		七一×三六×九～一二	安山岩製　板碑形（額部面取り）　早来迎形	福70・53頁
★〃　〃　古市家	弥陀三尊		一〇六×五八×一一	凝灰岩製　板碑形　早来迎形	福71・54頁
★〃　字大内・金内家	弥陀三尊		一二六×五九×一九	凝灰岩製　板碑形（額部面取り）早来迎形	福72・54頁
★〃　字長郷田・石川ゴルフカントリー内	弥陀三尊		一一一×五二×一六・五	凝灰岩製　早来迎形　人物像	福73・55頁
★〃　字和久・旧和久公民館裏山（俗称堂山）	弥陀三尊（左上部欠）		七一・五×四三×一八・五	凝灰岩（神明石）板碑形　根部に反花　早来迎形	福74・55頁
★〃　〃	弥陀一尊		七二×四五・五×一七・五	凝灰岩製　板碑形（面取り）朱・黄・隅等の彩色が残る	福75・56頁
★〃　〃	弥陀一尊（上欠）		五三×四一×一九	凝灰岩製　定印弥陀坐像	福76・56頁
★〃　大字沢井字東内打三〇五・安養寺	弥陀三尊	応長二年正月廿日逝去	一一七×五二×二二	凝灰岩製　板碑形（面取り）早来迎形　人物像	福77・56頁
★〃　字新町・鈴木家	弥陀三尊		七四・五×三七×一七・五	凝灰岩製　板碑形　早来迎形　剥離あり	
★〃　大字中田字古釜・古釜共同墓地	弥陀一尊（上欠）		九〇×四〇×一四・五	凝灰岩製　早来迎形	福78・57頁
★〃　石川字外国見・墓地	弥陀二尊		八二×五六・五×一二	凝灰岩製	福79・57頁
★〃　〃　〃	弥陀一尊		八一×四四×一二	凝灰岩製　右剥離	
〈会津地区〉					
会津若松市栄町二－一二・興徳寺	弥陀一尊		八七×五一×一四	安山岩製	
【新潟県】					
★岩船郡粟島浦村内浦一五八・観音寺	弥陀一尊		四四×二五×一七	安山岩製（礒石板碑）一四〇基余りが地区に集中する	新1・16頁
北関東三県					
【茨城県】					
★つくば市金田一六五八－一・桜歴史民俗資料館	弥陀三尊	文永玖年二月八日	二二五×五八×七・五	銘文あり（八尺青石卒塔婆）、木枠で固定（二折）	茨1・61頁
★坂東市辺田三五五－一・西念寺	弥陀三尊	天文七年	一一四×三四・七×三	二条の刻みなし　線刻三尊像　早来迎形	茨2・61頁
★〃　鵠戸八六一・鵠戸地蔵堂墓地	弥陀三尊（頭部一部欠）	天文六年三月吉日	七五・二×二四・八×一・八	逆修光圓　早来迎	茨3・62頁
★〃　〃　〃	十三仏		八七・五×三三・七×二・五	虚空蔵のみ線刻像、他は種子	茨4・62頁
★〃　上幸田六－一・正法院墓地	弥陀三尊	天文二年二月吉日	一一三×二三・七×三	一六名の交名　辻念仏銘　線刻早来迎形	茨5・63頁
★〃　岩井・藤田共同墓地	弥陀三尊（上欠）	天文二年八月日（『岩井市の板碑』）	五四×二二・五×三・一	早来迎形	茨6・64頁
★〃　大崎・高橋家	勢至	永正七年二月廿五日	一〇二・五×二九×二	二条刻み無し　線刻坐像	茨7・64頁
★常総市水海道市高野町・共同墓地	弥陀三尊（上欠）	延徳五年十月廿三日	八四・五×三五・五×三・五	早来迎	茨8・64頁
★下妻市坂井・大日堂	弥陀一尊	観応三□	一〇二・五×三九・五×八	板碑形　下端に枘あり　枠の上辺に散蓮	茨9・65頁
★神栖市平泉外十二入会一八二－四一・歴史民俗資料館	弥陀三尊	永仁元年十月廿二日	一三四・五×四五・五×一二・五	雲母片岩（下総型板碑）早来迎	茨10・66頁
【栃木県】					
★足利市小俣町・別府家	弥陀三尊	文永十二年三月日	一八九×四三×六・六	銘文流麗　枠内に散蓮	栃1・66頁
★佐野市堀米町一一〇二・一向寺	弥陀三尊・宝篋印塔（下欠）		一四八・六×四五・二×五	早来迎形　類例のない作例	栃2・67頁
〃　犬伏下町二二八五・大庵寺	弥陀一尊（下欠）		六九・五×三四・五×三	三具足　種子光明真言	栃3・67頁

★下都賀郡野木町佐川野・岩崎家	弥陀三尊（上下欠）	（室町時代）	八八・七×四三・三×三・二	銘文あり　早来迎形　摩耗甚大　小山市博出陳	栃4・68頁
★〃　岩舟町小野寺二二四七・大慈寺	弥陀一尊か（残欠）		二八×一〇×二	京谷博次「佐野の板碑補遺」（『佐野史談会会報』第四号）	
★芳賀郡益子町上大羽九四五・地蔵院	弥陀三尊（下欠）		六三・五×二八・三×三・四	二折　早来迎形	栃5・68頁
【群馬県】					
★前橋市小島田町字大門五三〇・小島田阿弥陀堂	弥陀三尊（混合型）	仁治元年十二月十七日 橘清重	一二九×一〇二×五八	安山岩製　中尊像容・脇侍種子	群1・69頁
★〃　端気町三三七・善勝寺	弥陀三尊（下欠）		三八・八×二五×二・七	二条刻み無し	群2・69頁
★〃　公田町五四四－一・乗明院	弥陀三尊	弘安三年二月□日	一六六・八×三九・二×七	早来迎形　風化で刻線不明瞭	群3・70頁
★〃　鶴光寺町二六－一・善光寺	弥陀一尊（下欠）		四五・八×三三・六×三・二		群4・70頁
★〃　東善町・月田家墓地	弥陀一尊		六三×三三×一六	安山岩製　弥陀坐像　延享元年の石室に収める	群5・71頁
×〃　西大室町・八幡社	観音		二七・二×二八・三×三	『群馬県史』	
★高崎市岩鼻町二三九・県立歴史博物館	弥陀一尊	建治二年五月日	九七×三三・一×三	二條の刻み無し　表面風化甚大	群6・71頁
★〃　〃　〃	弥陀一尊	文永七年十二月	九五×三〇×三・七	上沢渡温泉「まるほん旅館」寄託　二折	群7・72頁
★〃　山名町一八九九・路傍	弥陀一尊	建治四年正月日	一〇一×三四×三・二	コンクリート製の小祠に祀る	群8・72頁
×〃　〃　石井家	弥陀一尊	応安五年七月十一日	一二〇×三四	『上野国板碑集録』	
★〃　木部町四五〇・安楽寺	弥陀一尊		六九・五×三二・八×三	墓地内　元文四年等の追刻銘あり	群9・73頁
★〃　根小屋町・上原家	弥陀（残欠）		三二×二三・五×五	彫りは丁寧	群10・73頁
★〃　中大類町・松本家	弥陀一尊（上下欠）		五八・五×四二・二×四	天蓋・像容（下欠）のみ　『高崎市史』は鎌倉とする	群11・74頁
高崎市（旧箕郷町）西明星・松山寺	地蔵		八二×四五×二	自然石板碑　『上野国板碑集録』	
★〃　元島名町七〇〇・墓地	地蔵		二六×一四・五×七・五	安山岩製　頭部丸形　石仏か	
★〃　〃　〃	地蔵		二五×一一×四・八	安山岩製　石仏か	
★藤岡市本郷字道中郷・葵八幡社	弥陀一尊		一五二×四〇×五・二	応長元年銘の弥陀三尊種子板碑と並ぶ	群12・74頁
×〃　藤岡・浅見家	弥陀三尊	延文六年六月七日	四二×一五	『上野国板碑集録』	
★富岡市蕨甲五八八－一ノ坂公会堂	弥陀三尊（下欠）		七九・三×三〇・八×三・八	早来迎形	群13・75頁
★〃　富岡一八三九・栖雲寺	弥陀一尊	正慶二年三月	六八×二一・五×一・七	厨子内に収納　三石に割れる	群14・76頁
★〃　下丹生・野口家墓地	弥陀三尊（上下欠）		六〇・五×二八・五×三・五	早来迎形	群15・76頁
★〃　原田篠・公会堂裏	七薬師像	寛正七年八月	九七×四〇×二七	緑泥片岩（自然石）裏面にバイ種子と紀年銘	群15・76頁
☆伊勢崎市三光町六－一〇・相川考古館	弥陀（上欠）	明応七年十月十五日	五九×二九×三	東京都伊興旧在　夜念仏供養	
☆〃　〃　〃	弥陀一尊	天文十年十二月十三日	一〇一・三×三三×三	東京都伊興旧在　二折	
×〃　波志江町・深沢家墓地	弥陀三尊（下欠）		六五・五×三三×	『伊勢崎の板碑』	
×〃　境中島・中沢家	弥陀一尊	文和元年六月二日	五二・五×一七・五×二	『群馬県史』　弥陀坐像	
★館林市仲町一四－二・常光寺	弥陀三尊石仏		六二×四一×二二・五	『県史』図像板碑とするが疑問が残る	
×〃　本町・岡戸家	弥陀一尊		六四・五×二四×不明	『上野国板碑集録』	
★〃　西本町二四四〇・愛宕神社	地蔵（上欠）	文永第十年二月日	一九五×五五・二×九・五	十二人孝子当銘文あり	
☆吾妻郡中之条町折田三三三・滝沢不動度	弥陀一尊（上欠）		六一×二五・二×二・二	（中之条町歴史民俗資料館で実測）	
★〃　〃　大字伊勢町一〇〇二・林昌寺	弥陀一尊	文永八年二月日	一一六×三六×三・五	海蔵寺跡から出土という	群17・77頁
×〃　〃　上沢渡・関家	弥陀一尊		五五×一八	昭和二〇年大火で焼失　『上野国板碑集録』	

★東吾妻町五町田・南沢墓地	弥陀三尊	文永拾貳年二月廿二日	九四・五×三〇・五×七	早来迎形　佐藤家墓域　右上部欠失　風化	群18・77頁
★北群馬郡吉岡町南下・田子家	弥陀一尊（残欠）		二六×二五・五×二・七		群19・78頁
★高崎市吉井町吉井二八五・吉井郷土資料館	弥陀三尊	弘長五年八月（千々和氏）	一一三・三×三四・七×五	木幡式（磯部淳一氏）	群20・78頁
★〃〃塩・橋爪家	弥陀（残欠）		二七・二×二七・四×二・五		群21・79頁
〃〃本郷・弘福寺	六地蔵		五五×不明×三〇	『上野国板碑集録』	
★多野郡神流町柏木字中開戸一〇七・路傍（小祠）	弥陀三尊	乾元二年八月日	一一五×三三・七×五	図像稚拙	群22・79頁
★〃上野村新羽字野栗一二二二・宝蔵寺	弥陀一尊		九二・五×二四・八×一・八	二折　御巣鷹山観音堂に祀る　同村勝山・黒沢家旧蔵	群23・80頁
★甘楽郡甘楽町福島五〇二・阿弥陀堂跡	弥陀三尊（下欠）	建治三年六月	一〇五・五×三四×七	風化摩滅甚大	群24・80頁
★安中市松井田町高梨子・木村家	弥陀三尊（下欠）		六五×三〇×三・五	早来迎形　阿弥陀堂に祀る	群25・81頁
★佐波郡玉村町下新田九九一・玉村小学校	弥陀一尊（下欠）		三三・六×一三・七×三	小型　摩滅甚大	群26・81頁
×太田市大館町一四九・東楊寺	弥陀一尊（下欠）		三三・五×一八×二	逆修　図容稚拙　『群馬県史』資料編8	
★邑楽郡板倉町大高嶋甲一三四七・宝性寺	弥陀三尊（上欠）	徳治四年十一月廿五日	六九×四二×四・五	光明遍照偈	群27・81頁
☆〃千代田町赤岩一〇四一・光恩寺	地蔵（上欠）	文永八年八月時正	一六三・二×四九×一八	種子蓮座のみを残す　強雨風で未調	
【下総板碑】					
《北部・利根川沿い》					
★茨城県神栖市平泉外十二入会・歴史民俗資料館	弥陀三尊	永仁元年十月廿二日	一三四・五×四六×一二・五	銘文あり　早来迎形	
〃〃奥野谷・般若寺地蔵堂	地蔵		三八・五×三七×一四	飯岡石製　神栖市資料館畠山氏教示	
★香取郡東庄町東今泉九四二・東泉寺	弥陀三尊		九六・七×五三・五×一三・五	早来迎形	下1・184頁
★〃〃新宿・秀蔵院	弥陀三尊		七三×五六×一〇	早来迎形　一対の華瓶	下2・185頁
★〃〃平山字夏見台・阿弥陀堂	弥陀一尊		一二〇×五六×六・五	弘法大師爪書の阿弥陀	下3・185頁
★〃〃神田・共同墓地	弥陀一尊	康永四年十一月廿六日	一〇一×四八×一二	銘文あり：石井保満氏、現認出来ず	下4・186頁
〃〃大友・観音堂墓地	弥陀三尊	文保二年三月	六四×三八×九	近年新発見された板碑	下5・186頁
★香取市小見川区貝塚二〇〇五・来迎寺	弥陀三尊	嘉元四年二月日	一〇四×五一×一〇	早来迎形　本格的蓮座	下6・186頁
★〃〃阿玉台・福寿院跡	弥陀一尊	享徳元年十一月十五日	九五・五×三三・五×五	板碑形　優作	下7・187頁
★〃〃一之分目一〇〇八・善雄寺	弥陀一尊・バン種子板碑	永禄二年十一月吉日	八三×八九・五×九	将棋の駒形の輪郭二区を界線で区切り種子・像を刻む	下8・187頁
★〃大倉字中郷・清宝寺	弥陀像・サ・サク種子板碑	享徳三年□月□日	九一×六三×八	下部土中　『千葉県史料』	下9・188頁
★〃多田・分飯司堂跡	名号阿弥陀	文明十二天三月廿一日	九二×九〇×一三	将棋の駒形の輪郭内に阿弥陀薄肉彫り、サ・サク陰刻	下10・188頁
★〃佐原ハ四五〇〇・県立大利根博物館	阿弥陀二尊	文亀四年八月吉日	七四×八九×一一	香取・惣持院旧在　石の表面不整　中央に華瓶	下11・189頁
★〃香取一八三三・新福寺	地蔵図像（上欠か）	延文五年	六八×三一・三×五・五	踏み割り蓮座に立つ延命地蔵を線刻	下12・189頁
★〃香取・惣持院跡	名号阿弥陀	文安五年五月廿日	一〇五×七九×一一	墓地　最も早い造立	下13・189頁
★〃津宮・正法院跡	弥陀一尊		六八・五×八六×一一	不整形の石を使用　駒形の輪郭内に来迎弥陀像	下14・190頁
★〃新市場八七・地蔵院	弥陀一尊	天正二年十一月吉日	一二〇×五二・五×一〇	「毎年月念仏云々」の銘、交名五〇人余り	下15・190頁
★〃大根一一五一・西蔵院	弥陀一尊	寛永拾年三月	一一〇・五×一〇七・五×六・五	下部をセメントで固める（埋没）	下16・191頁
★〃大崎字蓼崎・大六天神社横	名号阿弥陀	文亀三年二月時正	九六×七〇×九・五	天蓋・瓔珞　薄肉彫り阿弥陀像	下17・191頁
★〃与倉一〇一二・大龍寺	名号阿弥陀	文明十二年二月廿日	八六・五×八一×一三	将棋の駒型輪郭内に薄肉彫り像	下18・192頁
★〃〃〃	地蔵・童子	寛永十五年八月廿五日	七二×五九×一三	地蔵立像の前に童子像（花林童子の銘文）	下19・192頁

★香取市与倉一〇一二・大龍寺	不動	暦応三年二月一日(石井説)	一二七×六八×九	墓地の奥瀧上　摩耗甚大	下20・192頁
★〃 〃・与倉区公会堂	地蔵か		六四×七五×二四	剥離進行（原形不詳）、像容明細不詳。地蔵か	
★〃 新寺四〇八－一・新寺区公会堂	名号阿弥陀	寛正四年十月廿四日	八二・五×五五×一三	像の下にサ・サクの種子　傷みが甚だしい	下21・193頁
★〃 森戸四三八・大法寺	弥陀一尊座像	貞治四年十月日	四九×四六×六	子安観音堂の本尊　宋式座像	下22・193頁
★〃 大戸川三五－一・浄土寺	名号阿弥陀	永正二年十二月一日	七七×一〇〇×一六	薄肉彫り　風化　名号阿弥陀の最末期の造立	下23・193頁
★〃 〃 〃	弥陀並座像	観応元年	八三×四七×一四	宋風図像（法衣垂下像）一対の華瓶の間に年記銘	下24・194頁
★〃 大戸川一六六・宝聚院	弥陀並立像	明応二年二月二十九日	八三×五二×一五	線刻阿弥陀立像　華瓶一対の間に年記銘	下25・194頁
★〃 〃 〃	宝篋印塔	明徳四六月日（石井説）	一〇二×五二・五×一一・五		
★〃 大戸五七五・才ノ神社後	名号阿弥陀	文明三年八月十五日	九三×五六×九	「奉造立為乗尊逆善故也」	下26・194頁
★〃 大戸字宮作・宮作墓地	宝篋印塔	貞和六年二月日	九四×五一×六	逆修	
★〃 山之辺六〇六・西福寺	梵字不動	延文五年二月三□	八四・五×四七・三×一〇	山之辺瀧台から移動　下欠　墨刷り絵札を下絵に使用か	下27・195頁
★〃 上小川六七三・吉祥院	弥陀並座像	貞治六年二月時正	一〇五×一一〇×一九・五	二区の輪郭内に陰刻の宋式弥陀坐像　華瓶一基ずつ	下28・195頁
★〃 寺内・寺内公会堂横金剛殿内	梵字不動・バン種子	文永十一年彼岸中日	八五・五×三六・五×七	光明遍照偈　根部欠損　各面に像・種子を刻む	下29・196頁
★〃 西坂三一六・寺内区不動堂	不動座像	長禄辛己八月四日	八六×六九×一一	凝灰岩製か　火焔光背に不動坐像　瑟瑟座　長禄五年	下30・196頁
★〃 田部二〇七二・馬頭観音堂	弥陀一尊	嘉元三年十二月日	五八×三一・五×一〇・五	木内家の持山の中　小型	下31・197頁
★〃 西和田字不動山	不動	天文十八年九月十八日	九一×六八×六	銘文中に「奉庚申供養石仏一体造立事」	下32・197頁
★香取郡神埼町郡一七〇四・郡台公会堂	弥陀三尊	正安二年十月八日	一二八×四六×七	宝珠院跡　早来迎形	下33・197頁
★〃 小松二八一・浄専寺	弥陀三尊（上欠）	康永四年四月□日	三四×三四・五×八・五	年紀今は読めず（町史史料編）三尊配置異例	下34・198頁
★〃 小松三三六・能照寺	弥陀三尊		九二・五×四〇・七×一四	上半剥離　早来迎形	
★〃 武田七七九・妙楽寺	名号阿弥陀	文安五年十月十六日	八四×九三×九	「本尊弘法御筆模之」九〇名余りの交名	下35・198頁
★〃 毛成・円満寺	名号阿弥陀	文安五年（以下不明）	一〇五×八六×一二	剥離甚大　交名多数	下36・199頁
★〃 〃 毛成九五七・宝善寺	名号阿弥陀	享徳二季七月九□	四四×三五×九	左上部の断碑	下37・199頁
《南側》					
★匝瑳市中台三八八・加持堂	地蔵	建長五年卯月八日（背面）	一六七×八四×一五	飯岡石製　持錫宝珠の地蔵を線刻（一部剥離）	下38・199頁
★〃 〃 〃	聖観音	長禄五年□	七三×二五×一五	飯岡石製（下部剥離）交名多数	下39・200頁
★〃 八日市場市ホ二六六一・西光寺	地蔵・冥官三尊	応安二年四月八日	一〇四・五×五八×一二	飯岡石製　線刻像　逆修	下40・200頁
★旭市成田ロ八九八・真福寺	弥陀三尊	宝暦十二年十月吉日	一一二×五二・五×二六	飯岡石製　厚肉彫り三尊像	
★〃 井戸野　路傍・地蔵堂	地蔵	□長	一〇三×三五×一〇	飯岡石製　線刻像　一四文字の梵字「汗かき地蔵」	下41・201頁
★〃 西足洗七〇〇・地蔵堂墓地	地蔵	文明四年一月四日(石井説)	八七×六七×一一	飯岡石製　後を振り返る線刻地蔵	下42・201頁
★〃 見広一四二二・文殊院	地蔵		一一〇×一〇一×一〇	飯岡石製　線刻　摩滅で詳細不明	下43・201頁
★銚子市高田町・逆川地蔵堂	地蔵		八九×九六×一〇	黒雲母片岩製　線刻像	下44・202頁
★〃 三門町四一五・路傍小祠	地蔵	文明五年（石井説）	五九×六六×六・五	黒雲母片岩製　線刻坐像　年紀現況では不明	下45・202頁
★〃 常世田街五三・常燈寺（常世田薬師）	地蔵		九八×五二・五×一〇	銚子石製　風化甚大	
★〃 赤塚町・東福寺	地蔵		一一四×五九×六	風化	
★〃 岡野台町二・路傍	弥勒座像（右上欠）	応安元年二月日（石井説）	八三×四六×一四・五	飯岡石製　宋風像　本格的台座	下46・203頁

【千葉県・武蔵型板碑】					
★野田市野田三七〇・野田市郷土博物館	地蔵（下欠）		八〇・五×三三・八×三・五	左向きの地蔵立像　下に十三仏種子の一部か	千1・183頁
流山市西深井	地蔵		三二		
☆松戸市千駄堀六七一・松戸市立博物館	弥陀三尊	天文十二年二月吉日	九一・二×三八・五×三	矢切・聖徳寺旧在　庚申待供養	千2・183頁
★〃小山四五・増長院	弥陀一尊（下欠）		八七×三八・五×二・五	弥陀立像　下に前机・三具足	千3・183頁
★〃紙敷九一一・下総資料館	弥陀三尊（下欠）		七七・五×四〇・八×三・四	富士見市旧在（滝沢氏教示）	千4・184頁
★柏市藤ヶ谷六八六・香取神社	弥陀三尊	永禄四年三月吉日	一五一×四六・五×四	庚申待供養　交名多数	千5・184頁
茂原市真名・内田秀真家	弥陀三尊か	弘安八年正月十六日	四八×三三	断碑	
【埼玉県】					
一　川口市					
★宮町・遠山家	弥陀一尊	文正元年十一月廿三日	八七×二五・七×不明	セメントで周囲を固定　月待供養	埼1・83頁
★南町二－六－八・吉祥院	弥陀一尊	延徳二年十一月廿四日	八九×二九・三×二・七	夜念仏供養	埼2・83頁
★領家二－七－一六・光音寺	弥陀一尊	天文七年十一月廿三日	七九・六×二九×三	四石を接合し背面はセメントで固める　月待供養	埼3・84頁
★〃　〃	弥陀一尊（下欠）		四六・五×約三〇×三	左上半部のみ	埼4・84頁
前川・新井家	弥陀一尊（下欠）		四九×三五×三	〈次の前川稲荷と同じか〉	
前川・前川稲荷	弥陀一尊		四八×三五×三	調査報告書二五頁、市史六三一頁	
×芝六三〇六・長徳寺	弥陀一尊（下欠）		六二×三一×三・二	調査報告書一二頁　三重塔改装後不明	
×榛松九八一・榛松不動院本堂	弥陀一尊		四九×三〇×三	「現存しない」と電話で	
×安行原一六二九・東光寺	弥陀一尊	文明十六年二月廿三日	六七×三八×四	調査報告書五四頁　墓地に無し　月待供養	
峯一三六・観蔵寺	弥陀一尊		三二×	市史六三一頁	
西立野・早船家	図像光背（残欠）		一〇×	市史六三一頁	
朝日一－四－三三・薬林寺	図像（断片）	永徳三年	三〇×二三×二	調査報告書二〇頁	
二－三　さいたま市（旧浦和、大宮市）					
★緑区上野田四八九・東台墓地（興音寺跡）	弥陀三尊（下欠）	延慶三年二□	九九・八×二九×三	二折　光明真言	埼5・84頁
★〃大門二五八三・大興寺	弥陀三尊（下欠）		一〇二×三四×二・五	収蔵庫　金泥あり　枠線の下に梵字光明真言一部分	埼6・85頁
★〃　〃	弥陀三尊（残欠）		四二・五×二九・五×二・三	交名あり	埼7・85頁
★〃三室・武笠家	弥陀一尊	文明十五年十一月吉日	一〇九×三三・二×三・二	念佛供養　光明遍照の偈頌　交名	埼8・85頁
×浦和区領家四－二〇－三・長覚院	弥陀図像（残欠）		六一×三九×三・八	寺に所在せず	
★〃瀬ヶ崎二－一五－三・東泉寺	弥陀三尊	文明三年十一月廿三日	一〇〇×三六・一×三・二	奉待供養　敷き布が上を覆う前机に華瓶一対	埼9・86頁
★緑区中尾一三八八・駒形公会堂（元福生寺）	弥陀一尊	永正十五年十一月十六日	八二・五×二八・二×二・五	十六日念佛供養　二一名の交名	埼10・86頁
★南区内谷三－七－一三・一乗院	弥陀三尊（上下欠）	明応四年八月	四九×三五×三・七	月待供養　帰命月天子の偈頌と交名八名	埼11・87頁
★緑区三室二四五八・浦和博物館	勢至像	文明十七年十一月廿三日	一〇八×三二×三・八	二基あり双碑　三室・飯野家寄託　月待供養	埼13・88頁
★〃　〃　〃	勢至像	文明十七年十一月廿三日	一〇五・六×三〇×四	〃　〃　月待供養	埼12・88頁
×〃大谷口・明花墓地	弥陀三尊	文明十三年十一月廿三日	一三八×三七	今亡「あるくみるきく」　月待供養	埼14・88頁
〃大間木・薬師堂	弥陀一尊か（下半分のみ）	天文十二年	七七×四二×三	諸岡リスト（像容部分はなし）庚申待	
★南区曲本二－六・無量寺墓地	弥陀三尊（断碑）	□年十月	五七・五×三二・三×三・二	中尊の一部と観音像のみ　雪山偈の一部	埼15・88頁

★見沼区染谷・三枝家	弥陀一尊（下欠）		七〇・五×三二・五×三・五	小祠に祀る	埼16・89頁
★　〃　片柳・守屋家	弥陀一尊（二折）	永禄五年八月廿三日	一二九・五×三二・七×三	地蔵（か）の破片六センチもあり（不明）　月待供養	埼17・89頁
×西区二ツ島・西善坊跡地蔵堂	地蔵	応永第二	四七×三一	現地採訪するも所在不明	
★西区指扇領別所三六四・福正寺	弥陀三尊		四〇×四四×四	上下欠失　月待供養「帰命月天子」の偈と交名	埼18・89頁
四　鴻巣市					
★登戸三八七・勝願寺墓地	（種子欠）六地蔵（上欠）	康安二年十一月廿五日	一三二・五×五二×七・五	光明遍照の偈　キリークか・三体ずつ二段の線刻地蔵像	埼19・90頁
★大間二－一－一九・久保寺墓地	弥陀三尊		一〇七×四八×七・五	諸教所讃の偈　臼型蓮座	埼20・90頁
★箕田二〇九六・龍昌寺	弥陀一尊坐像		一八六×七八×一二	定印の阿弥陀坐像	埼21・91頁
★上谷・古谷野家	弥陀図像（二箇の断片）		七三・五×三二×不明	「帰命月天子」偈	埼22・91頁
五　上尾市					
★畦吉一一六六・畦吉東部共同墓地	地蔵	応安七年八月日	九四×三一・三×三	地区集会場前小祠	埼24・92頁
六　与野市（さいたま市）					
★さいたま市浦和区上木崎四－四－一〇・市文化財資料室	弥陀三尊（断碑）		八〇・八×一八×三・五	今宮遺跡出土『与野市史』収録　二折	埼23・91頁
七　草加市					
×柿木町一二八六・東漸寺	弥陀一尊	享禄五年二月時正	六九・五×三一×三・五	『草加の金石』現在所在不明　庚申待	
★　〃　　〃	弥陀一尊（下欠）		四八・五×三五・五×三・七	『草加の金石』	埼25・92頁
★瀬崎町・豊田家	弥陀一尊（三石の断片）	大永三年	六九×約三一×二	お阿弥陀の裏畑地　三石の断片　月待供養	埼26・93頁
★遊馬町・馬場家	弥陀一尊（上欠）	文明十七年十一月廿三日	七九×三四×四	『草加の金石』庭内の小祠に祀る　月待供養	埼27・93頁
草加町旧在	弥陀一尊	文明十二年十月十五日	一〇三・四×三〇・四	国立歴史民俗博物館蔵　展覧会図録収載　夜念佛供養	
八　蕨市					
★北町三－二－四・三学院	弥陀一尊	文明十三年二月十五日	九五・五×三四×三	逆修結衆　交名一一名　内庭	埼28・93頁
九　戸田市					
★笹目南町・栗原家	弥陀一尊	応永三十二年十二月十五日	九五×三四・五×三・三	庭内の観音堂に祀る「阿弥陀如来石像」の銘文	埼29・94頁
★笹目六－五－四・平等寺	弥陀三尊	文安三年二月十五日	八六・二×二六・八×二・六	預修　百年忌　墓地の改修で出土	埼30・94頁
一〇　鳩ヶ谷市					
里・船津家	弥陀三尊		八二×三五×二・五	月待供養か　見学不能と教育委員会から連絡	
一一　朝霞市					
台・金子家	弥陀か（破片）			諸岡リスト　破片	
台・金子家	図像か			諸岡リスト　破片	
一二　志木市					
★柏町三－七・舘氷川神社	弥陀一尊	文明十八年十月廿三日	一〇八・五×三〇・八×四	夜念仏供養　逆修「八幡大神」の追刻あり	埼31・95頁
一三　和光市　一四　新座市　一五　桶川市					
一六　北本市					
★深井四－五五・寿命院	弥陀三尊（上下欠）	大永七年二月吉日	七八・五×四二・七×三・五	念仏供養　四〇名余りの交名	埼32・95頁
一七　伊奈町					
★小室九三五二・清光寺（小室観音）	弥陀三尊（下欠、二折）		九一・五×四二×五・七	日月・阿弥陀像・勢至の一部のみ	埼33・96頁

一八　吹上町（鴻巣市と合併）					
?鎌塚・田中家	地蔵	建治二年七月日	九五×二八×三・八	当主亡くなられ状況不明	埼34・96頁
★大芦一九八一・龍光寺	弥陀一尊（二分断）	嘉禎二年	六九＋八五×四九×八・五	二折　光明遍照偈	埼35・96頁
★小谷一五〇七・金乗寺	弥陀一尊	仁治三年十月十五日	一二三×五五×七・五	諸教所讃偈「右入道造立也」	埼36・97頁
★〃　〃	弥陀一尊		一二一×四九×五	光明遍照偈「右比丘尼造立也」	埼37・97頁
一九　川越市					
★郭町二－三〇－一・市立博物館	弥陀一尊		七一・五×二七・五×三		埼39・98頁
★〃　〃	弥陀三尊（脇侍二尊像）	延慶元年十二月日	六二×三四・五×三		埼38・97頁
☆〃　〃	弥陀三尊	文明十五天十一月廿五日	長二尺八寸五分	拓本が残る　徳蔵寺蔵の板碑と判明	
★豊田本九三九・善長寺	六地蔵（断碑）		三一・四×二二・五×三・八	地蔵二体を線刻	埼40・98頁
×笠幡字堂脇・阿弥陀堂（畑の中）	弥陀三尊		三尺八寸五分	『埼玉史談』一一巻五号（昭一五年）	
二〇　所沢市					
★西新井町一七－三三・熊野神社	弥陀三尊	文明十七年十一月十六日	一五七×五一×三・五	熊野神社社務所に納める　念佛供養　交名多数	埼41・98頁
×久米二四四五・仏眼寺	弥陀（断碑）		四〇×三九×三・五	盗難に遭い行方不明　頭部月輪に光明真言	
二一　飯能市					
×中藤下柳・武内家	弥陀一尊	永正十三年	一〇一×三〇×三・三	所在不明	
中山五二〇・智観寺	弥陀一尊か		四八×一五×四	一〇月末の日曜日のみ公開	
×八幡町一六－五・広渡寺	三尊図像（主尊欠）	応仁二年十月	五六×二六×三	種子弥陀三尊板碑のみ	
二二　狭山市					
★沢五－三四・天岑寺	弥陀三尊	文明十四年八月廿三日	一二〇×四〇×四	月待供養　梵字で光明真言　交名一三名	埼42・99頁
★柏原・奥富家	弥陀一尊	天文三年十月吉日	八五×四八・二×三	年紀風化して読めず　申待　梵字の光明真言	埼43・99頁
×上奥富三五四・瑞光寺	弥陀三尊か（観音像）		二九×一八×三	所在不明	
二三　入間市					
×野田六〇七・中池共同墓地	弥陀一尊		三二×一三×一・八	所在不明	
★〃　〃	地蔵（下欠）		二一×一二・五×二・四	「市史」は弥陀一尊とする	
×宮寺・西久保観音	弥陀一尊	弘安十一年三月日	一四〇×三四×二・五	下半分は武蔵村山市に有り　開扉せず	
二四　富士見市					
★勝瀬七二三・護国寺	弥陀三尊（上下欠）	天文十九年四月吉日	七七・五×三八・六×四	光明真言（種子）	埼44・100頁
★諏訪一－八－三・瑠璃光寺	弥陀三尊（上下欠）		五五×三三・四×二・七	三尊のみ	埼45・100頁
★諏訪・馬場家	弥陀（下欠）		四三・五×三六×三	個人墓地に移設	埼46・101頁
★下南畑・柳下家	弥陀三尊	長禄四年九月十六日	五四×三二・八×三・三	稲荷社に祀る　夜念仏供養	埼47・101頁
×下南畑・西蔵院墓地	三尊像		八九×	今亡	
★山室三－二・山室地蔵堂墓地	弥陀か（上欠）	文明十六年十一月十六日	九一×四一・五×三・二	夜念仏供養　一五名余りの交名	埼48・102頁
×上沢二－五・地蔵堂	阿弥陀像		二二×	諸岡リスト　難波田城資料館になし	
二五　上福岡市（ふじみ野市）					
★福岡四五〇・下福岡共同墓地	弥陀三尊（上欠）	明応六年十一月廿三日	七三・五×三八・二×二・三	新河岸川改修工事で出土　月待供養　交名一〇名	埼49・102頁

×川崎二・阿弥陀堂	弥陀一尊		一二八	本尊で調査不可	
★長宮一－二－一一・上福岡歴史民俗資料館	弥陀三尊（上欠）交名	明応三年九月廿三日	六九・八×三五・八×三	月待供養	埼50・103頁
★〃 〃	地蔵（断碑）		一八・五×一二・三×一・四	富士見市旧在（難波田城資料館教示）井田文庫蔵	埼51・103頁
二六　坂戸市					
★東和田・共同墓地	弥陀三尊（埋設断碑）		四〇・五×四八・五×七・四	古写真から弥陀三尊板碑と判明　枠線と光明のみ	
二七　大井町（ふじみ野市）					
★市沢三－四－一六・市沢共同墓地	弥陀三尊か（断碑）		五七×二六×二・八	脇侍像の一部が残る	埼52・103頁
×苗間・共同墓地	図像（残欠）		三六×一四×一・四	『大井町の板碑』収録	
二八　三芳町　二九　毛呂山町　三〇　越生町					
三一　鶴ヶ島市					
★五味ヶ谷四八〇・共同墓地	地蔵か（上欠）	永和元年十二月日	五七・三×四〇・七×三	延命地蔵経の偈	埼54・104頁
三二　日高市					
★田波目・路傍・小祠	地蔵（下欠）	文明四年十一月廿四日	九六・五×三五・七×三・五	三叉路一隅の小祠（榎堂）に祀る『日高町の板碑』	埼53・104頁
三三　名栗村（飯能市）					
上名栗・町田家	弥陀三尊	□正元□	一二〇×四〇×三・五	庚申講　諸岡氏調査データあり	埼55・104頁
三四　東松山市					
★古凍・古凍根岸共同墓地	弥陀三尊	長禄二年八□	五一・五×三二×三・五	光明遍照偈	埼56・105頁
★柏崎三四一・万松寺墓地	弥陀三尊（主尊欠）	□月廿三□	八三・三×六〇×五	□／供養	埼57・106頁
★下青鳥一二六・浄光寺	弥陀三尊	建長二年三月□	一六五・五×五七×七・五	年紀部分以下、石面が粉状に劣化し剥落	埼58・106頁
★六反町一二・新宿共同墓地	弥陀三尊	天文三年十一月吉日	一六三・五×四八・五×三・八	念佛供養　交名多数	埼59・106頁
★岡四九八・光福寺	弥陀三尊	嘉元四年二月日	一六三×四四×五・七		埼60・107頁
★宮鼻一四四・香林寺	弥陀三尊		一〇六・五×四一×五		埼61・107頁
★〃 〃	弥陀一尊	仁治二年九月	七一×四一・五×六・五	光明遍照偈	埼62・108頁
★正代・御霊神社横	弥陀三尊		七八・五×四三×八・五	上欠　臼型蓮座	埼64・108頁
★〃 〃	弥陀一尊	（寛喜元年）七月日	一〇二・五×四七×一〇・五	諸教所讃の偈　臼型蓮座	埼63・108頁
×岩殿・若林家	地蔵	（天正）十二年三月	八六×二八×三・八	現在所在不明	
★岩殿一二二九・正法寺	弥陀三尊		七〇×四三・三×一〇・六	下欠　臼型蓮座	埼65・109頁
★岩殿一二一〇・正法寺向かいの山	弥陀一尊		一一一×五六・五×八	県立嵐山史跡の博物館	埼66・109頁
★毛塚・新井家	弥陀一尊坐像＋七薬師		一一〇×七〇×一〇	自然石塔婆　四方田「埼玉史談」	埼67・110頁
★石橋字内青鳥一三三五・おため池畔	地蔵		八七・二×三九・九×三・六	アーンク大板碑（虎御石）の後ろに立つ	埼68・110頁
×松本町一－一・庚申様	弥陀一尊（残欠）			『東松山市史』収載、不明	
★大谷・藤野家（管理）	弥陀三尊（上欠）	初発期板碑か	一三八×六五×八	嵐山史跡の博物館展示	埼69・110頁
三五　滑川村					
三六　嵐山町					
★越畑・久保家墓地	弥陀三尊	弘長二年卯月日	二五一×四九×六	極重悪人の偈	埼70・111頁
★越畑・青木家墓地	弥陀一尊	正安三年十一月十一日	五九・二×二一×四		埼71・111頁

×越畑	弥陀一尊	大永五年十一月廿三日	一四一	「嵐山町の板石塔婆」収載するも不明　月待供養	
★吉田一〇五五-一・宗心寺	弥陀三尊	文永七年八月	一三七×四五・八×六・二		埼72・112頁
★菅谷七五七・嵐山史跡の博物館	弥陀三尊	天文五年十月廿日	一一五・八×三二・七×三	二折れ　月待供養	埼73・112頁
三七　小川町					
★西古里・薬師堂横	弥陀一尊	正応三年□	一五八・五×六二・三×八・五		埼75・113頁
×上古寺一一二・滝ノ入不動	不動明王	文亀二二年六月廿八日	四五×一九×二	個人所有「埼玉史談」に口絵収録	
×青山六五四・円城寺	薬師	嘉暦三年十二月日	六一・五×三二・三×三	厨子に祀り開扉せず　観音経の偈を刻む	埼74・113頁
★下里三〇二-一一・寒沢・路傍	弥陀一尊	長享二年十月廿三日	一四四×五三・五×六	月待供養	埼76・113頁
★角山・亀岡家墓域	地蔵		五六×二五・三×四		埼77・114頁
×勒負六三七・雲龍寺	地蔵			「町史」に薬師堂に二基と記載　調査許可得られず	
☆小川九九一・八宮神社	五輪塔		一一四×六〇×七・五	五輪塔形に切り出す	
青山字中西三一二・八王子神社	神像	延徳二年六月八日か	六五×一七×二・七	厨子に入れ本殿に安置「小川町の歴史」二九四頁	
三八　都幾川村（ときがわ町）					
★西平字多武峰・武藤家	六観音六地蔵	長禄五年卯月吉日	一二八×三〇・五×三・五	上部平ら	埼78・114頁
大野字八木成・薬師堂	図像か		三九×二一・五×二・五	断片（図像・偈頌の一部）村史資料一三五頁	
三九　玉川村（ときがわ町）					
★玉川二七一〇-一・小沢モータース	十一面観音	寛正二年五月	六五×二六×二・七	『玉川村史』	埼79・114頁
四〇　川島町					
★上伊草八三〇・金乗院墓地	弥陀三尊（下欠）		六三×三三・五×三・五		埼80・115頁
★長楽三一二・共同墓地	弥陀一尊・六地蔵	文明／□月廿三日	六九×三八・五×二・八	月待供養	埼81・115頁
★長楽一〇七九・長楽用水路横	弥陀一尊		一二五・七×五七×九・五	自然石塔婆　四方田「埼玉史談」	埼82・116頁
×長楽・宇津木家墓地	図像（断片）		二五×二七×三・五	諸岡「板碑に見る民間信仰」	
★中山一二〇九・正泉寺墓地	地蔵	宝徳三年十月日	三〇・七×二三×二・八	二折	埼83・116頁
★〃　〃	地蔵	永正五天十一月十一日	一二六・七×四一×三・七	正因大師銘	埼84・116頁
★小見野六六〇・安楽寺	弥陀三尊	正安元年七月十五日	三九(上)、五九・五(下)×三八・八	二折、中間部欠失	埼85-1・117
★〃　〃	弥陀一尊か		四四・五×三〇・五×二	四方田『日本の石仏』五九号	埼85-3・117
★〃　〃	弥陀三尊か（上欠）	永仁二二年三月	一一一×四四・五×五	脇侍の衲衣以下が残る	埼85-2・117
★吹塚・原家墓地	地蔵		五八・五×三六・六×二・二		埼86・117頁
★吹塚二一三・華蔵院地蔵堂墓地	阿弥陀（残欠）		二二×一六×三・五		埼87・118頁
★旧三保谷村表前（現在東村山市・徳蔵寺蔵）	弥陀三尊	文明十五天十二月廿三日	八七×二八×三	月待供養	
★三保谷宿三五四・南光院阿弥陀堂	弥陀石仏	康永二年八月日	七五×二七・三×二・五	緑泥片岩	埼88・118頁
四一　吉見町					
★丸貫忍街道・路傍（おねんぼう様）	弥陀三尊種子・弥陀一尊	文永拾二年中春	二五三×五九・三×七・七	種子像容混合板碑　上欠	埼89・118頁
★大串一二八二・観音寺	弥陀一尊	文明元年八月	七一×三二×三	念佛供養	埼90・119頁
★江綱・観音堂	弥陀三尊	文和二	四八・五×三八×四		埼91・119頁
★南吉見三七八・長源寺	弥陀三尊・六地蔵	康永二年卯月廿五日	六六・五×三四・六×四	上欠	埼92・120頁

★南吉見三七八・長源寺	十三仏		八三・五×五三・五×三・五	下欠	埼93・120頁
★南吉見・関根家	弥陀一尊か（下欠）		七一×四五・一×四・五		埼94・120頁
★中新井・薬王寺	弥陀三尊	寛正□	一八五×五二・三×五・六	月待供養　交名多数	埼95・121頁
★前河内・共同墓地	図像（断片）		二二×一〇・六×二・五		
★北吉見四五九（根古屋）龍性院墓地	弥陀一尊		六一×二五・五×二・七	薄肉彫り	埼96・121頁
★上銀谷一七一・薬師寺	弥陀一尊		七〇・五×五〇・五×七	半肉彫り陽刻像	埼97・121頁
四二　鳩山町					
四三　秩父市					
★野坂町二－一二－二五・野坂寺	三尊像（神像）	至徳二年二月	九二・八×三二・三×三・五	清水家旧在　主尊虚空蔵菩薩かと県調査報告書にあり	埼98・122頁
四四　本庄市					
四五　美里町					
★緑二丁目・共同墓地	坐像（上欠）		三八・五×二三・五×三	上欠　板碑より石仏に近い	
★木部・深沢家	弥陀一尊	文永九年	七八・五×二七・五×三・五	小型　木幡型板碑	埼99・122頁
★白石一九五三・宗清寺	弥陀三尊	応安六年七月五日	二二一・五×五三・五×七	漢字の光明真言　二折	埼100・122頁
×駒衣三四〇・円福寺（旧蔵）	観音			拓本が残る（「石のみほとけ」）	
四六　児玉町（本庄市と合併）					
★児玉一九六・玉蔵寺	弥陀三尊	弘安三年十二月日	八五・三×二八×二・五		埼101・123頁
児玉一二五八・法養寺	二脇侍（残欠）		三一×三六×二・八		
?保木野三八七・龍青寺	弥陀（下欠）		五〇×二九×二	所在不明	
★保木野・鈴木家	弥陀一尊	乾元二年四月日	一一一×三三×三・一		埼102・123頁
★太駄五三・正覚寺	弥陀三尊	十一月日	一〇一×三七・五×四	風化が著しい	埼103・124頁
★太駄・千寿寺跡	弥陀一尊		六一×二一×三・五	〃	
★河内・木村家	弥陀三尊か		一〇八×三八・五×四	〃	埼104・124頁
四七　神川町					
★新里・須藤家	弥陀一尊		六一・五×二六×二・七		埼105・124頁
四八　神泉村					
四九　上里町					
★勅使河原一八六四・大光寺	地蔵		一一四×五八×一五・五	二面とも地蔵像を彫る	埼106・125頁
★帯刀二三五・菅原神社	弥陀三尊		一一五×六八×一二・五	自然石塔婆	埼107・125頁
★大御堂一一〇九・吉祥院墓地	弥陀三尊（摩滅）		五六×三二×三・五	残欠	埼108・126頁
嘉美・内田家	弥陀一尊か（下欠）		五六×一八×二	所在確認できず	
★忍保一四六九－一・善台寺	ア種子・地蔵像		一一一×四五・五×六・五	二折する　板碑ではなく石仏の可能性あり	
五〇　熊谷市					
★上之三三六・龍淵寺墓地	弥陀一尊	延徳四年十月十五日	一三〇×四五・三×五	逆修	埼109・126頁
★上川上・一乗院墓地（医王寺）	弥陀三尊		七六×二九・五×六・五		埼110・127頁
★上中条一一六〇・常光院墓地	弥陀三尊		一三九×六四・五×七		埼111・127頁

★上中条九一八－一・実相院墓地	弥陀三尊		一三一×六二×八		埼112・127頁
★上中条二〇一六・観音寺	地蔵	明応伍年十一月廿四日	一四六×四六・五×四	逆修	埼113・128頁
★村岡三九六・高雲寺	地蔵		五三・五×二三・八×四・五		埼114・129頁
★四方寺・路傍	弥陀一尊		九四×六七・三×五	宝塔形に改造	埼115・129頁
×代九四四・東善寺	弥陀三尊種子・地蔵		六六×四五×五	所在不明	
★桜木町二－三三－二・市立図書館	弥陀一尊		四二×二五×二・五	久下・伴里家旧在	埼116・129頁
★〃　〃	名号・六地蔵		四七・五×三八・五×四・三	行田市持田・宝蔵寺旧蔵	埼117a・130頁
★〃　〃	名号・六地蔵		六一・五×四七・五×五	収蔵庫内	埼117b・130頁
★〃　〃	名号・六地蔵		六〇×四一×五・七	東別府・常見家旧在	埼118・130頁
五一　深谷市					
★人見一六二一－二・一乗寺	弥陀三尊		一二八・六×五〇・六×一一		埼119・130頁
★境二二〇－一・宝泉寺	弥陀（下欠）		九六×七〇・五×六		埼120・131頁
★〃　〃	弥陀三尊	文永八年二月日	一六九×四七×八	二折　光明遍照偈	埼121・131頁
★東方二九〇二・全久院	弥陀三尊（善光寺式三尊）		一三三・五×五九・五×一一		埼122・132頁
×東方・熊野神社	如来像（上下欠）		八五×二六	千々和実『武蔵国板碑集録』三、一八〇頁	
五二　江南町（熊谷市）					
★須賀広・大沼公園	弥陀三尊	嘉禄三年	一三九×六一×九・五	旧江南町教育委員会倉庫にて実査　諸教所讃の偈 最古の図像板碑	埼123・132頁
★旧江南町教育委員会（旧江南南小学校）	弥陀三尊	寛喜二年六月二十三日	九〇＋九二×五八×六・五	旧教育委員会倉庫にて実査　若有重業障の偈	埼124・133頁
★旧江南町教育委員会	弥陀一尊		四七・五×三七×五・五	旧教育委員会倉庫にて実査	埼125・133頁
野原字元境内六二三	地蔵		一三・九×一二・七×四・二	『江南町の板碑』一二五頁	
五三　妻沼町（熊谷市）					
★妻沼一六二九・歓喜院門前	弥陀三尊（善光寺式三尊）		一七八×五九×一二・五	背面に釈迦三尊種子	埼126・134頁
★妻沼字中岡二四〇四・玉洞院	弥陀三尊		九九×六四×六		埼127・134頁
★〃　〃	弥陀三尊（善光寺式三尊）		四三×三〇・三×五・五	『史迹と美術』四一八号	埼128・134頁
★弥藤吾・堀口家	弥陀三尊		七四・五×三三・五×六	極重悪人の偈	埼129・135頁
★弥藤吾二〇〇二・福寿院	弥陀三尊（善光寺式三尊）		一三二×五二×一〇・五		埼130・135頁
★永井太田一四一〇・観音堂墓地	神像三尊	天文二□	八〇（上）＋五三（下）×四八×五	掛川家墓域　二折	埼131・136頁
★永井太田一一四一・能護寺	弥陀三尊（善光寺式三尊）		一三六・五×五三×六		埼132・136頁
×〃　〃	弥陀三尊（善光寺式三尊）		六六×二七×六	『武蔵国板碑集録』三、一六三頁	
★上須戸八四五－二・正法寺	弥陀		三五×二七×四		埼133・137頁
五四　岡部町					
×榛沢新田・篠崎家	弥陀三尊	明応四年	九四×三六×三	管理者不在で対応不能	
五五　川本町（深谷市）					
★本田五二二・俵薬師	弥陀一尊	観応元年八月日	一五二×三九・二×六		埼134・137頁
★畠山九三一－一・満福寺	弥陀三尊	文明十三年	一〇〇×四三・二×四・六	月待供養	埼135・137頁
五六　寄居町					

★風布一九六九・釜山神社	弥陀三尊（早来迎）		九八・六×三六・六×三・六	三尊像の下部は剥離　早来迎	埼136・138頁
×今市・石山家	弥陀坐像		四五×一八	千々和実『武蔵国板碑集録』三	
五七　行田市					
★斎条七三七・宝泉寺	弥陀三尊種子・地蔵	弘長元年七月五日	二一二×五一・二×九	裏面に宝塔と年紀銘	埼137・138頁
★桜町二－二〇－四四・長久寺	弥陀三尊（上欠）	至徳二年十一月日	八四×四三・五×九・五	下端に根部が残る	埼138・139頁
★行田二三－一〇・大長寺	弥陀三尊（上下欠）		八二×六一×七	その後不明	埼139・139頁
★〃　〃	弥陀三尊（原形不明）	康応元年八月廿八日	一〇二・五×七一×五	宮沢家墓域　交名多数	埼140・140頁
★埼玉一一一八・盛徳寺	弥陀種子・地蔵像（二折）	文□□三	一五五×三二×六・五	二折するのを石材で挟んで保存	埼141・140頁
五八　羽生市					
★上新郷五六〇一・法性寺	弥陀三尊（上下欠）		一一九×四二・三×五・五	光明遍照の偈と銘文　押し型風の像容	埼142・140頁
★下新郷・鈴木家	弥陀・勢至像		一〇九×二八・三×三・五	観音像は無し	埼143・141頁
★小須賀八九三・薬師寺	弥陀種子・二脇侍像		一一三・五×四六×九	建長年間以前の造立（坂田二三夫氏）	埼144・141頁
五九　騎西町（加須市）					
★騎西一四〇四－六・大英寺	弥陀三尊	正嘉元年四月十二日	一〇二・八×三六×七	線刻早来迎の最古例	埼145・142頁
☆根古屋四八五・金剛院	弥陀三尊		三一四×一二九×一七	大型	
六〇　南河原村（行田市）					
★南河原一五〇〇－一・観福寺	弥陀種子・弥陀三尊像	文応二年弐□	二五八・五×六四・五×九・五	年紀の両側に結縁交名（一部不明）	埼146・142頁
★〃　〃	地蔵・冥官二像	文永二年二月日	一七八×五七・五×七	年紀の左右に阿弥号を持つ交名	埼147・143頁
★南河原・松本家	地蔵像（二折）	文永元年十一月日	一二〇×三三・八×三	木枠にはめて固定（露天）　風化で不明瞭	埼148・143頁
六一　大利根町（加須市）					
旗井一九二・星福寺	虚空蔵・十三佛（下欠）		七七×三六二・九	十三佛板碑	
六二　岩槻市（さいたま市＝岩槻区）					
★馬込一二〇九・満藏寺	地蔵像（下欠）	天文十六年三月	六七×二九・五×三・五	薬師堂に他の板碑と共に保管	埼149・144頁
★本町三－一五－一二・願生寺墓地	弥陀三尊像（下欠）		七〇×三二・六×三・五	月待供養か（帰命月天子の偈頌）	埼150・144頁
★本町二－二－三四・さいたま市立岩槻郷土資料館	地蔵像	応永十一年	一〇四・七×三二・三×四・二	陽刻地蔵像　黒谷一八〇二・遍照院墓地旧在	埼151・144頁
六三　越谷市					
×相模町六－四八二・日枝神社	弥陀三尊像	天文二十一年九月八日	七五×二四×三	宮司は引継ぎになかったと　庚申待供養	
★大成町二－一二二・仲立墓地	弥陀三尊像	天文廿一年十一月吉日	一二二×四三×五	中村家管理　庚申待供養　交名多数	埼152・145頁
六四　八潮市					
★上・恩田家	弥陀三尊像（四石）	享禄五年十月廿□日	一三六・二×三八×二	四石に割れる　庚申待供養　交名	埼153・145頁
★南後谷七六三－五〇・八潮市立資料館	弥陀三尊図	天文廿四年十月廿九日	一二三・三×三七×三・二	庚申待供養　二段八行に交名	埼154・146頁
鶴ケ曽根一九一五－一・医薬寺	弥陀三尊	大永八年		『足立区立博物館研究紀要』三〇号	
六五　菖蒲町					
下栢間二六三九・善宗寺墓地	図像（残欠＝阿弥陀像か）		二一×二五×二・六	『菖蒲町の板石塔婆』	
台八〇一・荒川検治家	図像（破片＝阿弥陀像か）		九×六×一・五	『菖蒲町の板石塔婆』	
六六　三郷市					

上口一－一〇八－二・焔魔堂東光院墓地	弥陀一尊	長享三年十一月六日	八三×三三×二・三	中山正義『石塔・石仏』七号 庚申待供養	
★彦江・鈴木家	弥陀一尊（上下欠）		四六×三四・六×五	屋敷墓に祀る 三具足の上部まで残る	埼155・146頁
×彦倉一－八三－一・延命院	弥陀一尊		五三×	所在不明	
★彦倉一－一三三・郷土資料館	弥陀三尊（破片）		三四・三×二一・五×三・五	諸岡リスト 観音像を残す	埼156・146頁
★〃	弥陀三尊か（破片）		四四・五×一三・五×二・五	諸岡リスト	埼157・147頁
×番匠免一－一二七－一・迎摂院	弥陀一尊（破片）		一九×一五×二・六	図像・蓮座の一部：「板碑」七四一頁	
六七 吉川町（吉川市）					
高富 加崎家	弥陀三尊（四石の破片）	天文廿□十月十五日	九一×三六×二	『吉川市史』資料編収録：諸岡氏は庚申か、とする	
六八 庄和町（春日部市）					
西親野井・不動堂	胎大日図像・弥陀種子・倶利迦羅不動		一二三×三三×三		
【東京都】					
★江戸川区松島一－三八・郷土資料室	弥陀三尊（下欠）		四六・五×二五・三×二・三	一之江・妙音寺蔵、来迎形	区1・149頁
★〃　〃　〃	勢至（下欠）		四九・七×二七・五×二・五	一之江・妙音寺蔵 月待供養か	区2・149頁
★葛飾区東水元・大川家（日枝神社）	弥陀三尊（二折・木枠）	長享三年／己酉／十一月廿三日	一〇五×三六・五×二・五	三峯神社小祠内に祀る 月待供養、交名一五名	区3・149頁
★葛飾区東新小岩・橋本家	弥陀一尊	寛正六年／乙酉／十月廿三日	一〇五×三五×三・五	月待供養 前机に香炉を載せる 交名三〇人足らず	区4・150頁
★葛飾区白鳥三－二五－一・葛飾区郷土と天文の博物館	弥陀一尊（下欠）		五六・三×二九・六×不明	葛飾区青戸・葛西城跡出土、日月・天蓋・弥陀像	区5・150頁
★〃　〃	弥陀一尊（上下欠）		三七×二八・三×二・二	来迎形	区6・151頁
★〃　〃　〃	弥陀一尊（断片三片）		五八×二七・三×一・八	〃 交名一部分確認できる	区7・151頁
★足立区花畑三－二四－二七・正覚院	弥陀三尊	元和玖年二月十二日	一六〇×六一×三五・五	花崗岩 覆屋の中 庚申待供養	区8・151頁
★足立区鹿浜三－二〇－五・宝蔵寺	弥陀三尊（上下欠断碑）	天文十年九月吉日	四八・五×三七・八×三・八	庚申待供養 交名 七行 鹿浜土手下墓地旧在	区9・152頁
足立区島根・普門院	弥陀三尊		五一	非公開	
★足立区大谷田五－二〇－一・足立区立郷土博物館	弥陀一尊（下欠）	明応六年十月十五日	八四・五×三一・三×二・五	伊興町・八幡神社旧在 夜念仏供養 光明遍照偈交名二二名 伊勢崎市・相川考古館に一年後の酷似板碑あり	区10・152頁
★足立区千住二－一一・勝専寺（赤門寺）	弥陀三尊（上下欠断碑）		五三×二九×三		区11・153頁
×足立区西新井町・瑞応寺	弥陀一尊	明応七年		金沢リスト 入江英太郎「東京北郊の板碑」	
×足立区北宮城町・下川家墓地	弥陀一尊			存否不詳 金沢リスト	
×足立区伊興町本町・源正寺	弥陀一尊			存否不詳 金沢リスト	
★足立区大谷田五－二〇－一・区立郷土博物館	弥陀三尊（上下欠断碑）	天文二年十月十五日	六一・三×三四・五×三	円泉寺墓地旧在 善光寺時供養結衆銘 交名八名（女性のみ）	区12・154頁
☆足立区伊興四－四－一・東陽寺	弥陀三尊（下欠）		九〇×三九×三・一	実見のみ（写真・拓本・実測は許可が下りず）	
★荒川区西尾久三－一〇－六・地蔵寺	弥陀三尊（上欠）	文明十五年十月七日	七一×三三・三×三・九	夜念仏供養 交名八名 地蔵山共同墓地から出土	区13・154頁
★荒川区荒川三－五三－一・浄正寺	弥陀一尊（下欠）		八一・五×三三×三・八	境内の池から出土	区14・154頁
荒川区西日暮里・浄光寺	弥陀三尊			昭和の作か 『日本の石仏』五五号 平成元年九月	
★荒川区町屋二－八・稲荷神社（原稲荷）	弥陀三尊	正保四年二月吉日	一一五×四四×二九	庚申塔 種子ウン・ア・バン 庚申／時供養	
×墨田区向島一・牛島神社	釈迦一尊	貞観十七天三月日（偽銘）		現存せず『板碑概説』早稲田大学ウェブサイト	

★北区豊島・武藤家	弥陀三尊（上下欠）	文明十五年八月十五日	六三×三六×三	夜念仏供養　光明遍照偈　交名一三名 北区郷土資料館寄託	区15・155頁
★北区赤羽三－四－二・宝幢院	弥陀一尊・二猿	寛永十六年霜月十八日	一一四・二×五三×二三・五	庚申塔	区16・155頁
×台東区浅草二－三－一・浅草伝法院	弥陀一尊	文永九年卯月	一五八×三六×不明	聖域にあるとの理由で調査は許可が下りず	区17・156頁
☆〃　〃　浅草寺境内	種子バク・釈迦像（上欠二折）		二一八×五〇・五×七	西佛板碑	区18・156頁
☆台東区谷中四－二－三七・永久寺	聖観音		七一×三三・五×不明	仮名垣魯文の墓石　拓本は許可されず	区19・157頁
×台東区橋場・法源寺	弥陀三尊（善光寺式）	康元二年		戦災で焼失	
☆台東区上野・東京国立博物館	梵字弥陀三尊・六地蔵像	康正三年八月廿三日	一五四・三×三七・七×七・四	『板碑集成』一四六　月待ち供養　「板碑―中世の供養塔―」展（平成一九年七月－一〇月）	
☆〃　〃　〃	弥陀一尊	元亨四年正月十二日	九九・三×三〇・三×二・九	『板碑集成』一六六　完存	
☆〃　〃　〃	弥陀三尊（断片）		六〇・二×三二・三×二・九	『板碑集成』一六八	
☆〃　〃　〃	観音像（断片）		一九・四×一二・六×二・八	『板碑集成』一七七　弥陀三尊図像板碑か	
☆〃　〃　〃	弥陀三尊（二折）	応仁元年十月廿三日	一四五・四×三九・一×三	『板碑集成』一七八　三具足	
×文京区雑司ヶ谷・板尾憲三氏旧蔵	弥陀三尊	明応七年		金沢リスト	
★中野区江古田四－三－四・区立歴史民俗資料館	弥陀三尊（上下欠）	文明九年二月時正	八七・三×三五・五×四	六斉念仏供養　二八名の交名	区20・157頁
★〃　〃　〃	弥陀（下欠）		五五・五×三六×三・七	杉並区堀ノ内旧在	区21・158頁
板橋区西台二－一八－一・円福寺	弥陀一尊	文明十七年霜月廿五日	一〇七・〇×三二×二・五	月待供養結衆　光明遍照偈　調査許可得られず	区22・158頁
★豊島区長崎一－九－二・金剛院	弥陀一尊		八二・六×三一・三×二・五	夜念仏／念仏衆生　交名六名	区23・158頁
★豊島区巣鴨三－三五－二・高岩寺（とげぬき地蔵）	弥陀三尊	大永八年閏九月三日	八五×二七・五×不明	石柱にはめ込む　庚申待供養　『集古十種』収載	区24・159頁
×豊島区高田一－一九・南蔵院	弥陀三尊	文明五年八月十五日	一〇〇×四〇	拓本写真・コピー有	
×豊島区雑司ヶ谷・板尾氏蔵	弥陀三尊	明応七年十一月吉日		月待供養　交名九名　『豊島の板碑』	
★港区南青山五－六・根津美術館	来迎三尊石仏	延慶三年五月	一五一×五三×五四		
×港区麻布広尾・小泉篤太郎氏旧蔵	地蔵	応永十五年八月日	一尺九寸	金沢リスト	
★渋谷区東四－九－一・白根記念渋谷区郷土博物館・文学館	弥陀一尊（下欠）	文□	一一三×四二・五×四	月待供養	区25・159頁
×渋谷区千駄ヶ谷三－五六－一五・延命寺	弥陀一尊			『新修渋谷区史』存否不詳：金沢リスト	
★世田谷区赤堤三－二八－二九・西福寺	弥陀一尊（下欠）		七二×三五×四	『考古学ジャーナル』№八六（一九七三年九月）	区26・160頁
世田谷区喜多見・広田家	弥陀三尊か（上欠）	文明十七年十月十八日	八〇×三九	連絡取れず　奉供養千部経銘　交名多数	
★世田谷区深沢・三田家	弥陀三尊（下欠）		七一×四〇×三	小祠　下部をコンクリートで固定	区27・160頁
★世田谷区尾山台二－一〇－三・伝乗寺	弥陀一尊（下欠）		五〇・七×二七・七×二・七	弥陀像・蓮座・三具足（以下欠）	区28・161頁
★杉並区阿佐ヶ谷北一－二六－二・世尊寺	弥陀三尊（下欠）	天文十三年二月吉日	一〇四×三五×三・五	庚申待供養　三〇名ほどの交名　かつて横川勇二郎氏が所有	区29・161頁
×杉並区大宮二・大宮八幡宮	弥陀三尊			金沢リスト	
☆練馬区石神井台一－一五－六・三宝寺	弥陀三尊（上欠）	文明四年七月十五日	一四〇・五×三五×三・三	夜念仏供養　交名五名　拓本は許可されず	区30・162頁
☆〃　〃　〃	弥陀（断碑）		四〇・六×三〇・二×三	拓本は許可されず	
×練馬区南大泉五－六－四七・妙福寺	六地蔵（上欠）	福徳元年三月二十三日（私年号）	八三	月待供養　調査許可得られず	
★練馬区錦一－一九－二五・圓明院	弁才天	文亀元年巳月	三八×二一・五×二	種子ソの下に八臂の弁財天坐像を線刻	区31・162頁
★〃　〃　〃	弥陀（断片）		三〇・三×二八・二×三	天蓋・弥陀像の一部　次頁の断碑と繋がる可能性あり	区32・163頁

★〃 〃 〃	銘文断碑	文亀元年十一月廿三日	四〇・八×三四・八×三・三	月待供養 光明遍照偈 交名	
目黒区駒場四－三－三三・日本民芸館	弥陀三尊種子 六地蔵（上下欠）		七二・五×四一・五×三	月待逆修供養 一〇数名の交名	
★大田区山王一－四一－二五・旧徳富蘇峯邸	弥陀三尊（下欠）		六七・五×三五・五×三・五	國學院大學考古資料館蔵 奉待□	区33・163頁
★〃 〃 〃	弥陀（下欠）		四七・二×二九×三・五	國學院大學考古資料館蔵	区34・164頁
東京都下（三多摩）					
★調布市小島町三－二六－二・調布市郷土博物館	弥陀一尊（上欠）	文明三年九月三日	七八×三四×三・二	奉夜念仏供養 逆修 一九名の交名	多1・164頁
東久留米市浅間町・細田家	弥陀（断碑）		二五・八×二六・二×二・一	下里西村共同墓地旧在 連絡つかず	
★東久留米市下里・石塚家	弥陀（下欠）	南北朝	五〇・八×二六・二×不明	将棋の駒形の石に嵌め込む	多2・164頁
★府中市宮西町・秋元家	弥陀三尊（二折）	文明四年□月廿三日	一〇四(上)、五七(下)×三九・八×四	月待板碑 交名（右俗名、左法名） 国分寺市旧在	多3・165頁
★小金井市桜町三－七－一・江戸東京たてもの園	弥陀一尊（下欠）	明応二年十一月吉日	一〇四×三五・五×四・二	月待 五名交名 埼玉県元加治旧在（小金井公園内）	多4・165頁
★小金井市中町四－九・共同墓地	三尊図像（上欠）	天文七年十一月廿三日	六八・二×三五・七×二・七	月待供養 二四名の交名 小祠	多5・166頁
★国分寺市西元町一－一三－一六・国分寺	弥陀三尊	正中三年二月十九日	九七・六×二八×二・五	文化財保存館収蔵	多6・166頁
×国分寺市・本田達夫氏旧蔵	弥陀一尊	文明十五年		金沢リスト	
★東村山市諏訪町一－二六－三・徳蔵寺（板碑保存館）	弥陀三尊（上欠）	文明十五天十二月廿三日	八七・二×三六×三・五	月待供養 六名の交名 埼玉県川島町旧在	多7・167頁
★東村山市諏訪町・塚越家	弥陀一尊（下欠）		四一×三二・二×一・六	庭内の井戸から出土 小祠に祀る	多8・167頁
×武蔵村山市中藤一－三七－一・真福寺	弥陀三尊（下欠）		六一×三四	脇侍は観音の首のみ 一般に公開せず	多9・168頁
×昭島市拝島町一－六－一五・本覚院	弥陀三尊（断碑）		二八×一七・六	右側観音像のみ 公開していない：平成二〇年八月、教育委員会より連絡あり	
★多摩市関戸・小山家	弥陀三尊	元亨三年八月	一二三・五×三三・三×四・五	母屋の奥庭小祠に祀る 関戸北木戸に旧在	多10・168頁
★多摩市貝取・鈴木家	弥陀三尊	文明二年十一月中旬	一一九×三八×二・五	念仏供養 交名一〇名 小屋がけの中に四五基程の板碑群	多11・168頁
☆町田市小野路町二〇五七・千手院	弥陀三尊	永仁三年二月日	七六・五×二六・五×二	厨子に納める 拓本許可得られず	多12・169頁
★八王子市日吉町・小松家	弥陀坐像（下欠）		四七×二八・五×三	形態的に板碑と断定できず－縣敏夫氏 浮彫り	多13・170頁
★〃 〃	薬師坐像		六五×二二・三×一・八	線刻坐像	多14・170頁
×八王子市長房町・白山神社	十一面観音	文永十二年卯月八日		『新編武蔵風土記稿』 金沢リスト	
☆羽村市羽七四一・羽村市郷土博物館	弥陀三尊	天文二年二月吉日	一五六×五二×四	島田家寄託 念仏供養 四〇名程の交名多数	多15・170頁
★あきる野市菅生六二九・福泉寺	弥陀三尊（下欠）	鎌倉期か（縣氏）	八三・五×四三・五×五	阿弥陀像は頭光のみで放光なし	多16・171頁
★西多摩郡日の出町平井三六〇〇・熊野神社（森田家管理）	弥陀三尊（下欠）		六四・七×三〇×三		多17・171頁
★西多摩郡日の出町平井二一五〇・平井阿弥陀堂	弥陀三尊	建治三年九月	一〇三×三三・三×三	勢至菩薩剥離	多18・172頁
★青梅市黒沢三－一五七八・聞修院	弥陀一尊	天文十二年十月吉日	一六二×四五・八×三	逆修供養 約四一名の交名 位牌堂入り口右手	多19・172頁
★青梅市千ヶ瀬町・伊藤家	弥陀三尊（断碑）	鎌倉期（斉藤氏）	三四・五×二三×三	青梅市塩舟「北の坊跡」出土	多20・173頁
?青梅市塩舟一二〇・塩船寺	弥陀一尊（断碑）		三一×二〇・五	所在不明	
×青梅市西分・岸家	十三佛	文明十六年□月二日		『青梅郷土誌』収録	
【神奈川県】					
一 横浜市					
★青葉区みたけ台三二－一七・祥泉院	弥陀三尊（下欠）	天文八年十月吉日	九一×三六・八×四	寒念仏供養 交名あり 位牌室に祀る 表面荒れ	神1・173頁

?都筑区中川中央一－一八－一・横浜市歴史博物館	弥陀三尊（上下欠）	天文	六〇・三×四〇・一×三・八	埋文センターから移管（所在不明）中川町旧在	
★都筑区茌田東町四二八〇・矢羽根不動堂	不動		三五・二×一五×二	下端に枘の一部が残る　『緑区史』史料編二五五頁	神2・174頁
★都筑区牛久保西一－一五－一・天照皇大神	弥陀一尊（下欠）		五五・六×三三・五×三・六	月待供養	神3・174頁
☆港南区野庭町二四五・正応寺	弥陀一尊	嘉暦四年八月日	一〇六×三一×四	華瓶一対　はめ殺しの小祠に入れる	神4・174頁
×港北区下田町三－一－五・真福寺	弥陀三尊	天文三年十二月廿日		庚申待供養　中山氏「石塔・石仏」七号	
二　川崎市					
★中原区井田一－二〇－一・善教寺	地蔵（断碑）		五六・六×二二・七×二・五	三体の地蔵を彫る	神5・175頁
★宮前区土橋四－二－五・大久保家墓地	弥陀三尊（下欠）		七五×三五・二×四	摩滅　日月・天蓋・三尊像・三具足・前机	神6・175頁
★多摩区長尾三－九－三・妙楽寺	弥陀（断碑）		二五×一八×二・五	断片	神7(1)・176頁
★〃　〃	弥陀（断碑）		一九・五×一四・七×二・五	頭光・月天・光明のみ	神7(2)・176頁
★麻生区高石二－六－一・法雲寺	弥陀三尊（下欠）		八〇×三七×二・八	交名あり　梵字光明真言	神8・176頁
☆〃　王禅寺西・松田家	弥陀三尊（善光寺三尊）	建長四年□□月	一〇六×四五×六	雨天により採拓不可「熊谷市史研究」第四号（平成二四年三月）	
★〃　〃　〃	弥陀三尊		一二五・三×三五・五×三・五	夫婦二人／逆修為也　逗子市・川口家旧在	神9・177頁
三　鎌倉市					
☆扇ガ谷四－一八－八・海蔵寺	弥陀三尊	嘉元四年八月日	一〇二・四×二九・二・六	鎌倉国宝館寄託　拓本許可されず　十六ノ井旧在	神10・177頁
☆〃　〃	弥陀一尊（上欠）	永和三年八月日	六三×二一・三×二・三	鎌倉国宝館　拓本許可されず	
☆扇ガ谷一－一七－七・寿福寺	弥陀三尊（上下欠）	延慶	三四×三七・五（拓本による）	鎌倉国宝館で拓本拝見	神11・178頁
★扇ガ谷三－五－一・薬王寺	弥陀一尊	元徳四年二月時正	一〇四×三一×二・五	町田市・三橋家旧在　埼玉県本庄市・鈴木家塔に酷似	神12・178頁
☆雪ノ下・大石家	弥陀三尊	健保三年五月二十日追刻	四四・五×一九×三・五	鎌倉国宝館、拓本許可されず　建保は後刻銘	神13・178頁
×小町三・東勝寺跡腹切りヤグラ内	弥陀三尊		四二×一八	詳細不明	
四　相模原市					
★中央区上矢部三－一二－一七・阿弥陀堂	弥陀一尊	乾元二年八月日	一〇三・三×三一×二・五	群馬県神流町柏木に同紀年銘の弥陀三尊板碑あり	神14・179頁
★南区上鶴間本町八－四二－六・惣吉稲荷神社	弥陀三尊	延文四年十月日	九七・五×三二・五×三・三	双式　逆修　覆屋小祠に二基並べて収納　光明真言	神15・179頁
★〃　〃	弥陀三尊	延文四年十月日	九四×三一・六×三	双式　梵字光明真言	神16・180頁
★中央区上溝七－二一・上溝共同墓地	弥陀一尊	建武四年二月日	六二・二×二三・七×二	下端の段差は根部か	神17・180頁
五　厚木市					
★王子一－一一－四〇・福傳寺	弥陀三尊・六地蔵か（上欠）	弘安四年三月日	六七・五×四五×四・五	光明遍照偈　上部の像容部今は不明　相模守平時頼銘	
六　津久井郡藤野町（現：相模原市緑区）					
★藤野町澤井・加藤家	弥陀三尊	延文六年八月十七日	八八・五×二六・二×四	双式　藤原氏女	神18・181頁
★〃　〃	弥陀三尊	延文六年八月十七日	八五・七×二六×四	双式　藤原氏女か	神20・181頁
★〃　〃　〃	弥陀三尊	延文六年八月□□	八四・七×二六・三×三・五	双式	神19・181頁
【山梨県】					
★上野原市大椚三二九・吾妻神社（観音堂内）	弥陀三尊（下欠）		五〇・五×二四・二×二・五	像容が武蔵村山市中藤・真福寺塔に酷似	梨1・205頁
★大月市初狩町下初狩一〇〇〇・法雲寺	弥陀三尊（二折）	（鎌倉中期）	一二〇×二九・七×四	上部が平成一七年に見つかり全体が揃う	梨2・205頁
【長野県】					
★小諸市大久保二三五〇・釈尊寺	弥陀一尊（下欠）	永仁元年十二（以下欠）	六〇・二×二五・六×二・二	二茎蓮二華瓶　木枠にはめる	長1・206頁

★佐久市大沢七八九・旧大沢小学校・資料室	弥陀一尊		四三・三×一三・六×二	志賀五九五三・教委文化財課で実査	長2・207頁
×佐久市三塚二七三・泉小学校	弥陀一尊		二四×一三・五×一・七	所在不明	

凡例：★実測・写真・拓本セットで調査済み　☆拓本不許可や実見・実測・写真のみ　×調査不許可、今亡　?:現地で所在確認のとれなかった板碑　記号なし　未調査の板碑

1　『群馬県史』資料編8、埼玉県板石塔婆調査報告書『板碑』、『東京都板碑所在月報』（二十三区分）、『同』（多摩分）の記述に従って地名を表記した。

2　金沢リスト：世田谷区立郷土資料館「中世の信仰と石刻美術展」（昭和五一年一～二月）のリーフレットに収録された金沢邦夫編「東京都画像板碑一覧」を指す。

3　諸岡リスト：埼玉会館郷土資料室第一五三回展示「石のみほとけ—図像板碑の造形—」（平成六年二～三月）の図録別冊として作られた諸岡勝『武蔵型図像板碑編年目録』を指す。

■著者紹介

村田 和義（むらた かずよし）

1939 年 10 月　大阪市で生まれる
1962 年 3 月　近畿大学二部理工学部卒業
1973 年 1 月　史迹美術同攷会（川勝政太郎主幹）入会
1975 年 2 月　歴史考古学研究会大阪支部入所、川勝博士の指導を受ける
同　年 7 月　初めて福島県須賀川市調査。8 年をかけて中通りを悉皆調査する
1978 年 1 月　歴史考古学研究会発足、同人となる

《主要著書・論文》

石造美術探訪記 1「くにさき半島」1974 年 3 月*　謄写版刷り
石造美術探訪記 2「豊後の磨崖仏」1976 年 1 月*
石造美術探訪記 3 - 1「福島県岩瀬地方の来迎三尊石仏」1976 年 1 月*～同 3 - 8「福島県岩瀬郡の来迎三尊石仏」Ⅳ、1982 年 10 月*で、福島県中通りの来迎三尊石仏・板碑の悉皆調査の結果を報告
『福島県の弥陀来迎三尊石仏』言叢社、1986 年 1 月
石造美術探訪記 4「北海道・東北地方の来迎板碑」1996 年 8 月*～同 8「南関東・甲信地方の図像板碑」2011 年 8 月*で東国の図像板碑採訪を報告
別冊　東国の図像板碑拓本展図録「中世人の祈り」2006 年 1 月*
『チャレンジ奈良検定！　練習問題集』（共著）毎日新聞奈良支局、2007 年 10 月
『石川町史』第一巻　通史編Ⅰ（共著）、2012 年 3 月
＊は私家版

「大阪府下の文化財指定の石灯籠」『庭研』№ 169（1977 年 9 月）
「南河内・叡福寺　金石年表稿」『歴史考古学』3 号（1979 年 9 月）
「善光寺式三尊板碑小考」『史迹と美術』777 ～ 8（2007 年 8 月～ 9 月）

2015 年 4 月 24 日　初版発行　《検印省略》

東国《とうごく》の図像板碑拓影集《ずぞういたひたくえいしゅう》　解説編《かいせつへん》

著　者　村田和義
発行者　宮田哲男
発行所　株式会社 雄山閣
東京都千代田区富士見 2-6-9
TEL　03-3262-3231 / FAX　03-3262-6938
URL　http://www.yuzankaku.co.jp
e-mail　info@yuzankaku.co.jp
振 替：00130-5-1685
印刷・製本　株式会社ティーケー出版印刷

ISBN978-4-639-02352-4 C3021
N.D.C.210　229p　31cm